U0566655

权威·前沿·原创

皮书系列为
"十二五"国家重点图书出版规划项目

土地政策蓝皮书

BLUE BOOK OF
LAND POLICY

中国土地政策研究报告
（2016）

ANNUAL RESEARCH REPORT OF CHINA'S LAND POLICY
(2016)

主　编／高延利　李宪文
副主编／唐　健　王庆日

社会科学文献出版社
SOCIAL SCIENCES ACADEMIC PRESS（CHINA）

图书在版编目（CIP）数据

中国土地政策研究报告. 2016/高延利，李宪文主编.
—北京：社会科学文献出版社，2015.12
（土地政策蓝皮书）
ISBN 978 - 7 - 5097 - 8476 - 1

Ⅰ.①中…　Ⅱ.①高…②李…　Ⅲ.①土地政策 - 研究
报告 - 中国 - 2016　Ⅳ.①F321.1

中国版本图书馆 CIP 数据核字（2015）第 284691 号

土地政策蓝皮书
中国土地政策研究报告（2016）

主　　编/高延利　李宪文
副 主 编/唐　健　王庆日

出 版 人/谢寿光
项目统筹/陈　颖
责任编辑/陈　颖

出　　版/社会科学文献出版社·皮书出版分社（010）59367127
　　　　　地址：北京市北三环中路甲 29 号院华龙大厦　邮编：100029
　　　　　网址：www. ssap. com. cn
发　　行/市场营销中心（010）59367081　59367090
　　　　　读者服务中心（010）59367028
印　　装/北京季蜂印刷有限公司

规　　格/开　本：787mm×1092mm　1/16
　　　　　印　张：22.5　字　数：341 千字
版　　次/2015 年 12 月第 1 版　2015 年 12 月第 1 次印刷
书　　号/ISBN 978 - 7 - 5097 - 8476 - 1
定　　价/89.00 元

皮书序列号/B - 2015 - 478

《中国土地政策研究报告（2016）》
编 委 会

主要编撰者简介

高延利　中国土地勘测规划院院长，国务院第二次全国土地调查领导小组办公室常务副主任，享受国务院颁发政府特殊津贴。曾就职于原国家土地管理局、国土资源部地籍管理司，参与组织实施国务院第二次全国土地调查工作，主要研究领域为土地调查与地籍管理。参加工作以来，先后出版了《土地登记实务》《地籍调查》《土地权利理论与方法》《澳大利亚土地登记》《第二次全国土地调查培训教材》《中国耕地后备资源》《西部大开发土地资源调查评价》《中国坡耕地》等研究专著，主编了《第二次全国土地调查技术规程》《土地勘测定界规程》《土地利用数据库标准》《城镇地籍调查规程》《土地利用遥感动态监测规程》等技术规程。获科技部国家科学技术进步三等奖 1 项；获国土资源部科技进步一等奖 1 项、二等奖 1 项；获中国测绘地理信息学会测绘科技进步一等奖 1 项；获原国家土地管理局科技进步二等奖 2 项。

李宪文　中国土地勘测规划院副院长，研究员，博士后。主要研究领域为土地利用与管理，近年来主持和参与各类项目 40 余项，发表各类学术论文 30 余篇，参编著作 5 部，获国家科技进步二等奖 1 项，获省部级科技进步一、二等奖 6 项。

唐　健　中国土地勘测规划院地政研究中心主任，研究员。主要研究领域为土地制度与政策，涉及土地利用、农地保护、土地市场管理、征地制度、集体建设用地流转、宅基地管理等多个方面，成果丰厚。近年来主持完成了国家社科基金重点项目 2 项、各部委及地方委托的研究项目 50 余项，公开出版学术专著 4 部，主编学术专著 8 部。公开发表学术论文 60 余篇。主持和参与完成的科研成果获得国土资源部科学技术二等奖 6 项、国家发展与改革委员会优秀研究成果奖 1 项，国土资源部优秀调研报告 8 篇。

王庆日 博士，中国土地勘测规划院地政研究中心研究员。长期从事土地利用管理和土地政策研究，主持并参与国家社科基金项目、国土资源部公益性行业科研专项经费项目、国土规划重大专题研究项目、国土资源部软科学项目、国土资源战略研究重大项目以及相关部委、地方委托的项目多项。公开出版学术专著 2 部，参编学术著作 8 部，公开发表学术论文 40 余篇，主持和参与科研成果获得省部级奖 3 项。

摘　要

《中国土地政策研究报告（2016）》对2015年中国土地政策的演化与执行情况进行了系统总结和分析，并汇集了一年来土地政策研究领域的优秀成果和研究报告。

全书包括总报告、政策评价篇、地方探索篇、理论研究篇和调查研究篇五大部分。总报告对2015年出台的主要土地政策进行了全面回顾，并从宏观层面对这些政策进行了综合的分析评价，最后对未来的政策走向做出预判。政策评价篇分别对土地规划、耕地保护、节约集约用地、不动产登记、地价管理、建设用地审批及低效建设用地再开发等专项政策进行了回顾和评价，并对未来的政策走势或政策完善方向提出了建议。地方探索篇重点关注地方土地制度的改革情况，对其土地政策创新实践进行总结分析。包括：上海市土地资源节约集约利用探索与实践、重庆市宅基地使用权抵押融资推进策略研究、广东省闲置土地调查与土地"剩余价值"探讨、浙江省农村住房抵押贷款政策绩效评价、上海土地复合利用方式创新的探索与思考及宁波市城镇低效用地再开发的案例分析。理论研究篇重点从理论层面对现行的土地政策进行分析和思考，并提出完善政策的建议。包括：农村住房抵押的相关法律法规和政策研究、经济新常态下支持旅游业发展的用地政策思路、从耕地占补向生态占补转型研究、空心村治理思路及土地调控反思。调查研究篇是基于对当前土地管理领域热点、难点问题的调研，提出了相关政策建议。包括：耕地占补平衡政策的实现途径调研、浙江省农村宅基地有偿分配改革调研、农村宅基地管理实践中的困惑调研、农村电商用地调研及重庆市避暑休闲地产用地调研。

Abstract

"China Land Policy Research Report 2016" systematically summarizes and analyzes the annual land policies evolution and implementation. It also collects excellent study achievements and research reports in the field of China land policy research in 2015.

The book contains five chapters, which are General Reports, Policy Reviews, Local Practices, Theoretical Studies, and Surveys and Case Studies.

Chapter 1 "General Reports" comprehensively reviews the main land policies that published in 2015, analyzes and evaluates the policies on a macroscopic level, and finally forecasts the future direction of the land policy development.

In Chapter 2 "Policy Reviews", various land policies are reviewed and assessed, respectively include land planning, cultivated land protection, saving and intensive land use, real estate property registration, land value, construction land approval system, redevelopment of inefficient used construction land, and other specific land use policies. We also provide advice on the future trend of land policies and on the ways of improving the policies.

Chapter 3 "Local Practices" focuses on the study of the local land institution reform, and analyzes as well as summarizes the local land policy innovations and practices. The research reports include: exploration and practice of saving and intensive land use policy in Shanghai, study on strategies for promoting rural homestead use right mortgage financing in Chongqing, survey and discussion on unused land and land 'surplus value' in Guangdong, survey of rural housing mortgage loan policy in Zhejiang, exploration on the innovation of compound land use mode in Shanghai, and case study on urban inefficient used land redevelopment in Ningbo.

Chapter 4 "Theoretical Studies" emphasizes on the analysis and reflection on the current land policies from a theoretical perspective, and presents advice on polishing the policies. The research papers contain: study on the relevant laws, regulations and policies of the rural housing mortgage, thoughts on land use policy to support tourism development in the context of New Normal, transformation from cultivated land balancing to ecological balancing, ideas on the hollow village governance, and reflection on the role of land in macro – economic regulation and control.

In Chapter 5 "Surveys and Case Studies", we bring forward proposals based on investigations on the current hot issues and difficult problems in land management practices. The reports include: study on the way of implementing the policy of balancing cultivated land occupation and reclamation, investigation on the reform of paid use of rural homestead in Zhejiang, perplexities of rural homestead management, survey of rural land use for e – commerce development, and analysis of land utilization for the summer recreation estate in Chongqing.

目　录

Ⅰ　总报告

Ⅱ　政策评价篇

Ⅲ 地方探索篇

Ⅳ 理论研究篇

Ⅴ 调查研究篇

Ⅵ 附录

皮书数据库阅读**使用指南**

CONTENTS

I General Report

II Policy Reviews

Ⅲ   Local Practices

Ⅳ   Theoretical Studies

V Surveys and Case Studies

VI Appendix

总 报 告

General Report

B.1

2015年土地政策评述
与2016年展望

唐健　王庆日*

　　2015年是稳增长调结构的紧要之年。在经历了长期粗放式增长后,我国经济增长过程中积累的矛盾和风险逐渐暴露,经济下行压力较大。为推动经济持续健康发展,国家实施了加大基础设施投资力度、大力推进高质量城镇化建设、推动区域经济均衡发展、促进传统产业转型升级和新兴产业崛起、新农村建设等一系列稳增长措施。为了适应经济新常态,2015年土地政策在继续强化耕地保护和节约用地的前提下,更加注重服务社会经济发展,出台了一系列有关稳增长调结构的用地政策。同时,更加强调土地治理能力的提升,进一步推进不动产统一登记、农村土地制度试点改革及法治国土建设。

---

　*　唐健,中国土地勘测规划院地政研究中心主任、研究员,主要研究方向为土地制度与土地经济;王庆日,博士,中国土地勘测规划院地政研究中心研究员,主要研究方向为土地经济与政策、土地规划与管理。

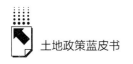

一 2015年主要土地政策回顾

（一）土地利用规划计划政策

严格土地管理，特别是加强土地规划管控，是新形势下实现经济稳步发展、坚守耕地和生态保护红线、推进节约集约用地的重要手段。近年来，国土资源部及相关部委按照中央关于空间规划体系改革的总体思路，满足宏观经济调控与资源生态保护的需求，不断完善规划计划政策和创新规划管控方式，为保障发展、保护资源和维护权益提供重要支撑。2015 年土地利用规划政策主要是在以往政策实施的基础上，进一步推进土地利用总体规划完善调整、"多规合一"和城市开发边界划定试点工作，强化土地利用计划调控政策。

1. 深化土地利用总体规划完善调整

为了使规划满足经济发展形势需求，适应规划实施现状，符合土地利用调查实际，确保规划的科学性与合理性，中共中央政治局在审议《关于第二次土地调查主要情况的汇报》时明确提出，要依据土地二次调查成果，适时调整耕地保有量、基本农田保护面积和建设用地规模等规划指标。2014年 11 月国土资源部印发了《土地利用总体规划调整完善工作方案》（国土资厅函〔2014〕1237 号），正式启动了土地利用总体规划调整完善工作，并专门召开全国视频会进行工作部署。2015 年进一步深化该项工作，截至目前，全国土地利用总体规划调整完善方案已基本定稿，其主要政策如下。

（1）强调对实有耕地和基本农田的保护，做到应保尽保。要求各省（自治区、直辖市）根据最新掌握的耕地规模及其生产能力数据，按照既定的粮食安全保障要求，重新核定保护目标。耕地保护目标原则上应随二次调查耕地数据增加而提高；二次调查耕地数据减少的省份，原则上耕地保护目标不减少，并适当提高基本农田保护比例。优化耕地保护布局，确保受保护的耕地质量相比原规划不下降。严禁借规划调整完善之机随意调整耕地保护范围，防止劣进优出，降低保护耕地的质量。结合城市开发边界和生态保护红线划定工作，将城市周边、道路沿线应当划入而尚未划入的优质耕地划入基本农田，实行永久保护。对现有基本农田空间布局只能作适当调整，原则上不调出原有基本农田。

（2）适度调整部分规划建设用地规模、结构和布局。建设用地规模调整，要求以 2014 年建设用地规模为基数，与"十三五"规划相衔接，参照近年建设用地增长速度和节约集约用地状况，从严从紧确定 2020 年建设用地控制指标。建设用地结构布局的调整，主要落实区域协调发展、新型城镇化和新农村建设的战略要求，以及国家产业政策和供地政策。严格控制特大城市、大城市的规模增长和城市新区的无序扩张，促进串联式、组团式、卫星城式发展。

（3）加强对生态用地规模和布局的规划引导。对于不符合生态环境保护要求，而且现状不是基本农田的耕地，根据国家生态退耕总体部署逐步调整。对于严重污染和严重塌陷的耕地，积极做好耕地休养生息和土地综合整治，确实不能恢复的耕地要依据相关部门的认定结果逐步安排退出。通过合理安排生产、生活、生态用地空间，积极保护和扩大生态用地。

2. 持续推进"多规合一"和城市开发边界划定试点探索

为落实中央城镇化工作会议精神和《国家新型城镇化规划（2014 ~ 2020 年）》的要求，2014 年 8 月国土资源部会同国家发展改革委、环境保护部、住房城乡建设部等部委联合启动 28 个市（县）规划的"多规合一"试点，经过近一年的实践，试点单位在顶层设计、理论基础、实践路径等方面积极探索，截至 2015 年 8 月底，初步形成了"多规合一"的规划成果。多地实践成果表明，现阶段"多规合一"宜采取"1 + N"的规划模式，即在原来 N 个规划的基础上，再做 1 个"国土空间综合规划"。在具体操作中，强调以土地利用总体规划为底盘，以"三线"划定为主线，在国土空间上有机融合各类规划。

为贯彻中央城镇化会议精神，防止城市无序蔓延，优化城市空间布局，提高建设用地利用效率，2014 年 7 月国土资源部会同住建部启动了城市开

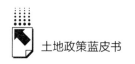

发边界的划定工作，并从 500 万人口以上的特大城市和目前正在开展城市总体规划修编的城市中选择了北京等 14 个城市作为首批试点。2015 年各试点城市持续推进试点工作，各城市立足各自资源环境现状、经济社会发展和规划土地管理实际，从划定的总体思路、技术要点、成果表达、实施管理等方面进行了探索和实践，目前已形成初步成果。

3. 强化土地利用计划调控

2015 年面对国内宏观经济形势的变化，国土资源部按照"稳增长、促改革、调结构、惠民生"的要求，进一步加强用地计划调控，规范土地利用计划指标的下达和使用，在常规计划外扩大专项性、相机性计划支持，有效保障了合理用地需求，引导了土地利用结构的优化，促进了经济发展转型和国家重点区域发展战略的实施。

（1）合理安排年度土地利用计划指标。2015 年 5 月，国土资源部印发了《关于下达〈2015 年全国土地利用计划〉的通知》。提出了在建设用地计划指标安排上区别对待、有保有压的总体要求，具体在计划指标使用方向上，要求优先用于保障性住房、公益设施、医疗教育、环境保护等社会民生建设，要重点支持交通、水利、能源等基础设施和军事建设；要合理安排大中小城市和小城镇建设，严格控制特大城市用地；要重点支持光伏等战略性新兴产业，以及养老等现代服务业建设。在计划指标分配方式上，要求对保障性住房用地计划指标继续实行专项安排、分级管理；对农村集体建设用地及新型农业经营主体的辅助设施建设用地计划指标实行单列，其中农村集体建设用地指标不得低于国家下达计划总量的 3%～5%；另外，对扶贫开发工作重点县，各有关省份在分解下达计划时要额外增加用地计划指标 300 亩。

（2）统筹增量存量计划指标。计划指标安排要与补充耕地潜力和实际补充耕地完成情况挂钩，适当减少耕地后备资源不足、补充耕地落实难市（县）的建设占用耕地指标。以供地率作为建设用地指标分配的参考依据，对近五年平均供地率小于 60% 的市（县），暂停安排新增用地指标，倒逼建设用地以盘活存量为主。对大城市用地进行特别控制，新增用地主要用于支持城市转型发展和用地结构优化。对新增建设用地指标与增减挂钩指标、城镇低效用地再开发规模和工矿废弃地复垦规模进行统筹安排。

（3）实施差别化的土地利用计划政策。为落实国家区域总体发展战略，更好地发挥土地参与宏观调控的作用，国家对东、中、西及东北地区根据区域发展实际和用地特点实行差别化的用地计划指标分解政策。同时，针对"一带一路"、京津冀、长江经济带这些重点发展战略区域，在土地利用计划指标上继续给予特殊支持政策，陆续出台了针对京津冀协同发展、长江经济带、新疆、福建、黑龙江两大平原等区域发展战略的用地支持政策。

（二）耕地保护政策

党中央、国务院历来高度重视耕地保护工作，针对耕地保护面临的新形势、存在的新问题，中央经济工作、农村工作等会议和中央领导同志对耕地保护工作提出了一系列新论述和新要求。2015年中央1号文件进一步强调了耕地保护工作，提出了永久基本农田划定、实施高标准农田建设规划、提升耕地质量行动、推进剥离耕作层土壤再利用，以及国家重点水利工程建设项目的征地补偿与耕地占补平衡政策调整等一系列任务。中共中央国务院下发的《关于加快推进生态文明建设的意见》《生态文明体制改革总体方案》，将耕地保护纳入了生态文明建设的重要内容，对耕地保护提出了具体要求：完善基本农田保护制度，划定永久基本农田，实行严格保护；加强耕地质量等级评定与监测，强化耕地质量保护与提升建设；完善耕地占补平衡制度，严格实行耕地占一补一、先补后占、占优补优；建立耕地休养生息制度，逐步将25度以上不宜耕种且有损生态的陡坡地退出基本农田，加大退化、污染、损毁农田改良和修复力度。落实中央国务院的要求，同时保持政策延续性，2015年耕地保护政策着重从完善耕地占补平衡、划定永久基本农田、防范农地"非农化"等方面发力，强化了耕地保护工作。

1.严格耕地占补平衡制度

针对各地在耕地占补平衡实践中普遍存在的"占多补少""占优补劣""占水田补旱地"等问题，中央领导同志对加强耕地保护、改进耕地占补平

衡等工作做了重要批示。为了进一步强化耕地保护，完善占补平衡政策，规范农村土地流转，保障国家粮食安全，2015 年 5 月 26 日，国土资源部、农业部、中央农办组织召开了加强耕地保护、改进耕地占补平衡、规范农村土地流转工作视频会议。就加强耕地保护和改进耕地占补平衡工作，会议提出，要从健全制度、完善机制、强化监管等方面综合施策，强化耕地保护和占补平衡。包括：进一步加强规划管控和用途管制，划定永久基本农田，减少新增建设用地占用耕地；严格落实耕地占补平衡责任，确保补充耕地数量和质量双平衡；推进土地整治和高标准农田建设，着力提升耕地质量，要完善耕地保护的约束激励机制，调动社会各方的积极性。

为了切实落实中央提出的"占优补优、占水田补水田"要求，国土资源部在耕地占补平衡"承诺制"和"补改结合"两方面进行了政策探索。"承诺制"是针对目前报国务院批准的水利水电、铁路等国家重点单独选址建设项目确实因选址无法避开占用水田，补充耕地受资源条件制约难以达到要求的，允许市县政府采用书面形式，在补充耕地数量、质量、地类、完成时限等方面做出承诺后，实行边补边占。"补改结合"即补充的耕地质量无法达到占用的耕地质量（通常指水田）时，对补充耕地储备库或以外的耕地进行改造，使其达到占用耕地质量（地类）水平，综合对应挂钩补充耕地和改造耕地，实现耕地占补平衡的措施。目前浙江、江西、海南、陕西等省份已在实践的基础上出台了有关"补改结合"的政策文件。

2. 推进永久基本农田划定

为了落实耕地保护制度，加强基本农田管理，2014 年 11 月，国土资源部、农业部联合下发了《关于进一步做好永久基本农田划定工作的通知》（国土资发〔2014〕128 号）。该通知对基本农田划定工作提出了四方面要求：一是明确划定要遵循耕地保护优先、数量质量并重的原则，按照布局基本稳定、数量不减少、质量有提升的要求，严格划定基本农田保护红线。城镇周边、交通沿线易被占用的优质耕地应优先划为基本农田。二是明确要与城市开发边界和生态保护红线划定等工作协同开展，在划定过程中涉及基本农田数量或布局改变、需要相应调整土地利用总体规划的，应依据相关法

土地政策蓝皮书

规、规范有序进行调整完善。三是要求在规模上从大城市到小城镇，由大到小、自上而下，逐级推动，由106个重点城市向其他城市拓展。四是明确划定工作的主体责任由县级以上地方各级政府负责，具体由国土资源主管部门会同同级农业主管部门组织实施。国土资源部和农业部负责宏观指导、监督检查。

根据128号文要求，2015年3月国土资源部、农业部又联合下发《关于切实做好106个重点城市周边永久基本农田划定工作有关事项的通知》（国土资厅发〔2015〕14号）。该通知重点强调永久基本农田划定要与土地利用规划调整完善协同推进，在规划调整完善前，采取自上而下的方式，按照上级核定下达的任务和要求，先行完成城市（镇）周边永久基本农田划定工作，确保城市周边、交通沿线优质耕地和已建成高标准农田优先划定为永久基本农田，未按要求完成的，规划调整完善成果审批（备案）不予受理。在规划调整完善后，采取自下而上的方式，按照布局基本稳定、数量不减少、质量有提高的要求，依照空间由近及远、耕地质量等别和地力等级由高到低的顺序，及时划定城市周边以外的永久基本农田，确保规划确定的基本农田保护目标全部上图入库、落地到户。

3. 防范农地"非农化"、"非粮化"

为了防止农地流转中出现的"非农化""非粮化"倾向，2014年11月中共中央办公厅、国务院办公厅印发《关于引导农村土地经营权有序流转发展农业适度规模经营的意见》（中办发〔2014〕61号），提出了对于工商企业租赁农户承包地要进行监管和风险防范。2015年中央1号文件也明确提出"尽快制定工商资本租赁农地的准入和监管办法，严禁擅自改变农业用途"。为了贯彻落实2015年中央1号文件，2015年4月，农业部、中央农办、国土资源部、国家工商总局等四部委联合发布《关于加强对工商资本租赁农地监管和风险防范的意见》，明确了工商资本进入农地事中事后监管，具体包括：一是要坚持最严格的耕地保护制度，切实保护基本农田，切实保障农地农用。二是强化农地的用途管制，采取严格措施严禁租赁耕地"非农化"。对租赁农地经营、项目实施等情况定期开展监督检查，探索利

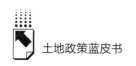

用网络、遥感等现代科技手段进行动态监测，及时纠正查处违法违规行为。三是严肃事后追责。对擅自改变用途、严重破坏或污染租赁农地等违法违规行为，一经发现，责令限期整改，并依法追究相关责任。2015 年 8 月国务院办公厅印发《国务院办公厅关于加快转变农业发展方式的意见》（国办发〔2015〕59 号），也强调要坚持把增强粮食生产能力作为首要前提，坚守耕地红线，做到面积不减少、质量不下降、用途不改变，稳定提升粮食产能，确保饭碗任何时候都牢牢端在自己手中，夯实转变农业发展方式的基础。

（三）节约集约用地政策

节约集约利用国土资源是保障科学发展的核心任务，国家一直高度重视和积极推动最严格的节约用地制度建设，自 2008 年《国务院关于促进节约集约用地的通知》（国发〔2008〕3 号）发布至今，国务院和国土资源部已经出台了多项关于节约集约用地方面的政策文件，初步形成了最严格的节约用地制度体系。2015 年节约集约用地政策是在以往制度框架的基础上，逐步转向细化完善、强调政策支撑作用发挥、注重业务全流程规范管理等。具体表现为，强化存量土地利用，开展低效工业用地调查清理，进一步规范完善节地评价考核制度体系，以及探索节地新模式。

1. 鼓励盘活利用存量土地

控制增量、盘活存量，提高建设用地的利用效率是节约集约用地管理的重要内容。近年来，节约集约用地政策更加注重存量土地利用，以及相关激励机制构建，多项国务院、国土资源部及相关部门政策文件对存量建设用地管理提出了要求。2014 年 10 月，国务院办公厅印发《关于促进国家级经济技术开发区转型升级创新发展的若干意见》（国办发〔2014〕54 号），提出强化土地节约集约利用，要求国家级经开区必须严格土地管理，加强土地开发利用动态监管，加大对闲置、低效用地的处置力度，探索存量建设用地二次开发机制，高效集约开发利用土地；2015 年 9 月 10 日，国土资源部联合国家发改委、科技部、工信部、住建部、商务部下发《关于支持新产业新业态发展促进大众创业万众创新用地的意见》，提出了鼓励盘活利用现有用地支持新产业新业态的发展，并提出了具体的政策措施。总之，在相关文件中，国家对经济结构调整升级、"退二进三"过程中原土地使用权人盘活利用存量土地，规定了一系列支持政策，包括改变土地用途、对利用城镇现有空闲的厂房、学校、社区用房进行改建和利用的，在一定经营期限内可不增收土地年租金或土地收益差价。土地使用性质也可暂不变更，到期后可以协议方式办理用地手续。现有过渡期支持政策以 5 年为限，对需要享受政策的市场主体，5 年期满涉及转让需办理相关用地手续的，可按新用途、新权利类型、市场价格以协议方式办理。

2. 开展低效工业用地调查清理

为适应经济发展形势，切实提高土地资源使用效率和效益，国土资源部决定进一步细化完善低效工业用地管理政策。2015 年 5 月，国土资源部发布《关于开展低效工业用地调查清理防止企业浪费土地的函》（国土资厅函〔2015〕661 号），旨在全面掌握工业用地低效利用和浪费情况，为后续管理制度完善奠定基础。该文件就低效工业用地清理调查做出了以下几方面规定：一是明确了低效工业用地界定范围。明确低效工业用地为现状投入产出强度、容积率、建筑密度、产业类型、生产运行状况等未达到产业和城镇发展需求，且仍有较大调整利用空间的非闲置用地。为确保调查到位，文件从土地利用强度、开发建设期限、投产情况等方面详细列举了应归入低效工业用地的 5 类情形。二是结合后期制定政策需要，明确了低效工业用地调查内容。要求对低效工业用地宗地情况做出说明，对目前低效用地盘活利用的经验、成效、存在问题、困难及原因进行总结归纳，研究提出下一步盘活利用低效工业用地的对策建议。三是强化信息化管理。要求低效工业用地调查成果与国土资源部现有信息化管理平台衔接，为保障数据安全性、规范后续数据分析、管理与应用提供信息化支撑。

3. 规范节地评价考核制度体系

经过多年基础研究与实践验证，节地评价考核技术体系和工作模式不断完善，已初步形成覆盖区域、城市、开发区的多层次节地评价考核体系。但是，在具体工作组织方面、有关实施要求方面还有待进一步完善；在评价层

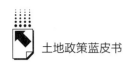

次方面，尚未建立项目用地的评价体系。

为进一步规范评价工作，建立健全工程化运行工作机制，2015 年 8 月国土资源部发布了《关于印发〈全国城市建设用地节约集约利用评价组织实施工作规则〉的通知》（国土资厅函〔2015〕1119 号），进一步明确、细化相关工作要求，为评价工作顺利实施提供保障。该通知从评价工作体系、职责分工、协调沟通、进展跟踪、技术支撑、质量控制、成果管理等方面，对城市节地评价工作提出了具体要求。为了进一步完善节约集约用地评价制度体系，改进和规范建设项目用地管理，促进建设项目节约使用土地，2015 年 4 月，国土资源部发布《国土资源部办公厅关于规范开展建设项目节地评价工作的通知》（国土资厅发〔2015〕16 号）。该通知对建设项目节地评价范围、内容和环节、专家库建设、实施管理等做出规定。包括：一是将评价范围界定为无标准、超标准建设项目，明确了项目节地评价是对现有建设用地报批工作进一步规范，而非增加行政审批的环节和程序。二是针对超标准和国家未颁布土地使用标准的建设项目，规定申报材料中相关说明编制要求和节地评价流程。三是提出建立健全专家库，并对专家库的组成、涉及的行业领域、专家选取条件、动态管理等进行了明确规定。四是加强监督管理，强化省级国土资源主管部门对节地评价工作的组织管理，建立检查和抽查制度。

4. 积极探索以税节地方式

2013 年以来，国家税务总局和国土部联合在全国开展"以地控税、以税节地"试点。主要内容为税务部门依托国土部门提供的地籍信息全面控管土地税源，国土部门以税务部门提供的税源信息促进土地节约利用。其含义是将单位土地面积税收产出与城镇土地使用税缴纳挂钩，单位土地面积税收产出多，城镇土地使用税优惠，单位土地面积税收产出少，征收高额的城镇土地使用税收，用经济手段调控土地利用效率。通过对土地相关税收数据比对，及时掌握了闲置土地信息，对满 2 年未动工建设的土地进行依法收回。通过发挥财政税收的杠杆调节作用，不仅倒逼企业节约集约用地，引导盘活利用存量土地，而且进一步促进了产业结构的转型升级和提质增效。国土和税务部门联合管控，促进土地节约集约利用。1 年多来，浙江、安徽、江西、江苏、湖北等地都在积极开展这项试点工作，基本实现了"政府增加财力，地税增加税源，国土规范管理"的多赢局面。

（四）不动产统一登记政策

为全面建立和实施不动产登记制度，自 2013 年以来，国土资源部联合中央编办、财政部及相关部委，在登记机构、登记簿册、登记依据和信息平台"四统一"原则的要求下，颁布实施了一系列的法律法规、政策文件，稳步推进不动产统一登记工作。在以往制度建设的基础上，2015 年不动产统一登记依然在"四统一"的要求下，进一步完善了政策，推进了工作。

1. 全面推进市县级职责整合

机构和职责整合是实现不动产统一登记的重要前提。按国土资源部办公厅 2015 年 1 月发布的《2015 年不动产统一登记工作计划安排》，要求在2015 年底前实现全国省、市、县三级不动产登记职责和机构整合基本到位。截至 2014 年 11 月和 2015 年 9 月已经完成了国家层面和省级层面的不动产登记机构和职责，而市县级的职能整合相对滞后。为了全力推进市县级职责机构整合，以实现登记机构的统一，2015 年 4 月国土资源部、中央编办颁布了《关于地方不动产登记职责整合的指导意见》（国土资发〔2015〕50号），明确要求各市县应尽快将不动产登记整合为由一个部门负责，并接受上级不动产登记机构的指导监督。不动产登记的申请、受理、审核、登簿等属于不动产登记完整的职责，严禁随意拆分不动产登记职责，确保登记职责的完整性。5 月，国土资源部办公厅印发了《关于加快落实不动产登记职责整合工作任务的通知》（国土资电发〔2015〕20 号）要求各省倒排时间，加快推进市县级职责机构整合，并以督导和专项督察的形式推进工作。

2. 启用统一的不动产登记簿证样式

不动产登记簿、不动产登记权证是权利人拥有产权的法律依据，在不动产登记制度中处于核心地位。为加快建立和实施不动产统一登记制度，落实国务院关于统一登记簿册的要求，2015 年 2 月，国土资源部颁布了《关于

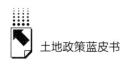
启用不动产登记簿证样式（试行）的通知》（国土资发〔2015〕25 号），决定从 2015 年 3 月 1 日起正式启用试行，对不动产登记簿证的使用、管理、监管，以及不动产权证书和登记证明的印制等工作提出了明确要求和安排部署。主要内容包括：一是确定了《不动产登记簿》《不动产权证书》《不动产登记证明》《不动产登记申请审批表》等不动产登记簿证样式内容。二是规定了不动产登记簿的内容可以结合实际情况和具体登记事项适当调整。要求登记簿一般采用电子介质，电子介质应按照登记簿的样式，采用菜单式组合、固定电子表格等方式制作登记簿；对暂不具备条件的，可以采用纸质介质，纸质介质应按照统一登记的模式，采用活页等方便增页和编订的方式制作登记簿。三是明确了不动产权利证书的样式。《不动产权证书》记载了登记薄的主要信息，有单一版和集成版两个版本，目前主要采用单一版证书。四是明确了新旧证之间的关系。已经依法发放的《集体土地所有证》等证书、证明，以及以前依法制作并记载登记内容的土地登记卡和归户卡、房屋登记簿等簿册继续有效。五是规范了不动产登记簿证的管理。

3. 《不动产权籍调查技术方案（试行）》颁布实施

不动产权籍调查是不动产登记的基础。为保证已完成不动产登记职责和机构整合的地区能够顺利开展不动产登记工作，确保现有各类不动产权籍调查工作的平稳过渡，实现日常不动产权籍调查的有序运行，2015 年 4 月，国土资源部印发了《关于做好不动产权籍调查工作的通知》（国土资发〔2015〕41 号），并附《不动产权籍调查技术方案（试行）》。技术方案的主要内容为：一是统一了调查基础。坚持地（海）籍调查作为不动产权籍调查的基础。不动产权籍调查以不动产单元为基本单位，在地（海）籍调查的基础上，一并开展土地、海域及房屋、林木等定着物的权属调查和测量，实施一体化调查。二是注重衔接，多规并行。坚持将已有地（海）籍调查成果作为调查衔接的主要依据，充分利用现有的登记、审批、交易等资料，及时更新调查成果。继续沿用现行的各类不动产权籍调查标准，协调一致避免现行调查标准间的技术差异，不一致的原则上以技术方案的要求为准。三是规范调查，统一成果。技术方案明确了调查的内容、调查的程序、调查成果的要求以及工作的组织实施等，颁布了各类调查工作表格。四是规定了不动产单元设定的方式与代码的编制规则。新颁布的不动产单元代码在2010年颁布的宗地代码基础上，进一步扩展为七层28位，分别是县级行政区划、地籍区、地籍子区、宗地（宗海）特征码、宗地（宗海）顺序号、定着物特征码、定着物单元号等，并对编码变更规则进行了细化。

4. 推进不动产登记信息平台建设

不动产登记信息管理基础平台是不动产登记制度建设的重要内容和不动产登记工作顺利实施的技术保障。按国土资源部计划，不动产登记信息平台建设将于2015年下半年上线试运行，2016年完成各级不动产登记数据整合建库，2017年建成覆盖全国的不动产登记信息平台。为了顺利推进信息平台建设，2015年8月，国土资源部颁布了《关于做好不动产登记信息管理基础平台建设工作的通知》（国土资厅发〔2015〕103号），对信息平台建设进行了全面部署。《不动产登记信息管理基础平台建设总体方案（试行）》《不动产登记数据库标准》、《不动产登记数据库整合建库技术规范》等相关标准也一并下发。据总体方案，不动产登记信息平台建设的总体目标为：到2017年底，基本建成全国统一的不动产登记信息管理基础平台，基本形成标准统一、内容全面、覆盖全国、相互关联、布局合理、实时更新、互通共享的不动产登记数据库体系，全国各级不动产登记业务全流程实现网上运行，各级不动产登记信息与审批、交易信息实现网上实时互通共享，面向各级公安、民政、财政、税务、工商、金融、审计、统计等部门的信息共享完备、准确、可靠，面向社会公众的依法信息查询服务便捷、高效。同时，总体方案还提供了"省级大集中""省级部分集中"和"市级集中"三种可供各省选择的信息平台建设架构模式。就当前了解，较多的地区认为"省级部分集中"的形式比较便于管理，易于实践操作。

（五）房地产市场调控及保障性安居工程用地政策

为切实贯彻国务院关于房地产市场分类调控、因地施策的总体要求，进一步加强住房及用地供应管理，优化住房及用地供应规模与结构，统筹保障

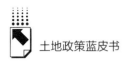

性安居工程建设，支持自住和改善性住房需求，促进房地产市场的健康平稳发展，2015 年 3 月，国土资源部与住房城乡建设部联合下发了《关于优化2015 年住房及用地供应结构促进房地产市场平稳健康发展的通知》（简称《通知》），规定了当前房地产开发用地及保障性安居工程用地政策。

1. 合理安排住房及用地供应规模和结构

一是加快编制本地区的住房建设规划及年度实施计划，统筹安排住房的建设总量、供应结构、空间布局和开发进度，合理确定保障性住房和商品住房的供应比例。对于住房供过于求的地区，要适当控制 2015 年住房建设的规模与进度。二是按照市场供求情况，结合商品住房存量、未开工住宅用地总量等指标，合理确定商品住房用地供应规模。三是国土资源主管部门要对住宅用地供应的规模、布局和时序进行控制，强化住宅用地供应管理。四是允许房地产开发企业依据市场实际需求适当调整套型结构，满足合理的自住和改善性住房要求。允许转为棚改安置房和公共租赁住房的房地产用地适当调整规划建设条件，优化户型结构。五是引导未开发房地产用地用于国家支持的新兴、文化、养老、体育产业等项目用途的开发建设，促进相关产业发展。

2. 统筹保障性安居工程建设

一是强化用地计划保障，对保障性安居工程和棚户区改造年度任务所需用地应保尽保。二是多渠道筹措保障性安居工程房源，允许将符合条件的商品住房转换为棚改安置房和公共租赁住房，或将尚未开工建设的房地产用地转为棚改安置房和公共租赁住房用地。三是完善保障性安居工程配套的相关土地政策，包括重新核定土地价款、变更出让合同、完善相关手续等。

（六）支持产业和经济发展的用地政策

2014 年中央经济工作会议指出，认识新常态、适应新常态、引领新常态，是当前和今后一个时期我国经济发展的大逻辑；要努力保持经济稳定增长，逐步增强战略性新兴产业和服务业的支撑作用。以土地利用方式转变促进经济发展方式转变和结构优化是国土资源部门在经济新常态下履行土地管理职责的新定位。2015年，为落实中央稳增长、调结构、惠民生的总体要求，国土资源部等部委制定了一系列支持产业和经济发展的用地新政策。

1. 支持新产业、新业态发展用地政策

为落实党中央、国务院关于促进新产业新业态发展、推进大众创业万众创新的重大决策部署，2015年9月10日，国土资源部联合国家发改委、科技部、工信部、住建部、商务部下发《关于支持新产业新业态发展促进大众创业万众创新用地的意见》（简称《意见》），从加大新供用地保障力度、鼓励盘活利用现有用地、引导新产业集聚发展、完善新产业用地监管四个方面提出了具体的政策措施。

（1）加大新供用地保障力度。《意见》依据国家《战略性新兴产业重点产品和相关服务指导目录》《中国制造2025》等，明确了新产业、新业态用地类型，要求各地结合地方实际，纳入重点保障范围；提出以"先存量、后增量"的原则优先安排用地，新产业发展快、用地集约且需求大的地区，可适度增加年度新增建设用地指标；明确运用多种方式供应新产业用地，推行以租赁方式或先租后让、租让结合方式，需以招标、拍卖、挂牌方式供应土地的，可在租赁供应时实施招标、拍卖、挂牌程序，租赁期满符合条件拟转为出让土地的，可以协议方式办理出让手续；采取差别化用地政策支持新业态发展，如光伏、风力发电等使用未利用土地的，不改变地表形态的用地部分可按原地类认定；新能源汽车充电设施、移动通信基站等用地面积小、需多点分布的新产业配套基础设施用地，除支持采取配建方式落实用地外，还将依法设立地役权作为一种重要的用地方式予以推行。

（2）鼓励盘活利用现有用地。《意见》提出，对制造业迈向中高端的企业用地，生产性、科技及高技术服务业发展用地，建设创业创新平台用地，"互联网＋"行动计划实施用地等，可实行过渡期政策，5年内可继续按原用途和土地权利类型使用土地，以促进产业结构转型平稳过渡。期满或涉及转让的，按新用途、新权利类型、市场价办理用地手续；对依托国家实验室等现有科研设施构建创新平台的，允许其继续保持土地原用途和权利类型不变；对于科研院所企业化改革，允许其按国有企业改制政策进

行土地资产处置。

（3）引导新产业集聚发展。《意见》提出，鼓励开发区、产业集聚区规划建设多层工业厂房、国家大学科技园、科技企业孵化器，供中小企业进行生产、研发、设计、经营多功能复合利用，其用地可按工业用途和科教用途管理；引导土地用途兼容复合利用，新产业的工业、科教用地可兼容建筑面积比例不超过 15% 的生产服务等设施。出让兼容用途的土地，按主用途确定供应方式，在现有建设用地上增加兼容的，可以协议方式办理用地手续；推动功能混合和产城融合，单一生产功能的开发区、产业集聚区可适当安排建设用地用于商品零售、住宿餐饮、商务金融、城镇住宅等建设，推动相关区域从单一生产功能向城市综合功能转型。

（4）完善新产业用地监管。《意见》明确，建立政策实施部门联动机制、共同监管机制和定期核验评估制度；确保新产业、新业态发展新供用地落实，加强过渡期满政策执行监管，防止以任何名目改变政策适用期；相关部门应要求土地使用权取得人提交项目用地产业发展承诺书，作为签订土地供应合同的前提条件；为新产业项目提供证明的部门应对经营方向进行监管；对不符合用地支持扶持条件的，应及时终止政策执行。

2.吸引社会资本投资铁路建设的土地政策

2014 年，国务院办公厅印发了《关于支持铁路建设实施土地综合开发的意见》，提出了实施铁路用地及站场毗邻区域土地综合开发利用政策，支持铁路建设，促进新型城镇化发展。为了进一步鼓励和扩大社会资本对铁路的投资建设，2015 年 7 月 10 日，国家发改委、财政部、国土部、银监会、国家铁路局联合发布《关于进一步鼓励和扩大社会资本投资建设铁路的实施意见》，提出了通过推动实施土地综合开发和积极做好征地拆迁等工作吸引社会资本投资铁路建设。具体政策为：社会资本投资铁路建设享受国家有关支持铁路建设实施土地综合开发的政策，通过开发铁路用地及站场毗邻区域土地、物业等资源提高收益；支持盘活存量铁路用地，在符合土地用途管制的前提下，鼓励新建项目按照统一规划、联动供应、立体开发、统筹建设的原则实施土地综合开发。要求各地统筹做好铁路站场及毗邻地区相关规划，及时办理用地、规划许可等手续；对社会资本投资的铁路项目征地拆迁补偿安置工作，在保障被征地拆迁群众合法权益的基础上，允许地方政府以国有土地入股参与铁路项目建设。社会资本投资的铁路项目用地，在用地政策上与政府投资的铁路项目实行同等政策。

3. 支持休闲农业发展

为了开发农业多种功能，大力促进休闲农业发展，着力推进农村一、二、三产业融合，2015 年 8 月，农业部会同国家发展改革委等 11 部门联合印发了《关于积极开发农业多种功能大力促进休闲农业发展的通知》（农加发〔2015〕5 号），明确了支持休闲农业发展的用地政策，在实行最严格的耕地保护制度的前提下，对农民就业增收带动作用大、发展前景好的休闲农业项目用地，各地要将其列入土地利用总体规划和年度计划优先安排，鼓励使用"四荒地"发展农家乐，支持闲置宅基地整理结余的建设用地用于休闲农业发展。

（七）农村土地制度改革试点启动

党的十八届三中全会通过的《中共中央关于全面深化改革若干重大问题的决定》，针对长期以来在土地利用和管理中面临的矛盾和重大问题，提出了一系列深化土地制度改革的要求。包括："建立城乡统一的建设用地市场。在符合规划和用途管制前提下，允许农村集体经营性建设用地出让、租赁、入股，实行与国有土地同等入市、同权同价"，"缩小征地范围，规范征地程序，完善对被征地农民合理、规范、多元保障机制"，"建立兼顾国家、集体、个人的土地增值收益分配机制，合理提高个人收益"，"保障农户宅基地用益物权，改革完善农村宅基地制度，选择若干试点，慎重稳妥推进农民住房财产权抵押、担保、转让，探索农民增加财产性收入渠道"。按照中央的改革部署，国土资源部牵头完成了农村土地改革方案，并报中央深化改革领导小组审议。党的十八届四中全会提出，"要实现立法和改革决策相衔接，做到重大政策于法有据、立法主动适应改革和经济社会发展需要"。2014 年 12 月 11 日，习近平总书记主持中央政治局常委会审议通过

《关于农村土地征收、集体经营性建设用地入市、宅基地制度改革试点工作的意见》，中办、国办于12月31日印发。2015年2月6日，李克强总理主持国务院第81次常务会议审议通过试点涉及的法律授权草案，2月25日，张德江委员长主持全国人大常委会审议通过法律授权草案，2月27日，十二届全国人大常委会第13次会议通过了《关于授权北京市大兴区等33个试点县（市、区）行政区域暂时调整实施有关法律规定的决定》，使农村土地制度改革于法有据，获得了法律保障。

决定提出，由全国人大常委会授权国务院在北京市大兴区等33个改革试点县（市、区）行政区域，暂时调整实施《土地管理法》第43、44、47、62、63条与《城市房地产管理法》第9条有关农村土地征收、集体经营性建设用地入市、宅基地管理制度的有关规定。以上调整在2017年12月31日前试行，对实践证明可行的，修改完善相关法律；对实践证明不宜调整的，恢复施行相关法律规定。

（八）全面推进法治国土建设

贯彻党的十八届四中全会提出的全面依法治国的重大战略部署，针对国土资源管理中存在的部分法律规定相对滞后、有些法律实施制度尚不健全、执法监督还不够严格规范、权利救济渠道还不够畅通等问题，2015年8月11日，国土资源部发布了《中共国土资源部党组关于全面推进法治国土建设的意见》（简称《意见》）。

《意见》提出了法治国土建设的总体目标：到2020年，基本建成法制完备、职能科学、权责统一的国土资源管理体系，执法严明、勤政廉洁、敢于担当的国土资源管理队伍，法治统筹、公正文明、守法诚信的国土资源管理秩序。《意见》提出，把"尽职尽责保护国土资源、节约集约利用国土资源、尽心尽力维护群众权益"的工作定位贯彻到法治国土建设全过程，把依法行政和加强监督作为重点，使立法与改革决策相衔接，与经济社会发展相适应。加强重点领域立法，完善国家自然资源资产管理法律体系、建立健全以不动产统一登记为基础的自然资源产权法律制度。配合立法机关加快推进《土地管理法》等法律的修改，推进国家土地督察、不动产统一登记、土地利用规划等重点法规规章的制定。公布行政审批事项目录，制定国土资源管理权力清单、责任清单、收费清单和负面清单。将法治国土建设情况纳入绩效考核指标体系并确定合理权重。

二 2015年主要土地政策评价

为满足宏观经济发展与资源生态保护的需求，2015 年的土地政策更加注重保资源和保发展的能力建设，更加注重参与宏观调控的科学化和精准化，更加注重制度建设的系统性和可操作性，并且稳妥推进了农村土地制度试点改革，更好地发挥了土地政策在国家治理中的作用。

（一）土地政策是国家治理不可或缺的重要组成部分

十八届三中全会公报指出："全面深化改革的总目标是完善和发展中国特色社会主义制度，推进国家治理体系和治理能力现代化。"所谓国家治理体系，即一整套紧密相连、相互协调的国家制度，包括经济、政治、文化、社会、生态文明和党的建设等各领域的体制、机制和法律法规安排。土地是最基础的资源，承载了人类所有的社会经济活动，土地制度和土地政策的制定完善直接关系经济社会的发展和国家的长治久安。近年来，国家也越来越重视土地制度在社会经济发展中的重要性，在国家层面的各类政策文件中更加强调土地制度和政策的基础性作用，土地制度和政策已经上升为国家治理体系中不可或缺的重要组成部分。

1. 土地政策已逐步渗透到国家经济、社会、生态等治理体系中

如：为了支持产业和经济发展，国土资源部等 6 部委联合下发了《关于支持新产业新业态发展促进大众创业万众创新用地的意见》，提出了多项用地支持政策。为支持铁路建设融资以及休闲农业发展等，在《关于进一步鼓励和扩大社会资本投资建设铁路的实施意见》《关于积极开发农业多种功能大力促进休闲农业发展的通知》等文件中也提出了相应的土地支持政

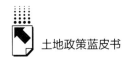

策。为促进生态文明建设和耕地保护，9月，中央、国务院印发的《生态文明体制改革总体方案》，将耕地保护纳入了生态文明建设的重要内容，提出了完善基本农田保护制度，划定永久基本农田，加强耕地质量保护，完善耕地占补平衡制度等政策要求。7月，《国家安全法》颁布，首次将粮食安全纳入国家安全体系，要求各级国土资源主管部门要站在国家安全的角度，将严守耕地保护和资源生态红线、保障国家粮食安全等国土部门的日常工作上升到国家安全的高度。8月，国务院办公厅印发的《关于加快转变农业发展方式的意见》，强调将坚守耕地红线，做到面积不减少、质量不下降、用途不改变，作为增强粮食生产能力的首要前提。

2. 土地治理的变革和治理能力的提升，促进了国家治理体系和治理能力的现代化

从"管理"到"治理"，体现了治国理念的新变化、新要求、新跨越。相对于"管理"，"治理"更加强调的是权力的协同、合作、共治、共享和法治。围绕现阶段国家治理现代化目标的要求，土地政策实施了一系列的改革和创新，着力提升土地治理能力，促进了国家治理体系和治理能力的现代化。如，实施"多规合一"、规划的公众参与、不动产的统一登记、耕地保护的共同责任等政策，都体现了土地治理由一元单向治理向多元交互共治的结构性转变；农村土地制度改革中强调的产权平等、不同主体的收益分配机制构建等，都体现了土地治理由牺牲式发展向利益共享和共赢式发展转变；健全空间规划体系，科学合理布局和整治生产、生活、生态空间，划定基本农田保护红线、生态保护红线、城市发展边界等，体现了土地治理目标由单一经济发展型向生态导向综合型转变；支持产业和经济发展的用地政策，房地产市场调控及保障性安居工程用地政策，体现了土地治理适应经济发展新常态及保障改善民生的需要；全面推进法治国土建设，体现了土地治理的法治理念。

（二）多措并举、源头治理，强化土地管理保资源与保发展的能力

"保护资源、保障发展"是长期以来土地管理工作努力追求的双赢目

标。一方面，随着我国经济正在"三期叠加"中转型并走向新常态，经济增长速度放缓，特别是进入 2015 年以来，经济下行明显，市场波动加剧，稳增长、调结构对土地管理提出了新挑战；另一方面，生态文明建设全面推进，保耕地红线、保生态底线的要求提升，生态文明体制改革稳步实施，土地管理制度面临新的改革诉求。面对保资源、稳增长的双重压力，国土资源部主动作为，多措并举，找准源头，持续发力，进一步提升了土地管理保资源与保发展的能力。

1. 强化规划管控，实施源头治理，坚守耕地和生态红线

实施土地利用总体规划完善调整和城市开发边界划定试点政策，要求规划完善调整要对实有耕地和基本农田进行保护，做到应保尽保。要结合城市开发边界和生态保护红线划定，切实将城市周边、道路沿线应当划入而尚未划入的优质耕地划入基本农田，实行永久保护。国土资源部、农业部联合下发的《关于切实做好 106 个重点城市周边永久基本农田划定工作有关事项的通知》，也强调永久基本农田划定要与土地利用规划调整完善协同推进，在规划调整完善前，先行完成城市（镇）周边永久基本农田划定工作，未按要求完成的，规划调整完善成果审批（备案）不予受理。在规划调整完善后，再及时划定城市周边以外的永久基本农田，确保调整完善后规划确定的市（县）域内的基本农田保护目标全部上图入库、落地到户。另外，通过对城市发展边界的划定，并且确保边界的刚性，严禁任何建设超越边界，这就从源头上锁定了城市发展外延扩张的冲动，切断了城市建设肆意占用耕地或基本农田的通道，坚守了耕地和生态红线，同时也倒逼土地利用方式由粗放向节约集约转变，进而引导经济发展方式的转型。

2. 采取多种措施，保障稳发展用地

一是通过优化审批程序，提升土地审批效率，对于符合条件的重大工程用地项目，审查时间由 30 个工作日缩短至 20 个工作日。二是针对一些地方发展空间不足、稳增长重大项目落地难的实际情况，国土资源部多渠道、多举措提供用地保障。如对于南水北调工程、北京新机场这种跨省份、占用耕地量大的国家重大建设项目，国土资源部通过采取国家统筹补充耕地的措

施，促进项目及时落地。三是强化土地利用计划调控，重点保障水利、交通、能源等重点基础设施用地，优先安排社会民生、扶贫开发、战略性新兴产业以及国家扶持的重点产业发展用地。四是出台支持政策，鼓励存量挖潜。如出台的《关于支持新产业新业态发展促进大众创业万众创新用地的意见》，提出了包括实施 5 年期过渡政策，采取协议方式办理手续，减免土地收益等多项盘活利用现有用地的政策，促进新产业新业态发展。五是加大闲置土地清理力度。国务院重大政策措施落实情况督查发现，建设用地闲置现象严重，部分地方 2009～2013 年已供应建设用地中，闲置土地总量占当期年土地平均供应量的 28.6%，有的地方达 30.5%。由此表明，所谓发展遇到土地瓶颈，并不是土地供应量小，而是因为土地没用好，缺乏土地高效利用的约束机制。国土资源部按照国务院的要求，采取收回或扣减用地指标的办法来倒逼地方加紧闲置土地的处置。在当前稳增长的大环境下，大量的闲置土地释放，一方面可以有效增加土地的供应，保障用地需求，另一方面也可以改变依靠新增的传统用地模式，促进经济发展方式转变。

（三）分类调控、因地施策，强调土地政策调控的科学化和精准化

土地参与宏观调控，是我国在特定发展阶段基于特有的土地制度和特殊的国情做出的特殊选择。目前我国经济社会发展进入了新常态，这个阶段经济发展速度放缓，更加注重经济发展质量，对土地参与宏观调控提出了新要求。同时，相对于财政、货币等宏观调控手段，土地参与宏观调控在信息获取、决策判断、政策执行等方面存在的问题，一直是社会广为争议的焦点。因此，强调土地政策调控的科学化和精准化，通过细化调控对象、调控目标，实施差别化的调控政策就成为政策设计的重点。

1. 房地产用地调控因地施策

2015 年房地产市场分化现象较为明显，针对部分地区房地产市场存在结构性、区域性供求矛盾突出，需要进一步加大土地供应力度，而部分二、三线城市房地产用地供应已严重超出了城市经济社会发展的需要，去库存压

力较大等不同情况，《关于优化 2015 年住房及用地供应结构促进房地产市场平稳健康发展的通知》提出要采取分类调控、因地施策的调控策略，突出了政策调控的针对性和差异化。如针对不同地价上涨区域采取不同的供地政策。2014 年国土资源部依据房价、地价、商品住房累积可售面积总量、未开工住宅用地总量等多项指标，将全国城市划分为房价地价上涨快、上涨较快、平稳上涨、持平、下跌五大类型区，以此为基础，对应于不同的类型区，分别采取住宅用地显著增加、增加、持平、适当减少、减少直至暂停五类供应政策，并据此指导调整住宅用地供应和稳定市场价格信号等工作。另外，强调结构调整优化。首次将住房供应结构与土地供应结构联动调整，明确在一定条件下可以将商品住房调整为保障房，将商品住宅用地调整为保障性住房用地、养老服务业等用地，有助于稳定供求关系，促进民生保障和经济结构转型。

2. 土地利用计划调控更加强调差异化和针对性

2015 年土地利用计划服务于国家宏观经济发展需求，进一步规范了土地利用计划指标的下达和使用，强调了指标分配的差异性和针对性。一是在指标使用方向上，优先安排社会民生建设用地，重点保障基础设施和军事用地，严格控制特大城市用地，合理安排大中小城市和城镇用地计划指标，重点支持战略性新兴产业和现代服务业建设，落实扶贫开发建设用地等；二是统筹土地利用计划增量和存量指标管理，以供地率作为下达新增用地计划的重要依据，倒逼建设用地以盘活存量为主；三是落实国家区域总体发展战略，保障重点区域的用地指标。这些土地利用计划调控措施，有效保障了合理用地需求，引导了土地利用结构的优化，促进了经济发展转型和国家重点区域发展战略的实施。

（四）统领全局、制度先行，注重节约集约用地制度的系统化建设

资源节约集约利用是党中央、国务院根据我国特殊资源国情、特殊发展阶段做出的重大战略部署。转变土地利用方式、推进节约集约用地，是当前我国面临的各种土地问题中最根本、最迫切的任务，因此，国土资源部明确

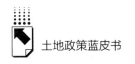

了要以节约集约用地统领土地管理全局工作，重视节约集约用地制度的系统化建设，同时也将节约集约用地理念贯穿于规划管控、耕地保护、土地调控、产业发展、土地改革、法治国土等所有政策中，在实践中不断实现保障科学发展、保护土地资源与维护群众权益的统一。

1. 继续按照控制增量、盘活存量、优化结构、综合利用等要求来推动节约集约用地

2015 年在各项土地政策中，通过深入开展土地利用总体规划调整完善、继续开展城市边界、永久基本农田和生态红线的划定，控制用地布局、调整用地结构，提高了生产用地效率，保障生活生态用地面积；通过优惠土地政策激励土地使用者或市场主体盘活存量土地，提高存量土地利用水平，支持产业和经济发展。

2. 继续完善节约集约用地制度体系建设

近年来，国务院和国土资源部连续出台了《国务院关于促进节约集约用地的通知》（国发〔2008〕3 号），《关于大力推进节约集约用地制度建设的意见》（国土资发〔2012〕47 号），《节约集约利用土地的规定》（国土资源部令第 61 号），以及《关于推进土地节约集约利用的指导意见》（国土资发〔2014〕119 号）等多项政策文件，最严格的节约用地制度体系基本确立。2015 年节约集约用地政策继续向系统化发展，在以往制度体系基础上，进一步提高政策的针对性，同时细化、规范节地评价考核制度体系。其中节地考核评价体系包括：一是土地节约集约利用考核，是上一级政府对下一级政府单位国内生产总值建设用地面积下降情况的考核，作为控制区域建设用地规模、下达土地利用年度计划的依据，属于宏观层面的考核；二是城市建设用地节约集约利用评价，是对城市建设用地规模、布局、结构、用途、土地利用强度、密度进行评估，促进城市建设用地利用效率提高，针对的是存量的建设用地，属于中观层面的考核；三是建设用地项目节地评价，是对国家和地方尚未颁布土地使用标准和建设标准的特殊建设项目，在审批环节对项目用地集约情况的评价，作为办理用地、供地手续的依据，属于微观层面的考核。其中，宏观和中观的节地考核评价制度已经建立并实施，2015 年，

国土资源部发布《国土资源部办公厅关于规范开展建设项目节地评价工作的通知》，对建设项目节地评价范围、内容和环节、专家库建设、实施管理等做出规定，该通知弥补了节地评价微观层面的制度缺失，完善了节地评价制度体系。至此，节约集约用地考核评价建立了宏观、中观、微观三个层面，从行政区域、城市再到具体的用地项目，形成了多层次、多角度的节地集约用地评价体系。从用地项目审批阶段、使用阶段到已经在利用的存量，覆盖事前、事中到事后用地全过程。

（五）系统设计、法律护航，审慎稳妥推进农村土地制度试点改革

作为一项事关经济社会发展全局的重要改革，2015 年，我国农村土地制度改革试点工作在完成顶层设计、法律授权，以及 33 个改革试点实施细则和试点方案出台的基础上，正式进入了实施阶段。区别于以往的土地制度改革和试点，此次改革更加重视顶层设计，强调改革过程中的法律授权。

《关于农村土地征收、集体经营性建设用地入市、宅基地制度改革试点工作的意见》的印发，完成了改革的顶层设计，并指明了改革是在市场化改革的背景下，以建立城乡统一的建设用地市场为方向，以建立兼顾国家、集体、个人合理的土地增值收益分配机制为关键，以夯实农村集体土地权能为基础，以维护农民土地权益、保障农民公平分享增值收益为目的，同时坚持循序渐进，注重改革协调。此次改革由全国统一部署，按照统一的要求开展，全国同一个口径开展试点，为今后法律的修改提供强有力的支撑。

《关于授权北京市大兴区等 33 个试点县（市、区）行政区域暂时调整实施有关法律规定的决定》的通过，将改革纳入法律的框架，扫清了试点探索构建城乡统一建设用地市场的法律障碍。同时，在依法治国的背景下，注重运用法治思维和法治方式来推动改革，用法律授权方式解决改革措施与现行法律规定不一致的问题，是减少改革的盲目性和风险，确保改革在合理、理性轨道上进行的重要保障。没有法律障碍条件下的改革试点跟踪研究，既解决了以往试点难以取得进展的深层矛盾，也有利于归纳试点改革的

共性特征和所面临的共同风险与挑战，并在试点的基础上，总结提炼出可复制、利修法的经验与政策建议。

三 2016年土地政策展望

（一）在坚持最严格的耕地保护和节约用地制度下，继续实行稳增长、调结构、惠民生的用地政策

2016年，各行业各地区"十三五"规划陆续出台，国家区域发展战略还将深化，未来经济仍将保持中高速增长，土地的保障任务仍很艰巨。土地政策将着力于统筹增量、挖掘存量、优化结构，为稳增长、调结构、促转型提供支撑保障。2016年，将在目前开展的"多规合一"和城市开发边界划定试点的工作基础上，逐步研究出台基于生态保护红线、永久基本农田红线、城市开发边界的国土空间治理和管控政策，进一步健全国土空间用途管制制度，在此基础上整合现有空间规划，有力促进国土空间开发保护格局的优化，推进用途管制制度的进一步完善。

保障城乡建设合理的用地需求，促进城镇化转型发展，推动城乡一体化进程，提高国土空间利用效率。从严控制新增用地，倒逼通过建设用地结构优化和闲置、低效用地的优化利用来满足未来发展需求，实现建设用地总量控制和减量化管理，调整结构，盘活存量。同时，经济结构优化升级、创新驱动成为新常态，必然对土地利用业态产生影响。未来土地政策，需把更多精力放在调控区域经济平衡、倒逼土地利用方式转型、引导土地利用结构优化、促进土地用途混合布局等方面，实施创新驱动发展战略、大力推进大众创业万众创新，支持培育发展新产业、新业态，土地政策更趋于精细化。

（二）落实生态文明建设要求，土地管理政策的理念将发生改变

《生态文明体制改革总体方案》提出了尊重自然、顺应自然、保护自然的理念，发展中树立空间均衡理念，人口规模、产业结构、增长速度不能超

出当地水土资源承载能力和环境容量，到 2020 年构建起由自然资源产权制度、国土空间开发保护制度、空间规划体系、资源总量管理和全面节约制度、资源有偿使用和生态补偿制度等八项制度。健全国土用途管制制度，将用途管制扩大到所有自然生态空间。《生态文明体制改革总体方案》中提出的"简化自上而下的用地指标控制体系，调整按行政区域和用地基数分配指标的做法。将开发强度指标分解到各县行政区，作为约束性指标，控制建设用地总量"等要求，为我国土地利用计划指标管理方式的改革提供了思路。

健全国家自然资源资产管理体制。按照所有者、监管者分开和一件事情由一个部门负责的原则，整合职责，组建对全民所有的自然资源统一行使所有权的机构，负责全民所有自然资源的出让等。区分自然资源资产所有者权利和管理者权利，合理划分中央地方事权和监管职责，保障全体人民分享所有自然资源资产收益。依照以上改革思路，未来国土资源管理机构设置、职责整合调整将发生较大变革。

（三）在国家推进系统性改革的要求下，土地领域的改革也必将更加重视多项改革协同推进

中共中央办公厅、国务院办公厅 9 月印发了《关于在部分区域系统推进全面创新改革试验的总体方案》，提出系统推进全面创新改革是破解创新驱动发展瓶颈制约的关键。将选择一些区域，开展系统性、整体性、协同性改革的先行先试，统筹推进经济社会和科技领域改革，紧紧围绕国家区域发展战略的总体部署，选择若干创新成果多、体制基础好、转型走在前、短期能突破的区域，开展系统性、整体性、协同性的全面创新改革试验。探索系统改革的有效机制、模式和经验。

按照这一要求，在土地制度改革方面，一是国家层面统筹安排农村土地制度多部门联合改革，如宅基地制度改革与农房抵押担保改革共同推进。《国务院关于开展农村承包土地的经营权和农民住房财产权抵押贷款试点的指导意见》，赋予"两权"抵押融资功能，明确贷款对象、贷款用途、产品

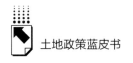

设计、抵押价值评估、抵押物处置等业务要点，盘活农民土地用益物权的财产属性，加大金融对"三农"的支持力度。在保证农户承包权和基本住房权利前提下，允许金融机构依法采取多种方式处置抵押物。探索宅基地权益在农民住房财产权抵押担保中的实现方式和途径，保障抵押权人合法权益。设立农民住房财产权抵押的，应将宅基地使用权与住房所有权一并抵押。探索建立宅基地使用权有偿转让机制。二是国务院要求建立统一的公共资源交易平台。2015年7月31日，李克强总理主持召开国务院常务会议，决定整合建立统一的公共资源交易平台，推动资源交易的阳光化运作、市场配置、合理化定价、在线化操作，以管理创新促进资源配置高效透明。创新事中事后监管，提高政府管理水平和效率，防止权力寻租和滋生腐败。国有土地使用权交易以及集体经营性建设用地入市中的交易都要在公共资源交易平台上统一运行，对集体经营性建设用地入市的交易规则、程序等提出更高要求。

（四）与土地管理相关的国家立法加快

8月，十二届全国人大常委会对立法规划作了调整，涉及土地管理的《资源税法》《房地产税法》《耕地占用税法》均为新增立法项目，需要抓紧研究、条件成熟时提请审议。在调整后的立法规划项目中，《土地管理法》修改被列为第一类项目，即条件比较成熟，将在本届人大任期内提请审议。

政策评价篇

Policy Reviews

B.2
2015年土地规划政策评述

祁帆 刘康 赵云泰 田志强 *

摘 要： 2015 年土地利用规划政策，积极应对经济社会发展复杂形
势，深刻把握发展规律和现实需求，适应经济新常态和生态
文明建设与改革要求，对现行全国土地利用总体规划纲要确
定耕地和基本农田、建设用地、生态用地的规模和布局进行
调整优化；从计划指标体系、控管方式、配套政策等方面，
提高土地利用计划调控管理的差异化和针对性；探索“多规
合一”并在理论基础、顶层设计、实践路径等方面取得基本
共识；探索和实践划定“城市开发边界”，在总体思路、技
术要点、成果表达、实施管理等方面取得初步成果，不断完

* 祁帆，中国土地勘测规划院规划所高级工程师；刘康，中国土地勘测规划院规划所副所长、
研究员；赵云泰，中国土地勘测规划院规划所高级工程师；田志强，中国土地勘测规划院规
划所研究员。

善规划计划政策和创新规划管控方式，为保障发展、保护资源和维护权益提供重要支撑。

关键词：　土地利用　总体规划　多规合一　城市开发边界

2015 年是土地利用规划管理形势比较复杂的一年。一方面，经济社会发展进入新常态，国内外需求不足，经济下行明显，市场波动加剧，稳增长、调结构对规划用地保障和调控提出了新挑战；另一方面，生态文明建设全面推进，保耕地红线、保生态底线的要求提升，生态文明体制改革进入顶层设计阶段，土地利用规划计划政策制度面临新的改革诉求。面对复杂形势，国土资源部门认真贯彻十八大有关精神，主动作为，积极应对，不断完善规划计划政策，创新规划管控方式，推进规划计划政策调控的科学化和精准化，取得了积极成效。

一　深化土地利用总体规划完善调整，保底线保增长的规划管控能力进一步提升

现行土地利用总体规划进行调整完善是国家基于二次土地调查成果所反映的最新土地利用数据提出的。二次调查成果显示，全国耕地比原来掌握的数据多了近 2 亿亩，建设用地多了近 156 万公顷。这意味现行土地利用总体规划许多目标与指标所依据的土地利用基数不太准确。一方面，如果以最新数据来核算，许多规划指标会出现异常，各地规划实施会不同程度受到影响。为保障规划的科学性与合理性，中央政治局在审议《关于第二次土地调查主要情况的汇报》时明确提出，要依据二次调查成果数据，适时调整耕地保有量、基本农田保护面积和建设用地规模等规划指标。另一方面，现行规划从编制到实施已整 10 年，规划剩余用地空间已日渐缩小，用地与发展的矛盾日益突出。全国土地利用总体规划中期实施评估显示，全国规划建

设用地增量指标已使用75%，剩余空间仅2016万亩；城乡建设用地指标已接近规划目标，仅剩余182万亩。城镇工矿用地空间尚有一定剩余，但各地情况差异较大。北京、天津、内蒙古、辽宁、江苏、浙江、福建、江西、山东、湖北、甘肃、青海、宁夏等13省（区、市）已突破规划目标。规划的不协调、不适应已开始显现。一些地方要求调整完善现行规划的呼声很高。基于这两方面的考虑，国土资源部于2014年11月启动土地利用总体规划调整完善工作，印发了《土地利用总体规划调整完善工作方案》（国土资厅函〔2014〕1237号），并专门召开全国视频会进行工作部署。截至目前，全国土地利用总体规划调整完善方案几经征求意见、上下对接和修改，已基本定稿。各省也在同步开展省、市、县、乡级的规划完善。总结这轮规划调整完善的政策，主要有以下三个方面特点。

（一）坚守耕地红线，进一步强化对实有耕地和基本农田的保护，做到应保尽保

耕地关系国家长治久安，保护耕地是我国的基本国策。2008年编制的《全国土地利用总体规划（2006～2020）》提出18亿亩耕地保护目标。二次调查完成后，数据显示实有耕地比原来掌握的多了近2亿亩。显而易见，原先对耕地的生产能力高估了。如果继续按18亿亩目标进行保护，必然难以达到原先要求的粮食安全保障水平。因此，规划调整的首要目的，就是要根据最新掌握的耕地规模及其生产能力数据，按照既定的粮食安全保障要求，重新核定保护目标。具体要求如下。

1. 所有耕地应保尽保，提高耕地保护目标

所有耕地，除根据国家统一部署纳入退耕范围和根据国家相关规划确需占用的，包括国家安排的退耕还林还草还湿的耕地、已明确认定的污染难恢复耕地、位于林区草原以及河流湖泊最高洪水位控制线范围内已认定不适宜稳定利用的耕地，以及原规划安排的可用于城乡建设的耕地等，其他耕地均应纳入耕地保有量进行保护，使耕地保有量在原规划基础上有提高，国家粮食安全得到切实保障。各省（自治区、直辖市）的耕地保护目标原则上应

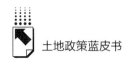

随二次调查耕地数据增加而提高；二次调查耕地数据减少的省份，原则上耕地保护目标不减少，并适当提高基本农田保护比例。

2.优化耕地保护布局，确保受保护的耕地质量相比原规划不下降

坚持优质先保的耕地保护导向，把优质耕地和经过土地整治、高标准基本农田等建设形成的耕地优先划入耕地保有量范畴，规划建设用地应规避这些优质耕地。鼓励按照现代农业发展要求，根据现状耕地和后备资源的分布，划定耕地集中整备区，引导土地整治促进耕地集中连片。严禁借规划调整完善之机随意调整耕地保护范围，防止劣进优出，降低保护耕地的质量。

3.结合"三线"划定，完善基本农田保护布局

遵循耕地保护优先、数量质量并重的原则，按照布局基本稳定、数量不减少、质量有提高的要求，对现有基本农田空间布局只能作适当调整。新调入基本农田的必须现状为耕地，质量应高于原有基本农田的平均水平。除非纳入国家生态退耕或耕地质量达不到要求等原因，原则上不调出原有基本农田。特别是要梳理城市周边、道路沿线未划入基本农田保护区的现有耕地数量、质量及分布状况，结合城市开发边界和生态保护红线划定，将城市周边、道路沿线应当划入而尚未划入的优质耕地划入基本农田，实行永久保护。

（二）在坚持节约集约用地的前提下，适度调整部分规划建设用地结构和布局，增强了对稳增长、调结构、惠民生的用地保障

这次规划调整完善对建设用地部分的调整主要源自三个方面：一是耕地和基本农田布局优化，特别是城镇周边永久基本农田的划定，以及生态保护红线划定，可能要求对原建设用地布局进行优化调整；二是原规划编制完成后，一些地方为落实新型城镇化等国家相关规划以及稳增长重点项目，需要调整原规划用地布局；三是一些地方发展速度超过原规划预期，剩余规划用地空间已严重不足，需要适当增加建设用地规模。前两种情况主要调整用地布局，用地规模原则上不变；后一种情况既要增加用地规模，也要扩大用地

布局，只适合部分用地比较节约集约的市县。对于因用地粗放而提前用完指标的市县，这次调整不予增加用地规模，后几年发展主要依靠存量用地挖潜。因此，可用十六个字来概括这次规划调整完善中对建设用地的要求：严控增量、盘活存量、优化结构、调整布局。

严控增量，盘活存量。建设用地规模调整，要求以 2014 年建设用地规模为基数，与"十三五"规划相衔接，参照近年建设用地增长速度和节约集约用地状况，从严从紧确定 2020 年建设用地控制指标。原规划指标还有较大余地的省（区、市），规划新增建设用地规模原则不再增加，在二调最新的土地基数基础上确定建设用地总量控制目标；原规划指标快用完的省（区、市），应对土地利用现状开展节约集约利用评价，用地集约的，考虑适度增加用地规模，保障"十三五"期间发展之需；用地不集约的，从严控制新增用地，倒逼通过建设用地结构优化和闲置、低效用地的优化利用来满足未来发展需求。

优化结构，调整布局。建设用地结构布局的调整，主要落实区域协调发展、新型城镇化、新农村建设的战略要求和国家产业政策和供地政策。依据资源环境承载力评价，优化城乡生产、生活、生态用地结构和布局，促进形成规模适度、布局合理、功能互补的城镇空间体系。保障城乡建设合理的用地需求，促进城镇化转型发展，推动城乡一体化进程，提高国土空间利用效率。严格控制特大城市、大城市的规模增长和城市新区的无序扩张，促进串联式、组团式、卫星城式发展。

（三）安排新一轮生态退耕指标，加强对生态用地规模和布局的规划引导

针对我国生态环境状况面临的严峻形势，从实际出发，对于现有耕地中不再适宜耕作的土地进行调整，将不稳定耕地退还到林、草、水等利用方式，同时积极巩固和扩大基础性生态用地的数量，改善和提升区域生态环境质量，维护国家生态环境安全。

逐步实施生态退耕。对于不符合生态环境保护要求而且不是现状基本农

田的耕地，根据国家生态退耕总体部署逐步调整。一是逐步退出 25 度以上的陡坡耕地，二是逐步退出生态脆弱区严重沙化退化耕地，三是逐步退出重要水源地周边坡耕地，因地制宜实施退耕还林、还草、还水。对于严重污染和严重塌陷的耕地，积极做好耕地休养生息和土地综合整治，确实不能恢复的耕地要依据相关部门的认定结果逐步安排退出。

积极保护和扩大生态空间。通过合理安排生产、生活、生态用地空间，最大限度保护河流、湖泊、山峦等自然生态用地，并积极扩大关键区域的湿地等生态用地，有序安排京津冀协同发展规划中的生态建设需要，对位于关键生态区域的耕地逐步实施退出，维护和改善区域生态环境。

二　适应经济发展新常态，土地利用计划调控更加强调差异化和针对性

2015 年是我国经济下行的压力加大、发展形势比较复杂的一年。根据上半年统计公报，国内生产总值同比增长 7.0%，比上年同期回落 0.4 个百分点；全国规模以上工业增加值同比实际增长 6.3%，比上年同期回落 2.5 个百分点；固定资产投资实际同比实际增长 12.5%，比上年同期回落 3.8 个百分点。面对国内宏观经济形势的变化，国土资源部按照"稳增长、促改革、调结构、惠民生"的要求，进一步加强用地计划调控，规范土地利用计划指标的下达和使用，在常规计划外扩大专项性、相机性计划支持，有效保障了合理用地需求，引导了土地利用结构的优化，促进了经济发展转型和国家重点区域发展战略的实施。

（一）合理下达年度土地利用计划指标，改进管控方式，保障扩内需、稳增长用地需求

2015 年用地需求相对上年呈下降态势，1～6 月全国新增国有建设用地同比下降 21.4%，其中，工矿仓储、房地产用地下降最明显，都在 30% 左右，基础设施等其他用地也下降，但幅度相对要小。这与经济下

行压力加大、"三期叠加"的发展新常态密切相关。但出于稳增长、调结构、惠民生的考虑，全国下达各地的新增建设用地计划安排量与上年大致持平。

在计划指标使用方向上，2015 年仍然把社会建设用地放在优先位置，明确规定用地计划指标要首先用于保障性住房、医疗教育、公益设施、环境保护等建设。其次重点支持交通、水利、能源等基础设施和军事建设。城乡建设用地方面，政策导向上仍是严格控制特大城市用地，合理安排大中小城市和小城镇用地。为防止城镇用地挤压农村建设用地特别是农民建房用地，对农村建设用地计划指标实行单列，并要求在逐级分解下达时不得低于国家下达计划总量的 3% ～ 5%。产业建设用地方面，重点保障智能制造、新能源汽车、海洋工程等新兴产业，以及养老、医疗、旅游等现代服务业建设。为加快实施创新驱动发展战略、大力推进大众创业万众创新，支持培育发展新产业、新业态，对新产业发展快、用地集约且需求大的地区，在用地计划外还可根据需要适度增加年度新增建设用地指标。此外，为支持现代农业发展，对新型农业经营主体辅助设施建设用地，用地计划也专门进行了指标安排，并要求逐级分解下达时单列。

在计划指标分配方式上，2015 年除预留部分指标用于国家重点项目、保障房和扶贫开发外，其余指标均一次性下达给各省、自治区和直辖市，以便各地加强统筹，提高指标使用效率。对于保障性住房用地，继续实行专项安排、分级管理模式，明确由国土资源部直接安排报国务院批准城市的保障性住房用地计划指标；其他城市的保障性住房用地计划指标，在国家下达计划中单列，由各省（区、市）安排落实。在重点基础设施建设用地方面，2015 年特别加强了对铁路土地综合开发用地的计划支持，规定有关省（区、市）在报国务院审批城市用地时，要注明其中的铁路综合开发用地，由国土资源部安排用地计划指标；报省级政府审批城市的铁路土地综合开发用地，由有关省（区、市）在国家下达计划中先行安排。此外，为支持落实扶贫开发，国家对扶贫开发工作重点县，额外增加用地计划指标 300 亩，由各有关省份在分解下达计划时落实到扶贫重点县。

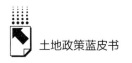

（二）统筹土地利用计划增量和存量指标管理，推进新型城镇化发展

为了推进建设用地节约集约利用，2015 年全国土地利用计划强调要统筹存量与新增建设用地。主要措施：一是把供地率作为下达新增用地计划的重要依据，对近五年平均供地率小于 60% 的市、县，除国家重点项目和民生保障项目外，暂停安排新增用地指标，倒逼建设用地以盘活存量为主。二是在常规年度用地计划外，专门制定并下达城乡建设用地增减挂钩和城镇工矿存量用地再开发和复垦指标，提升城乡用地总体效率。与此相配合，财政部 2015 年 2 月出台了关于城乡建设用地增减挂钩试点有关财税政策，规定符合一定条件的项目可享受减免耕地占用税等税收优惠。三是对大城市用地进行特别控制，新增用地主要用于支持城市转型发展和用地结构优化。为缓解部分城市"摊大饼"式扩张、人口过度集聚、环境污染加剧、交通拥堵严重等"城市病"问题，对人口 500 万以上特大城市，减少工业用地和适当增加生活用地，保障社会民生等必要用地。

（三）深化土地利用计划差别化政策，支持四大板块和三大支撑战略落实

2015 年，政府工作报告提出拓展区域发展新空间，统筹实施"四大板块"和"三个支撑带"战略组合。为落实国家区域总体发展战略，今年用地计划的指标分解根据区域发展实际和用地特点实行差别化政策。对东部发达省份，实行逐步调减新增用地指标与适当增加增减挂钩和低效用地再开发指标相结合的政策，促进土地利用从增量扩张向内涵挖潜转变。对中部地区和东北地区，合理安排新增和存量用地指标，促进产业转移承接和老工业基地改造。对西部欠发达地区，根据当地发展条件，适当增加新增用地指标和开展增减挂钩试点。同时，加大对扶贫开发和生态搬迁的支持力度，对国家确定的连片特困地区和生态移民搬迁地区，可在保障县域发展用地前提下，将城乡建设用地增减挂钩的部分结余指标在省域范围内挂钩使用。此外，针

对"一带一路"、京津冀、长江经济带这些重点发展战略区域,土地规划计划继续给予特殊支持政策,陆续出台了针对京津冀协同发展、长江经济带、新疆、福建、黑龙江两大平原等区域发展战略的用地支持政策。为落实《京津冀协同发展规划纲要》,国土资源部正在组织编制《京津冀协同发展土地利用总体规划(2015～2020年)》。

三 推进"多规合一"实践,国土空间规划 体系改革探索取得初步共识

2015年是我国国土空间规划领域的改革元年。为落实中央城镇化工作会议精神和《国家新型城镇化规划(2014～2020年)》的要求,国土资源部会同国家发展改革委、环境保护部、住房和城乡建设部等部委联合启动28个市县规划的"多规合一"试点,其中国土资源部负责浙江省嘉兴市等7个县(市、区)的指导工作。经过近一年的努力,试点单位在顶层设计、理论基础、实践路径等方面积极探索,付诸实践,8月底形成了"多规合一"的规划成果,并在以下方面取得基本共识。

(一)"多规合一"是提升国土空间管控能力、推进国家治理能力现代化建设的内在要求

改革开放以来,随着各级政府对规划工作的重视,各部门和行业的规划不断发展壮大。历经数十年发展,各类规划在法律地位、任务目标、实施路径和体制机制方面的建设相对完善,支撑保障了经济社会全面发展。但与此同时,各类规划条块分割、职能和内容重复交叉、相互间不衔接甚至相互矛盾的问题随着规划种类增多而日益突出,严重制约了规划管控的效率和政府的空间治理能力。在国家推进新型城镇化和生态文明建设的背景下,整合规划体系、搞好国土空间治理的顶层设计是内在要求,也是必然趋势。通过"多规合一"协调空间安排,形成统一的空间发展蓝图,不仅有利于提升政府的空间管控能力和效率,也有利于推进规划的法治化进程,进

一步明晰政府与市场的界限，促进形成政府按规划管地、市场按规划用地的良好局面。

（二）应坚持安全、协调和可持续发展的原则，以土地利用总体规划为底盘，以"三线"划定为主线，在国土空间上有机融合各类规划

各类规划内容上的分歧，归根到底是思维理念上的差异。土地利用总体规划比较重视粮食安全、资源保护、节约集约等可持续发展理念，城市规划比较重视人居环境、空间结构和城市系统的有序组织，经济社会发展规划比较重视发展愿景和政策引导。开展"多规合一"，首先应贯彻统一的理念，把生态安全、环境安全、粮食安全等放在优先位置，在资源环境可承载的前提下，开展空间利用的统筹衔接和协调布局。各地经济发展目标、发展方式、城市规模等的确定，也应充分考虑当地的资源、生态、环境条件，不应超越资源环境承载能力的范围。鉴于此，"多规合一"应强化土地利用总体规划对国土空间的统筹作用，坚持土地利用总体规划的底盘和底线，在建设用地规模、耕地保有量和基本农田保护面积等规划指标的约束下，开展有关布局的协调衔接。同时，应抓住主要环节，把合一的重点放在城市开发边界、永久基本农田和生态保护红线的"三线"划定上。对于"三线"范围内的土地利用详细安排，由各相关规划进一步细化，发挥各规划的长处。

（三）现阶段宜采取"1+N"的模式，以国土空间综合规划统领各相关规划

一方面，"多规合一"的长远目标是要减少规划类型，努力形成国土空间开发利用一张蓝图，但要把现行相关规划合并为一个规划，目前还存在相关法律条款方面的障碍，需要自上而下的推进。另一方面，一个过于庞杂、包罗万象的规划，可能会带来编制期限过长、规划调整频繁、专业化水平下降等问题。各地在实践探索中，不约而同地采取了一种"1+N"的规划模式，即在原来N个规划的基础上，再做1个"国土空间综合规划"。这个规划定位为战略性、顶层性规划，不是各相关规划内容的简单拼接累加，而是对各相关规划共同涉及和需要对接的要素进行统一决策，以规划的形式固定下来，以便各相关规划共同遵守。因此，国土空间综合规划更大程度上类似传统意义上的国土规划，其本质是关于规划的规划。通过这样一种模式，既实现了规划的衔接，又保持了现行各规划的相对专业性，是现行规划体制下比较现实的选择。

（四）"多规合一"是一个持续过程，需要技术基础和体制机制方面的有力保障

受认知和预见能力的局限，没有一个规划能在实施过程中保持一成不变而拥有持久的生命力，规划调整完善是一种常态。从这个角度看，实现某个时点"多规合一"易，实现持续的"多规合一"难。保障"多规合一"的现实性，必须要有联动的规划调整机制，确保在各相关规划调整完善时不出现新的不衔接、不协调；同时，各规划应保持信息共通共享，确保不仅在规划编制阶段，在规划实施和修改调整阶段中也能保持信息对称，采用共同或相互可衔接转换的规划技术标准。因此，"多规合一"不能局限于对静态规划的衔接统一，还应包括规划体制机制和技术规范的衔接统一。"多规合一"的成果，不仅体现为共同遵守的国土空间综合规划，还包括共享的数据标准和实体信息平台，以及配套的制度措施。

四 城市开发边界划定取得初步成果，国土空间开发保护格局进一步优化

为贯彻落实十八届三中全会《关于全面深化改革若干重大问题的决定》的有关精神，加快生态文明建设，建立国土空间规划体系，划定生产、生活、生态空间开发管制界限，落实用途管制，2015 年，国土资源部会同住建部启动了城市开发边界的划定工作，并从 500 万人口以上的特大城市和目前正在开展城市总体规划修编的城市中选择了北京、沈阳、上海、南京、苏

州、杭州、厦门、郑州、武汉、广州、深圳、成都、贵阳、西安 14 个城市作为首批试点，努力通过实践探索积累了经验，形成规范，同时把划定成果及时转化为土地利用总体规划调整完善的内容，有力促进国土空间开发保护格局的优化，推进用途管制制度的进一步完善。

截至目前，14 个试点城市立足各自资源环境现状、经济社会发展和规划土地管理实际，从划定的总体思路、技术要点、成果表达、实施管理等方面进行了探索和实践。深圳、武汉、上海、广州、沈阳等城市在全国率先实现了规划和国土部门的合一，在城市规划、土地规划进行整合的基础上形成了全市规划"一张图"系统平台。其中，广州、厦门已全面开展了国民经济和社会发展规划、城市规划和土地规划的"三规合一"工作，基本形成边界划定的初步成果，探索了依托信息平台协同管理的开发边界管控手段。深圳、武汉两市在现有基本生态控制线划定成果基础上，结合资源禀赋限制情况和城市空间发展与用地需求等分析，在"两规"差异分析和处理基础上，提出了城市开发边界的初步划定方案。上海市在"一张蓝图"城市规划与土地利用管理基础上，形成了覆盖整个市域的集中建设区控制线、工业区块控制线、基本农田保护线，其中的集中建设区控制线就是近期的城市开发边界。南京市从摸家底、划定规划建设用地包络线出发，逐步划定了刚性管控区，并通过指标核算和用地规模控制，提出了城市开发边界方案。成都、杭州等城市通过 GIS 等技术手段，以资源环境承载力、生态敏感性分析、建设用地适宜性评价等各类专题研究为基础，在两规融合的基础上开展划定城市开发边界。北京、郑州、苏州、西安、贵阳等城市也都已完成组织和技术准备，形成了各自的划定初步思路和边界雏形。

总结各城市划定开发边界的成果，可以总结以下几个共性特点。

（一）充分落实生态文明理念

城市开发边界是在十八大国家把生态文明提到新的高度后提出的。2013 年 12 月中央城镇化工作会议首次明确，要"科学设置开发强度，尽快把每个城市特别是特大城市开发边界划定，把城市放在大自然中，把绿水青山保留给城市居民"。对城市的认识不再囿于城市内部，而是把城市放在大的人地系统中，作为山水田林人共同生命体的一个重要组成部分来考虑。划定城市开发边界不是为了不要发展，而是为了更好地发展，使城市发展与自然环境系统更加和谐。基于这种认识，各地在城市开发边界划定的总体思路上，立足自然本底条件和城市发展阶段，以区域水、土资源承载能力和水环境、大气环境容量为约束，先区域总体后城市个体，为城市增长设置天花板，充分体现了尊重自然、顺应自然、保护自然的理念。在划定依据上，以国土空间限制性评价为基础，通过限制性评价把具有重要生态功能的空间、具有较大环境风险的空间、重要资源或遗产赋存的空间以及其他因地形、地基、气候条件不宜进行城镇化开发的空间排除在城市开发边界外，确保了城市发展空间不仅是安全、宜居的，同时也是生态和环境友好的。在划定次序上，先划定生态保护红线和永久基本农田红线，再划城市开发边界，确保了城市发展避让生态保护空间和永久基本农田，尽量少占优质农林地和资源集中区域，保护山体、水系、湖泊、林地、草地等自然生态斑块和廊道。

（二）优化城市形态，化解大城市病

传统摊大饼式的城市发展模式，不仅使城市居民陷入钢筋混凝土的丛林，与大自然渐行渐远，更带来城市热岛、城市雨洪、交通拥堵等一系列问题。为破解这一难题，各地在城市开发边界的划定上，既坚持对城市用地总规模进行控制，同时也在城市空间布局上下功夫。在城市开发边界宏观格局选择上，与生态保护红线、永久基本农田布局协同衔接，共同引导中小城市紧凑布局和较大规模城市的多中心、组团式发展，在城市组团间保障合理的绿色乡野空间，推进海绵城市建设，减少了城市发展对自然作用过程（如水、气、热的循环过程）的影响，有利于自然生态系统的持续稳定，也有利于提升城市居民所享受的生态服务水平。在开发边界的具体落位上，以国土空间适宜性评价为基础，把城市发展空间优先布局在资源环境代价低、城市发展效率高的区域，有利于推进对城市周边村庄工矿的

改造，避免出现城中村、二元城市等问题，并有利于减少城镇化对优质耕地资源的消耗。

（三）推进城市土地节约集约利用

控制城市开发边界，也是为了倒逼城市转变粗放扩张、以地谋财的发展模式，走高效节约、可持续的发展道路。各地在划定城市开发边界过程中，坚持既要考虑外部资源环境条件和未来发展需求，又要对城市土地的利用现状进行反思，在存量土地集约利用评价基础上划定城市开发边界。特别是对于阶段性控制边界的划定，坚持首先考虑利用存量土地，进行内填式开发，只有当内填式开发不能够满足需求时，才考虑在现状基础上扩大开发边界的范围。在强化边界管控倒逼集约用地的同时，强调对存量城市土地利用结构和布局进行优化调整，推进产业升级、产城融合和混合布局，使总量控制和土地利用方式转变形成合力。

（四）坚持"多规合一"的改革方向

城市开发边界要发挥作用，必须以规划为载体，对国土空间开发活动进行管控。如果各个规划中的城市开发边界不一致，出现两条甚至多条城市开发边界，管控效果就会大打折扣，管控的权威性和合理性也会受到质疑。从各地实践看，几乎所有城市开发边界的划定，都是以"多规合一"为前提，尤其是以 2020 年为目标的近期城市开发边界，主要是现行土地利用总体规划和城市规划两规合一的结果。各地也都提出要把开发边界转化为土地利用总体规划和城市规划的强制性内容。

五　形势展望

展望 2016 年，我国将进入"十三五"时期，土地规划计划政策将面临更大的挑战。

一是各行业"十三五"规划陆续出台，国家区域发展战略还将深化，土地规划的保障任务仍很艰巨。2016年作为新的五年规划开局之年，也是各种行业"十三五"规划颁布之年。基于转型发展的需要，一些新兴行业也将单独编制"十三五"规划。因此，相比以往，2016年的"十三五"行业规划类型更细，数量更多。此外，针对区域发展中出现的新问题、新趋势，国家还将深化完善区域发展战略，进一步加大对经济落后、下滑明显地区的扶持力度，继续推进国家级新区建设。要统筹保障这些行业规划和区域发展战略落地，土地规划计划必须及时跟进，着力在统筹增量、挖掘存量、优化结构和综合利用上下功夫，为稳增长、调结构、促转型提供支撑保障。

二是经济发展形势不确定性仍将持续，土地计划调控的精细化要求提高。根据最新统计，2015年8月全国工业生产者出厂价格（PPI）环比下降0.8%，延续了42个月负增长，工业领域通缩加剧，短期建设用地需求有下降趋势，但从更长远看，我国经济社会发展仍将保持中高速增长，用地需求总量仍将很大，同时，经济结构优化升级、创新驱动成为新常态，必然对土地利用业态产生影响。未来土地利用计划调控，需把更多精力放在调控区域经济平衡、倒逼土地利用方式转型、引导土地利用结构优化、促进土地用途混合布局等方面，精细化要求将进一步提高。

三是改革已进入深水区，面向新型国土空间规划体系的制度建设将提上议事日程。中共中央、国务院印发了《生态文明体制改革总体方案》，明确提出到2020年，要构建起新的空间规划体系和国土空间开发保护制度，着力解决空间性规划重叠冲突、部门职责交叉重复、地方规划朝令夕改等问题，解决因无序开发、过度开发、分散开发导致的优质耕地和生态空间占用过多、生态破坏、环境污染等问题。可以预期，今后一段时期，将在目前开展的"多规合一"试点和城市开发边界划定的工作基础上，逐步研究出台基于生态保护红线、永久基本农田红线、城市开发边界的国土空间治理和管控政策，进一步健全国土空间用途管制制度，在此基础上整合现有空间性规划，建立国家、省、市县三级空间规划体系，形成统一规范的空间规划编制机制。

B.3
2015年耕地保护政策评述

王庆宾　王柏源*

摘　要：　本文通过系统梳理中央经济工作会议、中央农村工作会议、党中央、国务院出台的生态文明建设相关政策，以及中央领导对耕地保护工作指示，总结梳理了一年来党中央国务院关于耕地保护的新精神、新要求。着重从划定永久基本农田、严格耕地占补平衡、完善设施农用地管理、防范农地"非农化、非粮化"、土地整治和高标准基本农田建设五个方面对2015年耕地保护政策进行了系统评述，在研判当前耕地保护面临的形势和挑战基础上，对2016年耕地保护工作进行了展望。

关键词：　耕地保护　政策评述　政策展望

2015年是全面深化改革的关键年，是全面完成"十二五"规划的收官年，也是做好国土资源工作的重要一年。一年来，国土部门深入贯彻十八大以及十八届三中、四中全会精神，在保持政策连续性的同时，严格按照中央经济工作会议、中央农村工作会议、中央领导同志关于耕地保护工作新精神、新要求，着重从划定永久基本农田、完善耕地占补平衡、设施农用地管理、防范农地"非农化、非粮化、推进土地整治和高标准基本农田建设"等方面强化了耕地保护工作。

---

* 王庆宾，硕士，中国土地勘测规划院地政研究中心工程师，主要研究方向为土地政策、土地利用；王柏源，中国土地勘测规划院地政研究中心工程师，主要研究方向为土地政策与土地法律。

一 党中央、国务院关于耕地保护的新精神、新要求

面对我国经济社会转型升级中出现的新形势、新问题，中央经济工作会议、中央农村工作会议、党中央国务院政策文件和中央领导同志相关指示中，对耕地保护工作提出了一系列新精神、新要求。

中央经济工作会议在科学分析当前形势、准确研判未来走势基础上，提出了加快转变农业发展方式的要求。具体包括：继续巩固农业稳定发展的基础、稳住农村持续向好的局势，稳定粮食、主要农产品产量；加快转变农业发展方式，尽快转到数量质量效益并重、注重可持续的发展上来，走产出高效、产品安全、资源节约、环境友好的现代农业发展道路。这是经济发展进入新常态下，转方式调结构在农业方面的集中体现，而要实现农业平稳发展，基础和关键是严格耕地保护，提升耕地质量。

中央农村工作会议指出了我国面临的农业生态环境受损，耕地资源紧张等现状。强调坚持把保障国家粮食安全作为推进农业现代化首要任务，确保谷物基本自给、口粮绝对安全。明确了在引导和规范土地经营权有序流转中坚持以粮食和农业为主，避免"非粮化"，坚决禁止耕地"非农化"。另外，2015 年中央 1 号文件对耕地保护工作提出了具体要求，内容包括：全面划定永久基本农田，统筹实施高标准农田建设总体规划，开展耕地质量保护与提升行动，全面推进建设占用耕地耕作层剥离再利用，国家重点水利工程的征地补偿、耕地占补平衡实行与铁路等国家重大基础设施项目同等政策。

党中央国务院下发的《关于加快推进生态文明建设的意见》《生态文明体制改革总体方案》，首次对生态文明建设进行了全面部署。其中对耕地保护提出了具体要求：一是在耕地数量保护方面。强化土地利用规划、计划管控，加强土地用途转用许可管理，完善基本农田保护制度。划定永久基本农田，除法律规定的国家重点建设项目选址确实无法避让外，其他任何建设不得占用。规定不宜耕种且有损生态、退耕还林还草等耕地退出基本农田，完善耕地占补平衡制度。二是在耕地质量建设方面。加强耕地质量等级评定与

监测，强化耕地质量保护与提升建设；加大退化、污染、损毁农田改良和修复力度。

习近平总书记强调，耕地是我国最为宝贵的资源，要把耕地保护好，决不能有闪失。提出必须带着保护耕地的强烈意识去做耕地占补平衡工作，要求采取更有利的措施，加强耕地占补平衡的监管，坚决防止耕地占补平衡中出现的补充耕地数量、质量不到位问题，坚决防止占多补少、占优补劣、占水田补旱地现象。要求在农村土地制度改革试点中把好关，不能让一些人以改革之名行占用耕地之实。李克强总理指出，要严格划定永久基本农田，实行特殊保护。设施农业的发展，既要明确其特殊用地政策，又要严格规范用地管理。

二　2015年耕地保护政策综述

（一）加快推进永久基本农田划定，强化土地用途空间管制

1. 政策背景

2010年，国土资源部、农业部部署开展了基本农田划定工作，基本落实了15.6亿亩划定任务，但在核实中发现，一些地方存在"划远不划近、划劣不划优"问题。城镇周边大量优质耕地未纳入永久基本农田实施特殊保护，而在粗放的城镇扩张中被建设占用，优质耕地锐减。同时，第二次全国土地调查全面查清了耕地和基本农田现状，各地正在按照第二次土地调查和变更调查成果调整完善土地利用总体规划，核定耕地保有量和基本农田保护目标任务，业已具备了对现有划定的基本农田进行调整完善的工作基础。

2. 政策要点

一是划定永久基本农田工作依据。主要包括：已有永久基本农田划定成果、土地利用现状调查成果、土地利用总体规划成果、耕地质量等别调查与评价等成果、县域耕地地力调查与质量评价成果。二是划定要求。确保"四个优先"，优先将城镇周边、交通沿线优质耕地、尚未划为永久基本农

田的新建成的高标准农田、《基本农田保护条例》规定应当划为和优先划为永久基本农田但尚未划入的耕地划为基本农田。另外，对列入新一轮退耕还林、还草总体方案中计划退耕还林、还牧、还湖的耕地，严重污染无法治理的耕地，经自然灾害和生产建设活动严重损毁无法复垦的耕地，基本农田中的建设用地等应当予以划出。三是划定工作推进模式。规模、空间、质量上的逐步推进。在规模上从大城市到小城镇，由大到小、自上而下，逐级推动，由106个重点城市向其他城市拓展；在空间上从城镇周边到广阔农村，重点做好城市周边及交通沿线永久基本农田划定工作；在耕地质量上，按照耕地质量等别和地力等级由高到低的顺序，确保优质耕地优先划为基本农田，实现永久基本农田布局基本稳定、数量不减少、质量有提高。四是划定程序。按照调查摸底、核实举证、论证核定、制定方案、组织实施的程序进行。具体操作是，采取内业分析和外业调查的方式，分析评估城市周边未划为基本农田的现有耕地分布、数量、质量等，提出初步任务并下达。相关部门根据下达任务调查核实，提出划定任务，并对不能划为基本农田的，向上级说明原因，列出举证材料。上级对举证材料组织论证，审查，核定并下达划定任务。根据上级下达的划定任务，市县人民政府组织相关部门制定划定方案，方案上报待批准后，由县级政府组织国土、农业等部门实施。五是与规划等相关工作衔接。划定永久基本农田红线、城市开发边界、生态保护红线"三线"同步划定；与"多规合一"相衔接基本农田划定是土地利用总体规划调整完善工作的一项重要任务，两者协同推进。

根据《关于进一步做好永久基本农田划定工作的通知》（国土资发〔2014〕128号，以下简称128号文）要求，国土资源部、农业部又联合下发《关于切实做好106个重点城市周边永久基本农田划定工作有关事项的通知》（国土资厅发〔2015〕14号，简称14号文），14号文重点强调了永久基本农田划定要与土地利用规划调整完善协同推进，在规划调整完善前，采取自上而下的方式，按照上级核定下达的任务和要求，先行完成城市（镇）周边永久基本农田划定工作，确保城市周边、交通沿线优质耕地和已建成高标准农田优先划定为永久基本农田，未按要求完成的，规划调整完善

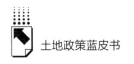
成果审批（备案）不予受理。在规划调整完善后，采取自下而上的方式，按照布局基本稳定、数量不减少、质量有提高的要求，依照空间由近及远、耕地质量等别和地力等级由高到低的顺序，及时划定城市周边以外的永久基本农田，确保调整完善后规划确定的市（县）域基本农田保护目标任务全部上图入库、落地到户。

3. 评述

本轮基本农田划定工作，采用自上而下下达城镇周边、交通沿线划定任务方式，严格基本农田空间管制，从占用源头上实现了有效管控。但需注意的是，以土地利用方式转变实现城镇化健康发展，不仅需要在城镇周边、交通沿线划定永久基本农田实行强制性保护，倒逼发展方式转变；更为关键的是，需要地方政府充分认识到划定永久基本农田在夯实粮食安全、推进新型城镇化和生态文明建设中的重要地位，扭转传统外延式扩张发展思维，将划定和保护工作切实落实到实处。另外，与规划等相关工作充分衔接，是实现划定成果权威性、可操作性的基础。基本农田属于规划范畴，划定过程中，存在与土地利用规划修编、城市开发边界、生态红线划定、"多规合一"等不同任务交叉重叠，不同任务镶嵌在不同的部门、不同的时间节点，统筹推进难度较大的问题，做好与相关工作充分衔接，是实现划定成果权威性、可操作性的重要基础。

（二）优化补充耕地时空配置，严格耕地占补平衡

1. 政策背景

占补平衡是耕地保护制度的重要内容，也是适应我国耕地保护形势的需求，且必须长期坚持的一项土地管理制度。在当前大力推进生态文明建设，经济社会发展由粗放向集约，数量向质量转变的关键节点，一些地方出现了"占多补少""占优补劣""占水田补旱地"问题，对此，中央领导提出了"占优补优""占水田补水田"要求。2015年5月26日，国土资源部、农业部、中央农办联合召开了改进耕地占补平衡工作视频会议，对强化耕地占补平衡提出了具体要求。与此同时，2015年我国经济下行压力加大，为保持

经济运行在合理区间，中央加快推进重大投资工程建设，其中仅2015年就新开工铁路项目60个、重大水利项目27个（"十三五"期间计划建设172个骨干水利工程项目）。大型线性、水利工程建设不可避免地占用大量耕地，补充耕地任务陡然增加。一方面是受严峻的宏观形势驱动的国家重点建设项目集中落地，另一方面是严格的耕地占补平衡制度。面对两难境地，国土部门亟须进一步完善耕地占补平衡制度。

2.政策要点

在坚持最严格的耕地保护制度和节约用地制度前提下，对国家确定的铁路、水利、交通等重大基础设施项目，实行特殊支持政策。对于南水北调工程等占用耕地量大、跨区域重大建设项目，在地方确实无法落实耕地占补平衡的情况下，研究探索通过国家统筹落实补充耕地的办法。对于国家稳增长重点建设项目，地方在用地报批时，确实难以提前落实耕地占补平衡的，可由政府承诺在一定期限内完成补充耕地任务，从而提高了土地供应的及时性和有效性。对于建设占用优质耕地，确实难以落实补充耕地质量要求的，在确保补充数量到位的前提下，可以结合耕作层土壤剥离再利用，通过对旱地提质改造等方式实现"占优补优、占水田补水田"要求。

目前，浙江、江西、海南、陕西等省份对旱地提质改造——"补改结合"方式实现"占优补优、占水田补水田"要求出台了相关政策。"补改结合"即补充的耕地质量，无法达到占用的耕地质量（通常指水田）时，对补充耕地储备库或以外的耕地进行改造，使其达到占用耕地质量（地类）水平，综合对应挂钩补充耕地和改造的耕地，实现耕地占补平衡的措施。

表1　"补改结合"政策文件统计

序号	省份	文件名称	发文时间
1	浙江省	《浙江省国土资源厅关于组织实施"旱地改水田"耕地质量提升示范项目建设的通知》（浙土资厅函〔2014〕631号）、《浙江省国土资源厅关于做好建设项目"占优补优"耕地占补平衡工作的通知》（浙土资函〔2015〕48号）	2015年5月

序号	省份	文件名称	发文时间
2	陕西省	《陕西省人民政府办公厅关于进一步加强耕地占补平衡工作的通知》(陕政办发〔2014〕42号)	2014年5月
3	江西省	《开展补改结合落实占补平衡试点工作的指导意见》(征求意见稿)	待发
4	海南省	《关于加强土地整治项目工程质量管理工作的通知》	2014年8月

在耕地占补平衡内涵方面,陕西省将耕地占补平衡内涵由"数量、质量"平衡拓展为"数量、质量、地类、产能"平衡,要求通过落实"占优补优",最终达到粮食产能不降低的目标。在适用的建设项目范围方面,浙江省将范围限定在受客观条件限制,确实无法直接做到"占优补优""占水田补水田"的交通、能源、水利、教育等基础设施和军事项目。在改造耕地范围方面,纳入旱改水的耕地可为一般耕地,或经土地整治尚未用于占补平衡的耕地。其中,陕西省将范围限定在一般耕地;浙江省要求实施旱改水的区域地势平坦,优先在基本农田保护区、基本农田整备区等水源有保障的区域内组织实施。在管理主体方面,浙江省由省国土资源厅直接管理,规定"旱地改水田"耕地质量提升项目必须经省国土资源厅同意并完成立项和规划设计。在补充耕地费用标准方面,陕西省按照地类制定耕地开垦费缴纳标准,根据占用耕地的类别、等级、补充耕地开发成本等,综合确定占补平衡指标易地交易指导价格。在项目建设方面,江西省在旱改水后备资源调查基础上,计划三年实施"旱改水"工程20万亩,截至2015年4月底,全省"旱地改水田"立项124个,建设规模3.5万亩,计划新增水田面积3.1万亩。

3. 评述

当前实行的耕地占补平衡"承诺制""补改结合"是在"新形势、新要求"、耕地后备资源不足的情况下,基于稳增长需求的建设刚性占用双重压力,对政策的补充完善,实现了耕地占补由"数量、质量"平衡向"数量、质量、地类、产能"综合平衡转变。其本质是在既定目标不变前提下,基于稳增长需求的政策变通。目前，部层面尚未出台应对"占水田补水田"要求的具体政策，一些省份开展的"补改结合"可视为结合实地，落实中央要求的先行先试。但须注意的是，当前的耕地占补平衡执行层面尚存在问题，增加对改造水田的数量、质量把控更加重了土地管理难度，因此，对强化该方面的监管措施提出了更高要求。

（三）优化设施农用地管理，加大设施农业支持力度

1. 政策背景

我国农业结构逐步调整，推动了设施农用地管理的不断革新。1999年，在农业结构调整中首次明确"建造临时建（构）筑物的，按农用地管理；建造永久建（构）筑物的，按建设用地管理"的用地政策，2007年，首次将设施农用地作为独立地类，按农用地进行管理。2010年，下发的《关于完善设施农用地管理有关问题的通知》（国土资发〔2010〕155号，简称155号），127号文进一步细化了设施农用地管理方式。但随着农业经营方式的不断调整，现有政策已无法满足实际用地需求，主要表现在新型经营主体的出现和规模化粮食生产用地需求特征上，如从事规模化粮食生产所需要的配套设施建设与基本农田保护的矛盾；一些地方存在以建设设施农用地为名，从事违法用地的行为。设施农用地相关政策，一方面无法满足现代农业发展需求，另一方面又缺乏针对变相违法用地的执法尺度，亟待对现有政策调整完善。

2. 政策要点

2014年9月，国土资源部出台了《关于进一步支持设施农业健康发展的通知》（国土资发〔2014〕127号，简称127号文）。127号文相比155号文，一是重新界定了设施农用地范围。规定从事规模化粮食生产所必需的配套设施用地，包括晾晒场、粮食烘干设施、粮食和农资临时存放场所和大型农机具临时存放场所等用地属于配套设施用地，按照农用地管理。同时，将易出现违法用地的生活用房用地从设施农用地中剥离。二是化解了规模化粮食生产与基本农田保护的矛盾。规定平原地区从事规模化粮食生产涉及配套

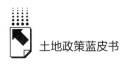
设施建设，选址确实无法避开基本农田，并经县级国土主管部门会同农业部门组织论证确需占用的，可占用基本农田。占用基本农田的，必须按数量相等、质量相当的原则及有关要求予以补划。三是按照国务院清理行政许可要求，将设施农用地由审核制改为备案制度。规定待设施农用地协议签订后，乡镇政府应按要求及时将用地协议与设施建设方案报县级国土资源主管部门和农业部门备案。

3. 评述

调整完善后的设施农用地政策，与现代农业发展更加适应，尤其是有力支撑了规模化粮食生产，为"端牢饭碗"提供了用地基础。同时，在设施农用地管理上，实现了从重用地审批向重用地服务转变。需要注意的是，设施农用地政策仅仅是支撑现代农业发展的一个点位，虽然对其进行了调整完善，但从用地管理上，以地表表象特征为主的管理模式，仍无法跟进新兴农业形态的快速变化，如何制定符合现代农业不断发展的土地管理政策成为今后需着重考虑的内容。另外，土地执法长期以土地外貌形态为标准判断是否属于建设用地，结合批文判断是否属于违法用地。127号文将县级设施农用地审批制改为备案制，一些设施农用地外表形态又为建设用地。对于这类介于通常农用地和建设用地意义之间的合理用地，下步有待着重强化监管。

（四）加强工商资本租赁农地监管，防范农地"非农化""非粮化"

1. 政策背景

土地问题涉及农民的切身利益，中共中央高度重视，早在2001年，即已提出了不提倡工商企业长时间、大面积租赁农民承包地。2012年以来，在陕西高陵、湖北武汉等地对进入农地的工商资本在监管方面进行了探索。2014年，中办国办下发了《关于引导农村土地经营权有序流转发展农业适度规模经营的意见》（中办发〔2014〕61号），明确提出对工商企业租赁农户承包地要进行监管和风险防范。2015年中央1号文件明确提出了"尽快制定工商资本租赁农地的准入和监管办法，严禁擅自改变农业用途"。另外，中央领导也多次指出了工商资本介入土地流转后擅自改变农业用途的严峻问题。

近年来，工商资本进入农业领域步伐加快，参与土地流转规模逐步增大。据统计，目前工商企业管理流转耕地面积已占流转耕地总面积的10%以上，且呈较快增长态势。工商资金进入农业领域，在引进资金、农业生产先进技术的同时，也挤占了农民就业空间，带来了"非农化""非粮化"倾向。工商资本有序进入农业问题，亟待从政策上进一步严格规范。

2. 政策要点

为了贯彻落实2015年中央1号文件，中央农办联合国土资源部、农业部和国家工商总局印发了《关于工商资本租赁农地监管和风险防范的意见》，明确了工商资本进入农地事中事后监管，具体包括：一是提出了总体要求。要求坚持最严格的耕地保护制度，切实保护基本农田，保障农地农用。二是强化对租赁农地的用途管制，加强耕地"非农化"监管。对租赁农地经营、项目实施和风险防范等情况定期开展监督检查，探索运用网络、遥感等现代科技手段实施动态监测，及时纠正查处违法违规用地行为。三是严肃事后追责。存在擅自改变农业用途、严重破坏或污染租赁农地等违法违规行为的，一经发现，责令限期整改，并依法追究相关责任。

3. 评述

强化工商资本进入农地监管，是在农业生产要素变化中，针对经济社会发展中出现的新情况、突出问题采取的必要措施，有利于维护农民权益，严格耕地保护，提升农业综合能力，保护农业生态环境。从工商资本逐利性本质分析，面对"非粮化""非农化"带来的巨大利差，势必存在改变土地用途冲动，因此，在严格资本准入、规范程序基础上，强化事中事后监管，严格用途管制尤为重要。从现有的监管手段看，虽然近年来遥感监测手段日益成熟，但面对工商资本在农业领域点多、面广，部分地物形态遥感影像判断受限的违法用地，仅仅依靠行政监管仍然不够，在日后监管中，在现有监管手段基础上，有待积极动员社会力量，依靠群众，在经济社会转型中，共同保护好有限的农地资源，确保农业现代化向正确的方向推进。

（五）全力推进土地整治和高标准农田建设，提升现代农业发展基础支撑能力

2015 年，土地整治工作保持已有相关政策连续性，按照计划有序推进。

一是大力提升耕地质量。按照国务院批复的《全国土地整治规划》和《全国高标准农田建设总体规划》，会同财政部等部门，以土地整治为平台，以 14 个土地整治重大工程和 500 个高标准基本农田示范县建设为抓手，在全国范围内大规模开展高标准农田建设，提升耕地的质量和产能。二是完成 1 亿亩高标准农田建设。严格土地整治重大工程检查评估和实施工作，强化土地整治项目立项、实施、验收以及信息报备全链条管理，在严把土地整治项目质量关基础上，加强部门联动，完成 1 亿亩高标准基本农田建设任务，确保"十二五"规划确定的 4 亿亩高标准基本农田建设任务按期完成。三是加强土地复垦监督。全面推进《土地复垦条例》及其实施办法贯彻落实，完善相关配套政策和制度，强化土地复垦监管，督促各地及时复垦利用因生产建设活动损毁土地和自然灾害损毁土地。四是完成"十三五"土地整治规划编制工作。五是开展《土地整治条例》前期研究。

三 面临的形势和挑战

（一）经济社会转型期，外部环境为提升耕地保护工作提供了新契机

从规模速度型粗放增长转向质量效率型集约增长是经济社会转型阶段的重要特征。经济社会转型的同时，也为耕地保护提供了较好的外部环境，为提升耕地保护工作提供了契机：一是近年来，党中央、国务院高度重视耕地保护工作，中央领导多次就耕地保护做出指示，这为有效整合各方力量、深入推进耕地保护提供了组织保障基础。二是现代农业快速发展，土地规模化经营加快推进，耕地产出集聚效应显现，充分调动了农民耕地保护积极性，提升了耕地保护效率。三是在经济社会发展各类用地的需求量连续多年攀升后出现拐点，用地需求有所放缓，建设占用耕地压力相对减小。四是在集约化、精细化土地管理中，全国第二次土地调查显示我国耕地总量有所增加，耕地总量的增加，减轻了从自然资源角度退耕还林、还草、还湿、耕地休养生息的压力，25度以上坡耕地、受污染耕地退出等统筹耕地保护工作压力，为从结构上优化现有耕地质量提供了基础。

（二）总体质量低下的耕地本底和粗放扩张的土地利用惯性，对新时期耕地保护工作提供了机遇，也带来了挑战

一是在"建设性保护"方面，面对质量总体低下，且一些区域损毁、污染严重的耕地境况，提升耕地质量的任务任重而道远。另外，在大力推进生态文明建设中，耕地作为生态环境的重要组成部分，现有管理理念仍停留在耕地的"生产性"上，如何从自然资源全局角度统筹考量耕地价值，释放耕地潜能，提升利用效率亟待考量。二是在"管控型保护"方面。严格耕地保护，严控建设占用，离不开对土地用途的空间管制，在城镇周边、交通沿线划定永久基本农田是落实空间管制的重要手段，但面临多年扩张式发展冲动，粗放用地惯性，在发展和保护博弈中将保护放至第一位，切实落实基本农田划定工作并严加管理势必面临重要考验。

（三）土地制度改革，对耕地保护提出了新课题、新挑战

按照十八届三中全会提出的"建立城乡统一的建设用地市场"要求，围绕农村土地征收、集体经营性建设用地入市、宅基地制度改革三方面内容，我国正在有序推进农村土地制度改革试点工作。本轮农村土地制度改革，夯实农村集体土地权能是基础。赋予农村集体土地更多权能过程，也是实现农村集体建设用地从资源向资产、资本转变的过程。通过资产、资本流动，在逐步缩小城乡建设用地差距、打破二元结构中需要注意的是，城乡土地差距缩小过程中，农村集体土地内部耕地与建设用

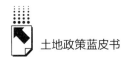

地间利益差将被急剧放大，原有缺乏流动性的各地类平衡被打破。在土地管理相对薄弱，违法用地呈现点多、面广特点的广大农村地区，受利益驱使，不免会出现破坏耕地牟利行为。虽然在土地制度改革中提出了耕地红线不突破的底线思维，但在政策执行中，势必对今后用地监管提出了重大考验。

四　2016年耕地保护政策展望

2016年，将按照党中央、国务院要求，加快推进永久基本农田划定和保护，严格规范耕地占补平衡，稳步实施土地整治。

（一）加快推进基本农田划定和保护工作

按照中央领导对基本农田划定工作指示精神，根据128号文要求，2016年将划定永久基本农田作为土地利用总体规划调整完善的前提，加快推进永久基本农田划定和保护工作。一是2016年底全面完成全国永久基本农田划定和成果完善工作。具体时间安排：2016年9月底前，全面完成划定永久基本农田的落地到户、上图入库工作；2016年12月底前各地将永久基本农田划定成果逐级备案到两部。二是建立奖惩机制、强化督导督察。一方面将106个重点城市永久基本农田划定纳入2016年上半年专项督察，督促划定工作按时、保质完成；另一方面尽快启动对已上报核实举证成果论证核定，对通过核定的城市允许现行开展土地利用总体规划调整完善。

（二）完善耕地占补平衡相关问题政策

耕地占补平衡是对工业化、城镇化建设占用耕地不断扩大的补救措施，也是国家法律和政策的要求。严格按照"占优补优、占水田补水田"要求，结合国家为遏制经济下行实施的国家重点建设项目投入等宏观调整措施，完善现行耕地占补平衡政策。一是在深入总结浙江、江西等省耕地占补平衡"补改结合"经验基础上，研究出台落实耕地占补平衡政策，从占用耕地源头管控、补充改耕地途径、严格监管等方面予以明确和规范。二是结合各地实际和现行做法，专门出台补充耕地承诺政策文件，界定承诺补充耕地范围，明确承诺补充耕地程序，强化承诺补充耕地管理。

（三）稳步推进土地整治

土地整治工作是落实耕地建设性保护、夯实粮食安全基础的重要手段。2016年作为土地整治工作的开局年，对做好相关工作尤为关键，预计开展的主要工作：一是推进"十三五"土地整治规划编制工作。在2015年底完成全国土地整治规划基础上，省级土地整治规划在2016年6月完成编制。市、县级土地整治规划编制工作由省级部署开展。二是以土地整治重大工程为抓手，继续抓好116个基本农田示范区和500个高标准基本农田示范县建设。三是按照生态文明建设总体要求，重点推进经济发达地区绿道网建设，以改善农村地区生产生活条件、人居环境为目的的土地整治工作。

（四）其他耕地保护政策

深化管控性保护、激励性保护、建设性保护相结合的耕地保护机制，是落实耕地保护的重要举措。新时期，在以土地整治手段加强耕地质量保护与提升、实施建设性保护的同时，应注重激励性保护和管控性保护的引导和监管作用。一是健全粮食主产区耕地保护补偿制度，运用经济手段，实现农民对耕地的主动保护；二是按照要求，开展2016年省级耕地保护责任目标考核，运用行政手段，确保耕地保护落实到位。

B.4

2015年节约集约用地政策评述

苏 航　孙宇毅*

摘　要：　随着经济增长稳中趋缓和土地利用方式转变，"稳总量、控
　　　　增量、挖存量、挤流量"成为各地土地调控共识，存量用地
　　　　盘活利用逐步成为管理重点。2015年节约集约用地政策在
　　　　以往制度体系基础上，进一步强化存量用地盘活利用，细化
　　　　完善评价考核制度体系。本文对2015年节约集约用地政策
　　　　进行梳理与分析，总结回顾"十二五"期间节约集约用地
　　　　政策成效与问题，提出"十三五"政策完善方向与实施机
　　　　制建议。

关键词：　集约用地　低效用地　集约利用评价

　　2015年，我国宏观经济形势稳中趋缓，经济下行压力加大，土地供应
量相应降低，上半年全国建设用地供应同比降幅逾两成。同时，土地利用总
体规划进入实施后期，部分地区建设用地总量已接近2020年规划目标，增
长空间极为有限；随着永久基本农田保护红线、生态保护红线、城市开发边
界"三线"划定工作开展，土地增量管控力度进一步加大，存量土地利用
管理重要性逐步提升。从2015年建设用地供应结构上看，利用存量建设用

＊　苏航，中国土地勘测规划院土地利用规划评审中心工程师，研究方向为土地利用规划、土
地节约集约利用评价；孙宇毅，重庆市国土资源和房屋勘测规划院工程师，研究方向为土
地利用与国土规划。

地占比达 60.4%，比上年同期高出 9.6 个百分点，"稳总量、控增量、挖存量、挤流量"成为各地土地供应调控共识。① 2015 年节约集约用地政策亦以存量土地利用为重点，在以往制度体系基础上，进一步提高政策针对性，同时细化、规范节地评价考核制度体系。

一　2015年节约集约用地政策综述

（一）强化存量用地挖潜要求

"管住总量、严控增量、盘活存量"是节约集约用地管理的三个重要方面。近年来，国家和国土资源部在总量控制和增量管理方面做出了一系列规定，《国家新型城镇化规划（2014～2020 年）》要求合理控制城镇开发边界，国土资源部发布《土地利用总体规划调整完善工作方案》（国土资厅函〔2014〕1237 号），同步推进永久基本农田保护红线、生态保护红线、城市开发边界"三线"划定和"多规合一"工作，通过相关政策的持续实施，强化建设用地总规模管控。在建设用地增量管理方面，近几年土地利用年度计划指标制定过程中，节约集约用地相关因子比重逐步提高，通过调节用地增量促使各地加强节地力度。至 2015 年，相关政策转向注重存量土地利用，多项国务院、国土资源部及相关部门政策文件对存量建设用地管理提出了要求。

1. 存量用地盘活成为国家实行土地管理的重要内容

2015 年 6 月，国务院印发《关于进一步做好城镇棚户区和城乡危房改造及配套基础设施建设有关工作的意见》（国发〔2015〕37 号），提出加快城镇棚户区改造，抓紧摸清存量商品住房底数，制定推进棚改货币化安置的指导意见和具体安置目标，完善相关政策措施；推进农村危房改造，明确目

---

① 乔思伟：《2015 年上半年国土资源主要统计数据解读》，《中国国土资源报》，http：//www.gtzyb.com/yaowen/20150725_87812.shtml，2015。

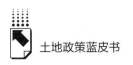

标任务、资金安排和政策措施。2015年8月，国务院办公厅印发《关于加快海关特殊监管区域整合优化方案的通知》（国办发〔2015〕66号），提出整合优化存量，规范运行管理，提高土地利用率和综合运营效益，对土地利用率低、运行效益差的海关特殊监管区域，责令整改、核减面积或予以撤销。此外，国务院在对兰州、烟台、福州等城市总体规划的批复中，均要求加大存量用地挖潜力度，提高土地利用效率，对于超大城市如北京城市总体规划的批复中，进一步强调市区和近郊区要充分挖掘存量建设用地潜力，严格控制城市建设用地。

2. 存量用地盘活逐步形成部门共识

2015年9月，国土资源部联合国家发改委、科技部、工信部、住建部、商务部下发《关于支持新产业新业态发展促进大众创业万众创新用地的意见》（国土资规〔2015〕5号，简称《意见》）。在鼓励盘活利用现有用地方面，《意见》提出对制造业迈向中高端的企业用地，生产性、科技及高技术服务业发展用地，建设创业创新平台用地，"互联网＋"行动计划实施用地等，可实行过渡期政策，5年内可继续按原用途和土地权利类型使用土地；期满或涉及转让的，按新用途、新权利类型、市场价办理用地手续。在引导新产业集聚发展方面，《意见》鼓励开发区、产业集聚区规划建设多层工业厂房、国家大学科技园、科技企业孵化器；提出引导土地用途兼容复合利用，新产业的工业、科教用地可兼容建筑面积比例不超过15%的生产服务等设施。

（二）提高低效用地管理政策针对性

近年来，国家和国土资源部为提高土地利用效率，不断健全完善制度，开展创新实践，修订了《闲置土地管理办法》，开展了城镇低效用地再开发、工矿废弃地复垦利用等试点。2015年，国土资源部进一步聚焦低效工业用地管理，开展相关调查清理工作，为制定针对性政策奠定基础。

1. 低效工业用地政策制定背景分析

（1）工业用地利用效率管理水平有待提升。近年来，随着经济发展方式转变和宏观经济形势变化，第二产业增加值在国内生产总值中比重逐步降低，土地审批、供应中，工矿仓储用地占比也相应减少。2011~2014年，第二产业增加值占国内生产总值比重分别为46.1%、45.0%、43.7%和42.7%，逐年下降，自2012年起，第三产业增加值超过第二产业增加值，跃居三类产业首位。2011~2014年，全国批准城镇村建设用地中，工矿仓储用地占比分别为40.9%、40.9%、39.5%和37.3%，在各类用地中居首位；全国国有建设用地供应总量分别为58.77万公顷、69.04万公、73.05万公顷和60.99万公顷，其中，供应工矿仓储用地面积分别为19.26万公顷、20.35万公顷、21.00万公顷和14.73万公顷，占比分别为32.7%、29.5%、28.7%和24.2%。[①] 工矿仓储用地批准、供应面积和占比均持续下降，工业用地管理重点由增量控制转向质量提升。近年来，工业用地总体利用强度和效益稳步提高，但工业用地利用水平区域差异大，部分地区存在工业用地利用强度差、效益低等问题，工业用地管理水平有待进一步提高。

（2）低效工业用地管理政策针对性有待加强。近年来，国家和国土资源部在开发区、工业区管理和低效土地再利用方面出台了多项规范性政策，对低效工业用地挖潜起到了一定的推动作用。

在开发区及工业用地管理方面，2014年3月，国务院办公厅印发了《关于推进城区老工业区搬迁改造的指导意见》（国办发〔2014〕9号），要求科学编制搬迁改造实施方案，对城区老工业区企业视情况分别实施就地改造、异地迁建和依法关停，对已关停企业，注重盘活企业用地和生产设施；为与低效用地开发相关工作衔接，该指导意见提出将已确定的城区老工业区搬迁改造试点所在市辖区纳入城镇低效用地再开发试点范围。2014年10月，国务院办公厅印发《关于促进国家级经济技术开发区转型升级创新发展的若干意见》（国办发〔2014〕54号），对进一步促进国家级经开区转型升级、创新发展工作进行了全面部署，在强化土地节约集约利用、加强土地

---

① 中华人民共和国国土资源部：《2011 中国国土资源公报》《2012 中国国土资源公报》《2013 中国国土资源公报》《2014 中国国土资源公报》。

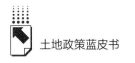

开发利用动态监管、探索开发区动态管理机制等方面做出了细化要求，强调国家级经开区必须严格土地管理，合理、节约、集约、高效开发利用土地；要加大对闲置、低效用地的处置力度，探索存量建设用地二次开发机制；对土地等资源利用效率低、环保不达标、发展长期滞后的国家级经开区，将予以警告、通报、限期整改、退出等处罚，逐步做到既有升级也有退出的动态管理；同时，要求省级人民政府建立健全土地集约利用评价、考核与奖惩制度。2014 年 12 月，国家发展改革委、国土资源部联合印发《关于开展深化工业用地市场化配置改革试点工作的通知》（发改经体〔2014〕2957 号），选择广西壮族自治区梧州市、安徽省芜湖市、浙江省嘉兴市、辽宁省阜新市等 4 个城市作为试点，探索健全多主体供应工业用地市场流转体系、工业用地多途径多方式市场供应体系，以及工业用地租价均衡、居住与工业用地比价合理的价格体系，进一步强化工业用地总量规模控制和布局引导，健全工业用地市场准入制度，加强节地控制，简化行政审批，增强部门共同监管力度，推动工业用地存量优化、增量提质，促进资源配置效益最大化和效率最优化。

在低效用地再开发试点管理方面，2012 年 3 月，国土资源部发布《关于开展工矿废弃地复垦利用试点工作的通知》（国土资发〔2012〕45 号），确定在河北、陕西等 10 个省份开展试点，通过对历史遗留废弃地进行复垦利用，与新增建设用地相挂钩，合理调整建设用地布局，促进土地集约利用。2013 年 1 月，国务院印发《关于印发循环经济发展战略及近期行动计划的通知》（国发〔2013〕5 号），提出建立低效用地评价机制，规范推进农村建设用地和工矿废弃土地复垦利用。2013 年 2 月，国土资源部发布《关于印发开展城镇低效用地再开发试点指导意见的通知》（国土资发〔2013〕3 号），确定辽宁、上海等 10 个省份开展城镇低效用地再开发试点。该通知将国家产业政策规定的禁止类和淘汰类产业用地、"退二进三"的产业用地，以及布局散乱、设置落后、规划确定改造的厂矿列入试点范围，从低效用地再开发主体确定、各方利益保障机制建设、历史遗留用地手续处理等方面进行探索。

此外，一些国务院文件对低效用地再开发做出了原则性规定。2014年7月，国务院印发《关于加快发展生产性服务业促进产业结构调整升级的指导意见》（国发〔2014〕26号），提出鼓励工业企业提高自有工业用地容积率用于自营生产性服务业；对具备条件的城市和国家服务业综合改革试点区域，鼓励通过对城镇低效用地的改造发展生产性服务业。2014年8月，国务院印发《关于近期支持东北振兴若干重大政策举措的意见》（国发〔2014〕28号），提出研究制定通过开发性金融支持城区老工业区和独立工矿区搬迁改造的措施，加大城镇低效用地再开发等土地政策支持力度。

早年政策对于"低效"的关注主要侧重在清理生产效率较低的产业类型，近年逐步转向关注土地利用效率，对于低效用地界定、分类逐步清晰，管理方向逐渐明确。就低效工业用地而言，目前关于园区及工业用地管理的政策主要为方向性政策，对低效工业用地的处置没有针对性政策，在土地储备、供应管理、二级市场开发等方面缺乏具体政策措施，虽然一些地方在相关试点工作中进行了探索，但尚未形成国家层面的通行政策。

2.2015年低效工业用地政策概述

为适应经济发展形势，切实提高土地资源使用效率，国土资源部决定进一步细化完善低效工业用地管理政策。2015年5月，国土资源部发布《关于开展低效工业用地调查清理防止企业浪费土地的函》（国土资厅函〔2015〕661号），旨在全面掌握工业用地低效利用和浪费情况，为后续管理制度完善奠定基础。

该文件就低效工业用地清理调查做出了以下几方面规定：一是明确了低效工业用地界定范围。因《闲置土地处置办法》已对闲置土地做出了较为详细的处理规定，低效工业用地调查将对象界定为现状投入产出强度、容积率、建筑密度、产业类型、生产运行状况等未达到产业和城镇发展需求，且仍有较大调整利用空间的非闲置用地，避免与闲置土地的调查工作重复，也避免后续政策与闲置土地管理政策重叠。为确保调查到位，文件从土地利用强度、开发建设期限、投产情况等方面详细列举了应归入低效工业用地的5类情形。二是结合后期制定政策需要，明确了低效工业用地调查内容。文件

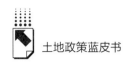
要求对低效用地工业宗地情况做出说明，对目前低效用地盘活利用的经验、成效、存在问题、困难及原因进行总结归纳，研究提出下一步盘活利用低效工业用地的对策建议。三是强化信息化管理。文件要求低效工业用地调查成果与国土资源部现有信息化管理平台衔接，为保障数据安全性、规范后续数据分析、管理与应用提供信息化支撑。

3. 地方政策落实情况

各省级国土资源行政主管部门按照国土资源部要求，开展了本行政辖区内低效工业用地调查，一些省份结合调查工作，出台了工业用地管理相关政策，一些省份对现有工业用地管理政策执行情况进行了分析。如河北省人民政府发布了《关于大力推进开发区节约集约用地提高土地利用效率的意见》（冀政发〔2105〕9 号），积极推进工业用地挖潜增效，通过厂房加层、利用地下空间、翻建等途径实施"零增地"技术改造；陕西省 2014 年下半年到 2015 年上半年先后发布了《中共陕西省委办公厅陕西省人民政府办公厅关于切实加强土地管理全面提高土地利用效率的意见》、《陕西省节约集约用地实施细则（试行）》（陕国土资发〔2014〕56 号）、《陕西省建设用地节约集约利用考核操作规范（试行）》，提出探索有偿回购途径，推进城镇低效用地再开发利用，规范城镇低效用地再开发工作程序和实施途径。

从低效工业用地调查情况看，各地认真执行《工业项目建设用地控制指标》等用地控制标准，在规范工业用地管理上取得了积极成效；但也存在因企业产业类型落后被淘汰、经营不善而关停、个别地方政府为追求GDP 增长降低招商门槛等问题，导致部分工业用地利用效率低下；实际管理中，对工业用地批后监管缺乏有效手段，亟须进一步规范。

（三）充实完善节地评价考核制度体系

经过多年基础研究与实践验证，节地评价考核技术体系和工作模式不断完善，已形成覆盖区域、城市、开发区的多层次节地评价考核体系。2015年，国土资源部进一步丰富评价层次，建立项目节地评价制度，同时优化评价工作体系，进一步规范评价考核管理。

1. 节地评价考核政策体系现状分析

2012 年,《国土资源部关于大力推进节约集约用地制度建设的意见》（国土资发〔2012〕47 号）提出了以"规划管控、计划调节、标准控制、市场配置、政策鼓励、监测监管、考核评价、共同责任"八项制度为核心的制度体系,其中考核评价制度主要包括实行城乡建设用地节约集约利用评价考核、定期开展开发区土地集约利用评价、开展重点城市建设用地节约集约利用潜力评价。至 2015 年,节地评价考核制度体系建设取得良好成效,覆盖区域、城市、开发区的评价考核制度体系已经初步建立。

区域层面,一是按照《单位 GDP 和固定资产投资规模增长的新增建设用地消耗考核办法》（国土资发〔2009〕12 号）要求,以上一级政府对下一级政府单位国内生产总值建设用地面积下降为考核重点,定期公布考核结果,作为控制区域建设用地规模、下达土地利用年度计划的依据。二是按照《关于落实单位国内生产总值建设用地下降目标的指导意见》（国土资发〔2012〕24 号）要求,将《国民经济与社会发展"十二五"规划纲要》提出的"单位国内生产总值建设用地下降 30%"目标逐级分解至县（区、市）,将评估考核结果作为控制建设用地规模、调整下达土地利用年度计划的重要依据。三是按照国土资源部办公厅《关于开展 2010 年度国土资源节约集约模范县（市）创建活动的通知》（国土资厅发〔2010〕41 号）、《关于开展下一阶段国土资源节约集约模范县（市）创建活动的通知》（国土资厅发〔2012〕30 号）要求,完成了两届国土资源节约集约模范县（市）创建活动,对模范县（市）给予用地奖励。

城市层面,《节约集约利用土地规定》（国土资源部 61 号令）、《国土资源部关于推进土地节约集约利用的指导意见》（国土资发〔2014〕119 号）、《国土资源部关于大力推进节约集约用地制度建设的意见》（国土资发〔2012〕47 号文件）等多项政策文件均提出开展重点城市建设用地节约集约利用评价,全面掌握建设用地利用状况、集约利用程度、潜力规模与空间分布,评价结果作为科学用地管地、制定相关用地政策的重要依据。2014 年 6月,国土资源部发布《关于部署开展全国城市建设用地节约集约利用评价工作的通知》（国土资函〔2014〕210号），提出利用5年时间，完成全国80%的地级以上城市和60%的县级市的建设用地节约集约利用评价工作，根据不同层面政策需求，确立了针对行政辖区整体、中心城区两个评价层次，为保障评价成果现势性，确立了动态更新评价的工作模式，发布了《城市建设用地节约集约利用评价操作手册》《城市建设用地节约集约利用评价数据库标准》和《城市建设用地节约集约利用评价制图规范》，形成"三位一体"的评价标准体系。

开发区层面，《节约集约利用土地规定》（国土资源部61号令）、《国土资源部关于推进土地节约集约利用的指导意见》（国土资发〔2014〕119号）、《国土资源部关于大力推进节约集约用地制度建设的意见》（国土资发〔2012〕47号文件）等多项政策文件均提出定期开展开发区土地集约利用评价，为开发区升级、扩区提供依据。自2008年起，国土资源部部署完成了三轮开发区评价工作，建立了包含开发区土地集约利用评价规程、数据库标准和制度规范的标准体系。2014年2月，国土资源部发布《关于开展2014年度开发区土地集约利用评价工作的通知》（国土资厅函〔2014〕143号），部署第四轮开发区土地集约利用评价工作，该通知根据新形势下土地管理需求，将更新评价模式调整为1年1次更新，三年1次全面评价，并规定对于连续3年（含3年）未按要求参与评价的开发区，各级国土资源主管部门不得支持其扩区、调区、升级申请；同时针对新时期下国家对开发区的定位和管理要求，调整完善了评价技术体系。

截至2015年，覆盖"区域、城市、开发区"的土地节约集约用地评价考核制度体系已初步建立，定期更新的工程化工作模式已经确立，相关评价技术标准不断完善。但是，在工作组织方面，有关实施要求有待进一步明确和细化；在评价层次方面，关于项目用地的评价体系尚未建立，评价考核制度体系仍需进一步充实完善。

2.细化城市节地评价管理规则

2014年，城市建设用地节约集约利用评价工作进入工程化实施阶段。在工作组织方面，国土资函〔2014〕210号文件对职责分工、成果审核上报程序等做出了原则性规定，但工作管理规则不够详细。为进一步规范评价工作，建立健全工程化运行工作机制，2015年8月，国土资源部发布了《关于印发〈全国城市建设用地节约集约利用评价组织实施工作规则〉的通知》（国土资厅函〔2015〕1119号），进一步明确、细化相关工作要求，为评价工作顺利实施提供保障。

该通知从评价工作体系、职责分工、协调沟通、进展跟踪、技术支撑、质量控制、成果管理等方面，对城市节地评价工作提出了具体要求。一是明确了国土资源部统一组织、分级负责、整体覆盖、逐步推进，各级国土资源相关业务部门分工协作、多方参与、各司其职的工作体系。二是明确主管部门土地利用管理司职责分工、组织实施单位中国土地勘测规划、省级国土资源主管部门和省级技术指导单位、城市国土资源主管部门的。三是健全评价工作协调机制、工作交流会议机制和联络员机制，加强部、省、城市间的协调沟通的有效性和稳定性。四是建立信息报送机制，强化工作实施监督。五是建立培训机制、专家库、技术交流指导机制，提高评价技术单位业务水平，加强专业指导与咨询力度。六是实行成果质量分级控制制度和成果质量公示制度，奖惩结合提升成果质量。七是规范成果发布、存档，推动成果应用。

3. 建立项目节地评价制度

建立项目节地评价制度，既是构建节地评价制度体系的重要内容，也是进一步规范建设项目用地管理的必然要求。从节地评价制度建设角度，现有评价政策覆盖了宏观和中观层面，但一直缺乏微观层面的评价制度，2012年，《关于大力推进节约集约用地制度建设的意见》（国土资发〔2012〕47号）要求完善科学可行的建设用地标准体系，修订和实施工程建设项目用地指标；《关于严格执行土地使用标准大力促进节约集约用地的通知》（国土资发〔2012〕132号）提出对国家和地方尚未颁布土地使用标准和建设标准的特殊建设项目，应当先进行项目节地评价并组织专家评审，作为办理用地、供地手续的依据；2014年，《国土资源部关于推进土地节约集约利用的指导意见》（国土资发〔2014〕119号）进一步提出加快建立工程建设项目

节地评价制度，明确节地评价的范围、原则和实施程序。从建设项目管理方面，虽然现行法律法规政策规定，在建设用地预审和单独选址项目的审查报批阶段，均需要依据土地使用标准，但实际上，土地使用标准并未实现行业全覆盖，且部分项目因安全生产、地形地貌、工艺技术等有特殊要求，需要突破用地标准的控制性要求，必须通过专门评价决定能否超出土地使用标准用地。

2015 年 4 月，国土资源部发布《国土资源部办公厅关于规范开展建设项目节地评价工作的通知》（国土资厅发〔2015〕16 号），对建设项目节地评价范围、内容和环节、专家库建设、实施管理等做出规定。该通知一是将评价范围界定为无标准、超标准建设项目，明确了项目节地评价是对现有建设用地报批工作进一步规范，而非增加行政审批环节和程序的工作定位。二是针对超标准和国家未颁布土地使用标准的建设项目，规定申报材料中相关说明编制要求和节地评价流程。三是提出建立健全专家库，并对专家库的组成、涉及的行业领域、专家选取条件、动态管理等进行了明确规定。四是加强监督管理，强化省级国土资源主管部门对节地评价工作的组织管理，建立检查和抽查制度。

该通知的发布填补了节约集约用地评价制度体系中缺乏微观层面评价政策的空白，将对促进超标准、无标准建设项目节约使用土地，进一步改进和规范建设项目用地审查报批工作起到积极推动作用。由于节地评价制度刚刚确立，相关实施细则和配套技术标准仍有待进一步明确。

4. 进一步规范节地考核政策

国土资源节约集约模范县（市）创建制度是节约集约用地评价考核制度体系的重要组成部分。2010 年和 2012 年开展的两轮模范县（市）创建工作取得了显著成效，地方政府高度重视、全社会广泛参与，形成了推进资源节约集约利用的社会合力，凝练出一批资源节约集约利用的好模式、好机制，有效推动了国土资源节约集约理论和制度创新。2014 年底至 2015 年，国土资源部进一步完善相关管理规定和技术体系，不断提升相关制度的规范性。

2014 年 11 月，国土资源部发布《国土资源部办公厅关于印发〈国土资源节约集约模范县（市）创建活动新一周期工作安排和新修订的指标标准体系〉的通知》（国土资厅发〔2014〕35 号）。该通知明确了 2014～2016 年创建活动工作安排，发布了新修订的指标标准体系，增强了指标体系的科学性、适用性和公平性，实行先决性一票否决规则，从严控制模范县（市）评选"门槛"，同时设置了导向性、鼓励性指标加分项，引导各地探索创新。2015 年 6 月，国土资源部发布《国土资源部办公厅关于开展第三届国土资源节约集约模范县（市）第一批次评选和获评模范县（市）复核的通知》（国土资厅发〔2015〕24 号），明确了第三届第一批次模范县（市）评选和模范县（市）复核的范围、评选数量、标准和程序，规范模范县（市）动态管理。

二　2015年节约集约用地政策特点分析与"十二五"政策回顾

（一）2015年节约集约用地政策特点分析

1. 政策体系由框架构建转向细化完善

与前一阶段出台政策系统性强、业务覆盖面广的特点不同，2015 年节约集约用地政策更加关注专项业务领域。一方面，随着国家节约优先战略、生态文明建设、新型城镇化持续推进，国务院及相关部门政策中涉及用地管理时，将土地资源节约集约利用作为重要原则，在管理政策衔接方面愈加注重科学性和可操作性，促使政策不断明确和细化。另一方面，节约集约用地政策体系已经确立，政策体系由构建阶段转向完善阶段，对于缺位、操作性差以及处于探索阶段的政策，开始逐步充实和调整。

2. 政策相关基础性工作支撑作用逐步提升

随着节约集约用地制度体系进入细化完善阶段，对政策科学性和可操作性的要求逐步提升，相关基础性工作的重要支撑性作用逐步显现，政策制定更加重视基础工作。如《国务院关于进一步做好城镇棚户区和城乡危房改造及配套基础设施建设有关工作的意见》（国发〔2015〕37号）要求在推进危房改造过程中严格执行一户一档的要求，做好农村危房改造信息系统录入和管理工作；《关于开展低效工业用地调查清理防止企业浪费土地的函》（国土资厅函〔2015〕661号）要求先期开展调查，全面收集工业用地低效利用情况，为后续政策制定提供基础依据；节地评价制度建立健全动态更新机制，以期为相关政策制定提供更具现势性且具备一定时间序列的数据参考。

3. 政策内容更加注重业务全流程的规范管理

在节约集约用地制度体系构建阶段侧重政策框架构建，对单项业务主要提出完善的方向性意见。2015年政策制定针对性增强，注重对于单项业务实施全流程的规范化管理。如《全国城市建设用地节约集约利用评价组织实施工作规则》对评价工作启动、实施、成果审核及后续管理等各个工作环节提出实施要求；国土资源节约集约模范县（市）创建制度不仅明确了即将开展的创建活动要求，还对往届评选的模范县管理工作进行规范。

（二）"十二五"节约集约用地政策回顾

"十二五"时期，国土资源系统围绕"稳增长、促改革、调结构、惠民生"大局，坚定"尽职尽责保护国土资源、节约集约利用国土资源、尽心尽力维护群众权益"职责定位，积极主动作为，严格规范管理，强化制度建设，细化政策措施，致力探索创新，注重总结提升，全力推进节约集约用地各项工作，取得积极进展。

1. 制度建设不断强化，最严格的节约用地制度基本确立

国家一直高度重视和积极推动最严格的节约用地制度建设，"十二五"时期更是取得重大突破。2011年，国家首次将单位GDP建设用地下降30%纳入《国民经济和社会发展第十二个五年规划纲要》，明确了节约集约用地的国家战略目标和规划控制要求；2012年，国土资源部下发《关于大力推进节约集约用地制度建设的意见》（国土资发〔2012〕47号），系统提出以

"规划管控、计划调节、标准控制、市场配置、政策鼓励、监测监管、考核评价、共同责任"为核心的最严格的节约用地制度框架体系；2014 年，国土资源部颁布了《节约集约利用土地规定》（国土资源部第 61 号令）和《关于推进土地节约集约利用的指导意见》（国土资发〔2014〕119 号），对节约集约用地制度进行了系统梳理、归纳和提升，对节约集约用地政策措施进行了规范和引导，明确了具体工作要求，最严格的节约用地制度基本确立。

2. 节约集约用地管理不断细化，政策机制渐成体系

一是积极推进土地利用总体规划的编制实施，通过严格土地用途管制、强化规划管控，统筹安排和合理引导各类各业建设用地，控制建设用地规模、布局和时序，合理调整城乡建设用地结构和空间布局，促进土地资源利用效率提升；按照"确保我国实有耕地数量基本稳定、质量不下降，土地节约集约利用水平明显提高，维护规划的严肃性和可操作性，促进新型城镇化和生态文明建设"的总体要求，启动了规划调整完善工作。二是改进计划指标编制下达、监管考核方法，推进计划精细化与差别化管理，提高计划管理的针对性和导向性，发挥计划的调控和引导作用，促进区域、城乡和行业协调发展，以及土地要素与资金、劳动力和地区发展阶段的匹配，切实提高土地利用效率和效益。三是建立城镇国有土地使用权招标、拍卖、挂牌和协议出让、转让、出租、抵押、作价出资（入股）等交易制度，健全完善以有偿使用、交易管理、监管调控、市场服务等为主要内容的土地市场基本制度框架，不断扩大土地有偿使用和市场配置范围，搭建全国土地市场动态监测监管系统，建立从土地供应到开发利用的全程监管体系，加快形成土地有效供给，提高土地资源利用效率。四是会同相关行业主管部门制定、修订并发布实施《禁止用地项目目录（2012 年本）》《限制用地项目目录（2012 年本)》《工业项目建设用地控制指标》以及涉及轻工、机械、纺织、化工、钢铁、电力、电子、石油天然气、公路、铁路、民航等行业类型的工程项目建设用地控制指标共计 27 项土地使用标准，下发《关于严格执行土地使用标准促进节约集约用地的通知》（国土资发〔2012〕132 号），从严格执行

和不断完善土地使用标准、明确土地使用标准审查内容和使用环节、加强执行监管和评价、大力开展相关培训和宣传等四个方面作了系统、全面规定，基本确立了符合节约集约用地原则的土地使用标准体系。五是通过配合制定地价调节和财税优惠政策，鼓励和引导用地主体自发提高土地利用强度和效率，促进节约集约用地。六是制定了规范城乡增减挂钩、实施工矿废弃地复垦、鼓励企业增容改造、推动城市更新改造、支持铁路建设综合开发等土地政策，为节约集约用地实践提供政策保障。

3. 基础工作机制不断完善，重点领域取得关键突破

一是积极落实国家发展规划控制要求，将"十二五"规划纲要确定的"单位 GDP 建设用地下降30%"目标，分解下达到各省（区、市），开展年度测算评估，确保目标落实。二是积极开展国土资源节约集约模范县（市）创建活动，连续 3 年将创建活动纳入国土资源部重点工作布局，2011 年和 2012 年，累计评选产生 212 个国土资源节约集约模范县市，2014 年，部署启动了新一周期创建活动，切实发挥了节约集约用地典型示范和引领作用。三是先后完成 30 个直辖市、省会城市和 20 个小城市的节约集约用地评价，部署启动全国 578 个城市的节约集约用地评价，城市节地评价与更新机制逐步健全。四是连续组织开展四轮全国 1500 多个开发区的土地集约利用评价，掌握了开发区用地现状、集约利用程度、潜力状况及动态变化，为规范和加强开发区用地管理提供了依据。五是积极开展建设项目节地评价体系研究与实践，进一步加强项目节地源头控制。

4. 探索创新日益深入，节约集约典型经验不断涌现

面对保障发展与保护资源的两难境地，"十二五"期间各地积极探索创新，涌现了一批好的节地典型模式和经验。广东省以"三旧改造"为重点，积极推进城市用地二次开发，促进土地内涵挖潜，提升集约化用地水平；长沙市在推进城乡一体化过程中，积极推进节地型城市建设，取得阶段性成果。在总结地方经验的基础上，加大政策支持，稳步推动各项工作开展，先后批准广东省、安徽省合肥市、湖南省长沙市黎托片区为节约集约用地的试点省、试点城市和试点片区，多个省份开展城乡建设用地增减挂钩、城镇低

效用地再开发、工矿废弃地复垦利用等试点。通过改革试点与节地模式推广，在优化城乡建设用地结构、盘活存量建设用地、减少优质耕地占用等方面储备了系列促进节约集约用地的政策措施，为加快形成促进节约集约用地的有效制度供给奠定了基础。

5. 节约集约水平日益提高，资源过度消耗得到有效控制

2010～2014年，单位GDP和固定资产投资规模增长消耗的新增建设用地进一步降低，为顺利实现"十二五"规划目标奠定良好基础。国务院和省两级批准建设占用耕地面积比例稳步下降；招拍挂出让土地占出让土地总面积的比例不断提升，市场配置水平持续提高；开发区工业用地利用效率和效益明显提高。

虽然"十二五"时期节约集约用地工作取得明显进展，但土地利用中仍存在大量圈占新增建设用地、相当数量闲置土地亟待盘活、土地投入产出效率不高、国土开发布局不合理、部分行业和领域存在浪费用地等问题，亟须进一步健全完善节约集约用地制度体系，完善政策实施机制，促进形成全社会节约集约用地共识。

三 "十三五"政策展望与建议

"十三五"期间，经济增长换挡期、结构调整阵痛期、前期刺激政策消化期"三期叠加"，新型工业化、信息化、城镇化、农业现代化同步推进，经济发展步入新常态、生态文明建设加快、人口规模与结构持续变化及一系列区域发展规划和政策的实施，使得土地资源供需关系更加复杂、矛盾进一步加大，对节约集约用地提出新的更高要求，有必要进一步深化完善制度体系，健全政策实施机制，提高节地管理水平。

（一）逐步深化完善现有制度体系

目前，以"规划管控、计划调节、标准控制、市场配置、政策鼓励、监测监管、考核评价、共同责任"为核心的最严格的节约用地制度框架体系已经确

立，2014 年，《关于推进土地节约集约利用的指导意见》（国土资发〔2014〕119号）出台，对未来一段时期的政策目标和内容做出了较为清晰明确的规定。该文件有效期为 8 年，覆盖整个"十三五"时期，因此未来五年将主要在现有制度体系和政策目标导向下，从严格建设用地规模管控、优化开发利用格局、健全用地控制标准、发挥市场机制作用、实施综合整治利用、推动科技示范引领、加强评价监管宣传等方面有针对性地开展政策细化完善工作。

从政策细化完善的方向看，一是增强政策的综合性和协同性，争取地方政府及统计、财政、税务、建设等相关部门支持，加强土地管理各项业务衔接，共同推进土地节约集约利用。二是实行差别化管理，结合地方用地实际状况和面临问题，明确不同层级、不同区域政策定位、内容、标准和措施。三是完善激励机制，鼓励通过价格机制、市场调节、利益分配等经济手段推进工作，构建约束与激励有效结合的政策体系。

（二）进一步夯实政策制定基础

翔实、现势、准确的数据和丰富的实践资料是科学制定政策的重要依据。"十二五"期间基础性工作实施机制不断完善，但部分调查工作存在覆盖度不够、更新不及时、数据获取手段落后、数据准确性差等问题，亟须进一步夯实基础，全面掌握土地利用状况，为提高政策科学性和可操作性提供支撑。

从基础工作内容看，一是全面开展建设用地普查，查清我国城镇、工矿、农村、基础设施等各类建设用地现状及开发利用情况，重点查明空闲、废弃、闲置和低效利用土地的面积、分布和权属，分析盘活利用、布局调整、更新改造等的潜力，为开展相关评价、整治、二次开发等提供基础支撑。二是持续开展全国城市、开发区的土地节约集约利用评价，健全评价更新机制，实现数据年度更新，掌握节约集约用地状况和潜力规模、布局，为城市、开发区用地结构优化、效率提升、集约挖潜等提供基础依据。三是组织开展"十三五"模范县（市）创建活动，评选一批国土资源节约集约模范市（地）、县（市），充分发挥模范县（市）创建工程对节约集约用地的示范引领作用。

（三）建立健全政策评估机制

近年来，随着国家法治化建设持续推进，公共政策评估日益引起中央重视。2013年9月，国务院首次引入第三方评估，委托全国工商联对鼓励民间投资的"新36条"落实情况进行评估；2014年年中为推动改革、发展、民生等有关政策举措落实到位，国务院派出8个督察组赴各地、各部门全面督查，同时委托4家机构开展第三方评估。2015年8月和9月，国务院常务会议在时隔不到1个月的时间内两次听取重点政策措施落实第三方评估汇报。建立健全客观、公正、独立的政策评估机制已成为大势所趋。

目前国内开展的政策评估，大多侧重在政策实施评估，评估主体既有政策制定部门，也有第三方机构。未来应强化第三方评估，确保评估结果客观、公正，同时建立涵盖政策方案评估、实施评估、总体评估的评估机制，逐步规范评估程序。一是建立政策颁布前的方案评估制度，对政策公平性、目标是否明确、内容是否清晰、政策具体措施是否能够支撑目标完成、与现有法律法规和政策是否衔接、预期成效和可能产生的不良影响等进行评估。二是建立政策实施定期评估制度，在政策实施过程中，定期对政策落实情况、可操作性、取得成效、遇到问题及原因、能否实现政策目标等进行评估。三是对政策实施的经济社会背景发生重大变化或达到有效期的政策进行总体评估，总结政策成效、问题及原因，分析政策与经济社会发展环境的适应性，提出是否继续执行政策的建议。四是规范第三方评估程序，对第三方评估机构资质实行动态考评。

B.5
不动产登记政策评述

黄志凌*

摘　要： 本文系统梳理了自 2013 年建立和实施不动产统一登记制度以来，不动产登记制度建立和实施的法律法规、政策文件及技术标准，评述政策实施的效果和存在不足，对进一步深化改革和完善制度提出政策展望和建议。研究表明：当前不动产登记政策的实施成效明显，统一登记机构将于 2015 年底基本完成，统一的登记依据已颁布实施并逐步健全，统一的簿册已正式颁发，统一的信息平台将于年底上线试运行。今后要尽快完善法律法规技术标准体系；推进登记机构尽快理顺工作流程，开展登记业务；要加快信息平台建设，完善相关标准，尽快实现全国范围内不动产登记信息在各级实时共享和与交易审批部门间的实时互通共享，推进不动产登记信息的产业化服务。

关键词： 不动产登记　统一登记　政策评述

　　建立和实施不动产统一登记制度，是全面落实《物权法》精神、明晰不动产权属、保障交易安全、保护权利人合法利益的重要举措；是贯彻党中央、国务院关于加快推进机构改革和职能转变工作，进一步夯实社会主义市场经济基础，提高政府治理效率和水平，更好地实现便民利民等精神的重要政治

---

* 黄志凌，博士，中国土地勘测规划院地籍所高级工程师，主要研究方向为地籍管理、不动产登记等。

任务。长期以来，我国土地、房屋、林地等各类不动产分别依法由其行政主管部门负责登记，各自形成了符合其管理需要的工作机构、人员队伍、技术规程和成果资料。实施不动产统一登记涉及中央多个部门和单位，关系千家万户，职责整合难度大，建章立制任务重，平稳衔接要求高。为全面建立和实施不动产登记制度，自 2013 年以来，在中央的统一部署下，国土资源部联合中央编办、财政部及相关部委，按照实现登记机构、登记簿册、登记依据和信息平台"四统一"的原则要求，颁布实施了一系列的法律法规、政策文件，截至2015 年，政策实施成效比较明显，不动产统一登记工作取得了实质性进展。

一 建立和实施不动产统一登记制度政策梳理

（一）统一不动产登记机构

第一阶段（2013 年 3～12 月）：确定建立和实施不动产统一登记制度。

20 世纪 90 年代至今，随着经济的发展，我国各类不动产相继进入市场，为保护不动产权利人的合法利益，促进市场交易，相继出现了土地权利登记、房屋权利登记、农村土地承包经营权登记、林权登记、水域滩涂养殖使用权登记、海域使用权登记以及草原所有权和使用权登记，分别由国土资源部门、住房和城乡建设管理部门、农业部门、林业部门和海洋管理部门负责登记。各行政主管部门为便于管理，针对各个类型不动产登记出台了相对完善的规章、条例及办法。由于政出多门，多头登记的弊端日渐凸显，社会对统一登记的要求越来越强烈。2007 年，《物权法》第十条提出"国家实行不动产统一登记制度"，从法律基础上确定了统一登记为不动产登记的制度形式。但是，受各种因素影响，统一登记制度的建立一直止步不前。

2013 年 3 月，《国务院机构改革和职能转变方案》提出，减少职责交叉和分散，最大限度地整合分散在国务院不同部门相同或相似的职责，理顺部门职责关系，房屋登记、林地登记、草原登记、土地登记的职责整合由一个部门承担。3 月底，国务院办公厅印发了《关于实施国务院机构改革和职能

转变方案任务分工的通知》（国办发〔2013〕22 号），要求中央编办负责整合房屋登记、林地登记、草原登记、土地登记的职责。2013 年 11 月，国务院第 31 次常务会议决定由国土资源部负责指导监督全国不动产统一登记职责，要基本实现登记机构、登记簿册、登记依据和信息平台"四统一"。至此，明确了《物权法》中提出的"统一的登记机构"在国家层面由国土资源部门负责。为形成分工明确、权界清晰的工作制度，中央要求，行业管理和不动产交易监管等职责继续由相关部门承担。各地在中央统一监督指导下，结合本地实际，将不动产登记职责统一到一个部门。

2013 年 12 月，中央编办印发《关于整合不动产登记职责的通知》（中央编办发〔2013〕134 号），进一步明确了不动产登记职责，由国土资源部负责指导全国土地登记、房屋登记、林地登记、草原登记、海域登记等不动产登记工作，会同有关部门起草不动产统一登记的法律法规草案，建立不动产统一登记制度，制定不动产权属争议的调处政策；推进不动产登记信息基础平台建设；会同林业局负责国务院确定的重点国有林区森林、林木、林地的登记发证，会同海洋局负责国务院批准项目用海、用岛的海域使用权和无居民海岛使用权的登记发证。至此，明确了不动产登记各部门的职责，从国家层面上厘清了部门间的关系。

第二阶段（2014 年）：国家级层面职责机构整合完成。经国务院批准，2014 年 3 月，成立了由国土资源部牵头的部际联席会议制度，确定了由中央编办、财政部、住房和城乡建设部、农业部、税务总局、林业局、国务院法制办、海洋局等 9 个部门组成的联席会，并制定了联席会工作规则。按工作规则，部际联席会要在国务院领导下，协调解决不动产统一登记制度建立和执行过程中的重大问题，研究提出不动产统一登记制度建立的工作思路和政策建议，并在制度体系、技术规范、信息平台建设、法律法规起草等方面通过联席会协调解决。2014 年 4 月，经中央编办批准，在国土资源部地籍管理司加挂不动产登记局牌子，调整地籍管理司（不动产登记局）的主要职责，增加了有关不动产登记的职责。2014 年 11 月，经中央编办批复同意，国土资源部调整成立了不动产登记中心，负责承担有关法律法规政策研究及部分业务技术支撑。至此，在国家层面的不动产登记职责机构整合完毕。

第三阶段（2015 年 3 月～）：市县级职责整合全面推进。2014 年，在理顺国家级职责机构的基础上，国土资源部组织了全国范围的调研督导。调研表明各地方层面在 2014 年基本是持观望态度，由于登记业务主要是在市县一级，而各市县房屋登记、土地登记和其他各类不动产登记的机构性质、级别等千差万别，因此存在畏难情绪。按《国土资源部办公厅关于印发〈2015 年不动产统一登记工作计划安排〉的函》（国土资厅发〔2015〕76号）部署，将于 2015 年底前实现全国省、市、县三级不动产登记职责和机构整合基本到位。2015 年 3 月 1 日，配合《不动产登记暂行条例》的实施，第一批不动产权证在江苏徐州、黑龙江林口、四川泸州等地先后颁发，起到了较好的示范引领作用。2015 年 4 月，国土资源部、中央编办颁布了《关于地方不动产登记职责整合的指导意见》（国土资发〔2015〕50号），明确要求各市县应尽快将不动产登记整合由一个部门承担，并接受上级不动产登记机构的指导监督。该文件的印发，进一步推动了各市县的不动产登记机构整合。针对一些地方采取统一受理、分别登记的形式，文件明确了必须由统一的一个部门承担，避免了将不动产登记业务切割、机构间实质分离的情况。"接受上级机构的指导监督"要求国家—省—市—县四级机构统一为一个主管部门负责，明确了机构整合的方向。5 月，国土资源部办公厅印发了《关于加快落实不动产登记职责整合工作任务的通知》（国土资电发〔2015〕20号）要求各省倒排时间，加快推进市县级职责机构整合，并以督导和专项督察的形式推进工作。各市县抛弃了观望和等待情绪，职责机构整合进入快速整合期。

（二）统一登记簿册

不动产登记是登记机构将不动产权属记载于国家依法统一制定的簿册上，并依法向权利人颁发权利证书的行为。登记簿记载的内容，是权利人合法拥有不动产权的证明，是物权归属的依据。不动产登记簿既要反映不动产的自然状况，还要反映其上的各类法律关系，在不动产统一登记制度中处于核心地位。由于长期以来的分散登记，在统一登记前，共有土地、房屋等多种不动产登记簿权利证书，相互之间难免存在重复、交叉或空隙。为解决分散登记的弊端，国务院提出统一登记簿册的要求。为此，一要理清各类簿册证书记载的内容及相互间的关系，二要解决簿册的编成方式及记载单元，三要明确簿册的介质及保管等相关内容，四要确定与原有证件的关系。2015年2月，国土资源部颁布了《关于启用不动产登记簿证样式（试行）》的通知，并在3月1日实施的《不动产登记暂行条例》中对不动产登记簿进行了明确规定。

1. 建立了以宗地、宗海为单位编成的登记簿

分散登记下，为便于管理，分别建立了以房屋、宗地、宗海、户为登记单元和以物或人的编成方式建立的登记簿。新颁布的不动产登记簿，采取以不动产单元为基本单位，以宗地和宗海为单位的编成方式，将其权属界线范围内的房屋等建筑物和构筑物、林木等与其所依附的土地一起划分不动产单元，固化了以土地、海域为基础的各类不动产登记，并明确了每一宗不动产单元应当有唯一的编码。

2. 明确了登记簿记载的事项

在全面梳理各类登记簿内容之后，新颁布的不动产登记簿记载的内容包括：一是不动产客体的自然情况，包括坐落、界址、空间界限、面积、用途等；二是不动产权属状况的情况，包括权利人状况和权利状况，如权利人的名称、证件代码、权利类型、使用期限、权利变化等；三是不动产权利限制的情况，如存在异议登记、预告登记或查封登记等情况。基本涵盖了原有的全部内容，满足了不同权利申请登记的需要。

3. 规范了登记簿的形式

针对各地各类登记基础的不同，《条例》提出了可采取纸介质和电子介质的形式。选用纸介质的地区，应采用活页夹的形式，便于增加内容；选用电子介质的地区，应当以菜单式组合、固定电子表格等方式制作。不同权利类型的不动产单元不需要填写全部的簿册，因此采取活页夹的形式，一权一页、一单元一本、一宗（地/海）一簿，便于管理和操作。

4. 明确了不动产权利证书的样式

新颁布的不动产权利证书，分为单一版和集成版两种，单一版可记载一个不动产单元上的一种权利或者或相互兼容的一组权利，如集体土地所有权、国有建设用地使用权及房屋所有权、土地承包经营权及林木所有权等。集成版主要适用于农村集体经济组织拥有多个建设用地使用权或一户拥有多个土地承包经营权的情况。一本证书可以记载一个权利人在同一登记辖区内享有的多个不动产单元上的不动产权利。如在某村拥有的集体建设用地使用权及房屋所有权、多块土地承包经营权、土地承包经营权及林木所有权，在一宗土地上拥有的多幢或多套房屋等。对于抵押权、地役权，应当填写不动产权利证明。2月，国土资源部印发了《关于启用中华人民共和国国土资源部不动产登记专用章的通知》（国土资厅发〔2015〕2号），各地方参照此种模式，在不动产登记证书上颁证机构印章部分由原来盖县级以上人民政府章改为盖不动产登记机构的不动产登记专用章，便于实践操作，也利于明确行政主体的责任。

5. 严格了保管方式

由于不动产登记簿册具有不可推翻的公信力，为了确保登记簿的安全，在保管方式上，应有专门的场所，有防火防灾能力，由专人看管，并配有相关的安全保密等措施和异地备份容灾的能力。

6. 明确新旧证之间关系

实行统一登记之前，各类不动产登记权证种类繁多，如土地证包括国有建设用地使用权、集体土地所有权、集体建设用地使用权和他项权利证明书等4种，房屋有房屋所有权证和房屋他项权证，林权有林权证等约十几种产权证书。实行统一登记后，颁发统一的不动产权利证书。一些人担心原有的权证变为"一纸废纸"，对此，中央编办《关于整合不动产登记职责的通知》明确要求，要确保各类不动产证书继续有效。不动产权证是权利人拥有权利的合法证明，原有的权利证书是县级以上人民政府颁发的，是由国家公信力保证的，具有不可推翻的法律效力，不会因为主管登记机构的变更而影响其效力。为保证不动产登记平稳有序地开展，中央要求，应适时组织地

方发放新的统一证书，并逐步替换旧证书，不增加企业和群众负担。也就是说，原有的证书仍然有效，不要求群众必须更换新版证书，原不动产权利证书仍然受法律保护，按照新证不换、老证不变原则确保权利人的合法权益不受影响。在此基础上，国土资源部在《关于启用不动产登记簿证样式（试行）的通知》中明确规定，对已完成职责机构整合、具备颁发新版证书条件的地方，应正式启用统一的不动产权证书，并停止发放旧版证书；不能发新不停旧；对未完成职责机构整合的地方，要继续按照原有职责分工发放各类旧版证书，确保"登记工作不断、秩序不乱、平稳有序过渡"。

（三）统一登记依据

自 2007 年《物权法》颁布以来，对不动产统一登记的相关法律法规一直未有出台，《物权法》的此项规定一直处于"空中楼阁"状态。不动产登记是依法进行，"法无授权不可为"，分散登记下，各类不动产登记均依法执行，涉及《森林法》《城市房地产管理法》等法律及一系列已各成体系的法律法规、部门规章等，没有形成不动产登记的法律法规和技术体系，登记的依据分散、无法开展统一的登记等工作，因此，迫切需要对相应的法律进行"立、改、废"，完善各项技术标准，及时出台有关的政策文件。

1.《不动产登记暂行条例》正式颁布实施

2014 年 7 月，国务院第 58 次常务会原则通过了不动产登记暂行条例征求意见稿，11 月 24 日，李克强总理签署了第 656 号国务院令，公布《不动产登记暂行条例》，自 2015 年 3 月 1 日起实施。《不动产登记暂行条例》分为总则、不动产登记簿、登记程序、登记信息共享与保护、法律责任和附则等共 6 章 35 条。明确了不动产登记的概念和范围，列明了包括集体土地所有权在内的十大项，十余种权利类型属于不动产登记范畴。明确规定了《条例》实施之前与之相关规定不一致的，以本条例规定为准，明确了《条例》的法律权威性，与其他相关法律法规的适用性问题。与此同时，《不动产登记暂行条例实施细则》也完成了在"中国政府法制信息网"的公开征求意见。《实施细则（征求意见稿）》对《条例》进行了详细的规范，对各类不动产权利的登记、各类登记的程序、要件等都进行了全面的规定，即将正式出台。各地方也按《条例》要求，均进行了本地区的相应法规和政策文件的梳理和修订工作。

2.《不动产权籍调查技术方案（试行）》颁布实施

不动产权籍调查是不动产登记的基础，技术性强，调查成果直接用于确权登记工作，因此，调查成果的精确与否十分重要。为保证已完成不动产登记职责和机构整合的地区能够顺利开展不动产登记工作，确保现有各类不动产权籍调查工作的平稳过渡，实现日常不动产权籍调查的有序运行，2015 年 4 月，国土资源部印发了《关于做好不动产权籍调查工作的通知》（国土资发〔2015〕41 号），并附《不动产权籍调查技术方案（试行）》。由于各类不动产在分散登记时都形成了其自身的一套调查技术体系和成果，对于统一登记后如何开展以不动产单元为单位的各类不动产一体化调查，统一精度及相关技术流程，《不动产权籍调查技术方案（试行）》都做了具体的规定，并颁布了权籍调查的相关工作流程及表格等。其主要内容有：一是统一了调查基础，坚持以地籍调查、海籍调查为权籍调查基础。由于土地和海域构成了地球表面，坚持以土地或海域空间信息为载体，将各类不动产落在地表/海域表面，以不动产单元为基本单位开展权籍调查，在地（海）籍调查的基础上，一并开展各类不动产的权属调查和权籍测量，一个不动产单元的权籍调查事项应由一家调查机构主导完成，实施一体化调查，建立健全"全程负责"、"一站式"服务等配套措施。二是注重衔接，多规并行。要求坚持已有地（海）籍调查成果作为调查衔接的主要依据。充分利用现有的登记、审批、交易等资料，及时更新调查成果。继续沿用现行的各类不动产权籍调查标准，协调一致。在权籍调查上，技术标准要求存在差异的，原则上以《不动产权籍调查技术方案（试行）》的要求为准。三是规范调查，统一成果。技术方案明确了调查的内容、调查的程序、调查成果的要求以及工作的组织实施等，颁布了各类调查工作表格。四是规定了不动产单元设定的方式与代码的编制规则，根据《不动产登记暂行条例》规定，不动产单元应具有唯一代码。不动产单元代码是不动产单元唯一可识别的身份代码，在信息化管理的基础上，不动

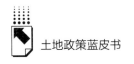

产单元代码将不动产登记各个环节联系起来，是整个业务的"主键"，是将自然环境下不动产单元与管理结果的簿册证、信息系统一一对应起来的桥梁。新颁布的不动产单元代码在2010年颁布的《宗地代码编制规则（试行）》的基础上，进一步扩展为七层28位，分别是县级行政区划、地籍区、地籍子区、宗地（宗海）特征码、宗地（宗海）顺序号、定着物特征码、定着物单元号等，并对编码变更规则进行了细化。《不动产权籍调查技术方案（试行）》为各地梳理工作流程、规范工作成果起到了重要的作用。

（四）统一登记平台

1. 信息平台顶层设计基本完成

不动产登记信息管理基础平台是不动产统一登记工作顺利实施的重要技术保障，是实现"四统一"的重要内容。随着信息技术的发展，土地、房屋及各类不动产登记部门和公安、民政、金融等部门都纷纷建立了信息系统，各地也形成了相应的数据库。为减少信息系统和数据库的重复建设，2013年11月，国务院31次常务会议明确提出要建立不动产登记信息管理基础平台，实现不动产审批、交易和登记信息在有关部门间互通共享，消除"信息孤岛"。由于不动产登记信息涉及个人财产信息，安全保护性要求高，因此，既要做到信息在部门间的互通共享，又要充分考虑保护个人信息的安全。对此，《不动产登记暂行条例》对登记信息共享与保护作了相关规定。在全面调查全国不动产登记信息系统现状的基础上，国土资源部开展了信息平台建设的顶层设计，2015年8月，国土资源部颁布了《关于做好不动产登记信息管理基础平台建设工作的通知》（国土资厅发〔2015〕103号），对信息平台建设进行了全面部署。《不动产登记信息管理基础平台建设总体方案（试行）》《不动产登记数据库标准》《不动产登记数据库整合建库技术规范》等相关标准也一并下发。按《总体方案》设计要求，不动产登记信息平台建设的总体目标是，2015年下半年上线试运行，2016年基本完成各级不动产登记数据整合建库，2017年基本建成覆盖全国的不动产登记信息平台。基本形成标准统一、内容全面、覆盖全国、相互关联、布局合理、实时更新、互通共享的不动产登记数据库体系；全国各级不动产登记业务全流程实现网上运行；各级不动产登记信息与审批、交易信息实现网上实时互通共享；面向各级公安、民政、财政、税务、工商、金融、审计、统计等部门的信息共享完备、准确、可靠；面向社会公众的依法信息查询服务便捷、高效。方案提供了四种模式供各省在建立信息平台时选择其架构，一是采取"省级大集中"的模式，省级国土资源主管部门运行统一的信息平台，集中管理全辖区不动产登记数据库。各市、县级不动产登记机构不在本地存储管理数据库和运行相关信息系统，由全省统一的信息平台提供技术支撑。此种模式，适用于省级国土资源部门已有覆盖本辖区的统一平台，由省级平台接入国家级平台。二是省级"部分集中"的模式，省级国土资源主管部门运行统一的信息平台，部分基础较好的市级不动产登记机构也有本市统一的平台，省级和市级信息平台分别接入国家级平台。三是"市级集中"模式，省级国土资源主管部门在全辖区内没有统一的平台，只有本级的不动产登记信息系统，市级不动产登记机构建立统一的平台，省级系统和市级平台分别接入国家级平台。四是"省市均不集中"的模式，全省三级系统分别接入国家级平台。就当前了解，较多的地区认为省级部分集中的形式比较便于管理，符合管理统计的需要，易于实践操作。与此同时，除已发布的总体方案和两个标准外，《不动产登记数据汇交规范》《不动产登记信息管理基础平台接入技术规范》《不动产登记数据共享交换规范》《不动产登记信息系统建设技术规范》《不动产登记信息管理基础平台服务规范》等一系列技术规范也正加紧研究制订，即将出台。

2. 信息平台的主体功能开发已基本完成

当前，我国大部分市县开发建立了不同类型的不动产登记信息系统，不仅各类不动产登记信息不同，同一类不动产的登记系统在不同地区也千差万别，因此，整合不动产登记信息，建立统一的不动产登记信息管理基础平台工作量大，技术要求高。信息平台建设首先是现有登记信息的整合与建库，是各地在开展不动产统一登记过程中面临的难度大、技术要求高的问题之一，为彻底克服地方的畏难心理影响职责机构整合进度的问题，完善顶层设计，

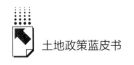

2014 年,国土资源部提出"反弹琵琶"的工作思路,以加快完善不动产登记信息平台建设为抓手,将信息平台建设融入不动产登记业务梳理、工作流程再造中,贯穿于不动产制度建设的全过程,进而实现与职责机构整合的良性互促;充分发挥信息平台的服务支撑作用。截至 9 月,国土资源部信息中心已初步完成了信息平台主体功能开发,不动产登记信息系统、不动产登记接入系统、不动产登记数据库管理系统等 3 个与上线试运行直接相关的系统,已通过专家组测评;不动产登记信息协同共享系统等 5 个系统也已初见雏形。国家级信息平台运行环境建设加快推进,按照"国土资源云"总体框架,完成了国家级云数据中心设计和公开招标,制定了国土资源业务网互联互通改造和建设方案。在地方层面,国土资源部选定了一批信息平台建设的联系点,并召开了视频会议安排部署,明确信息平台建设的工作任务和技术要求,有望实现 2015 年下半年不动产登记信息管理基础平台上线试运行,实现登记信息与交易、审批信息的实时互通,服务和满足不动产统一登记工作需要。

3. 与林业、海洋主管部门完成了登记数据资料移交

各类不动产登记资料是登记的重要成果,是开展登记、审批、交易等各项工作的依据,建立统一的不动产登记信息数据库,必须将各类不动产登记数据资料汇交、整合并入库。8 月 26 日,国土资源部与国家林业局联合举行数据资料交接仪式,国家林业局向国土资源部移交国务院确定的重点国有林区林权登记资料,国土资源部向国家林业局移交土地基础数据资料,并共同签署了数据资料共享协议。11 月 6 日,国家海洋局向国土资源部移交 2002 年至 2015 年 9 月底国务院批准项目用海登记现状数据,并开通网络专线实现数据互联互通共享。下一步,国土资源部继续接收农业部关于土地承包经营权登记资料,并按《不动产登记数据汇交规范》等相关规章,逐步整理入库。

二 建立和实施不动产登记制度政策评述

不动产统一登记是一项重大的改革任务和系统工程,党中央、国务院高度重视,社会关注度高。2015 年,国土资源部会同相关部门,紧紧围绕

"四统一"的总体要求，坚持积极推进，稳妥把握、统筹兼顾、科学安排、因地制宜、分类指导的基本原则，通过前述一系列政策及规章的颁布实施，极大地推动了改革进程。

（一）不动产登记各项政策实施成效明显

1. 登记职责机构整合有望在年底基本完成

统一登记机构是不动产统一登记的基础，也是改革的重点和难点，为保障政策的顺利实施，实现 2015 年底前市县机构全部整合到位的目标，国土资源部采取召集联席会议、分省督导、建立动态联系机制等多种措施全力推进职责机构整合，截至 2015 年 9 月，全国包括西藏在内的 31 个省、自治区、直辖市已完成了省级不动产登记职责机构整合，不动产登记局均设在国土资源厅（局），主要有两种形式，一是与地籍处分开，单独设立不动产登记局，包括北京、辽宁等；二是设立不动产登记局，加挂地籍处的牌子，包括内蒙古、吉林等；三是在地籍处加挂不动产登记局的牌子，包括黑龙江、上海等。此外，北京、上海等 20 多个省份已经设立不动产登记中心，以承担登记业务。293 个市、2323 个县完成了职责整合，分别占 87% 和 81%；262 个市和 2038 个县完成了机构整合，分别占 78% 和 71%。职责机构整合有望按计划于年底完成。

2. 以《不动产登记暂行条例》为核心的统一依据已逐步健全

《不动产登记暂行条例实施细则》已经广泛征求社会各界及相关部门意见，即将发布实施，《不动产权籍调查技术方案（试行）》已正式印发，不动产单元设定与代码编制规定已发布实行。

3. 统一的不动产登记簿册与《不动产登记暂行条例》的实施同步启用

《不动产登记暂行条例》在 2015 年 3 月 1 日正式实施，伴随该条例的实施，国土资源部部长姜大明赴徐州市颁发了第一本不动产权证，全国已经完成职责机构整合的地区，也纷纷发出了不动产权证。截至 10 月，全国共有涉及 13 个省份的约 40 个市县区启用颁发了新版不动产权证书和登记证明，共发放"不动产权证书"13.3 万本，涉及不动产抵押等的"不动产登记证

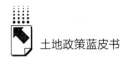

明"15.2万份，运行良好，社会和群众认可度高。

4. 信息平台顶层设计已基本完成，有望在2015年下半年上线试运行

总体方案及数据库建设部分标准已颁布实施，配套标准也将于近期发布实施，信息平台主体功能开发已经完成，并在全国范围内部署了信息平台建设的联系点，召开了工作部署的视频会，信息平台将按计划上线试运行。

（二）不动产登记政策社会关注度高，部分媒体存在误解误读，影响改革进程

不动产登记关系广大群众的切身利益，其登记成果也对国家宏观管理起到重要的参考作用，因此，社会关注度十分高，在媒体介质形式多样，信息传播广、速度快的今天，不动产登记的各项政策都会引起社会上较大的反响，由于部分媒体对登记业务的不了解，存在误解误读，在一定程度上影响了政策的实施。

1. 认为不动产统一登记对反腐、房地产价格的影响

有些媒体提出，实施统一登记后，一些拥有多套房屋的"腐败人士"会急于抛售手中的房子，以避免被查出其名下的房产，从而造成二手房市场价格走低。但这些都不符合不动产统一登记的根本目的和主要功能。我国深圳、厦门、天津、青岛等地已经实施了房屋和土地统一登记多年，一直运行平稳高效，并没有在合一登记之初产生房地产价格的下降，也没有出现"腐败人士"大量抛售的情形。房价的变化是由多种经济因素共同作用的结果，各类不动产登记的主要功能，就是将产权人的合法利益记载于国家统一制定的簿册上，以保障其交易安全。而房地产交易的必备前提条件，是经过合法登记后颁发的产权证，故无论是分散登记还是统一登记，"腐败人士"拥有的房产数量都是可以通过信息系统查询到的。而不动产统一登记形成的登记信息，有助于对各类经济活动进行统计分析，对国家的宏观调控起到重要的参考作用，有利于建立房地产市场调控的长效机制；与此同时，统一登记后有效避免了房地分离登记情况下造成的欺诈纠纷等，有利于房地产交易的健康稳定。

反腐倡廉工作是由有关部门依法、依规开展的工作，与不动产统一登记没有直接联系。而且，公民的个人信息受法律保护，《土地登记信息公开查询办法》和《房屋登记信息查询办法》也对查询的权利主体、可查询的内容、查询的程序等进行了明确规定，必须是利害相关人查询某宗土地或房屋的信息。相关部门也正在加紧研究有关不动产登记信息公开查询的政策文件，以实现不动产保障交易安全、维护国家公信力、保护权利人合法利益的目的。

2. 认为不动产统一登记是为了征收房地产税

关于征收房地产税的问题，理论界已有多年的研究，认为要求征房地产税的理由包括：有利于增加地方政府的财政收入，有利于调节房地产价格，解决我国当前保有环节税收相对少等问题。十二届全国人大常委会立法规划也将房地产税法列入其中，一些媒体提出，不动产统一登记是为了征收房地产税，手中拥有多套房屋的人为了避免高额税费应当尽快抛售房产。应当看到，当前我国房地产类的税有房产税、城镇土地使用税、契税、土地增值税等多种，是在不同环节征收的一束税费，媒体提出的房产税，主要是针对保有环节征收的，这在分散登记的条件下，也完全可以做到，无须实现统一登记。统一登记的根本目的是将客观条件下同一宗地、宗海上的各类不动产统一在一个机构登记在统一的登记簿上，这符合人们对不动产的利用现实。虽然地籍起源的初期是为了国家税收，但发展至今天，地籍信息已经成为为国民经济各行业提供基础数据、为国家宏观调控提供决策依据的重要数据来源。不动产登记信息管理基础平台的完善和运行，可以为税务、公安、民政、审计、财政、统计等各部门提供数据产品，能够为房地产税等提供相应的支撑，但是，房地产税及相关税制改革，并不以不动产登记制度的建立和实施为前提条件，没有直接关联，也不存在老百姓要面临高额税费的问题。房地产税制的改革，课税名称，课税基础、税率和缴纳条件等，都由国家根据国民经济运行的情况统筹制定。

3. 关于使用权期限的问题

有媒体提出，新版的不动产权证上有"使用期限"，房屋所有权是没有期限的，仅填使用期限，使房屋所有权也变成有期限的，在社会上造成了较

大影响。国土资源部充分利用"6·25"全国土地日、不动产统一登记在线访谈等形式进行回应，表明证书上的"使用期限"指的是国有建设用地使用权、海域使用权和土地承包经营权等的使用期限，不是指房屋所有权的期限，房屋所有权不存在使用期限的问题。在我国，各类不动产都有所有权和使用权的问题，所有权没有使用期限，但使用权既有无明确期限限制的，如宅基地使用权、划拨国有建设用地使用权等，也有有期限限制的，如以出让方式取得的国有建设用地使用权，由于不动产统一登记是将各类不动产权利事项记载于登记的簿册证上，权利人前来申请登记，有的是单独申请土地使用权，有的是单独申请集体土地所有权，有的是房屋所有权和土地使用权，不同的产权申请登记时有的有期限，有的没有期限，在满足使用统一证书的前提下，在缮证时，对于有期限的，如以出让方式取得的国有建设用地使用权，应当按权属来源证明材料（如出让合同）记载的期限来写，如土地或海域上有房屋等建筑物、构筑物的，应当注明土地或海域使用权的起止日期。剩余期限是土地使用权等产权价值评估的重要因素，因此必须在证书上加以注明。缮证时，没有明确期限的，可以不填写，只填写有期限限制的不动产权及其期限。因此，制度改革涉及老百姓的重要的财产权利，社会关注度极高，而媒体解读得不准确，必将对新制度的实施产生巨大的影响，负面的、不准确的舆论难免会引发公众的不信任和抵抗心理，必须对其进行正面的引导和宣传。

（三）市县级不动产登记尚处在职责机构整合阶段，实质性业务还未开展，业务流程有待理顺

目前，建立和实施不动产登记制度仍处于"建立"阶段和"实施"的初步阶段，多数地区还处在职责机构整合阶段，内部工作流程尚未理顺，实现统一受理并颁发不动产权利证书的市县还比较少，还面临着不少困难。

1. 与相关业务的衔接与划分

由于各类不动产登记业务服务于其所在部门的行政管理，因此，登记业务与审批、交易等业务难以区分，有的地方采取了"一锅端"的方式，直

接将登记机构全体改革，将登记业务和交易审批等业务全部转到新设立的不动产登记机构；有地方采取了"穿靴戴帽"的形式，表面上设立统一的登记受理大厅，受理后还分别由各类不动产登记部门办理，最后颁发一本证书。这种改革方式过于粗糙，不符合统一登记的精神实质。统一登记不是简单的形式上一个窗口受理，一个窗口颁证，而是要将业务流程重新理顺，实现同一宗地上的各类不动产权利的统一发证，要打破以往的分管局面，由一个部门承担。按照中央关于各类不动产的交易职责仍由相关行政主管部门承担的要求，为厘清交易审批与产权登记的职责，国土资源部、住房和城乡建设部于2015年7月出台了《关于做好不动产统一登记与房屋交易管理衔接的指导意见》（国土资发〔2015〕90号）文件，要求做好工作衔接，明确业务分工。既要体现不动产统一登记为群众提供便利、保障交易安全、服务于民的宗旨，又要规范有序地开展房地产交易审批。其中由房产管理部门负责的，包括商品房预售许可、房屋中介、购房资格审核、楼盘表建立等。地方普遍认为这些职责比较容易划清，而文件提出的，关于房屋转让和抵押等工作仍由各级房产部门负责的规定，难以在实践中操作，一些地方对于抵押登记的职责归属难以确定。同样，有关林权交易、土地承包经营权的流转等相关业务流程，仍没有指导意见，地方在职责整合过程中只得将此搁置，以实现按期完成职责整合的任务。但对于整合完成后，如何对各类不动产产权登记申请开展一体化的权籍调查，对调查成果进行审核登记入库，档案资料的移交管理等相关业务，仍没有整体考虑和安排。

2. 与社会中介机构的业务衔接与人员管理

在统一登记前，各类不动产登记均有人员资质管理，包括土地登记持证上岗制度，房屋登记官制度、土地登记代理人制度、土地调查员制度、房屋经纪人制度、注册测绘师制度等一系列人员资质管理认定的规定，社会上还有一大批中介队伍负责从事地籍调查、房屋中介、房地产交易居间代理等业务，为保障不动产登记成果准确可靠、具有公信力、促进市场交易，必须对登记人员及社会中介机构进行整合规范。《不动产登记暂行条例》要求：不动产登记工作人员应当具备与不动产登记工作相适应的专业知识和业务能

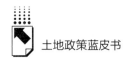

力。不动产登记机构应当加强对不动产登记工作人员的管理和专业技术培训。但目前，不动产登记主管部门尚未对社会中介机构进行规范，对登记人员的管理也只是原则上的规定。而权籍调查、不动产登记代理等相关业务，必须有规范的社会机构承担，对中介机构代理成果的审核，是不动产登记业务流程的重要组成部分，对这些机构的管理缺位在一定程度上影响着不动产登记业务的正式开展。

3. 信息系统建设仍需较长时间

信息系统是不动产登记业务工作的载体和结果的归属，是实现信息交换和共享的重要手段。当前我国多数市县建成了各类不动产登记及相关工作的信息系统，但程度不一，数据格式不同，成果精度不一致，将这些信息整合入统一的不动产登记数据库还需要很长的一段时间，需要投入大量的精力、物力和财力。

三　不动产登记制度政策展望

在完成职责机构整合后，不动产登记制度改革将转向具体实施，按国土资源部计划，力争于 2017 年年底前，各级不动产登记机构做到职责明确、机构健全、运转正常；依据统一的法律法规和完备的技术标准，规范开展登记工作；统一窗口办理、颁发统一的证书；全面实现信息共享并依法提供信息查询服务，基本实现"四统一"。按此目标，还需完善如下几个方面的工作。

（一）构建完善的法律法规政策体系

一是协调《不动产登记暂行条例》与其他法律法规，在一段时间内完成相关法律法规的修订、废止等。完善《不动产登记暂行条例实施细则》，具体指导不动产登记业务。二是研究不动产登记相关的技术规程，力争出台有关不动产权籍调查、不动产单元设定及代码编制规则等国家标准或行业标准。三是研究制定有关不动产登记收费的方式和标准，针对原来不动产不同类型登记收费不一的情况，要根据不动产登记业务的流程，合理确定登记收费的标准，充分考虑减免情况，既减轻群众负担，又符合登记机构的实际需要。四是研究制定不动产登记信息依法查询与个人隐私信息保护法律法规。从不动产产权登记保障交易安全的根本目的出发，遵循有限公开的原则，遵守国家关于安全保密和依法保护商业秘密和个人隐私的要求，制定有关登记信息依法查询的法律法规，与相关部门一起制定有关个人信息保护的法律法规。五是尽快出台不动产权属争议调处的法律法规，明确不动产权属争议调处机构、调处程序及调处依据等，以应对因不动产产权归属引起的争议和纠纷。六是建立有关登记错误赔偿机制，制定赔偿基金的管理办法，为因登记机关工作失误给权利人带的损失进行合理的赔偿，保护权利人的利益。

（二）推进不动产登记机构开展业务

一是应采取专业人员培训、编制登记工作指导守则、登记规范化检查等多种形式督促、指导已完成职责机构整合的地区尽快开展登记业务。二是尽快理顺与房屋、林地、海域、农村土地承包经营权等交易、审批部门间的业务划分和衔接，理顺工作流程，出台相关指导意见，保证工作的连续性，实现平稳有序过渡。三是开展各类不动产权籍调查资料整合、动态更新、归档研究，制定相应规范。四是统筹权籍调查机构和人员管理，建立相应的管理机制，稳定和充分利用社会专业队伍，充分发挥其对不动产登记的支撑作用，促进市场交易。

（三）完善不动产登记信息管理基础平台

一是在上线试运行的基础上，全面推进不动产登记数据资料库整合建库、网络系统升级改造、扩大接入国家级信息平台的市县级不动产登记机构的数量，实现各级不动产登记信息的实时互通共享，最终实现登记信息平台的全国覆盖。二是加快出台相关标准规范，包括《不动产登记数据共享交换规范》《不动产登记信息管理平台服务规范》等。三是完善不动产登记信息社会化服务，制定有关信息服务的管理方法，将登记信息在依法的情况下更加广泛地应用于国民经济各部门，实现不动产登记信息的产业化服务。

B.6
我国地价管理制度与政策评述

赵松 王锟*

摘　要：　本文在概述我国地价管理基本制度的基础上，对近年来在房
　　　　　地产调控、节约集约用地等领域出台的地价政策进行了梳理
　　　　　分析，总结了我国现行地价体系、地价形成机制及地价管理
　　　　　理念等方面的热点难点问题，提出了对未来政策发展方向的
　　　　　展望与初步建议。

关键词：　地价管理　制度与政策

地价，作为土地市场的表征信号，其本身既是市场上各种因素之间相互影响、共同作用关系的体现，又是有效撬动资源配置的杠杆。就我国现行土地制度而言，地价既是管理对象，又是管理手段之一，在土地资源资产管理领域发挥着重要作用。随着土地有偿使用制度的建立与发展，我国地价管理的内容与工具日益丰富，已经初步形成由法律手段、行政手段、经济手段和技术手段等共同构成的制度机制体系。

一　我国地价管理的总体特征

新中国的土地市场及地价管理体系是随着20世纪80年代以来的土地使用制度改革逐步建立起来的，具有以下特点。

　＊　赵松，中国土地勘测规划院地价所所长、研究员，研究方向为土地经济、土地政策；王锟，
　　　中国土地勘测规划院地价所工程师，研究方向为土地形势分析、土地利用管理。

（一）市场建立之初，属政府推动型，价格机制难以发挥作用

1988 年，《宪法》（修正案）提出："土地使用权可以依照法律的规定转让"，实现了法律、制度上的突破，正式启动了土地市场建设。当时，政府严格限定了进入土地市场的主体、客体，土地出让价格也多由政府确定，供需关系和价格机制不能发挥应有的作用。由于价格不能客观反映土地的经济价值，且缺乏自动调节机制，加上无偿划拨供地方式仍占主导地位，因此，当时的土地市场在配置资源、引导经济结构和投资方向方面影响甚微。

（二）城市土地市场发展迅速，已形成较为稳定的地价体系及价格机制

我国城市土地市场建设速度显著快于农村，不仅建立了包括基准地价、标定地价、监测地价、出让底价、市场交易价、评估价等多种价格的城市地价体系，而且随着招标、拍卖、挂牌出让制度的大力推进，城市土地价格的市场形成机制已趋于主导地位。

（三）利用地价杠杆参与宏观调控是部分地价政策的重要目标导向

作为市场经济中的重要杠杆，地价不仅直接影响土地资源配置，还间接作用于下游产业的发展。随着我国土地市场的发育，在宏观经济布局、区域规划实施、新兴产业发展以及房地产市场调控中，地价政策的积极参与与配合也逐步纳入各级政府管理者的视野，成为宏观调控的又一重要辅助工具。在这一背景下，近年部分地价政策的出台，明显体现了宏观调控的阶段性目标。

二　现行地价管理的基本制度框架

经过三十余年的演进发展，我国以公有制为基础的土地管理体系基本形

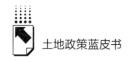

成；相应的，地价管理领域也完成了基本制度框架的搭建，进入实践运行阶段，其具体内容包括以下四个方面。

（一）土地价格的形成与显化制度

一方面，通过大力推进土地市场建设，逐步形成了显化土地市场价格的制度机制。继 1988 年《宪法》修订破除了土地有偿使用的法律障碍，《土地管理法》《城镇国有土地使用权出让和转让暂行条例》相继出台，成为我国土地市场的奠基之作。之后，大量致力于土地市场规范化建设的规章政策陆续实施，通过出让、作价出资、授权经营、转让等有偿配置方式，以及协议、"招拍挂"等市场化操作程序的运行，建成了公有制基础上的，土地使用权市场价格的发现与形成机制。值得注意的是，显化土地权益价格的工作不仅囿于有偿使用范畴，随着国有企业改制工作的深入，划拨土地价格的显化与管理制度也逐步明晰。

另一方面，通过专业技术领域的探索，将国际上成熟的土地评估技术与我国特殊的土地使用权流转制度相结合，形成了中国特色的地价评估技术体系。《城市房地产管理法》规定，"国家实行房地产价格评估制度"。在房、地分治的行政管理背景下，房价评估与地价评估各自形成了自己的技术标准与行业管理体系。土地行政管理部门行使土地评估行业监管职能。

（二）公示地价的定期更新与公布制度

我国法定的公示地价包括基准地价、标定地价两类。《城市房地产管理法》规定，基准地价、标定地价应当定期确定并公布。《国务院关于加强国有土地资产管理的通知》（国发〔2001〕15 号）要求，"市、县人民政府要依法定期确定、公布当地的基准地价和标定地价，切实加强地价管理"。2004 年，国土资源部发布《国土资源听证规定》，要求地方政府在拟定或修改基准地价时，应组织听证。

上述两类地价均由地方政府组织制定并公布，是我国最基本的政策性地价管理工具。基准地价是城镇内部，不同土地级别或均质区域上，一定内涵下的土地价格的区域平均值，是一种宏观层次的地价标准，体现了城镇内部地价水平的空间分布特征；标定地价则是政府公布的，标准宗地在正常市场条件下的土地价格，属于微观层次的宗地价格，体现了具体明确的市场引导性。

（三）城市地价动态监测制度

2003 年，国土资源部发布《关于建立土地市场动态监测制度的通知》（国土资发〔2003〕429 号），正式确立实行城市地价动态监测制度，通过定期、定点采集地价信息和统计分析的技术手段及时了解土地市场变化。目前，包括直辖市、省会城市、计划单列市及各区域重点城市在内的 105 个城市已纳入国家级监测，中国土地勘测规划院受国土资源部委托，每季度、年度组织采集、测算监测指标，并向各级管理部门、社会公众提供专业地价信息。

（四）地价干预制度与政策

为了避免国有土地资产流失，防止地价的不正常波动，规范土地市场运行，国家在一定领域内，通过法律、政策、技术等手段干预土地价格，具体体现如下。

1. 出让底价的集体决策制度

在土地一级市场上，地方政府向土地使用者出让的是国有土地使用权，作为所有权人——国家，为防止其低价出让土地，造成国有资产流失，对出让价格的下限提出控制性要求。国土资源部《招标拍卖挂牌出让国有建设用地使用权规定》中要求：市、县人民政府国土资源行政主管部门应当根据土地估价结果和政府产业政策综合确定标底或者底价。标底或者底价不得低于国家规定的最低价标准。即，在采取公开竞争方式出让土地前，政府须先委托专业估价师对拟出让土地的市场价格进行评估，然后参照评估结果，结合管理需求，经集体决策确定出让底价。

2. 协议出让国有土地使用权最低限价制度

《城市房地产管理法》规定，采取协议方式出让土地使用权的，出让金不得低于按国家规定所确定的最低价。2003 年，国土资源部发布《协议出

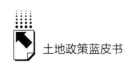

让国有土地使用权规定》，进一步提出"协议出让最低价不得低于新增建设用地的土地有偿使用费、征地（拆迁）补偿费用以及按照国家规定应当缴纳的有关税费之和；有基准地价的地区，协议出让最低价不得低于出让地块所在级别基准地价的70%"。

3. 工业用地出让最低限价政策

2006 年，《国务院关于加强土地调控有关问题的通知》（国发〔2006〕31 号）中明确提出建立工业用地出让最低价标准统一公布制度。同年底，国土资源部组织制定了全国工业用地出让最低价标准，并下发了《关于发布实施〈全国工业用地出让最低价标准〉的通知》，对《标准》的有关实施政策做出了一系列明确规定。

4. 政府对地价异常现象可采取必要的行政手段干预

《城镇国有土地使用权出让和转让暂行条例》规定，土地使用权转让的市场价格不合理上涨时，市、县人民政府可以采取必要的措施；同时规定，土地使用权转让价格明显低于市场价格的，市、县人民政府有优先购买权。

小结：上述制度与政策从不同角度共同构成了中国地价管理的基本体系。其中，价格的形成与显化制度为地产交易及地价管理提供了基本秩序保障和价格判定依据；公示地价及地价监测制度，在引导市场的同时，使政府和公众及时、准确地获得宏观和微观层面的地价信息，辅助决策分析；地价干预政策的行使，旨在避免国有土地资产流失、抑制恶性竞争，促进地产市场的稳定。

由于法律对集体土地使用和交易的严格限制，目前，集体土地市场仍处于弱化地位，相应的，我国的地价管理工作在集体土地领域尚无大规模实践。

三 近年调控管理中的新政策、新要求

（一）房地产调控中的出让地价管理

20 世纪 80 年代，在我国房地产市场的起步之初，土地有偿使用制度的建立曾有力推动了住房制度的改革，但是近十年来，随着土地招拍挂出让制度的强力推进，我国地价、房价持续快速上涨，社会上出现了关于"土地招拍挂制度推动了地价房价上涨"的声音，土地市场也被纳入房地产市场调控的范畴。国务院多次就房地产市场调控进行部署，国土资源部也相继出台政策措施，丰富和完善已有的出让地价管理措施。

1. 以防异常、控高价为核心的出让地价形成机制

2010 年 3 月《国土资源部关于加强房地产用地供应和监管有关问题的通知》（国土资发〔2010〕34 号）提出：房价过高、上涨过快的城市可采用"限房价，竞地价"办法招拍挂出让土地，以期发挥抑制房价上涨过快的调节作用。

2010 年 12 月，《国土资源部关于严格落实房地产用地调控政策促进土地市场健康发展有关问题的通知》（国土资发〔2010〕204 号）提出："对招拍挂出让中溢价率超过 50%、成交总价或单价创历史新高的地块"要及时报国土部备案；"积极探索'限房价、竞地价''限地价、竞政策性住房面积''在商品住宅用地中配建保障性住房'……一次竞价、综合评标等多种交易形式"。

2011 年 1 月，《国务院办公厅关于进一步做好房地产市场调控工作有关问题的通知》（国办发〔2011〕1 号）出台，在"住房用地供应管理"中，除一如既往地要求增加供应外，还针对供地方式首提了"进一步完善土地出让方式，大力推广'限房价、竞地价'方式供应中低价位普通商品住房用地"。

2011 年 5 月，《国土资源部关于坚持和完善土地招标拍卖挂牌出让制度的意见》（国土资发〔2011〕63 号）落实国务院精神，明确了"限房价、竞地价""限地价、竞房价""限配建、竞地价"等特殊招拍挂供地方式的操作要求。

2012 年 7 月，《国土资源部、住房和城乡建设部关于进一步严格房地产用地管理巩固房地产市场调控成果的紧急通知》（国土资电发〔2012〕87 号）再次强调了"继续探索完善土地交易方式，严防高价地扰乱市场预期"。

除上述公开发布的政策、文件外，在市场高热期，国土资源部还以会议、明电等形式向地方传达了通过设置价格"涨停板"、"不同宗地搭配出让"等多种途径，严格避免出现"地王"的指导意见。这些措施的出台使招拍挂市场上原本内涵相对清晰的地价信号变得复杂而模糊，虽然弱化了高价地的影响，但同时也在一定程度上降低了地价的市场表征性。

2. 以强规范、促平稳为要义的出让底价确定要求

2013 年 4 月，国土资源部办公厅下发《关于发布〈国有建设用地使用权出让地价评估技术规范（试行）〉的通知》（国土资厅发〔2013〕20 号文），这是继 2006 年出台《招标拍卖挂牌出让国有土地使用权规范（试行）》和《协议出让国有土地使用权规范》之后，行政管理部门再次以技术文件的形式对土地出让中的操作环节进行具体规定，也是首次对土地出让（含补地价等一级市场土地处置行为）这一特定目的下的地价评估提出专项要求。

该文件在出让底价确定的程序方面延续和强化了以往的管理思路；但在出让地价评估①的技术方面提出了与《城镇土地估价规程》并不完全相同的特殊要求，主要体现在以下方面。

（1）关于出让地价的定位：为实现促进土地市场平稳健康发展的目标，文件中强调了出让地价的"正常市场价格"性质，在评估中须遵循价值主导原则、审慎原则和公开市场原则。这里的"正常"之意，隐含着对市场高热期的泡沫性价格或泡沫破裂后可能产生的崩盘性价格的排斥。

（2）关于评估技术的要求：为保障评估价格的"正常"，规范中从评估方法的选择、参数的确定等多个方面进行了具体要求，例如：在方法选择中提出分别从市场特征为主导的市场比较法、收益还原法、剩余法和以政策成本特征为主导的公示地价系数修正法、成本法两类方法中各选一种（或多种），从而达到从不同角度综合考虑，使评估价格兼顾市场状况和政策、成

---

① 按该规范定义，土地使用权出让地价评估，是指土地估价师按照规定的程序和方法，参照当地正常市场价格水平，评估拟出让宗地土地使用权价格或应当补缴的地价款。

本状况的效果；在市场比较法的可比案例选择中，要求不能采用历史极值数据作为可比价格；在剩余法中要求根据现行市场价格测算开发完成后的商品房售价，避免出现"地价透支未来房价上涨空间"的误解。

3. 以保公平、堵漏洞为目标的出让土地调规补地价政策

土地出让后，开发商或使用权人为谋取更高利益，可能在土地用途、容积率等开发利用条件方面突破出让时的规划限制，对于此类情况，经严格的规划审批程序批准后，土地部门通常采用收取地价款差价的方式予以补救。在这一处理过程中，应补地价款的数量多少对于促进规范管理具有十分敏感的作用。如果通过补缴差价的形式调整规划，对土地使用者而言在经济上更为"合适"，但会促进这种不规范的行为多发；同时，对于公开市场上其他的潜在竞争者而言，也有失公平。对此，国土资源部多次出台政策明确补地价的操作思路和要求。2010 年，在《国土资源部关于严格落实房地产用地调控政策促进土地市场健康发展有关问题的通知》（国土资发〔2010〕204号文）中规定："经依法批准调整容积率的，市、县国土资源主管部门应当按照批准调整时的土地市场楼面地价核定应补缴的土地出让价款"；2011年，国土资源部就房地产用地调整容积率后补缴地价款问题给山西省厅复函，提出核算地价款所用的土地市场楼面地价应在三种价格（即：评估期日新容积率规划条件下的楼面地价和原容积率规划条件下的楼面地价，以及原出让时楼面地价期日修正到评估期日的修正值）中择高确定。2013 年的国土资厅发〔2013〕20 号文中，除延续择高补偿的原则外，还针对用途和容积率同时调整的情况提出了更为严格的操作性要求，通过测算方法和技术数据的设置，使得通过补地价方式实现调整规划目的的做法在经济上得不偿失，以惩罚性原则倒逼规范操作。

上述规定虽然有利于抑制出让后故意通过调整规划谋求商业利益的做法，但是对于普遍需要调整规划的旧城改造、低效土地再开发等促进节约集约利用的专项工作而言，这种"惩罚"性原则显然会激起原使用权人的强烈反对，从而难以实施。为解决此问题，2015 年，国土资源部借推进新的技术标准——《城镇土地估价规程》和《城镇土地分等定级规程》之机，

出台国土资厅发〔2015〕12 号文件，规定"已出让土地因调整容积率需评估补缴地价款的，若调整前原容积率低于 1，可按新容积率规划条件下评估期日的楼面地价乘以新增建筑面积确定应补缴的地价款。对列入市县政府旧城区成片改造、棚户区改造计划的地块，政府主动调整涉及多宗土地的城镇控制性详细规划，在评估应补缴地价款时，楼面地价可按新容积率规划条件下评估期日的楼面地价确定。"这是对 2013 年 20 号文相关要求的调整，使之在促进节约集约用地进程中更好地发挥作用。

此外，为了适应新形势下房地产调控的需求，2015 年 3 月底，国土资源部、住房和城乡建设部两部门联合下发了《关于优化 2015 年住房及用地供应结构促进房地产市场平稳健康发展的通知》，其中，为了缓解个别地区已经出现的"供过于求"的现象，提出"通过调整土地用途、规划条件，引导未开发房地产用地转型利用，用于国家支持的新兴产业、养老产业、文化产业、体育产业等项目用途的开发建设"，并"重新核定相应的土地价款"。笔者认为，在此政策中，引导一定条件下的房地产用地调规转用途，旨在促进开发，所涉及地价款的调整并不具备"主动调控"的功能，而是连带产生的结果。

（二）节约集约利用中的地价管理相关政策

2008 年，国务院 3 号文从多个方面全面部署了节约集约用地的总体要求，十八大以来的深化改革精神进一步强调了节约集约用地理念。近年来，国土资源部在此领域陆续出台了多项政策规章予以落实，其中直接关于土地市场或地价的政策表述相对不多，主要集中在 2012 年 47 号、2014 年 61 号和 119 号文件①中，其主体思想基本一致，涉及的管理导向大致可分为严控或提升类、鼓励优惠类和积极探索类，具体表述则有所差异。

---

① 分别为《关于大力推进节约集约用地制度建设的意见》（国土资发〔2012〕47 号）、《节约集约利用土地规定》（国土资源部第 61 号令）、《关于推进土地节约集约利用的指导意见》（国土资发〔2014〕119 号）。

1. 严控或提升类地价政策

主要体现在深化有偿使用制度、强化市场配置资源和市场价格机制方面。三份文件均设立单独条款予以重点表述，核心内容包括：一是坚持和完善招标拍卖挂牌出让制度与市场价格机制，通过市场竞争确定土地价格和用地者；二是完善国有土地一、二级市场建设；三是各类有偿使用的土地供应不得低于国家规定的用地最低价标准；四是开展经营性基础设施用地有偿使用，缩小划拨供地范围。

就具体内容而言，2014 年 61 号令将"坚持市场配置"纳入基本原则，并按十八大报告的口径，增加了"妥善处理好政府与市场的关系，充分发挥市场在土地资源配置中的决定性作用"的表述。

关于缩小划拨供地范围，2008 年 3 号文确定的总体思路为"今后除军事、社会保障性住房和特殊用地等可以继续以划拨方式取得土地外，对国家机关办公和交通、能源、水利等基础设施（产业）、城市基础设施以及各类社会事业用地要积极探索实行有偿使用，对其中的经营性用地先行实行有偿使用"。国土资源部的 3 份文件均将本阶段新增纳入有偿使用的用地性质定位在"经营性"，例如：61 号令中要求："国家机关办公和交通、能源、水利等基础设施（产业）、城市基础设施以及各类社会事业用地中的经营性用地，实行有偿使用"；119 号文件提出"逐步对经营性基础设施和社会事业用地实行有偿使用"。可见，缩小划拨用地范围的实施将分阶段进行，预计"十三五"末，其实施程度距 2008 年 3 号文所描绘的"除三类用地外，均纳入有偿使用"的远景仍将存在一定距离。尽管如此，近年来，一些地方政府已出台了关于划拨用地价格的政策文件，强化以划拨形式供应土地和划拨土地利用中的地价管理工作。

此外，2012 年 47 号文还就"加快推进经营性集体建设用地使用制度改革"进行了具体部署，但由于其与十八大以后的改革步骤要求不够衔接，故类似说法在 2014 年的两个文件中未得以延续。

2. 鼓励和优惠类地价政策

主要体现在对工业用地提高利用效率、低效土地再开发及地下空间利用

等方面的相关管理规定。

2012 年 47 号文专门设立"节约集约用地鼓励政策制度"条款，政策措施基本涉及了上述三个方面，例如"实行工业用地节约集约利用鼓励政策，深化完善工业用地提高利用率和容积率不再增收土地价款的规定；实行优先发展产业的地价政策，各省（区、市）确定的优先发展产业且用地集约的工业项目，出让底价可按不低于《工业用地出让最低价标准》的 70% 确定。鼓励地上地下空间开发利用，完善地上地下建设用地使用权配置方式、地价确定、权利设定和登记制度。实行城市改造中低效利用土地'二次开发'的鼓励政策，在符合法律和市场配置原则下，制定规划、计划、用地取得、地价等支持政策，鼓励提高存量建设用地利用效率"。

2014 年 61 号令则在"市场配置"章节中规定："鼓励土地使用者在符合规划的前提下，通过厂房加层、厂区改造、内部用地整理等途径提高土地利用率。在符合规划、不改变用途的前提下，现有工业用地提高土地利用率和增加容积率的，不再增收土地价款"；"符合节约集约用地要求、属于国家鼓励产业的工业用地，可以实行差别化的地价政策"。关于地上地下空间的利用，61 号令虽然也持鼓励态度，但在地价确定方面的表述更趋向规范和中庸，即"出让分层设立的建设用地使用权，应当根据当地基准地价和不动产实际交易情况，评估确定分层出让的建设用地最低价标准"。

2014 年 119 号文中关于现有工业项目和新增工业项目在不改变用途前提下提高容积率免补地价的政策思路与其他文件相同。同时提出"研究制定激励配套政策"，并将地价政策与土地取得、供应等政策纳入对节地技术和节地模式进行支持的激励政策体系之内。在鼓励低效用地再开发与改造方面，119 号文虽未直接提及地价政策，但其提出相关要求，如"建立合理利益分配机制"，"采取协商收回、收购储备等方式"，鼓励"自主开发、联合开发、收购开发等模式"均需要地价处理方案的支持。

3. 积极探索类地价政策

在此领域内，2014 年 119 号文件在工业用地出让制度与定价机制方面提出了较为具体的要求，包括："建立有效调节工业用地和居住用地合理比价机制，提高工业用地价格，优化居住用地和工业用地结构比例"，"实行新增工业用地弹性出让年期制，重点推行工业用地长期租赁"，"加快制订有利于节约集约用地的租金标准，根据产业类型和生产经营周期确定各类用地单位的租期和用地量，引导企业减少占地规模，缩短占地年期"等。上述要求与十八大精神和国土资源部关于完善工业用地出让制度的思路一脉相承，对探索完善我国土地价租税体系提出了新的挑战。

从相关规定可以看出，当前节约集约用地中的地价政策，不仅直接体现在地租地价杠杆的运用上，还与土地使用制度改革的深化、土地市场体系的建设等多方面密切相关。

除国家层面的纲领性文件和宏观导向外，近年来，地方层面也出现了诸多政策实践，特别是在低效用地再开发工作中，各试点地区多通过灵活的供地方式和溢价分成的利益共享机制调动各方积极性，促进存量用地向高效、集约的利用模式转变。值得注意的是，在众多"鼓励性""优惠性"措施中，上海等发达地区将"研发总部类"等部分"2.5产业用地"与普通工业用地相区别，明确提高了其地价底线，且不再简单实行"工业用地提高容积率不补地价"的做法①，体现出不同经济发展阶段的地区，利用地价杠杆促进集约利用的着力点存在明显差异。

四　地价管理制度运行中的热点、难点问题

经过二十余年的发展，我国地价管理制度与政策不仅在自身建设方面取得了长足进步，而且顺应市场化改革方向，在国民经济与社会发展的各关键阶段发挥了助力、推动作用。近年来，有关部门力求通过管理价格信号积极参与或配合宏观调控、维护市场秩序等管理意图较为明显。然而，随着社会

---

① 详见上海市人民政府办公厅转发市规划国土资源局制订的《关于本市盘活存量工业用地的实施办法（试行）》的通知。

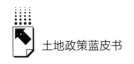

治理理念的发展及经济调整转型的需求，现行地价管理制度运行中也暴露出一些缺陷，以及有待完善之处，在此领域，众多学者专家观点纷呈，笔者梳理提炼，结合自身认知，归纳为以下三大方面。

（一）地价体系不够完善

一方面，城乡二元结构的长期存在严重阻滞了集体土地价格体系的建设。当前及今后若干年中的集体土地使用制度改革、农村集体土地市场建设或将面临市场价格信号缺失、人为设立价格标尺的过渡阶段，这与有偿使用制度建立之初的国有土地市场相似。然而，在国有土地市场上，国家（或通过其代理人——政府）尚可以所有者身份"强制定价"，推动单边价格体系的形成，而在即将开放的集体土地市场上，这一模式就将存在明显理论缺陷。因此，近年来，虽有一些地方试点建立了集体建设用地基准地价，但其推广应用一直面临较大困惑。

另一方面，所有权价格的缺失，使得集体土地征收补偿的市场化成为难题。在公有制基础上，我国的地价体系中不含所有权价格。但是涉及集体土地征收领域，易主的正是集体经济组织的土地所有权。近年来，各地在制定征地补偿标准和政策过程中，不同程度上引入了市场化理念，补偿水平明显提高，一些地区形成了政府（或未来用地者）与被征地方通过商谈确定补偿的实际操作模式，但是"按市场价格予以补偿"的基本原则仍不能明确写入相关法律文件。有观点认为：土地公有制下，既然不存在土地所有权市场，也就不存在土地所有权交易价格，如果将征地补偿纳入市场经济中的"地价"体系，则"土地所有权价格"的出现与现行基本制度法律的衔接需要一个理论上的解释。

第三，传统的地价内涵及地价评估技术需要拓展，以适应社会经济发展的需求。《物权法》的相关规定明确了土地权利的立体化设置，相应形成了地下、地表及空中等可分别独立界定的土地价格；同时，除了广为接受的土地经济价值以外，土地的资源价值、生态价值、社会保障价值也日益受到关注。对于一些新兴价值的认知理论，特别是价格显化技术、方法尚处于个案探索阶段，但如何逐步将其纳入地价管理体系是需要未雨绸缪的工作。

第四，即使在相对成熟的国有土地市场上，价格管理工具——公示地价制度也存在明显缺口，未能满足政策设计的本意。目前广泛开展的以基准地价为核心的地价公示工作仅停留在对宏观区域平均价格的简要描述层面，以标准宗地为对象的标定地价虽然具有法定地位，却并未进入大规模实际操作层面，且对公示地价的应用缺少明确的法律定位，整体处于各地方政府的自发、自选操作状态，缺少全国层面的部署与大力推进。

（二）地价形成机制有待健全

1. 一级市场的区域垄断对正常市场价格机制的形成存在较大影响

基于现行法律规制，在城市内部的土地一级市场上，合法的供应方仅为地方政府，作为同一区域内唯一的土地供应方，政府有能力在一定程度上影响市场运行，强行改变地价信号，进而间接影响与之相关的社会经济要素配置。这固然也可视为政府的调控职能或调控手段，但诸多事实已证明，在政府间的竞争与博弈中，在"裁判员"与"运行员"的双重身份下，地方政府的角色担当往往难如人意。这不仅是地方管理者的意愿选择所致，更有市场运行的内在定律及客观技术性障碍所致，故常会出现政策实际执行效果与中央政府制定出台政策的本意明显偏差。政府干预机制改变了价格信号但并不能改变市场价格机制的内在规律。因此，如果没有科学的配套措施主动跟进衔接，或将导致错误价格信号下的错误行为，进而产生连带影响。

2. 不同用地间比价机制的建设在实施路径层面尚需进一步科学论证

十八届三中全会提出了"建立有效调节工业用地和居住用地合理比价机制"的具体要求，旨在改变工业用地普遍低价出让，致使土地资源、资产闲置浪费的现状。然而，各业用地之间的合理比价关系应该是什么，特别是基于地价形成机制尚不完善，工业和住宅用地价格水平均可能存在问题的现实市场条件下，如何显化比价关系、建立合理比价机制无疑成为当前地价管理领域的一大难题。

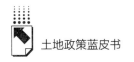

（三）地价管理理念在落实中需要进一步清晰和明确

如前所述，随着土地市场从无到有，进而走向规范的变化，地价的确定也经历了从人为为主到市场为主的调整。在这一过程中，虽然市场定价的理念日益树立，但是每逢"关键"时刻，政府的"调控之手"便常常有所作为，出现了诸如强行提高价格红线、以优惠鼓励政策直接下压价格、拍卖中设置地价涨停板、通过"搭配出让"模糊地价的市场表征、通过改变地价评估技术要求间接影响评估价格等种种管理举措。在此，笔者并非认为上述做法均属不妥，毕竟，政府的管理调控职责亦不能偏废，十八届三中全会在提出了让市场在资源配置中发挥决定性作用的同时也强调了"更好发挥政府的作用"。但是在对土地价格——这一重要的要素市场表征信号的管理中，如何掌握适度，避免越界确实不是一个简单的问题，特别是我们长期处于"强势政府"的行为模式中，寄希望于行政管理发挥立竿见影、力挽狂澜的作用，甚至快速改变经济运行和自然发展轨迹，这不仅是管理者，也是不少公众的"美好意愿"。

地价管理体现的不仅是管理技术，更是观察管理理念的窗口。"让市场发挥决定性作用"能否容忍市场运行中与管理意图相反但符合经济规律的波动，在什么样的程度上可以"放任"市场的自发调整，以及针对价格异象和市场失灵，从何处着手、采用何种手段导入政府的管理措施。上述种种，对经济调整和治理转型期的各级政府来说，是一系列考验与挑战。更何况，当今个别管理者仍处于通过直接操控地价"主动调整"市场的惯性模式中不能自拔。

五　相关政策展望与建议

近年来，经历了房地产市场运行机制与政府调控措施的"博弈"、工业用地价格形成机制的"异化"，以及各类用地供应与经济结构调整的逐步适应等众多实践体验，我国的土地要素市场及其价格管理正面临挑战与变革。

十八大提出了让市场在资源配置中发挥决定性作用、完善自然资源监管体制、有效调节工业用地和居住用地合理比价机制等诸多具体要求。在此背景下，我国的土地市场和地价管理制度体系会成为深化改革系列工程的组成部分。今后五到十年内，在逐步推进改革的进程中，我国土地市场及地价管理制度体系将逐步适应现代化的国家治理模式及新型产权经济关系。就此，笔者的主要观点如下。

——市场主导与政府监管并重的理念在地价管理工作中将日益突出。事实上，政府把定价权交给市场，并不会削弱其通过设置产权制度和市场规制来间接影响价格的能力，而且这种做法更加规范、透明，这一领域也有诸多国际经验可循。近年来，管理部门利用行政手段调控地价的主动性有所减弱，更多地转向通过调整市场规则影响价格。这里需注意的是，即使是行使政府的调控管理权，改变市场规则，也要充分评估其综合影响，避免单方面简单操作可能产生的负面效应；同时，调整政府自身的职能和运作方式，解决诸如"裁判员与运动员双重身份"等问题也是必要的基础前提。

——完善土地供应体系，培育良好的价格形成机制是治本之道。放松一级市场的政府垄断，强化二级市场培育，建立真正的、更加开放的市场机制，才能实现"让市场决定价格"的目标；当然，前提是严格执行规划管制。从近期的改革动向来看，在旧城改造、低效利用土地再开发等专项工作中，已经开始强化二级市场的作用，鼓励原土地使用权人的积极参与，让土地使用权人分享增值收益；但在一级市场的开放上，由于涉及宪法的有关规定、政府财政来源等多个方面，政策调整应尤为谨慎，需系统化考量，即使当前国务院关于农村土地制度改革的一系列封闭试点取得突破性成果，将其纳入现行法律体系，在全国普遍实施也将需要一定过程。尽管如此，以当前的试点为契机，及时跟进研究集体土地权能调整后的集体土地价格问题，构建城乡统一的地价管理框架仍具有迫切性，它有助于未来的集体土地市场在一个较高管理水平上起步。

——在完善中国的地价公示制度进程中，立法的重要性高于技术手段的先进性。应当从立法层面，明确公示地价体系建立的法定责任和应用领域，

这是加强地价管理、完善市场服务体系的基础性工作。公示地价制度在日、韩等国已有几十年的历史，而我国的公示地价制度之所以长期不能较好落实，其重要原因就在于相关法律并没有明确其必须性和应用领域。在通过立法明确其定位的基础上推进工作才能有的放矢，避免出现置之无用的局面。然而，在强调"市场决定"的大方向下，由政府主导制定的公示地价究竟如何定位，这是管理层面首先要解决的问题。目前，已有部分地方政府着手试点以标定地价为核心的公示地价体系建设，在新修订的国家标准《城镇土地估价规程》中也首次提出了"公示地价"的定义。"十三五"期间，这一领域的管理理念能否实施，以及如何进一步清晰明确，决定了今后地价体系建设的基本路径。

——建立工业与居住用地的合理比价机制是一项系统工程。对于十八大提出的这一具体要求，笔者认为切忌将"比价机制"狭义地理解为"比价挂钩关系"，并以此为方向推进工作。工业地价之低与居住地价之高，其形成原因是业界尽知的事情，因此，必须回到科学的"地价形成机制"建设才是根本。除了"招商引资"需求之外，工业用地的短期租赁、弹性出让等供应方式的变化均将间接影响工业地价。"十三五"期间，工业用地供应方式的调整完善较简单提高工业用地出让最低价标准而言，当属更为重要、更值得期待的长效机制。

——以地价杠杆促进节约集约用地存在较大的可拓展空间。发挥市场机制作用，以地价及土地收益分配为杠杆，配合节约集约用地、低效土地再开发、产业布局调整以及其他相关调控政策的实施将成为常态，这必将带来地价政策的差异化、地价内涵的复杂化，部分地价或以实物地租、间接收益等其他形式体现，给价格信号的监管、解读与显化提出了更高的专业要求。

B.7
建设用地审批制度评述

王庆宾*

摘　要：　本文系统梳理了从建设用地分级限额土地征收审批制度到现行以土地用途管制为核心的建设用地审批制度沿革，阐述了现行制度取得的成效，并深入分析了存在的问题，在此基础上对下一步推进现有审批制度改革提出了具体建议：根据用地审批事项属性，明确事权，厘清各级职责；优化程序，精简内容，提高审批效率；运行网络信息手段，强化用地审查服务；简政放权的同时，加强用地批后监管。

关键词：　建设用地　审批制度　制度评述

我国的建设用地审批制度包括用地预审、农用地转为建设用地（简称农用地转用）和土地征收审批、土地供应等。本文着重对建设用地审批涉及的农用地转用和土地征收审批进行评述。

一　建设用地审批制度沿革及评述

（一）分级限额土地征用审批制度（1982～1998年）

改革开放后，经济社会加快发展，各类建设对土地需求旺盛，为合理使用土地资源，保证国家建设必需的土地，1982年国务院公布实施了《国家建

---

* 王庆宾，硕士，中国土地勘测规划院地政研究中心工程师，主要研究方向为土地政策、土地利用。

设征用土地条例》（以下简称《条例》），《条例》按照征用土地规模确定不同行政级别的审批权限，建立了分级限额土地审批制度。1986年我国《土地管理法》颁布实施，在土地审批方面沿用了"分级限额"审批制度。即国家建设征用耕地1000亩以上，其他土地2000亩以上的由国务院批准。以此类推，按照征用规模，分别设立了省、直辖市、市、县级政府土地审批权限。

"分级限额"土地审批制度规范了使用土地行为，填补了政策空白，在特定时期具有积极意义。但因该制度缺乏建设用地宏观调控机制和建设占用农用地约束机制，在"化整为零"变相下放审批权中，效力逐渐递减，造成了耕地锐减、土地粗放利用、建设用地总量失控。

（二）以土地用途管制为核心的建设用地审批制度（1999年至今）

1999年，《土地管理法》进行了全面修订，在土地审批方面，将原有的"分级限额"土地审批修改为以土地用途管制为核心的建设用地审批制度，确立了现行建设用地审批制度基本框架。变化主要体现在：一是取消市县级政府用地审批权，权限上收至国务院和省级政府；二是增设农用地转用审批，建设占用农用地的，必须依法先行办理农用地转用手续，严控各类建设对农用地占用；三是强化了土地征收管理，规定各类建设必须使用国有土地，确需使用集体土地的必须办理土地征收手续。在土地征收权限上，将国务院原有的"耕地1000亩以上，其他土地2000亩以上"配额修改为"基本农田、耕地超过三十五公顷、其他土地超过七十公顷"，突出了对基本农田管理，提高了土地征收审批层级。

另外，《土地管理法实施条例》对建设用地审批程序进行了规定，依据建设项目区位和类型，将建设用地分为单独选址和城市分批次建设用地。其中，单独选址建设项目用地是指在土地利用总体规划确定的城市、村庄、集镇建设用地区以外选址进行建设的建设项目用地，具体包括：能源、交通、水利、矿山、军事设施等建设项目；城市批次建设用地是指在土地利用总体规划确定的城市、村庄、集镇建设用地规模范围内，为实施该规划，按下达的年度用地计划申请的城镇村建设用地。

近年来，为了规范建设用地审批，提高审批效率，国土资源部对建设用地审批制度进行了逐步改进。在城市批次用地方面主要体现在：一是报批方式上，由原来的以城市为主体多批次报批，改为以省为单位一年一报；二是国务院批准农用地转用和土地征收方案后，由城市组织实施，改为城市编制实施方案，报省级政府批准后，分期分批实施；三是设置试点城市，用地审批不再要求明确具体用地位置，突出对用地规模审查。在单独选址建设用地方面主要体现在：一是明确了各级国土部门在用地审查中的职责。市县国土部门承担基础性审查，对真实性负责；省级国土部门承担实质性审查，对真实性、合法合规性负责；国土资源部承担复合型审查，强化用地批后监管。二是简化用地报件，由原有的35报件，2009年减至10报件，2012年减至8报件。三是先行用地范围由桥梁、隧道等控制工期的单体工程，扩展至工期紧或受季节影响需动工建设的其他工程。另外，在增设被征地农民社保审查、同步办理林地手续、线性工程允许分段报批用地、地灾审核程序、压覆矿产等方面也进行了改进。总体上看，通过明确职责、优化程序、简化报件、改进审查内容等，提高了用地审批效率，强化了用地服务。

（三）现行建设用地审批制度的主要内容

现行建设用地审批制度的主要内容包括审批程序、审批层级及权限、审批内容等方面。

1. 建设用地审批程序

（1）土地审批总流程

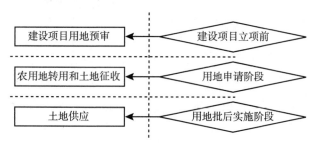

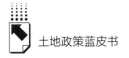

（2）单独选址建设项目用地审批流程

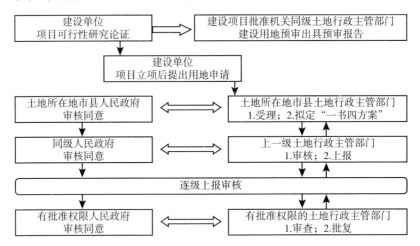

（3）城市批次用地审批流程

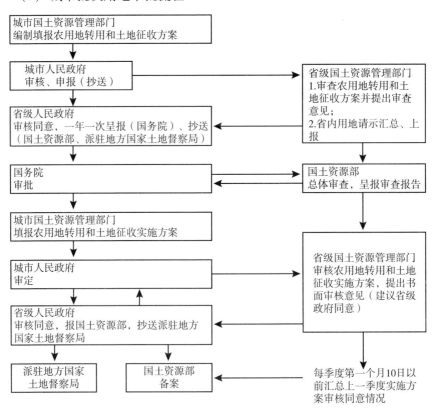

2. 建设用地审批层级及权限

审批类别	审批层级	审批权限
农用地转用审批	国务院	1. 省级(自治区、直辖市)人民政府批准的道路、管线工程和大型基础设施建设项目、国务院批准的建设项目占用土地,涉及农用地转为建设用地的,由国务院批准; 2. 在土地利用总体规划确定的直辖市、计划单列市和省、自治区人民政府所在地的城市以及人口在100万以上的城市建设用地规模范围内,为实施该土地利用总体规划,按土地利用年度计划申请城市分批次建设占用土地,涉及农用地转用的,由国务院批准。
	省、自治区、直辖市人民政府	除国务院审批权限以外的建设项目占用土地,涉及农用地转用建设用地的,由省级政府批准。
	设区的市、自治州人民政府	乡级土地利用总体规划由省级人民政府授权的设区的市、自治州人民政府批准的,在土地利用总体规划确定的城市和村庄、集镇建设用地规模范围内,为实施该规划而将农用地转为建设用地的,由该设区的市、自治州人民政府批准。
土地征收审批	国务院	征收土地涉及基本农田、基本农田以外的耕地超过35公顷的、其他土地超过70公顷的由国务院批准。
	省、自治区、直辖市人民政府	除国务院审批权限以外的土地,由省、自治区、直辖市人民政府批准。

资料来源:《土地管理法》。

二 建设用地审批工作取得的成效

(一)强化耕地保护,落实土地用途管制

通过严格限制农用地转为建设用地,实现了对耕地的特殊保护。一是要求建设用地必须符合规划、纳入计划,使各类建设有序使用土地;二是建设占用耕地必须落实耕地占补平衡,以弥补由于建设占用导致耕地的减少;三是通过建设用地中依法依规收取新增建设用地土地有偿使用费、耕地占用税、耕地开垦费等费用并专项用于土地整理开发、提高耕地质量等用途,一方面弥补了由于灾毁等导致的耕地减少,另一方面也形成了对占用农用地尤其是耕地的经济性倒逼机制,有效促进了耕地保护。

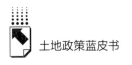

（二）严格征地审批，切实维护被征地农村集体和农民的合法权益

现行法律法规对征地审批有严格的规定，要求征地报批前履行"告知、确认、听证"程序，征地经依法批准后履行"两公告一登记"程序；征地补偿要符合法律法规和有关规定，安置途径要切实可行，确保被征地农民生活水平不降低、长远生计有保障等。用地审批中通过对此严格把关，有效保障了被征地农村集体和农民的相关权益。

（三）有保有压，大力保障经济建设发展必需用地

严格规范的建设用地审批管理，分类型的用地报批方式，明确了用地审批的重点，有针对性地保障了各类用地需求。其中，对于城镇建设用地，审批用地时主要控制城镇建设发展边界和节奏，将具体项目用地供地权交由城市人民政府，尽可能发挥城市政府的自主权；对于单独选址建设项目用地，从用地预审、用地审批等不同环节对具体建设项目用地进行审核，在严格把关的同时，及时掌握和了解重点建设项目用地需求，对合理的用地需求在规划和计划中提前予以考虑和安排，对项目用地存在的问题，及时提出解决办法和途径，保证项目建设顺利进行。

（四）严控用地方式，确保建设项目节约集约利用土地

建设用地审查中，对土地利用方式从产业准入、土地供应、用地标准、节地评价等多节点严格把控，促进了节约集约利用土地。一是严守产业用地门槛。对不符合《限制目录》、纳入《禁止目录》的建设项目不予办理用地手续。二是严把土地供应关。通过缩小划拨范围，强化招拍挂出让、实行最低租金标准等，运用经济手段，引导节约集约利用土地。三是严控土地使用标准。实行工业项目建设用地控制标准，严格相关行业土地使用标准。对超过用地标准或尚未颁布相关标准的用地，开展节地评价。多年来，通过严格土地利用审查，核减不合理用地成效显著，确保了土地的节约集约利用。

三 建设用地审批制度存在的问题

现行建设用地审批制度运行十多年来，对于保障各类建设依法依规使用土地发挥了积极作用，但随着社会主义市场经济的深入发展，审批制度不适应经济社会发展需要的问题日益凸显，主要体现如下。

（一）事权职责不匹配，削减了用地管理效能

现行建设用地审批权限集中于国务院和省级政府，层级较高，对于审查的内容，如土地征收涉及的"两公告一登记"是否履行，补偿安置是否到位等具体事项，拥有复合型审查和实质性审查的国务院、省级政府并不掌握。市县政府作为用地管理的中坚力量，贴近基层，工作重心本应放在做好用地服务，确保用地报卷的真实性上，但在现有权责扭曲的建设用地审批体系下，变成了与用地方共同应对上级政府用地审查的"利益共同体"，一些地方甚至出现虚报建设项目争取用地指标、伪造征地程序等情况。这种事权、职责不匹配，严重削弱了各级政府的土地管理效能。

（二）农用地转用和土地征收捆绑报批，管理目的、对象混淆，用地管理缺乏针对性

农用地转用和土地征收捆绑报批，从表面上看，压缩了用地报批程序，但两者管理对象不同，目的各异，一并报批，致使用地管理缺乏针对性。农用地转用审批的目的是强化对农用地，尤其是耕地的保护；而土地征地审批目的在于保障征地过程中被征地农民权益不受损，两者目的不同；农用地转用审批的管理对象为用地单位，而土地征收的管理对象为土地征收主体——地方政府，两者管理对象各异。另外，缩小征地范围和集体经营性建设用地入市是当前土地管理的改革方向，现行的农用地转用和土地征收捆绑报批也与其改革方向不匹配。

（三）城市批次用地和单独选址项目用地审查内容与管理理念不匹配

城市、村庄和集镇规划区范围内、外（以下简称圈内、圈外）申报用地的，虽然在报批方式上按照城市批次和单独选址进行了区分，但在审查内容上，基本保持一致。对未明确建设项目的城市批次用地仅减少了项目立项、供地方式等审查内容。这种圈内、外相同用地审查内容与其用地管理理念不匹配。一是城市批次用地是执行土地利用规划和用地计划行为，用地审查中未能突出规划许可，精简审查内容，突出规划和计划的空间、时序安排；单独选址建设项目用地审查中未能突出节约集约用地审查。二是对未明确位置的城市批次用地审批，地方在用地申报中实际无法确切预测各用地地类及规模，在具体项目审批中，也无法完全按照批准的批次用地各地类总规模落地。另外，因用地报批中不能明确用地区位，因此，征地批准前的"两公告一登记"等程序更无法落实，与相关规定相背离。三是对明确具体建设项目的城市批次用地审批，待批准后，建设项目已明确，这与"招拍挂"供地规定不一致。

（四）审批事项设置相互牵制，各层级重复审查，严重影响效率

首先，依照现行规定，建设占用林地的，应先行办理林地手续；涉及征地的，要有地方社会保障部门的审查意见；涉及压覆已设置矿权重要矿产资源的，还需要先行办理压覆矿产资源审批登记手续等。从国土部门看，用地审批前置条件过多；从建设项目审批看，部门间串联式审查，延长了审批时间，模糊了审批职责，审批效率低下。其次，用地审批权限上收至国务院和省级政府，层级较高，用地报卷需要经过市县、省级、国务院，层层上报，国土部门层层审查，同级政府逐一批准，一方面程序复杂，另一方面因上级政府对基层征地等具体事务无法具体了解，虽然在各层级用地审查中划分了实质性审查、复合型审查等职责，但实际在审查中依据更多的仍然是下级政府的审查报告，存在重复审查。

四 建设用地审批制度改革意见和建议

（一）厘清职责，明确事权

推进现行建设用地审批制度改革，厘清职责，明确事权是关键。一是建议将不同审批目的、对象的农用地转用和土地征收审批分离，明确用地审批针对性，提高用地管理效能。二是保留土地征收审批权。按照权责一致原则，建议下放土地征收审批权至市县级，取消不掌握具体征地事务的省级、国务院的"实质性"和"复合性"审查权。在下放土地征收审批权基础上，实行土地征收备案制，通过按时按质征地信息备案，为下一步用地监管提供基础保障。三是按照与中央、省级政府耕地保护事权相匹配，依据项目立项和规划审批级别，保留现有国务院和省级政府农用地转用审批权，强化对市县建设占用耕地监管，确保土地用途管制落实。

（二）优化程序，精简内容

进一步优化建设用地审批程序，精简申报内容，提高审批效率。一是按照用地类型，区分用地审查方式和重心。针对城市批次和单独选址建设项目不同用地管理理念，分别设立不同审查程序和内容。其中，城市批次用地审批与用地预审相结合，审批前置，突出土地利用规划和用地计划审查，在符合规划前提下，注重通过市场手段配置土地；单独选址建设项目用地审查与土地供应相结合，更加突出节约集约用地审查。二是优化单独选址建设项目用地审查内容。将林业、社保等用地审查由事中后置至确权登记颁证阶段，改串联式审查为并联式，提高用地审查效率。三是实行先土地征收后农用地转用。建议在强化闲置土地和土地金融风险管控前提下，按照规划，分区片式先行土地征收，在基于被征地农民充足的时间履行知情权、参与权、监督权同时，缩减后续用地审查内容，提高实施率和供地率。四是实行农用地转用许可制。按照《行政许可法》规定，将符合条件的农用地转用，由审批制改为许可制，进一步规范权利人责任和义务。

土地政策蓝皮书

（三）强化用地审查服务

推进信息化平台建设，强化用地审查服务。一是在系统梳理建设用地审批流程基础上，加强电子政务平台开发，优化建设用地审批系统，重组国土系统上下级和部门内部各处（科）室之间工作流程，打破时间、空间和部门分隔的限制。二是总结地方国土部门建设用地远程审批做法，尽早开发区分用户权限的部、省、市、县四级建设用地互动审批系统，实现建设用地报件、补正材料的远程上传，补正通知、批复远程下发，实现全流程远程操作。三是实现建设用地审查进度查询服务。建议在现有建设用地审批系统基础上，开发区分报件受理、用地审查、补正、会审会议、报送国务院（省级政府）、下发批复等不同节点的建设用地审批实时查询系统，系统开放权限可设定为各级国土部门和社会两类，实现用地审批全程信息国土系统内部完全公开和社会查询的有限公开。

（四）加强事中事后监管

在简政放权同时，更加注重建设用地审批事中事后监管。一是加强用地审查各业务部门之间互相监督。建议国土部门各相关业务处（科）室并联式用地会审过程性审查结论，在部门内部全公开，实现不同行政层级间监管的同时，监督范围扩大至各业务处（科）室之间。在审批系统中整合土地利用规划、遥感等数据，待各业务部门出具用地审查意见后，由牵头部门参照各类用地管理信息，统筹用地审查总结论。二是加大建设用地审批信息公开力度，实现社会监督。将建设用地审查过程性信息、审查结果等按照规定，通过部门门户网站等便于公众知晓渠道主动公开，对不便于主动公开的信息，畅通依申请的公开渠道。通过审批信息公开，接受社会公众事后监管。三是上级国土部门按季度通过建设用地备案信息与用地现状信息比对叠加分析，对建设用地批后情况监督，确保用地审批的合法性和权威性。四是加大年度卫片执法检查和例行督察对建设用地审批情况监督检查力度，确保合理合法批地、用地。

B.8
低效建设用地再开发政策评述

王庆日 张志宏*

摘 要： 本文结合建设用地再开发的内在特点，在系统梳理城乡建设
用地再开发相关的现行政策法规的基础上，深入剖析了当前
制约城乡低效建设用地再开发的供地、规划、征收补偿以及
集体建设用地管理等政策因素。总结了成都、嘉兴、广东、
深圳、浙江等典型地区在建设用地再开发政策创新方面的成
功经验，最后提出了在全国层面改革完善现行集体建设用地
管理制度、土地供应与收益分配制度、政府征收补偿和规划
制度、再开发的法律仲裁制度等促进城乡低效建设用地再开
发的政策建议。

关键词： 低效建设用地再开发 政策分析 地方创新

控制增量、盘活存量，提高低效建设用地的利用效率是新型城镇化战略
下土地利用管理制度创新的重要方向。已有研究表明，实施低效建设用地再
开发有利于优化资源配置、破解用地矛盾、改善城乡环境、保护耕地资源，
进而促进产业升级、城乡统筹发展和经济增长方式转变。然而相对土地的首
次开发，建设用地的再开发是一个更加复杂的过程。它涉及对产权的性质和

---

* 王庆日，博士，中国土地勘测规划院地政研究中心研究员，主要研究方向为土地经济与政策、
土地规划与管理；张志宏，中国土地勘测规划院地政研究中心副研究员，主要研究方向为土
地经济、土地税费及土地管理政策。

保护的认识、产权的征收和补偿的过程、再开发土地的市场供应过程、规划的编制和实施、土地利用争端的协商和诉讼等方面，这些过程受现行土地政策规制进而影响到建设用地再开发的绩效。为了完善政策，促进低效建设用地的高效利用，本文从全国层面系统梳理了城乡低效建设用地再开发相关的政策体系，深入剖析了当前制约城乡存量建设用地再开发的政策因素，总结了地方在推进低效建设用地再开发方面的政策创新经验，最后给出在全国层面完善建设用地再开发政策的几点建议。

一 建设用地再开发相关政策梳理

从《宪法》到《物权法》、《土地管理法》、《城乡规划法》及《房地产管理法》等重要法律，再到条例规定、司法解释和政策文件，这些构成了我国建设用地再开发管理的制度体系。下文遵循我国建设用地管理的双轨制特征，对城乡建设用地再开发涉及的政策进行系统梳理。

（一）城镇建设用地再开发相关政策梳理

1. 国有建设用地的供应政策

1990 年国务院颁布《中华人民共和国城镇国有土地使用权出让和转让暂行条例》，确立了我国有偿出让国有建设用地使用权的制度，规定了不同用途土地使用权出让最高年限，以及协议、招标和拍卖三种土地使用权的出让方式。

2002 年国土资源部发布《招标拍卖挂牌出让国有土地使用权规定》，首次规定了以挂牌方式出让国有土地使用权，且规定商业、旅游、娱乐和商品住宅等经营性用地，必须采取招标、拍卖或者挂牌方式出让。相关文件要求 2004 年 8 月 31 日之后，不得再以历史遗留问题为由，采用协议方式出让经营性用地使用权①。2004 年，《国务院关于深化改革严格土地管理的决定》

---

① 参见 2004 年国土资源部与监察部《关于继续开展经营性土地使用权招标拍卖挂牌出让情况执法监察工作的通知》。

要求工业用地也要创造条件逐步实行招标、拍卖、挂牌出让。2006年，《国务院关于加强土地调控有关问题的通知》进一步要求统一制定并公布各地工业用地出让最低价标准，工业用地必须以招标、拍卖、挂牌方式出让，其出让价格不得低于公布的最低价标准。此后，相关文件又进一步规范和落实工业用地出让制度，针对工业项目千差万别的情况，允许根据具体因素选择适宜的招标、拍卖和挂牌等出让方式①。

2. 城镇建设用地相关的规划政策

与城镇建设用地再开发相关的规划主要是控制性详细规划，相关的政策包括对控制性详细规划的内容、编制、修改和实施等规定。

2010年《城市、镇控制性详细规划编制审批办法》第10条对控制性详细规划的内容进行了修正和完善，明确建设用地的开发必须符合控制性详细规划的规定。《城乡规划法》第19、20、48条对控制性详细规划编制、修改和审批的主体、依据、程序等进行了详细规定，《城市、镇控制性详细规划编制审批办法》第20条进一步明确了规划修改程序，规定控制性详细规划具有法定效力，任何单位和个人不得随意修改；若确需修改，应当按照法定程序进行。《城乡规划法》第38、39条规定，土地使用权出让前应当依据控制性详细规划，提出出让地块的规划条件，作为土地出让合同的组成部分。未确定规划条件的地块，不得出让；规划条件未纳入土地出让合同的，该土地使用权出让合同无效。

3. 国有建设用地上房屋征收与补偿政策

《宪法》《物权法》《房地产管理法》都规定了国家可以为了公共利益的需要，征收国有土地上房屋并同时收回土地使用权。《国有土地上房屋征收与补偿条例》（简称《条例》）第2条规定，为了保障国家安全、促进国民经济和社会发展等公共利益的需要，满足相关条件确需征收房屋的，可以由政府做出房屋征收决定。《条例》对国有土地上房屋征收的法定程序和补

---

① 参见《国土资源部监察部关于落实工业用地招标拍卖挂牌出让制度有关问题的通知》《国土资源部监察部关于进一步落实工业用地出让制度的通知》。

偿进行了明确，规定了征收方案的拟定、报批、论证，房屋征收决定前的社会稳定风险评估及决定后公告的程序和内容；要求应当对被征收房屋所有权人或被征收人给予公平补偿，规定补偿标准，不得低于房屋征收决定公告之日被征收房屋类似的市场价格；明确被征收人可以选择货币或者房屋产权调换等多种补偿方式，对选择房屋产权调换的，还要计算、结清被征收房屋价值与用于产权调换房屋价值的差价等；《条例》明确了国有土地上房屋征收争端解决的途径，规定对征收决定和补偿有异议的，被征收人可通过复核、行政复议、行政诉讼解决，任何单位和个人不得采取非法方式迫使被征收人搬迁。禁止建设单位参与搬迁活动。

（二）集体建设用地再开发相关政策梳理

1. 集体土地用于建设的范围规定

《土地管理法》第 43 条规定，任何单位和个人进行建设，需要使用土地的，必须依法申请使用国有土地；但是，兴办乡镇企业和村民建设住宅经依法批准使用本集体经济组织农民集体所有的土地的，或者乡（镇）村公共设施和公益事业建设经依法批准使用农民集体所有的土地的除外。2007年，《国务院办公厅关于严格执行有关农村集体建设用地法律和政策的通知》进一步明确了集体土地用于建设的范围：乡镇企业、乡（镇）村公共设施和公益事业建设、农村村民住宅等三类乡（镇）村建设可以使用农民集体所有土地，但必须符合乡（镇）土地利用总体规划，纳入土地利用年度计划，并依法办理规划建设许可及农用地转用和建设项目用地审批手续。

2. 集体建设用地的产权规定

《宪法》《物权法》《土地管理法》等法律文件对集体建设用地的所有权及使用权进行了明晰规定。2007 年《国务院办公厅关于严格执行有关农村集体建设用地法律和政策的通知》综合以上法律文件，又进一步指出，农村住宅用地只能分配给本村村民，城镇居民不得到农村购买宅基地、农民住宅或"小产权房"。单位和个人不得非法租用、占用农民集体所有土地搞房地产开发，农村村民出卖、出租住房后，再申请宅基地的，不予批准；严格控制农民集体所有建设用地使用权流转范围，符合土地利用总体规划并依法取得建设用地的企业发生破产、兼并等情形时，所涉及的农民集体所有建设用地使用权方可依法转移。其他农民集体所有建设用地使用权流转，必须是符合规划、依法取得的建设用地，并不得用于商品住宅开发。《物权法》第183、184条对乡镇村企业建设用地、宅基地使用权、乡（镇）村公共设施和公益事业建设用地使用权抵押权进行了规定，明确这些集体建设用地使用权不能单独抵押。

3. 集体建设用地的征收规定

《土地管理法》第45条规定，征收集体建设用地，由省、自治区、直辖市人民政府批准，并报国务院备案。《土地管理法实施条例》对征收程序进行明晰：市、县政府土地行政主管部门根据经批准的征收土地方案，会同有关部门拟订征地补偿与安置方案，并将批准征地机关、文号、征收土地的用途、范围、面积以及补偿标准、农业人员安置办法和办理征地补偿的期限等相关信息，在被征收土地所在地的乡（镇）、村予以公告，听取被征地的集体经济组织和农民的意见。《土地管理法》第47条为集体建设用地的征收补偿确立了参考原则，即按照被征收土地的原用途给予补偿，具体补偿标准，由省、自治区、直辖市参照征收耕地的标准规定，但总和不得超过土地被征收前三年平均年产值的三十倍。

二 低效建设用地再开发的政策缺陷分析

相对于新增建设用地的开发利用，存量低效建设用地再开发最大的不同是要面对数量更多的既有产权人，由于他们拥有产权的单位经济价值增高，如何完成对这些产权的征收或调整，实现土地从现状到未来利用状态的转变成为低效建设用地再开发的关键。

现行制度框架下实现产权征收或调整的模式，一般是由政府征收国有土地上的房屋并收回土地使用权，或征收集体建设用地所有权并完成拆迁后，出让或划拨土地，由取得土地使用权的建设单位完成开发改造任务。该模式

完全由政府主导，在实践中往往会遇到多重难题。一是资金需求量大，存量建设用地再开发大多需要对原用地进行重新规划和用途转换，与新增建设用地相比，拆迁补偿、安置、建设成本较高。二是产权关系复杂，存量建设用地分散在各土地使用权人手中，涉及的用地主体较多，再开发面对的权利关系复杂，处理起来非常棘手。三是补偿争议频发，由于产权关系复杂，利益诉求多元，对补偿标准和补偿方式会提出不同要求，甚至部分产权人由于不接受补偿，成为"钉子户"。这些难题的存在经常使低效建设用地再开发在实施中陷入困境，难以有效推进。究其原因，一定程度是现行政策难以满足低效建设用地再开发的规范管理和制度激励所致。

（一）城镇低效建设用地再开发政策缺陷分析

1. 以"招拍挂"为核心的土地供应政策缺陷

随着我国土地有偿使用制度改革的不断深化，逐步形成了政府控制土地一级市场，工业和经营性用地必须采取"招拍挂"方式出让的法律政策体系，这一制度安排有利于加强和规范新增建设用地市场的供应秩序，防止国有资产流失。但对于低效建设用地再开发而言，若要求由原土地使用权人自行改造或与市场主体合作改造的，也必须以"招拍挂"方式办理供地手续，将难以保证原土地使用权人继续获得土地使用权，进而将原国有土地使用权人排除在改造开发利益分配之外。这一方面使得市场机构和自组织参与积极性大大降低，投入再开发项目中的资金萎缩；另一方面即便是政府主导，原地安置也不容易实现。直接后果便是政府的财政压力越来越大（因为市场主体无法参与或者缺乏参与意愿），也造成了补偿协商陷入困境（产权人所要求的补偿方式无法与政府达成一致），参与再开发项目的各类市场主体因而失去了足够的参与激励。

2. 国有建设用地上的房屋征收补偿政策缺陷

2011 年，《国有土地上房屋征收与补偿条例》颁布实施，取消了政府的强制拆迁权力，这有利于规范政府行为和防止公权力的滥用，更大程度上保护了产权人的财产权利和维护了社会稳定。但在实践中，《条例》还暴露出一些问题，一定程度上影响了城镇低效建设用地再开发的实施。

一是补偿制度具体规定不完善。补偿的主体和客体狭窄，《条例》第2条明确规定了房屋征收补偿的主体是"被征收房屋所有权人"，但对于房屋的承租人，因征收给其造成的利益损失，整个条例并没有相关规定。《条例》规定"房屋被依法征收的，国有土地使用权同时收回"。但所规定的补偿范围并未明确对相应土地使用权的补偿，没有明确对剩余土地使用权的适当补偿；补偿标准细则缺乏，《条例》规定，房屋征收补偿的标准是通过评估机构的评估报告来确定，而不是按照"市场价值"确定的。由于缺乏对"类似房屋""市场价格"的明确界定，实践中对"类似房屋的市场价值"的理解比较宽泛，使得房地产价格评估机构拥有较大的弹性，而其又缺乏相应的独立性，往往出现评估出来的被征收房屋的市场价格与市场交易过程中房屋的价格相差较远，这就造成了就补偿标准双方不断讨价还价，加大了协商成本，使得坐地要价成为可能的策略性选择，也是"钉子户"问题出现的重要原因。二是司法强制力的运行细则缺失。一方面，《条例》虽然对程序正当原则做出了规定，但是对于公共利益的界定缺少司法机制，使得我国的公共利益界定程序不够完善。另一方面，《条例》对于房屋征收的强制执行方没有明确规定，即使实现了裁决与执行的相互分离，在实践中却出现了司法机关不愿意介入执行、行政机关不敢执行的情况，使得司法强制力沦为空谈，"钉子户"问题难以解决。

3. 历史遗留用地问题处理政策缺陷

在存量建设用地中，部分用地符合现行规划，但历史上的违法用地行为，土地使用者没有完善的用地手续，致使这部分土地法定产权不明，利用低效，难以再开发。不同时期的《土地管理法》对违法用地的处理都有严格规定，但在实际操作中，由于拆除或没收涉及的利益关系十分复杂，历史久远，并且关系社会稳定，现实中往往既无法拆除也无法没收。同时，按照现行政策处理没有合法手续的低效建设用地，需要在征收、转用、供地等环节补办用地手续，需要新增建设用地指标、补缴新增建设用地有偿使用费、耕地开垦费，涉及征收的，还要办理征收环节必须的确

认、告知、听证、社保等手续，并履行耕地占补平衡义务，实际操作中很难做到。

（二）集体低效建设用地再开发政策缺陷分析

1. 集体建设用地的流转范围和方式受到限制

在现有国家层面法律政策框架下，集体建设用地的产权不健全，使用权的流转范围和方式受到严格限制。在流转范围方面，集体建设用地使用权流转限于满足一定条件的乡镇企业用地：一种情况是因企业破产、兼并等情形，集体建设用地使用权可以依法发生转移，另一种情况是集体经济组织全资企业的建设用地在取得程序合法、符合规划的前提下可以流转，流转范围被限制得很小；在流转方式方面，集体建设用地直接流转的方式仅为土地使用权入股、联营，以及依法取得建设用地的企业因企业破产、兼并等情形下的依法转移。同时，由于受权能和权利限制，集体建设用地不能单独抵押融资，不能作为资产进入资本市场融资。这些制度性的约束，限制了集体建设用地的高效利用，束缚了其价值的释放。同时，由于土地资产属性的日益显化，地方自发性的再开发行为长期无序和混乱存在，使得产权和补偿问题进一步复杂化，成为当前集体低效建设用地再开发的重要障碍。

2. 集体建设用地的规划管理存在缺陷

一方面，土地、城乡规划对农村地区覆盖面较低，大部分农村尚未完成村庄规划，基于用途管制的集体建设用地再开发缺乏前提。另一方面，规划管理方式亟待调整，现有的规划管理，特别是城镇规划管理是按照土地征收、土地国有的思路，由政府作为土地产权人，通过出让土地、投资建设城镇基础设施来实施相关规划的，而没有考虑集体建设用地再开发后多个土地产权人、多个土地供应主体条件下的基础设施建设和城镇化发展方式问题。

3. 集体建设用地征收补偿和争议解决办法缺失

现行土地征收的法律政策体系主要聚焦于以农地非农化为代表的增量土地管理，对耕地征收等的补偿做出了具体规定，而对于集体建设用地，仅规定按照被征收土地的原用途给予补偿，同时保障被征地农民的居住和生活条件。由于缺乏相关规定，集体建设用地再开发的补偿协商成为一场紧张激烈的拉锯战，双方都试图尽可能多地占有增值收益，这无疑加大了集体建设用地在补偿协商环节的成本。另外，现行规定也缺乏对补偿争议解决的有关条文，由此也导致了"钉子户"及征地上访等问题频发。

三 低效建设用地再开发政策的地方探索

（一）低效建设用地再开发政策地方探索概述

虽然，目前国家层面还存在着一些制约存量低效建设用地再开发的政策因素，但是面对严重的用地矛盾与耕地生态权益保护压力，在国家的授权下，许多地方早已开始探索提高城乡低效建设用地利用效率、促进土地增值收益共享和城乡一体化发展的新路径，这些地方性实践为全国层面的制度供给积累了宝贵经验。比如，围绕提高宅基地利用效率，探索宅基地退出机制的嘉兴"两分两换"、成都"拆院并院"、天津宅基地换房等；围绕提高集体建设用地效率，安徽、广东、成都、重庆等地开展的集体建设用地流转探索；基于城乡增减挂钩与各类指标交易开展的重庆"地票交易"、成都郫县"一揽子"流转等。还有广东、福建、安徽、江西、浙江、辽宁等地以城镇的低效存量建设用地为对象进行的"三旧改造""退二进三""三改一拆""老工业区更新改造"等，以及深圳、上海等地开展的"城市更新""土地整备"等。

本文主要选取成都、嘉兴、广东、深圳、浙江等典型地区，对其城乡低效建设用地再开发政策创新情况进行分析和评述。

表1 低效建设用地再开发政策地方探索典型案例概览

典型地区	主要内容	代表性地方法规政策	产权类型
成都	"拆院并院"	《成都市集体建设用地使用权流转管理办法》《成都市"拆院并院"工作实施细则》《成都市人民政府关于完善土地交易制度促进农村土地综合整治的意见（试行）》	集体建设用地

土地政策蓝皮书

续表

典型地区	主要内容	代表性地方法规政策	产权类型
嘉兴	"两分两换"	《关于开展统筹城乡综合配套改革试点的实施意见》《关于推进农房改造集聚加快现代新市镇和城乡一体新社区建设的意见》	集体建设用地
广东	"三旧"改造	《关于推进"三旧"改造促进节约集约用地的若干意见》《广东省人民政府办公厅转发省国土资源厅关于"三旧"改造工作实施意见的通知》	集体、国有建设用地
深圳	土地整备、城市更新	《深圳市城市更新办法》《印发关于加强和改进城市更新实施工作的暂行措施的通知》《深圳市城市更新办法实施细则》《深圳市房屋征收与补偿实施办法（试行）》	国有建设用地、拟征收的集体建设用地
浙江	"三改一拆"	《浙江省人民政府关于在全省开展"三改一拆"三年行动的通知》《浙江省人民政府关于全面推进城镇低效用地再开发工作的意见》	集体、国有建设用地

（二）城镇低效建设用地再开发的地方创新分析

1. 主要政策创新

城市化快速推进、工业经济发达的浙江和广东，都面临着大量城市存量建设用地低效利用，旧厂房、旧城镇亟待改造的现象。如何激励原土地使用者改造建设用地的积极性，确保建设用地的高效利用，成为各地政策创新的重要着力点。

（1）创新了城镇低效建设用地的出让制度。广东和浙江的政策都提到，符合相关规划的，原国有土地使用权人可以申请开展地块改造。涉及改变土地用途的，划拨决定书、出让合同、法律法规和行政规定等明确应当收回土地使用权重新出让的，应采取"招拍挂"方式出让经营性用地。不属于上述情形的，可以协议方式办理出让手续，重新签订土地出让合同，并按地方有关规定补缴土地出让金。对不改变用途的工业用地改造，提高容积率的，

130

不再增缴土地价款。此外，广东省还规定，需搬迁的国有企业用地由当地政府依法收回后通过"招拍挂"方式出让的，土地出让纯收益可按不高于60%的比例专项用于支持企业发展。深圳市规定，对符合功能改变条件的地块，申请人可以通过与政府补签土地使用权出让合同或者签订土地使用权出让合同补充协议（或者增补协议）的方式完善用地手续。

（2）创新了城镇建设用地上房屋征收和集体建设用地征收制度。针对《国有土地上房屋征收与补偿条例》在实施中的不足，《深圳市房屋征收与补偿实施办法》进行了完善，包括对房屋征收的公共利益进行了具体界定，对补偿的标准进行明确，分别是被征收房屋价值（含已经取得的合法国有土地使用权的价值）的补偿、因征收房屋造成的搬迁临时安置的补偿和因征收房屋造成的停产停业损失的补偿。

对于城中村这样的集体建设用地，广东省的政策鼓励集体经济组织申请将村庄建设用地征为国有。具体政策为，城市建设用地范围内的旧村庄改造，原农村集体经济组织可以申请将集体建设用地转为国有建设用地，对于确定给原农村集体组织使用的土地，可以由原农村集体经济组织自行或合作开发。另外，地方政府通过返还一定比例的土地出让纯收益来支持被改造地块的原农村集体经济组织的发展。深圳在城中村改造的土地权属调整中主要通过城市更新的办法完成土地整备。具体政策为，原农村集体经济组织必须自行处理征收土地范围内的土地产权关系，自行拆除地上建筑物等，政府将处置土地的80%交由原农村集体经济组织进行城市更新，其余20%纳入政府土地储备，政府将不再另行支付补偿费用。

（3）创新了历史遗留用地问题的处理政策。广东和浙江政策都提出要区分不同时期完善历史遗留用地手续。具体政策为，用地行为发生在1986年12月31日之前的，由土地主管部门出具符合土地规划的审核意见书，依照《确定土地所有权和使用权的若干规定》进行确权后，办理土地确权登记发证手续；用地行为发生在1987年1月1日之后，符合现行土地利用总体规划，已签订征地协议并进行补偿，被征地农民无不同意见的，可依据法律政策落实处理（处罚）后按现状办理用地手续。其中处理历史遗留问题

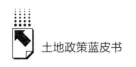

的截止日期，浙江为 2009 年 12 月 31 日，广东为 2007 年 6 月 30 日。

2. 政策创新评述

可以看到，地方对城镇低效建设用地再开发的政策创新主要体现在以下方面。

首先，低效建设用地出让方式的创新和土地收益分配的调整，赋予原国有土地使用权人更多改造开发的主动权，改变了土地增值收益大部分归政府所有而原土地使用权人分享收益较少的局面，构建了鼓励原业主参与改造开发的激励机制。同时，通过构建利益共享机制，有利于吸引更多社会资本参与改造，充分发挥市场主体的积极作用。

其次，对房屋征收以及集体建设用地征收的规定。这些规定不仅限制了地方政府滥用公权力的行为，也避免了土地权利人在征收过程中利益受损。通过城市更新和土地整备的方式，政府和土地权利人在土地收益的分配中找到了平衡点。而对于城中村改造，以社区或农民集体为主体的自主改造方式，也推动了农民集体参与改造的积极性。

另外，对违法用地和历史遗留用地分期处理，是把违法用地低成本合法化的一种手段，也是改造能够顺利推进的必要条件。同时，完善手续、明晰产权是高效利用土地的前提。可以最大限度地盘活这部分低效存量建设用地，显化其资产价值，可以减少对新增建设用地需求和减少违法用地。

（二）农村集体低效建设用地再开发的地方创新分析

1. 主要政策创新

长期以来城乡二元的土地制度，集体建设用地的流转受到严格限制，导致大量低效利用的宅基地和集体建设用难以盘活，集体土地的价值难以显化。完善集体土地权能，促进存量集体建设用地的有序流转，成为各地制度创新的关键。

（1）基于增减挂钩的宅基地退出政策创新。城乡建设用地增减挂钩政策的实施，通过农村低效利用宅基地的空间转移实现了集体建设用地的再开发。成都市结合土地产权制度改革，首先对市域范围内的农村集体土地所有权、使用权，以及集体土地上的房屋所有权进行了确权、颁证，为集体低效建设用地的再开发奠定了基础。其次创造性地发展了增减挂钩政策，在挂钩指标交易以及激励农民集体自主实施挂钩项目方面进行了制度创新。具体政策为：拥有土地权益的农民集体和农户可以自主决定是否参与、如何筹资、怎样建房、收益分配、权属调整等农村土地整治重大事项。在项目立项通过后，农民集体可持立项批复到成都农村产权交易所挂牌，寻找合作的投资者。农民集体自主实施后的挂钩指标全部归农民集体所有。农民集体与其他投资者共同实施土地综合整治项目，挂钩指标的归属由双方合同约定。为进一步提高节余指标的配置效率，成都市以农村产权交易平台创建了交易制度，即成都"地票"。在节余指标的有偿交易制度中，成都市规定了"地票"的交易方式、价格、用途范围、收益分配等内容。嘉兴的"两分两换"政策，也是基于增减挂钩政策的设计，引导农民按照规划，以多种方式退出宅基地，逐步向城市和城镇集中，实现集中居住，促进土地的集约节约利用。

（2）完善集体土地权能，促进集体建设用地流转。成都、广东、浙江等地对集体建设用地流转的创新主要体现在对集体建设用地权能的完善，并进一步规定流转的方式及流转收益的分配等问题。成都市规定，经村民会议三分之二以上成员或成员代表同意，所有权人可将集体建设用地使用权出让、出租、作价（出资）入股、联营和抵押。流转可以采取协议、招标、拍卖或者挂牌的方式。其中集体建设用地用于工业、商业、旅游业、服务业等经营性用途以及有两个以上意向用地者的，应当采取招拍挂的方式公开交易，流转价格不得低于最低保护价，上述的流转取得的总收入在扣除县、乡各项投入以及按规定缴纳税费后，收益归农村集体经济组织所有。

广东省"三旧"改造政策也适度放宽了对集体建设用地使用主体和用途的限制。在符合规划的前提下，除属于应当依法征收的外，允许农村集体经济组织自行改造或与有关单位合作开发建设；集体建设用地使用权可以通过出让、转让、出租、抵押、作价出资或者入股等方式参与再开发，但不得用于商品住宅开发。浙江在涉及存量集体建设用地的再开发政策中，也主张

在产权清晰、权属合法的情况下，符合土地利用总体规划的集体建设用地，可由原集体经济组织自行或合作开发。

2. 政策创新评述

从上述地方开展农村低效建设用地再开发的实践情况来看，各地的政策法规都在一定程度上规范了存量建设用地再开发的管理。这些政策通过土地的还权赋能，极大显化了集体建设用地的资产价值，从而促进了农民集体和个体参与再开发的积极性。可以发现，地方出台的集体建设用地再开发相关政策法规，其创新和突破点体现如下。

（1）宅基地使用权退出方面。首先，农民的宅基地得到了确权，保障了农民享有宅基地流转收益的权利，在一定程度上降低了因产权模糊不清带来的产权利益纠纷。其次，政府还权赋能，赋予了农民自主实施增减挂钩的权利，保证了项目实施符合农民意愿，也突破了传统的土地收益分配机制，农村和农民获得了更高的土地增值收益。另外，成都市建立的节余指标有偿交易制度，规定了指标流转的方式、价格等，适度放宽了宅基地流转的限制，从而提高了指标的配置效率。

（2）集体建设用地流转方面。首先，通过赋予集体建设用地与国有建设用地相同的权能，允许用地者按照城乡规划开发利用，并允许其像国有土地一样在适当条件下采用出让、出租、转让、转租和抵押等方式进行流转，可以极大地显化集体建设用地的资产价值，实现集体经济组织和农民的集体土地权益，促进农村低效建设用地的再开发利用。其次，各地的政策鼓励农民集体作为再开发主体自主改造集体建设用地，进一步赋予了集体土地所有者分享土地增值收益的权利。

四 完善低效建设用地再开发的政策建议

现有政策空间和地方的实践经验表明，必须在全国层面改革和创新集体建设用地管理制度、土地的出让制度、政府征收补偿制度和规划管理，以及建立再开发的法律仲裁制度等，充分发挥市场配置资源的作用，调动各方参与再开发的积极性，实现利益共享，才能有效促进城乡低效建设用地再开发，提高土地的集约利用水平，优化土地利用空间结构。本文结合当前土地制度的改革方向和地方的实践探索，提出以下几点完善低效建设用地再开发的政策建议。

（一）完善集体低效建设用地再开发的管理制度

结合十八届三中全会关于建立城乡统一建设用地市场的改革方向，进一步完善集体建设用地产权制度，赋予集体建设用地与国有建设用地使用权同等权利，即明确其享有出让、租赁、转让、入股、抵押的权能。探索与国有建设用地相一致的市场交易规则，实行与国有建设用地统一的规划、用地、产业、环保政策。建立与新型乡村治理结构相适应的集体资产管理机制，确保集体建设用地的有序开发、利用和经营活动。建立完善满足低效集体建设用地再开发的规划管理政策，强化政府的用途管制、规划制度、市场监管、市场服务职能。建立集体与国有建设用地相协调的税收制度，探索集体土地所有权主体以多种形式承担纳税义务的途径。

（二）完善城镇土地供应制度和收益分配制度

探索灵活的土地供应方式。在依法依规的前提下，允许以划拨、协议出让、出租、入股等多种方式供应存量低效建设用地，探索实行弹性年期制度，并约定土地使用权收回条件。如对申请转为国有或者改变用途的土地，在完善用地手续后，可以协议出让方式由原土地使用权人自行开发，也可以划拨方式交给原集体经济组织自行使用；充分发挥市场主体和原权利人作用，允许在确定开发建设条件并完成了拆迁安置方案的前提下，由政府将拆迁及拟改造地块的使用权通过招标等公开方式捆绑出让给土地使用权人。完善低效建设用地再开发土地增值收益在政府、市场、原权利人之间合理分配机制。自行开发利用或转让开发利用的，原权利人需依法依规补缴地价、缴纳集体建设用地流转税费等；政府依法征收或收回低效建设用地使用权的，应与原权利人共享土地增值收益；对工业企业在不改变土地用途、符合城乡

规划及建设用地控制指标要求的前提下，实施拆建、改扩建、加层改造、利用地下空间等途径提高工业用地容积率的，不增收土地价款。

（三）改进控制性详细规划制度

加强控制性详细规划修编的公众参与。由于被征收人可以选择产权调换的补偿方式，因此安置地块的区位、周边环境，甚至整个再开发区域的布局就与被征收人息息相关，一份不受被征收人认可的规划将使土地再开发陷入困境。因此必须进一步加强修改控制性详细规划过程中的公众参与，对参与的程序和方式、意见的处理和解释、报批的条件等做出更具体的规定。调整控制性详细规划的强制性内容。考虑到规划制定者的客观信息和主观理性有限，以及市场需要和被征收人偏好的不确定性，应探索建立基本刚性、适度弹性的控制性详细规划制度，将基础设施和公共服务设施、政府收回土地的具体区位，以及各类用地的最大建筑面积等作为强制性内容，强制性内容不允许事后变更，除非重启再开发程序和重新设定再开发条件，而允许实施主体在协商谈判过程中去划分地块、确定各地块的土地性质和容积率等规划条件。

（四）完善政府征收补偿标准的确定规则

允许各地制定相对统一、有所差异的国有土地上房屋征收补偿标准。为了保障被征收人的利益，形成良好的补偿惯例和维护公共利益，对于政府主导的再开发项目有必要制定一个规范的补偿标准确定规则，香港采取的是将同区域7年楼龄的类似房屋市场价作为补偿标准可供借鉴，但考虑到各地差异，全国层面可以对补偿标准的确定规则做出相对统一的规定。建议延续被征收房屋市场价值作为补偿最低限的规定，补偿最高限不应高于同区域新建的类似房屋市场价值（满足住房保障条件的除外），各地可制定有所差异的实施细则，但在不同项目中应当保持相对统一。

参照国有土地制定集体建设用地的征收补偿标准。《土地管理法》仅对耕地征收补偿进行了详细规定，但集体建设用地的性质和价值与耕地难以比较，在直接流转和增减挂钩间接流转的情况下，集体建设用地的市场价值能够得到较好的评估，应当参照国有土地的相关规定，制定补偿标准的最低限和最高限。

（五）构建建设用地再开发的法律仲裁制度

坚持对征收决定的争议解决制度。保障被征收人对市、县级人民政府做出的房屋征收决定或者对省级人民政府做出的集体建设用地征收决定不服时，依法申请行政复议或提起行政诉讼的权利；探索对征收补偿标准的争议解决办法。保障国有土地上房屋被征收人对评估价值有异议时提出复核评估和申请专家鉴定的权利。若被征收人对评估价格无异议，对补偿标准有异议，可以借鉴并改进香港强制售卖条例的经验，规定在数量和拥有相应面积均超过一定比例的被征收人同意时，可以认定补偿标准为公正补偿，此时这些被征收人可以代表集体利益，可以向法院申请对剩余的少数人实行强制改造；完善对强制执行的"裁执分离"制度。强制执行是否准予执行应当由人民法院根据《关于办理申请人民法院强制执行国有土地上房屋征收补偿决定案件若干问题的规定》和补偿标准是否达到规定比例的被征收人同意做出。法院裁定准予执行的，考虑到法院组织拆迁能力有限、维护社会稳定能力有限，因此一般由做出征收补偿决定的市、县级人民政府组织实施，当法院更具有执行条件或更便于执行时也可以由法院执行。

B.9
对改进建设用地审查报批政策的后评估

　本文在系统梳理近年来我国建设用地审查报批的相关政策演
变、存在的问题等基础上，主要对现行《关于进一步改进建
设用地审查报批工作提高审批效率有关问题的通知》贯彻落
实及实施效果进行评价，旨在改进和规范完善建设项目用地
审查报批工作，切实提高用地审批效率，增强用地保障能力，
为完善我国现行建设用地审批制度改革夯实基础。被调查的
30个省（区、市）的1288个市、县数据分析表明，总体上
该政策的预期目标基本实现。

关键词:　建设用地　审查报批　后评估

　　2012年5月5日，国土资源部出台了《关于进一步改进建设用地审查
报批工作提高审批效率有关问题的通知》（〔2012〕77号）（以下简称77号
文），提出四个方面要求，一是部省联动，强化各级职责；二是优化程序，
简化报件；三是采取措施，支持重点建设项目；四是强化基础建设，提高用
地报批效率。该通知有效期为5年。本文拟对77号文的执行情况及实施效
果进行简要评估。

　　评估内容主要包括：一是77号文的制定情况；二是各地对77号文的贯

*　李珍贵，中国土地勘测规划院地政研究中心研究员，研究方向为征地制度研究和政策后评估。
　　感谢中国地质大学（武汉）齐睿、唐思慧等人对本文调查数据的整理。

彻落实情况；三是对 77 号文的实施效果进行评价。通过对 77 号文进行评估，认真总结地方执行过程中出现的相关问题与建议，以改进和规范建设项目用地审查报批，提高用地审批效率和增强用地保障能力，以此完善我国审批制度改革。

一　77号文的出台背景

（一）近年来我国建设用地审查报批政策演变

2006 年以来，随着经济的发展，我国人地矛盾日益突出，土地审批制度从最初城市土地规模审核到注重土地用途与结构比例，强化了部、省、市县各级国土资源部门责任，以权责一致为原则，将审批权限从中央下放到省和市级国土资源部门。国土资源部注重了对地方的监督和管理，同时还减少了对于批次的具体细节审核，加重了省、市级国土资源部门审批责任。此外，更加关注失地农民的权益，包括安置补偿，强调要考虑农民的长远生存。具体体现如下。

（1）2006 年国土资源部下发了《关于调整报国务院批准城市建设用地审批方式有关问题的通知》，依据权责一致原则，调整对报国务院批准的城市建设用地审批方式。城市建设用地的报批和实施，必须按照报国务院批准农用地转用和土地征收、省级政府负责组织实施、城市政府具体实施来展开。

（2）2008 年，国土资源部印发了《关于进一步改进完善国务院批准城市建设用地审查报批工作的通知》，要求各地在总结 2007 年度城市建设用地审查报批基础上，进一步转变职能，改进审批方式，简化手续，优化程序，提高效率，服务城市建设和发展。从 2008 年起，在国土资源部预下达土地利用计划指标后，省级政府于每年 2 月底前汇总后一次性向国务院申报城市建设用地。

（3）2009 年国土资源部针对地方存在的批而未用土地问题，下发了

《关于严格建设用地管理促进批而未用土地利用的通知》，允许在一定条件下适当调整建设用地区位。

（4）2010年国土资源部出台了《关于改进报国务院批准城市建设用地申报与实施工作的通知》，明确要求，一是城市建设用地申报与实施事权和责任，二是改进农转用和土地征收方案申报，三是农转用和土地征收实施方案的申报与审核，四是明确要求缩短实施征地供地时间。

（5）2012年国土资源部下发了《关于进一步改进建设用地审查报批工作提高审批效率有关问题的通知》，要求改进和规范建设用地审查报批，切实提高用地审批效率，增强用地保障能力，更好地适应经济社会发展需要。

2006年以来建设用地审批制度改革的重要方向和内容，是部分审批权限和内容下放，减少审批流程，节省报批整体时间，符合当时国家经济形势的发展，为保障用地、改善民生产生积极的推动作用。在监管方面，改变了过去从单一注重审批内容逐步转向加强城市建设用地批后监管。

近年来，随着互联网技术的发展运用，建设用地审批制度的信息化建设也在进一步加强，这无疑在保证报件质量、提高审批效率方面产生积极作用。本阶段的改革强调宏观层面的统筹发展，兼顾被征地农民安置等民生问题，进入了一个实质性阶段。改革不仅仅局限于自身制度的微观建设，而且与目前宏观环境相结合，步入统筹协调发展的崭新阶段。

（二）审批制度改革存在的主要问题

2012年国土资源部出台《关于进一步改进建设用地审查报批工作提高审批效率有关问题的通知》之前，建设用地审批制度中主要存在三个方面的问题。

1. 审批程序复杂

原有建设用地审批制度在程序上过于复杂，一个建设项目用地审批，需办理建设用地预审、用地计划申请、规划指标的追加、农用地转用征收、具体建设项目工地等多个程序，涉及占用基本农田的重点建设项目还需办理规划修改、方案编制、论证、实施影响评价、听证、基本农田补划、补充耕地项目入库确认等程序，且每一程序都需经各级国土资源部门和政府层层审批，所需时间较长。同时，国土资源部门内部审批程序也多，影响审批效率。

2. 申报材料繁多

每一项审批程序相对独立，所需材料要求高且复杂，有的还互为交叉，少则五六项，多则几十项，同时需提交纸质件和电子件，增加审查工作量。

3. 审批周期长

建设用地审批需经多层级，各级单位审批都需要同步进行，同时行政审批权力也较为集中，一定程度上会增加审批时间，导致审批周期大大增加。

（三）77号文发挥的改革创新作用

近几年的实践证明，77 号文有针对性地就加强建设项目用地预审的在线备案和跟踪监管以及优化程序、简化报件等提出了明确要求，在审批制度方面发挥了改革创新作用。主要体现在以下方面。

1. 促进审批简政放权，转变政府职能

2014 年 8 月，湄洲市对其涉及国家机关、军事、能源、交通、水利项目，经济适用房、廉租房、公租房、拆迁安置房项目，工业项目的供地审批及挂牌出让具体手续的建设用地批准书核发与相关交地手续下放到区政府（管委会）实施。权力下放后，市国土资源局将主要加强对项目服务指导、报批督促和监督检查。

2. 促进信息化建设，推广电子政务

国土资源部已实现建设用地审批管理的电子化、网络化和现代化管理，建有县级向市级向省级再向国家级逐级扩张的四级用地系统网络共有的数据中心。同时运用信息化手段，完善综合监管平台，进行城市用地全生命周期监管系统设计，并在 2011 年 35 个试点城市用地的年度评估中发挥了有效作用，促进了城市用地实施情况监管审查工作可视化、精细化、常态化，为我国相关政策的执行和调整提供信息和技术支撑。

3. 加速审批流程，提高工作效率

2014 年 8 月，四川国土资源厅出台了《关于优化规范建设用地报批工

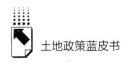

作的通知》，明确要求市（州）、县（市、区）人民政府作为建设用地报批工作的责任主体，同级国土资源管理部门作为工作主体，精简审批要件，提高审批效率。现在，在省国土厅接件到省政府审批，2013年平均为120天，2014年1至4月为70天；5月是30天，最快则是14天。

4. 积极主动作为，保障项目需求

2012年，福建省政府印发了《关于进一步改进建设用地审批工作积极服务"五大战役"六条措施》，明确要求，一要保障年度建设用地计划指标合理需求；二要简化有条件建设区的土地使用审批；三是简化农转用和征地报批材料；四要支持重点建设项目用地需求；五要优化用地审查程序；六是加强用地保障前期指导服务；确保"五大战役"项目需求。

5. 支持重点建设项目

2012年10月，陕西建立了西安用地审批"绿色通道"，采取了逐年对新兴产业、支柱产业、重点项目等增加专项补助，对产值10亿元以上装备制造业缴纳增值税和所得税等进行减税，对实际投资达1亿元以上关键装备产业化项目给予300万元贴息或补贴等措施。

2013年初，新疆为全力保障重点建设项目、民生项目用地，对重大工程和保障性住房等民生工程开辟快速通道。主要是指导规范用地报件、加快建设项目用地预审和审批，为项目推进提供有力保障。新疆室外施工只能在4～10月，要求国土资源厅必须在20天内受理并审查完毕。对紧急民生工程和重点建设项目，要求做到即收、即审、即报、即复。所有报件由县（市）通过骨干网远程直报。

6. 完善相关措施，强化批后监管

2014年，河南为保障本地安排的省重点项目用地需求，建立台账，对河南省重点项目用地情况进行跟踪管理。

湖南娄底积极探索建设用地审批创新监管手段，建立完善了土地审批权责统一责任追究制度，提升了监管水平。还构建土地利用综合监管平台"一张图"，用科技手段来强化土地批后监管。

二 77号文的实施情况与成效分析

（一）省、市、县不同层级的政策落实情况分析

1. 28个地区出台了贯彻落实77号文的省级文件

在被调查的 30 个省（区、市），有 28 个均出台了省级的文件通知，部署落实 77 号文，说明省级政府及有关部门落实比较及时有效。

2. 各省均加强对基层的审批业务培训

调查显示，有接近90%的厅（局）都以多种形式进行了审批业务的培训，表明各省厅（局）对 77 号文的具体落实情况非常重视，进一步提高审批业务的效率。建议部分省（厅）还应进一步扩大培训范围，提高培训的质量，以确保相关工作人员熟练业务与具体流程。

从培训效果来看，有 32.8% 的厅（局）认为有极大提高，56.6% 的厅（局）认为有显著提高。

总体看来，有 89.4% 的厅（局）认为培训较为有效地提升了报件的质量。同时了解到 77 号文与地方具体的执行情况有一定出入。只有通过培训能将 77 号文件的精神与地方实际结合起来，工作人员熟练掌握报批的资料和程序后，才能为建设用地审查报批的环节提供更好的服务，促进审批效率的有效提高。

3. 许多市、县制定了相应的具体措施，强化落实执行77号文

市、县级国土资源部门作为 77 号文的直接执行部门，贯彻落实 77 号文以及根据当地的实际情况制定相应的规则十分必要。

一是强化定期开展业务培训。调查显示，有超过 80% 的市县在省国土资源部门的指导下，定期开展了业务培训，有效解决了当前一些地方报件质量低、补正率低、补正时间长等问题，提高了基层工作人员的素质。

二是完善用地审查工作规章制度。数据显示，有 74% 的市县完善了用地审查工作规章制度，情况较理想。

三是健全岗位责任制。调查显示，有接近 78% 的市县健全岗位责任制。

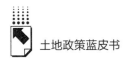

四是将用地审查报批工作纳入绩效考核管理。调查显示，有76%的市县将用地审查报批工作纳入绩效考核管理工作，提高了工作效率，确保77号文的贯彻落实。

五是重新优化用地报件。调查显示，有80%的市县对用地报件进行了重新优化，提高审批效率，情况比较理想。

六是提前介入、主动服务。调查数据显示，有73%的市县出台了相关规定，明确要求对待重点建设项目，市县一级国土资源主管部门要求提前介入、主动服务。

七是加大信息化建设。随着互联网科技的发展，信息的处理速度越来越快，借助现代网络技术，实现了建设用地审批网上运行、远程报批，为加快建设用地受理、审查和报批发挥很大作用。调查数据显示，有85%的市县已进行了用地审查报批工作的信息化建设。

（二）不同改革目标的效果评价

1. 关于职责划分情况

只有厘清职责，才能在建设用地的报批环节上提供优质服务，提高审批效率。对于77号文关于三级国土资源主管部门的职责划分，从全国层面调查数据的反馈结果来看，只有不到1.1%的认为划分不合理，认为合理的高达99%，表明77号文对于相关的职责划分清楚明确，但还需注意的是，基层的职责划分仍需进一步优化，结合地方实际做出相应的调整，使之更好地为建设用地的报批工作提供优质服务。

2. 关于改进地质灾害危险性评估审核程序情况

调查数据显示，各厅（局）认为77号文关于改进地质灾害危险性评估审核程序的规定对其报批工作有极大简化的占20.7%，较大简化的占52.4%（见图1）。

有超过70%的厅（局）认为，在不同程度上77号文得到了有效的简化，但仍有26.9%的地方厅（局）认为效果一般，说明对相关规定还需进行适当调整，继续完善相关的报批流程，不断提高审批效率。

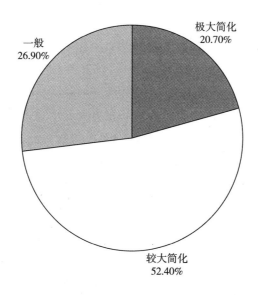

图1　各厅（局）对77号文的效果认定

3. 关于改进地质灾害危险性评估审核程序的简化空间情况

　　在提取的407份有效数据中，有48.9%的厅（局）认为仍有简化空间（见图2）。同时，有些地方提出对地质灾害和矿床压覆建议以区块为单位，不以项目为单位。

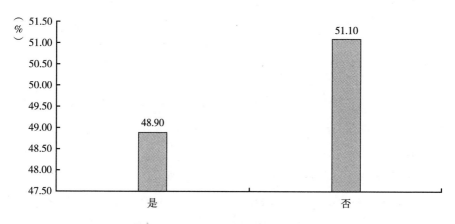

图2　调查改进地质灾害危险性评估审核程序的规定是否还有简化空间

4. 关于改进地质灾害危险性评估审核程序是否存在制度缺陷情况

从提取的 378 份有效数据中发现，有 91.3% 的厅（局）认为不存在制度漏洞，仅有 8.7% 的厅（局）认为仍需改进。

5. 关于改进用地压覆重要矿产资源审查要求的规定简化报批情况

数据显示，关于 77 号文改进用地压覆重要矿产资源审查，26.2% 的厅（局）认为有极大简化，较大简化是 52.1%，有效简化率占到了 78%。但同时也有 21.7% 的厅（局）认为其效果一般。

在收集的 398 份有效数据中，47.5% 的厅（局）认为存在简化空间。

针对是否存在制度漏洞的问题，在收集的 369 份有效数据中，仅有 7.9% 的厅（局）认为存在漏洞，需要进一步完善。

有地方提出，当地政府承诺"积极采取措施防止因压矿纠纷引发群体事件和安全生产事故"的规定，应区别对待，如山地、丘陵地带水田较少，按产值等量进行补充的相关建议，可在具体的执行过程加以实践，并应积极开展相关的调查工作，形成一套具体的可行性方案，以此检验其效果。

6. 关于占补平衡审查情况

在 1215 份有效数据中，有 30.8% 的厅（局）认为 77 号文关于改进耕地占补平衡审查要求的规定有极大简化，较大简化占 52.5%。

在 399 份有效数据中，认为仍有简化空间的厅（局）占 52.1%，超过半数。

在 371 份有效数据中，认为存在制度漏洞的厅（局）仅占 7.5%。

有地方建议，对基层提出的地票、增减挂钩等类型报批方式涉及耕地占补平衡目前不能进行挂钩确认的问题，上级部门应开展实地调查，尽快出台相应的政策。

7. 关于简化用地申报内容的规定简化报批情况

在 1205 份有效数据中，有 86.3% 的厅（局）认为 77 号文简化了用地申报内容的规定。在 399 份有效数据中，有 52.1% 的厅（局）认为仍存在简化空间。

在372份有效数据中，有93.0%的厅（局）认为无明显的制度漏洞。

8. 为重点项目建设提供过审批服务的项目情况

对2012年6月以来各地审批的重点建设项目数量统计后，共提取736份有效数据。其中数量在20以内的，占到了总数的82.0%；有13份数据超过了100，占到了总数的1.8%；有个别地方数目超过300。

9. 审批服务有效推动地区重点项目建设情况

在提取690份有效数据中，有62.9%的厅（局）认为极大地推动了当地重点项目建设，35.2%的厅（局）认为推动地区重点项目建设，还有1.9%的厅（局）认为效果不明显。

三　评估结论

从三年多的实践看，77号文的规定基本上被地方国土管理主管部门所接受，并较为全面地贯彻落实，发挥了显著的积极作用，预期目标基本实现。主要体现在以下方面。

（一）促进建设用地审查报批效率的制度体系基本健全

第一，促进用地审批效率提高的制度体系相对完备。全国层面的调查结果显示，各地均出台了省级提高建设用地审查报批效率文件作为制度依据，即100%的地区有一级制度体系；34%的地区具备二级制度体系；34%的地区具备三级制度体系。结果表明提高建设用地审查报批效率的制度体系较为完备。

第二，提高并完善审批效率制度体系。问卷调查显示，98%的厅（局）表示审批程序和审批材料无明显漏洞，符合现有的建设用地管理体制，在提高审批效率、缓解用地冲突、切实保障用地方面有显著作用。

（二）职责划分较为明晰，岗位责任制日益完善

第一，国土资源系统干部学习培训情况良好，服务意识不断加强。调查

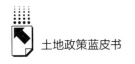

显示，有近90%的厅（局）以各种形式对有关工作人员进行用地审批业务的培训，进一步推动审批业务的效率提高，积极主动服务于重点项目建设。90%左右的厅（局）认为培训较为有效地提升了报件的质量。工作人员较熟练地掌握报批的资料和程序后，错误率减小，提高了审批效率。

第二，三级国土资源主管部门职责划分清晰，进一步明确职责分工，审批流程和环节更为合理。根据调查，普遍认可77号文对三级职责划分明晰。

（三）报件质量明显提高，用地审查审批程序进一步优化

第一，数据显示，近90%的厅（局）表示77号文出台后其工作在不同程度上都得到了简化，其中，地质灾害危险性评估审核程序，用地压覆重要矿产资源审查，改进耕地占补平衡审查等规定的简化率均在80%左右。

第二，各省在报件质量上得到不断提高。由于报件程序和内容的优化以及各级部门对相关人员积极培训，各省的报件质量和报件数量完成均较满意，报件材料日益规范化，有利于提高审批效率。

（四）审批效率日益提高、信息化建设上新台阶

重新优化的报批材料较大程度上简化了审批程序，提高了审批效率。近80%的厅（局）在问卷调查中表示重新优化后的报批材料使其审批工作在保证量的前提下，效率得到提高。

此调研数据还显示，有85%的市县加快了用地审查报批信息化建设。借助现代网络技术，实现了用地网上审批、远程报批，提高了建设用地受理、审查和报批效率。

（五）精简报件、简化程序仍存较大改进空间

第一，对于报批材料的四个附件，近一半厅（局）均表示其仍存在较大的改进空间。现有的报批材料对于某些地区审批程序特殊性仍不适用。报国务院、报部审批材料虽已简化，但程序仍较为复杂，且逐级上报增长了审批时间，降低了审批效率。

第二，在用地审查调查中，地质灾害危险性评估审核程序、用地压覆重要矿产资源审查、改进耕地占补平衡审查等规定有较大程度简化，但仍有近50%的厅（局）表示在其审批手续和审批内容上存在较大精简空间，应予以高度重视，积极采取措施加以改进。

四　几点建议

目前中央对国土资源改革的要求，主要集中在征地制度改革、集体建设用地流转和宅基地三方面。为了保持国土资源管理用地审批工作的连续性，单纯修改77号文，存在较大局限性。建议结合上述三项改革，以修改《土地管理法》为契机，从法律更高层面来完善77号文中涉及的审批制度改革，重点在以下方面。

（一）进一步加强建设用地审批队伍建设，特别是基层国土资源部门的队伍建设

第一，根据部省联动，明确职责的要求，加大对77号文的宣传力度。第二，完善用地审查工作规章制度，建立健全岗位责任制。在调查中发现，尽管大部分地区已开展各种形式的培训，完善责任到人的责任制度，并将审批效率纳入绩效考核，但仍有部分地区对该问题比较懈怠，特别是偏远地区基层国土资源部门尚未建立职、权、责、利相统一的岗位责任制度，对职权划分较为模糊，在一定程度上为提高报件审批工作带来了困难。

（二）重视对审批业务的培训工作，尤其是信息化在审批工作的应用

调查结果表明，90%左右厅（局）近两年在开展审批业务培训方面总体情况较好，但仍有个别地区存在培训不到位的情况，因此，各省（厅）应进一步扩大培训范围，提高培训的质量，积极有效地开展形式多样的培训工作，以确保相关工作人员熟练业务与具体流程，切实提高审批效率。

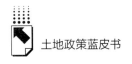

各地区在相关审批业务的培训上，要特别重视对现代科技、互联网技术应用的培训。借助现代网络技术，将用地审批工作和现代科技结合起来，加快用地审查报批信息化手段的运用，实现用地网上审批、远程报批，降低错误率，提高了工作效率。

（三）进一步简政放权，优化基层国土资源部门审批方式和审批内容

第一，进一步优化用地报审方式，对市县两级权责下放，简化审批的程序。目前，报部、报省审批的报件确实减少了所需的材料，有效提高了审批的速度，但市县两级审查报批的相关材料并未减少，而且根据规划审查、耕地占补等新的要求，报批所需的材料不减反增。

第二，由于市县两级国土资源部门审批权限有限，需沿"县—市—省"逐级上报，以致审批时间过长，影响了审批工作的效率。建议按照权责一致的原则，具体用地项目审批由市县国土资源部门批准，进一步下放审批权限，确保各级职责履行到位，从而将耕地占补平衡落实到位，以便高效快速地提高审批效率。

第三，完善和简化基层国土资源部门审批材料和审批内容。在 77 号文是否简化了用地申报内容的调查中，有超一半的厅（局）表示其仍存在较大的简化空间，仍然存在报件材料重复手续复杂等问题，降低了审批速度。此外，基层部门特别是边远地区信息化建设还不够完善，一定量的程序性审批操作可引入电子信息技术进行处理，提高审批效率。

（四）建立健全建设用地报批共同责任机制，加强各级部门的联系沟通

第一，加强与产业部门尤其是农林管理部门的联动，调整相关程序。在本次调查中，反映最多的是被征地农民的社保安置问题及林业审核同意书。针对"单独选址建设项目报批需要用地单位提供报批所需资料"的规定，有地方提出，一些单独选址项目在林地或农用地转用并出让前，缺乏

用地主体提供该类项目报批所需的材料。为此，需要用地单位按城市分批次的方式报农用地转用及征收后再行转让。此外，也有地方提出 77 号文没有将农村住房建设扶持项目列入规划，导致多数农村住房扶持项目不能及时落实。

第二，加强国土资源部内部各级部门的联系，落实共同责任。部、省级部门对基层国土资源部门要加强审批业务的指导，强化审批过程中的服务意识，特别加强对特殊地区的监察指导。县市级基层部门在贯彻落实国家政策的同时应加强同级部门的交流联系，主动学习，本着实事求是的务实态度切实做好相关审批工作。

（五）进一步简化报件材料，提高审批效率

第一，简化报国务院、部级建设项目审批材料。在四个附件的调查上，近一半厅（局）均表示其仍存在较大的改进空间。现有的报批材料对于某些地区审批程序特殊性仍不适用。报国务院、部级建设用地审批材料程序较为复杂，加上逐级上报导致审批时间较长，部分重点建设项目审批进展缓慢。

第二，进一步规范报件格式，减轻基层报件压力。对基础性报件材料明确其格式和所需内容，例如四川省厅出台了省 112 号文件，对市县请示文件做出了相关规定文体格式，同时确保审查内容不减少，审查标准不降低，既精简了上报材料，又保证了报件质量。其他也有些省份，例如贵州省出台了省 76 号文与省 85 号文也进一步加强了建设用地审查报批工作，提高了审批效率。

（六）完善重点项目和程序复杂的用地审批政策

第一，对重点先行用地建设项目成立专项审批小组，针对性地审批考核。例如，浙江省专门设立了行政服务审批科；云南省成立了用地报批领导小组；山西省专门成立了项目专项领导小组，以加强部门之间的协调联动等。实践证明，成立专项小组，可以大大提高报件质量审批效率。

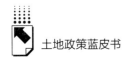

第二，"提前介入，主动服务"，参与建设项目前期准备阶段。例如重庆市北碚区从征地勘测定界环节开始即参与，勘测定界全程对业主单位进行技术指导；陕西延安市组织协调相关部门，提前公告、调查、商谈补偿标准，可有效避免征地后产生的矛盾。

（七）大力推进用地审查报批信息化建设，实现用地网上审批、远程报批

加大审查报批信息化建设无疑是提高报批效率的有效途径。信息化建设可以在一定程度上解决偏远地区基层国土资源部门信息不畅、审批工作缺乏业务指导等实际性问题。应建立结构完整、功能齐全、技术先进并与国土资源管理现代化要求相适应的国土资源建设用地审批信息系统，带动国土资源用地管理方式的转变，形成完整科学的国土资源用地审批信息化体系。

（八）完善相关配套的监察监督机制

在完善政策法律、促进依法管理的同时，还应探索监管手段的创新，提升监管力度和监管水平，并运用科技手段强化土地审批监管。各地必须完善健全建设用地供应动态监管、定期公布的制度，可以有效防止批而未征、征而未供、供而未用以及用而未尽等闲置现象发生。

地方探索篇

Local Practices

B.10

上海市土地资源节约集约
利用探索与实践

杨晓玲　徐小峰*

摘　要：　随着城镇化进程的加快，国内很多城市都面临着人口资源环境
　　　　　紧约束的现实问题，作为我国社会经济发展的领头羊，上海城
　　　　　市发展问题尤为突出。本文在系统分析上海市土地节约集约利
　　　　　用的现状、深层次问题及原因的基础上，详细阐述了上海市转
　　　　　变土地利用方式促进土地节约集约利用的政策顶层设计思路，
　　　　　即"总量锁定、增量递减、存量优化、流量增效、质量提高"
　　　　　基本策略和"资源、效能、机制三位一体"管理体系，重点从
　　　　　郊野单元规划、建设用地减量化、城市有机更新、土地全生命

---

* 杨晓玲，上海市地质调查研究院（上海市国土资源调查研究院）副院长，经济师，研究方向
为土地集约利用评价和土地政策；徐小峰，上海市地质调查研究院（上海市国土资源调查研
究院）工程师，研究方向为土地集约利用评价和土地政策。

周期管理、土地复合利用等方面总结了上海市全面落实"五量调控"基本策略的规划土地政策创新与实践，并从完善用地标准、探索差别化综合政策、建立综合数据共享平台、完善绩效考核评价体系、建立完善信息公示制度等方面提出了进一步完善土地节约集约利用政策体系的建议，以期为其他城市的土地节约集约利用提供借鉴和参考。

关键词： 土地节约集约利用 顶层设计 城市发展 上海

一 上海市土地节约集约利用现状

（一）人口资源环境紧约束凸显，已成制约城市发展关键瓶颈

改革开放 30 年以来，上海市城市发展以外延式扩张为主，消耗了大量不可再生的土地资源，至 2014 年底常住人口 2425 万，已经超过 2020 年规划目标（1800 万）；建设用地总规模 3124 平方公里，已接近 2020 年土地利用总体规划所确定的"天花板"（3226 平方公里）。另外，上海市建设用地占陆域面积的 45%，远高于大伦敦、大巴黎、东京圈等国际大都市（20%～30%）的水平，极大地压缩了城市生态空间，不符合生态文明建设和可持续发展的要求。城市发展外延式扩张带来了交通拥堵、水资源和能源紧缺、环境污染、城市运行安全等一系列大城市病，已经成为制约上海市城市社会经济发展的硬约束。

（二）土地利用质量和效益有待提升，区域、园区之间差距明显

上海市存在着产业用地发展空间不足和低效闲置并存的现象。在土地资源紧约束的情况下，各个园区普遍反映发展空间不足，特别是中心城区、近郊区更为明显。与此同时，上海市土地资源的利用却并不高效。全市工业用地利用绩效水平与国际标杆城市对比差距明显，2013 年上海市工业用地地

均工业生产总值45亿元/平方公里，仅为纽约的1/2（2002年）、东京的1/4（2007年）。区域、园区之间土地利用绩效差异较大，低效用地大量存在。全市层面，占全市工业用地约40%的规模以上工业企业贡献了约95%的工业产值，而约占25%的集中建设区外工业用地，其工业产值贡献不到全市的10%；园区层面，国家级工业园区平均产出水平为540亿元/平方公里，市级工业园区平均产出水平为79亿元/平方公里，乡镇级工业区块平均产出水平仅为0.29亿元/平方公里。

（三）城市发展布局和功能品质有待优化，不适应国际大都市发展要求

改革开放以来，上海市中心城区城市面貌有了较大改善，但城市基础设施布局与建设落后于社会经济发展需求，暴露了许多城市发展新问题。目前，上海市中心城商业办公总量大但绩效不高，建筑品质不高、服务配套不足，缺少升级发展活力；建成区文化、体育、养老、医护等公共设施尚不达标、能级不够，特别是最贴近民生的社区公共服务设施数量较少、标准相对较低；社区广场空间不足、数量较少、可达性不够，配建标准和要求尚不明确；以步道为主的城市慢行系统零散，便利化程度不高；历史风貌保护不够，代表本土文化的石库门等城市肌理在消失。产业园区方面，仍然沿用工业化时期发展模式，产城融合不够，园区内城市功能相对较弱，缺少吸引创新创业人才的居住、教育、商业、文化等配套设施以及公共开放空间，产业园区"潮汐式"流动现象明显，不适应科技创新和吸引集聚人才要求。城市发展和产业园区发展中遇到的问题，已经不适应上海市国际大都市建设的要求，亟须通过城市有机更新，优化、完善城市功能布局。

二 上海市土地利用深层次问题及原因

（一）建设用地资源不足，生态环境压力巨大

上海市建设用地接近发展底线，资源严重不足；同时，建设用地扩张进

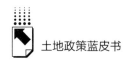

一步挤占生态空间，对耕地保护及城市生态安全都带来严峻挑战，土地可持续发展面临困境。造成目前困境的主要原因，一方面是因为经济快速发展对土地资源的巨大需求，另一方面也反映出规划管控执行力度的不足，亟须采取更加刚性的规划土地政策措施，坚持"一张蓝图抓到底""一茬接着一茬干"，严控建设用地总规模。

（二）新增建设用地低效浪费，土地周转效率偏低

上海市新增建设用地空间极其有限，但为支持实体产业发展，近年来一直保持1/3左右的新增供应建设用地用于产业项目。但是，目前新增工业用地的建设与利用，存在新增建设用地闲置、产出效益不明显和工业房地产炒作等现象，无法真实体现支持实体产业发展的意图，造成城市发展空间不足的假象。主要原因包括以下几个方面：一是城乡建设用地空间布局不太合理，新增建设用地供应与集中建设区外建设用地减量化和存量建设用地盘活缺乏联动；二是产业目录和用地标准体系不适应节约集约城市发展导向；三是缺乏产业用地环境约束要求，工业用地尤其是化工行业用地对土壤地下水污染情况严重；四是工业用地供应年期超出一般产业项目生命周期规律，土地周转效率偏低，造成产业项目后期低效闲置，退出缺乏手段等问题；五是现有土地分类使用政策不能适应市场化需求，土地复合利用政策和存量转型政策途径相对缺乏，产城融合发展缓慢。

（三）存量建设用地规模较大，低效闲置缺乏更新措施

上海市城市建设用地（尤其是工业用地）总规模偏大，存在一定程度的低效、闲置、违法等现象，存量盘活空间较大，早期城市更新以项目形式开展，碎片化现象严重、公益性空间和配套基础设施无法在更新过程中弥补，难以适应未来城市建设和发展要求。主要原因包括以下几方面：一是城市更新和存量工业用地盘活缺乏规划和政策指导，采取土地收储再出让模式开展，盘活方式相对单一、转让二级市场不健全等；二是城市更新和存量工业用地盘活缺乏利益平衡引导机制，在政府土地收储资金压力巨大的情况

下，难以有效调动社会力量和原土地权利人二次开发的积极性；三是存量建设用地实际用途管理有待进一步加强，部分实际用途已经变更的且符合规划要求的存量用地难以有效盘活。

（四）土地节约集约管理政策协同不足，难以形成监管合力

土地资源节约集约利用管理仍然存在各部门各自为政的现象，缺乏管理政策协同性和配套性，各部门齐抓共管的局面尚未真实体现。一是缺乏多部门协同管理联动机制。规土、发改、产业、投资、环保、税收等部门缺乏制度、政策、决策等方面的组合与协调，无法形成建设用地监管合力。二是尚未建立多部门统一的信息共享平台，社会、经济、人口、土地、税收等数据无法实现利用共享，一方面造成不同部门大量工作的低效与重复，另一方面也不利于充分掌握真实情况和开展统一执法与监管，容易形成管理效率低下的局面。

三　上海市促进土地节约集约利用的顶层设计

针对以上问题和原因，上海市提出了促进土地节约集约利用的"五量管控"基本策略和"三位一体"管理体系，具体内容如下。

（一）"五量调控"基本策略

总量锁定——严格规划管控，锁定建设用地规模范围。上海市面临着城市发展规模膨胀和生态环境压力，必须将"底线约束"放在首位，"锁定"上海市未来发展的终极规模，以土地利用方式转变倒逼城市转型发展。基于反规划和睿智增长理念，通过城市总体规划和土地利用总体规划修编，明确城市发展建设用地总规模的终极目标，将2020年规划建设用地总规模3226平方公里作为上海市未来建设用地的"终极规模"，通过永久基本农田、生态保护红线和城市开发边界"三线"划定予以锁定，并力争实现"负增长"。

增量递减——完善增减挂钩机制，促进建设用地减量化。实施年度新增建设用地计划稳中有降、逐年递减的策略；进一步完善新增建设用地计划管理和"增减挂钩"机制，实行差别化供应措施，新增建设用地重点供应保障民生类项目。同时，加大新增建设用地计划与集中建设区外"减量化"的关联力度，将区（县）年度新增建设用地计划与现状低效建设用地盘活和"减量化"等工作相关联，新增经营性建设用地出让必须使用"减量化"形成的建设用地和耕地占补平衡指标，以提高区（县）政府落实建设用地减量化的积极性。

存量优化——实施城市更新，优化建设用地结构功能布局。存量优化不仅仅是就地盘活或重建，还包括对存量建设用地布局、结构、功能的优化，是资源空间的重构、产业结构的调整、城市功能的优化。上海市城市发展将以存量优化作为土地利用与管理主要方式，通过采取中心城区城市更新、多渠道实施"城中村"改造、存量工业用地调整升级、土地收储利益平衡机制创新等措施，推进城市有机更新和内涵增长，实现城乡建设用地统筹开发和优化利用。

流量增效——发挥市场机制，保障土地利用实际效率。该流量不是指标流量，而是土地市场流量，主要考虑通过实施土地全生命周期管理来加速土地资源流转与循环，提高土地市场周转效率，加强全过程监管。通过建立城乡统一的建设用地市场体系；将一般工业用地出让年期由最高 50 年调整为不超过 20 年，实行工业用地出让弹性年期制和到期续期制度；稳步推进农村集体建设用地改革和征地制度改革；加大违法用地和闲置土地整治力度等措施，实现土地利用全要素、全生命周期管理，提高土地资源市场化配置效率。

质量提高——鼓励复合利用，提高土地利用综合效益。按照新产业、新业态、新技术、新模式的"四新经济"发展要求，以中国（上海）自由贸易试验区建设为契机，探索土地综合利用政策，建立轨道交通综合用地开发政策，鼓励土地立体开发和复合利用；结合城市建设用地标准修订工作，构建覆盖城乡、各类产（行）业的紧凑型、节约型的建设用地标准体系，严格把控各类建设项目的用地规模。

（二）"三位一体"管理体系

在空间资源上，强化规划引领，优化土地资源空间结构和功能关系。结合上海市实际，以郊野单元规划和土地综合整治为抓手，推进现状低效建设用地减量化，合理降低工业用地比重，适当提高公共绿地和公共服务用地比重，优化土地资源空间布局和结构，提升城市安全和生态生活品质。同时，鼓励土地的二次开发和复合利用，探索土地用途综合管控政策，促进城市有机更新。

在利用效能上，强化土地全生命周期管理，提高土地利用综合功能和绩效。探索将用地项目的功能、形态及经济、社会、环境等约束性指标和要求全部纳入土地出让合同管理，加强项目建设、达产、运行及退出等全过程评估和监管，健全诚信管理体系和问责机制，提高土地利用综合效益和动态精细化管理水平。

在实施机制上，注重利益引导，强化市场决定性作用和政策保障作用。利益机制是实现土地利用功效的关键，因此政策设计应强调土地利用绩效挂钩和利益共享机制，统筹国有与集体土地、新增空间与减量化、生态建设与空间补偿、自行盘活与土地征收、经营性开发与公益性保障、土地权益与市场价值等关系，建立兼顾国家、集体、个人的土地增值收益分配机制，促进土地节约集约利用的可持续发展。

四 上海市促进土地节约集约利用的探索与实践

为全面贯彻落实"五量调控"基本策略，上海市从创新实施郊野单元规划、完善增减挂钩政策、建立城市有机更新制度、实施土地全生命周期管理、鼓励土地复合利用等方面进行了探索与实践，具体情况如下。

（一）实施郊野单元规划，优化城乡空间布局

1. 通过土地利用总体规划修编，锁定建设用地总规模

上海市结合新一轮土地利用总体规划修编，优先划定永久基本农田和生

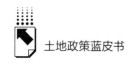

态保护红线，合理确定城市开发边界，明确了城市空间和生态底线。目前上海市已按照"反规划"理念合理确定了城市开发边界，突出存量规划特征，在现状建成区基础上"以拆定增"，将上海市 2020 年建设用地规模锁定在 3200 平方公里范围内，同时将锁定后的建设用地规模分解到各区（县），明确各区（县）建设用地规模和范围，从市、区（县）两个层面全面落实了"总量锁定"策略。

2. 实施郊野单元规划，优化城乡空间布局

针对城市快速蔓延对郊区农村和耕地侵蚀较大的问题，上海市将郊野地区作为统筹城乡发展、优化土地利用功能和结构布局的主战场。在开展土地整治规划编制研究中，上海市开创性地提出了"郊野单元规划"概念，以土地综合整治为平台，以提升郊野地区生态效益和用地效率为目标，率先提出对郊野地区开展全覆盖单元网格化管理的思路。实施郊野单元规划过程中，坚持集约高效的城镇格局优化路径，坚持以人为本的公共资源配置原则，坚持生态宜居的空间品质提升导向，建立多规统筹的规划编制和管理机制；构建"网络化、多中心、组团式、集约型"的城镇空间布局结构，建立服务各空间圈层的轨道交通模式，完善涵盖城市轨道、城市铁路、中运量轨道等多种模式的整体网络；着力突出新市镇在支撑新城、带动农村地区发展中的作用，逐步构筑起"中心城－新城－新市镇－小集镇－村庄"的城乡空间体系。郊野单元规划强调土地综合整治理念的宏观站位、区域统筹、政策配套和实施管理，实现了从传统土地整治项目引导和管理向"改善生态环境、锚固城乡生态结构、优化城乡空间布局"的规划目标延伸，已经成为上海市推进新型城镇化、城乡一体化发展和美丽乡村的有效载体。为确保郊野单元规划落地，2012 年上海市出台了《关于本市郊野公园建设管理指导意见的通知》，首批 7 个试点郊野公园建设已经启动，规划总面积约 130 平方公里。随着郊野公园的建设，部分郊野地区面貌得到了改善和提升。

（二）完善增减挂钩政策，推进建设用地"减量化"

针对上海市建设用地总量接近规划目标"天花板"，农村地区建设用地

低效闲置、布局零散、配套基础设施不足等情况，上海市出台了《关于本市推进实施"198"区域减量化的指导意见》，以郊野单元规划为载体，以土地综合整治为平台，以城乡建设用地增减挂钩政策为主要工具，形成了建设用地"减量化"的7项政策措施，具体如下：一是建立新增建设用地计划与建设用地减量化关联机制，经营性用地涉及的新增建设用地、耕地占补平衡指标均需通过减量化安排；二是建立建设用地指标周转制度，考虑减量化项目实施的周期性，根据减量化项目实施情况下达一定规模的周转指标；三是完善城乡建设用地增减挂钩内涵，鼓励区县建立挂钩结余指标有偿交易流转机制，在区县范围内统筹使用，显化减量化指标价值；四是建立新增建设用地计划指标奖励机制，根据区县建设用地减量化情况，按照"拆三还一"原则奖励规划建设用地空间；五是建立市级减量化专项扶持性资金制度，对于建设用地减量化给予20万/亩的补贴；六是建立集体经济组织和农民长效增收机制，以农村低效建设用地减量化置换新城、新市镇区位优良、可持续经营的高品质物业；七是将减量化工作纳入区县政府领导干部政绩考核体系，形成上海市落实建设用地减量化工作的制度框架。2014年，上海市完成建设用地减量化1028公顷，其中农村地区工业用地减量化689公顷，成效明显。

（三）建立城市有机更新机制，推进城市内涵增长

借鉴国内外相关城市经验，上海市探索建立了城市有机更新制度。城市有机更新不是简单的拆除重建，而是城市发展方式、城市治理方式和管理工作模式转变的体现。上海市城市有机更新具备三个特点（区域统筹、历史传承、利益共享），实施三项制度（区域评估、更新计划、全生命周期管理），遵循三项原则（规划引领、有序推进；注重品质、公共优先；多方参与、共建共享）。

1. 出台城市更新实施办法，实施城市有机更新制度

针对建成区存在的城市能级不高、活力不足、历史风貌保护不够以及公共空间、服务设施不完善等问题，上海市出台了《上海市城市更新实施办

法》，将城市有机更新确定为上海市城市发展和改造的主要模式。上海市城市更新政策强调以区县政府为主导，以规划为引导，通过制定更新计划和实施土地全生命周期管理等措施，聚焦产业转型发展和提升城市功能、品质与活力，突出公共利益优先；强调区域评估和统筹，避免了单纯项目导向和更新地区碎片化，促进城市协调发展；强化了共建共享的城市治理机制，积极推进公众参与，鼓励多方资源整合。在土地政策方面给予积极引导和鼓励，一是允许原权利人按照规划调整土地用途；二是将城市更新方式取得的市级土地出让金返还区县政府，用于基础设施建设和城市环境改善。城市有机更新政策的实施，实现了多方利益的共赢，对企业而言，通过城市更新政策，可以按照规划实施存量楼宇用途、功能、基础设施等方面更新调整或改造，以适应新的商业模式、业态，提供具有竞争力的经营性物业；对于社会而言，存量建设用地的更新改造，可以为社会、居民提供更加便利、完善的公共服务设施和公共空间、休憩环境；对于政府而言，可以取得按规划增加建筑容量、调整土地规划用途的土地出让收入，用于完善区域城市基础设施建设和环境改善。以徐汇区城市更新为例，西亚宾馆转型为办公用地时，增加了公共停车空间和架空的公共活动空间；教堂广场和档案馆地块改造，增加了公共广场活动空间和绿地等。

2. 拓展存量盘活途径，促进存量工业用地转型发展

针对存量工业用地盘活缺乏规划引导，土地收储资金压力大、盘活渠道单一，公共配套服务设施、公共绿地等开放空间不足等问题，上海市出台了《关于本市盘活存量工业用地的实施办法（试行）》，建立了以区县政府为主体，以规划为引导，以企业、社会、政府利益共享机制为政策核心的存量工业用地盘活机制，在确保规划公共空间、公共服务设施优先实现的基础上，明确了土地收储再出让、区域整体转型、有条件零星转型等存量工业用地盘活方式和实施路径。对于划定的整体转型区域，经区县政府批准，原土地权利人可以通过存量补地价方式实施统一整体转型开发或分期整体转型开发，整体转型区域内权利人分散的，应通过商议的方式组成联合开发体。符合零星转型条件的，允许原土地权利人或其全资子公司，采取存量补地价方式自

行开发。为保证存量工业用地盘活政策聚焦在真正实施产业转型的企业而不是房地产开发，文件强调了存量工业用地盘活项目的物业持有要求，促进开发企业转变开发模式，推动开发企业与城市共同成长。目前，上港十四区、桃浦工业区、虹桥机场东片区、杨树浦电厂等区域整体转型已取得了阶段性成效。

3. 创新规划土地政策，支持科技创新中心建设

结合当前产城融合发展和大众创新、万众创业的规划用地需求，上海市制定出台了《上海市加快推进具有全球影响力科技创新中心建设的规划土地政策实施办法（试行）》，重点从五个方面创新了规划土地政策。主要内容包括：一是鼓励园区平台建设发展，服务企业创新创业。从供地方式、地价、物业转让、节余土地收购等方面，支持园区平台建设、持有标准厂房、通用类研发总部等物业，建立公共研发、公共实验室、众创空间等新型服务平台，降低创新企业运营成本，提高园区服务品质、效率和功能，孵化扶持企业创新创业。二是完善园区配套设施建设，打造以人为本的产业社区。允许按照建设宜居宜业科技产业商务社区目标，通过园区控规编制和完善，合理确定配套服务设施比例结构，适当增加公共租赁公寓、教育文化场所、商业商务设施以及公共开放空间等配套功能。三是创新土地混合利用政策，鼓励产业融合发展。在自贸区综合用地试点基础上，探索规划编制的弹性控制与土地混合利用的引导，明确合理比例，由市场调节用途结构，充分发挥市场配置资源的决定性作用。针对产业转型发展、科技创新特点，允许产业类工业用地配套科技创新服务设施的建筑面积占项目总建筑面积的比例，由不超过 7% 提高到不超过 15%。四是积极营造低成本创新创业环境。对具有物业持有要求的工业用地地价进行适当修正，以降低企业创新创业成本，营造低成本创新创业环境；明确工业用地弹性年期出让续期价格可以按照原出让价款，或者结合原出让价款和续期时工业用地基准地价等综合评估确定，减少企业对弹性年期到期续期的顾虑。五是明确规划实施动态调整机制，提高运行效率。支持具备规划编制与建设审批职能的园区管理机构，结合项目落地和土地开发利用，在园区交通、环境以及配套设施等容量范围内，可以对规划进行适应性调整和完善。

（四）实行土地全生命周期管理，提高土地利用效率

土地全生命周期管理，是基于土地用途管制和市场化管理要求，以土地出让合同作为管理平台，将土地规划用途、建设条件以及出让条件中明确的产业类型、功能要求、运营管理、利用绩效和土地使用权退出机制等纳入合同约定，通过建立信息共享和多部门共同监管机制，对土地出让期限内实施利用全过程、全要素管理，提高土地利用质量和效益。

1. 实行工业用地全生命周期管理

针对上海市工业用地规模偏大，新增工业用地准入门槛较低，开竣工监管不足，出让年期与企业实际生命周期不符，缺乏过程控制和退出手段，造成大量低效和闲置情况，上海市出台了《关于加强本市工业用地出让管理的若干规定（试行）》，主要政策内容如下：一是提高产业准入门槛。通过产业目录、产业用地标准的建立和完善，提高产业项目准入门槛，从源头上确保工业用地用于优质实体投资企业发展。二是严格项目建设运营管理。采取项目时间履约保证金或其他市场化措施，加强对项目开工、竣工、投产时间管理，督促受让人及早开发建设，促进项目投产落地，提高土地资源利用效率。三是实行工业用地弹性年期出让制度。原则上新增工业用地产业项目类出让年限不超过 20 年；同时对于国家和本市重大产业项目，在经认定后，按最高不超过 50 年出让。实行符合企业生命周期规模的工业用地弹性年期出让制度，规范引导形成节约集约用地的制度环境，防止土地低效、闲置使用。四是强化土地利用绩效评估制度。持续跟踪和评估企业土地利用绩效等履约情况，以合同约定方式实现对工业用地利用的有效监管，确保长期高效集约利用。五是健全土地使用权退出机制。明确土地使用权主动退出和强制退出机制，以及相应的适用情形，提高土地利用效率和周转速度，实现低效用地及时退出和土地资源循环利用。六是引入生态环境影响评价要求。在工业用地出让、转让、收回、定期评估等阶段，引入土壤和地下水地质环境调查评价要求，形成企业合理利用土地和水资源的压力机制，确保土地资源绿色、可持续利用。自 2014 年 7 月起，上海市已经修订形成了工业用地产业项目类、工业用地标准厂房类、研发总部产业项目类、研发总部通用类等四类工业用地出让合同,工业用地全面实行了全生命周期管理。

2. 实行经营性用地全生命周期管理

针对经营性建设用地利用中存在建设管理要求不明确,建筑品质不高;公共空间和公共服务设施不完善;运营管理与服务品质不足,以及房地产泡沫等问题,在前期试点基础上,上海市出台了《关于加强本市经营性用地出让管理的若干规定(试行)》,主要政策内容如下:一是强化土地出让管理平台。以土地出让合同为平台,将项目建设、功能实现、运营管理、节能环保等经济、社会、环境等全要素要求,以及规土、投资、产业、建设、房屋、环保等相关职能部门职责和权利予以明确,实现全要素、多部门综合管理,既体现土地的资源属性和市场化配置,又减少和杜绝由于责任不明晰造成的管理缺位,提高政府综合施策、协同监管的效率。二是加强规划引导、完善城市功能。明确重要特定地区应在控制性详细规划基础上开展城市设计研究,编制附加图则并作为地块出让条件,以更好地体现规划对区域功能、业态定位等引导作用;加强土地出让研判,分析土地出让的合规性和合理性,明确社会停车场、社区公共服务设施、物业用房等公建配套设施建设要求,确保区域城市规划目标实现和城市服务功能配套、整体品质提升。三是加强土地出让全要素管理。从建设管理、功能管理、运营管理、节能环保四方面,针对开竣工时间管理、装配式建筑管理、配建保障性住房管理、全装修住宅管理、公共空间和保护建筑管理、绿化管理、区域功能设置、业态布局、行业类型、物业持有、建筑节能、土壤地下水地质环境保护等要素,明确了易量化、易考核、易监管的要求,实现了从单纯注重经济要素到综合注重社会、经济、环境多重要素的转变,对于提升建筑整体品质、完善配套服务功能、明确产业形态定位、加快生态文明建设等具有现实的指导、操作和监督意义。四是引导企业开发经营方式转变。以土地出让合同为平台,实现建设用地开竣工、运营管理、公益性责任和建设用地使用权退出的全过程管理;通过对建设管理、综合验收、土地出让期限届满以及土地出让合同约定的其他监管环节进行出让要素评定,在不增加企业负担的情况下,确保全过程要素管理落地，确保区域规划目标和合同约定特定功能的实现；通过加强登记管理和抵押管理，落实不同用途经营性用地的物业持有比例、建设用地使用权人出资比例、股权结构等转让要求和相关抵押要求，有效遏制房地产炒作，逐步引导建筑开发企业由房地产开发商到城市运营商、服务商角色的转变，促进城市优秀建筑的诞生、保护和延续，促进城市整体建设品质和服务管理功能的提升。目前，上海市已经修改了经营性建设用地出让合同，大量经营性建设用地在出让过程中明确了相关的物业持有、公益性配套建设等要求，并实行了全生命周期管理。

（五）鼓励土地复合利用，提高空间综合利用效益

上海市进入产业结构调整和升级转型的快速发展时期，"产业融合、产城融合"发展以及"四新经济"发展对土地复合利用的需求越来越明显，为适应发展新形势和土地节约集约利用要求，上海市出台了综合用地和轨道交通场站综合开发政策，引导土地立体开发综合利用。

1. 探索创新土地复合利用政策

结合上海自贸试验区产城融合发展的要求，出台了《关于中国（上海市）自由贸易试验区综合用地规划和土地管理的试点意见》，按照"规划弹性引导、土地刚性控制"原则，明确了综合用地的定义和内涵，根据不同规划功能分区，明确了不同规划用途的土地混合利用引导方向，允许工业仓储用途与商业、办公等功能混合，引导企业科技研发、总部管理、销售服务等功能集聚。目前，综合用地政策在上海市自贸试验区试点基础上，已向全市各类园区推广应用，以适应产业形态多样化和产城融合发展要求，有效提升城市环境品质和土地资源综合效益。

2. 鼓励轨道交通场站综合开发利用

针对以轨道交通场站为代表的市政基础设施用地综合开发利用，出台了《关于推进上海市轨道交通场站及周边土地综合开发利用的实施意见》，通过加强统筹规划，明确轨道交通场站综合利用的功能定位、开发规模等要求，按照公共交通导向（TOD）开发理念，在确保轨道交通功能需求和运

营安全的前提下，优先保证公益性、公共服务设施安排，对轨道交通场站及周边土地实施立体、综合开发，实现轨道交通场站"上盖"与周边地区功能的紧密衔接。为确保轨道交通设施建设与"上盖"综合开发的统一协调，在土地综合开发收益反哺公共交通服务的前提下，允许轨道交通建设主体以协议出让方式取得轨道交通场站综合开发权。目前，地铁 10 号线吴中路场站、6 号线金桥场站已进入综合开发阶段，吴中路场站将于 2016 年完成，金桥场站正在进行轨道交通设施和上盖建设。

五　下一步探索及建议

（一）完善用地标准体系，建立定期评估与更新机制

系统梳理现有市政设施、社会事业项目用地标准，结合区域特点，针对现有用地标准使用过程中规划、土地使用标准缺乏统一衔接，及时有效的评估更新机制尚未建立，用地标准覆盖面不全，无法体现城市发展的用地导向等问题，以"促进规土融合、优化调整各类设施用地标准，鼓励复合利用、提升节约集约水平"为总体目标，探索构建覆盖城乡、覆盖各类产（行）业的建设用地标准体系，加强用地标准执行监管，实施定期评估与更新，实现建设用地准入关口的严格把控，从源头避免和减少低效用地。

（二）探索差别化综合配套政策，倒逼企业转型升级

2013 年下半年开始，国家税务总局和国土资源部联合在山东、广西、江西、海南、重庆等省市的 17 个地区开展了"以地控税、以税节地"试点，通过建立信息共享和数据交换机制、实行税地联动共管，成效显著。浙江省、安徽省在此基础上，通过调整城镇土地使用税征收标准和征税土地等级范围、建立绩效评价机制合理划分行业企业类别档次、实行分类分档减免等措施，建立了差别化的城镇土地使用税征收政策，极大地促进了土地节约集约利用和产业结构调整。建议借鉴以上试点经验，联合多部门进一步探索

实施财政、税务、用水、用电、能耗、排污、信贷等综合要素差别化管理政策，改变土地部门单独施策缺乏配合的困境，发挥综合政策奖惩叠加效应，提高资源利用综合效益。

（三）建立综合数据共享平台，提高信息化管理效率

充分利用现代信息技术，创新管理手段，转变管理方式，进一步加强信息标准建设，破除信息资源共享"瓶颈"与"壁垒"，积极推动投资、产业、规划土地、房屋管理、工商、财税、统计、人口、环境等部门，在统一城市空间地理信息平台上共享信息资源，建立社会管理和行政管理信息大数据、大分析和大应用的平台，为开展土地利用绩效评价，实施土地全生命周期管理，提高土地资源配置水平，为宏观分析与科学决策奠定基础。同时，探索建立各省市乃至全国统一的土地利用诚信数据库，对于违约违法利用土地的自然人、法人、主要股权人在全市或全国范围内公示，从融资、土地、工商、财税等多方面进行联合制约和限制，倒逼企业诚信利用土地资源。

（四）完善绩效考核评价体系，确保节约集约政策落实

目前的土地利用绩效评价工作大多停留在宏观、中观层面，评价工作常采取统一指标，过于模式化，难以发现共性问题以外差别化问题及深层次原因，针对性和实用性不足，建议进一步建立形成覆盖宏观、中观、微观多层次，社会、经济、环境全要素，事前、事中、事后全过程的土地节约集约利用考核评价体系。宏观、中观层面评价工作，要依托综合数据共享平台，实现数据快速、全面的收集和分析，及时反馈共性问题，为微观层面评价指明方向；重点探索和加强微观层面（企业、地块）用地数据的收集与整理、绩效评价指标体系研究等工作，提高土地利用绩效评价针对性和成果的应用性。

（五）建立完善信息公示制度，发挥社会监督作用

探索建立完善的项目全生命周期管理信息公示和项目通报制度，将全生

命周期管理要求、合同履约情况、合同监管内容及监管主体等信息在各地土地市场网进行公示,充分发挥社会公众监督作用;借鉴基本农田保护公示牌的经验,建立建设用地项目合同关键信息公示牌和违约举报奖惩制度,通过社会公众监督项目开竣工、土地利用与转让、建筑利用等行为,防微杜渐减少违约违法用地行为。

B.11
重庆市宅基地使用权抵押融资
推进策略研究*

李 博 牛德利 宇德良**

摘 要： 农户"贷款难"的问题一直是困扰农户积极开展生产，制约我
国农村经济快速发展的重要问题之一。宅基地使用权抵押融资
对于显化农村资产，深化农村金融改革及推进城乡统筹发展具
有重要意义。本文在对重庆市农房抵押融资推进现状调研基础
上，分析了农房抵押融资推进问题，并从政策、市场、技术、
管理等四个方面分析了其成因，根据房地一体的原则，预判了
未来宅基地使用权抵押融资可能面临的问题。结果显示：存在
金融机构顾虑多，农户资金需求难以满足，价值难以合理评
估，抵押登记推广难度大等问题。最后，从法律、风险补偿机
制、资产评估、产权流转等方面提出了具体的策略。

关键词： 宅基地使用权 抵押融资 金融机构 重庆

农民最重要的财产之一为农房，因为法律上对宅基地使用权抵押进行约
束，从而无法实现融资操作，一直没有发挥资产融资功能。一方面影响了农

* 本文系中国土地勘测规划院重庆土地实证研究基地调研成果。
** 李博，硕士研究生，重庆市国土资源和房屋勘测规划工程师；牛德利，重庆市国土资源和
房屋勘测规划院政策研究所所长，高级工程师；宇德良，重庆市国土资源和房屋勘测规划院
工程师。

民增收和农村发展；另一方面造成了农村土地的粗放利用与闲置。党的十八届三中全会《中共中央关于全面深化改革若干重大问题的决定》提出"改革农村宅基地制度，稳妥推进农民住宅转让、抵押及担保，探索增加农民财产性收入渠道"。该项改革对于构建完整的住房财产权及实现宅基地用益物权具有重大意义。2014年12月，中共中央办公厅、国务院办公厅联合印发了《关于农村土地征收、集体经营性建设用地入市、宅基地制度改革试点工作的意见》（中办发〔2014〕71号），在宅基地制度改革中提出，建立农民集体对宅基地取得、使用、退出以及抵押担保等审核和管理制度，探索宅基地用益物权的多种实现形式。近日，国务院印发了《关于开展农村承包土地的经营权和农民住房财产权抵押贷款试点的指导意见》（国发〔2015〕45号），该《意见》是农村金融制度和农村土地产权制度的一项重要创新，"两权"作为抵押物向金融机构贷款终于迎来了顶层设计，对于今后开展农村宅基地使用权抵押贷款带来了契机。

重庆市从2010年起，借助统筹城乡综合配套改革试验区平台，从融资办理登记、风险补偿资金管理及审批、抵押融资的范围和规模等方面入手，对农房抵押融资进行了一系列的探索，而宅基地使用权抵押融资还处于初步研究阶段。目前，相关研究表明农房抵押存在登记难、评估不合理、社会保障体系不健全等问题。为此，本文依据房地一体的原则，通过剖析重庆市农房抵押存在的问题，对今后宅基地使用权抵押融资可能会遇到的问题进行预判，并提出对策建议，以期对今后制定宅基地使用权抵押融资的顶层设计有一定的借鉴意义。

一 重庆市农房抵押融资推进现状

（一）政策现状

重庆市农房抵押融资依据政策出台的背景及具体内容，可分为两个阶段。第一个阶段是前期探索阶段，主要是2007～2010年之间，在国家和地方层面

相继出台了《关于批准重庆市和成都市设立全国统筹城乡综合配套改革试验区的通知》（发改经体〔2007〕1248号）、《关于推进重庆市统筹城乡改革和发展的若干意见》（国发〔2009〕3号）及《关于加快推进农村金融服务改革创新的意见》（渝府发〔2010〕115号）等文件，该阶段的政策文件主要是指导性的意见或建议，对于探索农村资产经济价值实现的途径及开展重庆市农村"三权"抵押工作具有重要的意义，为农村金融体制改革提供了方向。第二阶段为具体实施阶段，时间段为2011年至今，该阶段为农房抵押贷款快速发展阶段，重庆市相关部门出台的文件主要有《关于开展农村土地承包权居民房屋和林权抵押贷款及农户小额信用贷款工作的实施意见（试行）》、《重庆市农村土地承包经营权抵押登记实施细则（试行）》（渝金发〔2011〕4号）、《重庆市农村居民房屋抵押登记实施细则（试行）》（渝国土房管发〔2011〕23号）、《重庆市农村"三权"抵押融资风险补偿资金管理暂行办法》、《关于为推进农村金融服务改革创新提供司法保障的意见》（渝高法〔2011〕28号）、《中共重庆市委关于缩小三个差距促进共同富裕的决定》及《加快推进农村产权抵押融资工作的意见》（渝府发〔2014〕4号）等，从文件的类型可以看出：该阶段政策文件更加细化，针对"三权"抵押分别进行了明确要求，同时关于"三权"工作开展中的政策宣传、抵押融资登记、风险管理及抵押融资的范围和规模等方面都做出了具体的部署和安排。具体的实践为2011年注资7亿元，建立了风险补偿基金。对于今后农村产权抵押提出了明确的目标，即2017年基本形成产权明晰、价值明确、流转便捷、融资高效、资源市场化配置的农村产权融资及配套制度体系，力争累计实现农村产权抵押融资1000亿元的工作目标。此外，在农房抵押贷款工作开展过程中，重庆市首先部署部分区县（石柱、江津、开县等）开展"三权"抵押试点工作，在积累充分经验的基础上，全面开展全市农房抵押贷款工作。

（二）"三权"抵押贷款发放情况

目前，重庆市依据不同金融的类型、性质及作用，初步形成了农村金融组织体系，主要机构为重庆农村商业银行、中国农业发展银行重庆分行、中国农业银行重庆分行、国家开发银行重庆分行、中国邮政储蓄银行重庆分行等涉农金融机构，其次为村镇银行、担保公司、农村资金互助社、贷款公司、保险公司等金融机构。

各金融机构坚持"特色化、个性化、人性化、流程化"的金融创新理念，大力开发个性鲜明、门类齐全的金融产品。在"三权"抵押贷款工作实施过程中，出台具体的操作流程、提供抵押担保咨询及业务指导等多项服务，为解决重庆市农村经济发展资金难问题做出了巨大贡献。截至 2014 年 9 月末，累计发放"三权"抵押贷款 420.10 亿元，比 2010 年增长了 10.6 倍，其中，农房抵押贷款累计发放达 121.60 亿元。

（三）区域分布特征及需求现状

从空间分布看，农房抵押贷款集中在两条带上：一条是渝西地区的江津 – 永川 – 铜梁 – 合川等一带；另一条是巫溪 – 开县 – 万州 – 石柱 – 酉阳 – 秀山一带。从全市五大功能区角度看，都市功能拓展区的比重最大。从区县的差异看，最多的区县达到 8 亿元左右，而都市核心区的五个区县没有农房抵押贷款，其他比较多的也不足 1000 万元。

从贷款过程中，农民所变现出来的需求来看：贷款需求最旺盛的五个区县为秀山县、巫溪县、永川区、铜梁县和开县；最低的区县均分布在都市发达经济圈。

二　宅基地使用权抵押融资推进问题及原因分析

（一）存在问题

根据调研，重庆市农房抵押主要存在以下几个方面的问题。

1. 金融机构顾虑多

金额小、成本高及利润低是农房抵押融资的主要特征，在信用、法律、市场、道德、操作等方面存在着较大的风险。虽然农村金融组织体系涉及的

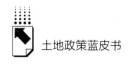

金融机构较多，但是实行农房抵押贷款的只有重庆地方机构，重庆市农房抵押融资的渠道较为单一。金融机构的顾虑主要体现如下。

一是供给成本高，银行慎贷。以重庆农商行为例，2012年信贷成本为7.12%，含减值计提准备、资金成本、运行成本（人力与非人力费用）以及相关税负成本（主要指营业税金及附加）。其中，县域支行8.62%，主城支行5.72%，县域支行信贷成本高于主城支行2.9个百分点。

二是营运收益低，银行惜贷。以重庆农商行开县支行为例，农村地区人均实现利润6.4万元，而县城区域人均盈利达到45.92万元，城市网点员工盈利能力是农村员工的7.18倍。此外，对于本身贷款业务量就很大的农村信用社而言，农房抵押贷款属于小额贷款，相比于农房抵押担保更加倾向于信用担保，从而对农房抵押贷款的重视程度很低。

三是经营风险大，处置变现难，银行怕贷。一方面即使地方政府为推进农房抵押试点工作，并会同法院、金融机构协商制定相关政策，一旦农民无力偿还贷款，银行需要实现抵押物时，此时金融机构又会陷入新的风险困境，即抵押物无法变现会出现坏账风险，存在较大的经营风险。另一方面虽然我国《土地管理法》及相关法律、法规都没有对农村房屋买卖、出租作禁止性规定（换言之，农村房屋同样可以进行买卖、出租），但我国法律法规对农村房屋的特殊规定，致使农村房屋交易难以进入市场。

2. 难以满足农户发展资金的需求

根据巴南区、渝西的铜梁县、渝东北的云阳县、长寿区、渝东南的石柱县及酉阳县共计6个区县的213户的调查，发现145户愿意抵押农房且有借钱愿望的农户中其发展资金需求为1430万，而按照其农房面积、结构及农房造价标准折算其抵押价值约为1375万，按照农商行确定的最高60%的贷款抵押率，其贷款金额为825万，仅占其需求资金的58%。此外，调研中发现部分大型从事养殖、工艺产品、家电销售、农业生态观光及农产品生产加工的企业，年销售收入分别达到数百万至数千万，经营状况和销售前景良好，均有意愿扩大生产规模，有较强的融资需求。通常银行根据贷款户的农村房屋等抵押物估值来确定授信额度，由于农房处置困难，抵押物估值不高，银行对这些个体工商户放贷少，不能满足其扩大生产的投资需要。同时，国有商业金融机构基本不涉及农房抵押贷款业务，承担农房贷款的重任主要是地方性金融机构，而地方性金融机构规模不够、力不从心，无法完全解决农户发展资金"瓶颈"。

3. 资产价值难以合理评定

农房大多是农民自己建设的，其使用的建筑材料、质量、规格等本身就不同。此外，农房所处的地理位置、交通、周围的配套设施等条件也存在一定的差异性，要求农房的评估必须以单个房产区别核定。但是相对于成熟的城市房屋评估技术体系而言，重庆市专业的农房价值评估机构较少，农房的价值评估体系发展相对较慢，存在缺乏技术依据、评估范围未明确、评估资料难寻、产权界定不明确、价格影响因素差异性等难点，农房价值评估一般采用成本法，依据农房造价和建设年限折旧进行评估，经调查，一半以上的农户担心自己的房子价值评估有问题。

4. 抵押登记推广难度较大

根据重庆市农商行农房抵押贷款的要求，农民在申请农房抵押贷款时，需提供的必备资料有 9 项，在抵押登记时，需农户提供抵押物使用状况及《房地产权证》或《房屋所有权证》《集体土地使用证》等具有法律效力的权属证明文件。虽然重庆市农房确权颁证工作起步较早，覆盖范围广，但是在实际抵押登记过程中，存在着颁证确权面积低于实际面积、产权归属主体不明确、两证不齐全等问题，在一定程度上对农房抵押登记工作带来了困难，从而制约了农房抵押贷款的进程。

（二）原因分析

1. 政策层面分析

农房抵押是着力解决农民融资困难，发挥农村房屋产权和宅基地使用权等权利的财产性价值的有效途径。按现行法的规定，农村村民的房屋可以作

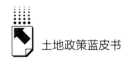

为抵押权的标的，依据"地随房走"的原则，则宅基地使用权也要同时抵押，但目前我国《土地管理法》《物权法》《担保法》等法律明确规定宅基地使用权不能抵押，农村居民只享有使用权没有处分宅基地的权利，这样就造成了法律上对农房抵押有很大的限制，甚至造成农房抵押无效。由于法律的这种直接约束，农房抵押融资的推进遇到了非常大的障碍，涉及农房抵押贷款业务的相关部门或金融机构多会暂停该项业务，使农房抵押融资的推进阻滞不前，这也是金融机构顾虑多的主要原因。

2. 市场层面分析

长期以来，农村房屋没有进行有效的流转和买卖，其价值没有得到很好的体现，农房价值的评价仍缺少经验和评估标准，完善的农房交易管理制度和公开的农房流转市场还未建立。目前的农房流转市场缺乏规范性，基本上处于隐性、自发、无序的状态。农房的价值能否得到正确评估，是影响贷款以及贷款额度的重要因素。因此市场机制的缺失，定价机制的不成熟等也是难以满足农户发展资金需求和价值评估不易界定的主要原因。

3. 技术层面分析

技术层面上遇到的阻碍主要体现在农房处置变现困难的问题，其中主要涉及银行与抵押人（农户）之间的关系。目前广泛存在着以下现象：信用缺失，有些农户在抵押获得贷款后，长期拖债被判为败诉后，仍然拒不交出抵押房屋，导致最终无法处置，银行贷款无法收回；宗族因素影响，农户在其居住乡村中亲戚朋友一般较多，处分欠债农民的房屋时，本村村民往往不愿意购买，即便想购买也会受到干扰；司法执行遇阻，农房和宅基地使用权是农民安身立命的基本生活保障，出于农村社会稳定等原因，偏向维护农民利益，司法执行上消极作为，致使银行无法收回贷款，同时也助长了个别村民逃债的不良风气。由于存在上述现象，银行等金融机构在农房抵押中往往可能承担了很大的风险，因此导致了银行在进行农房抵押融资的时候存在较大顾虑，进行农房抵押贷款的积极性不强，阻碍农房抵押融资的推进。

4.管理层面分析

从管理层面的角度出发，对农地抵押融资存在的问题进行分析，主要体现在：一方面根据我国农村的特点，大多数农户经营模式主要为养殖业、种植业、小型加工厂、家庭手工作坊等，该类型的项目普遍规模比较小，科技含量较低，无稳定的销售渠道，受市场的波动较大。同时，农户无论从产业的定位、规划、理念等方面都缺乏科学的谋划，加之农户自身管理能力有限，相关管理部门的指导有限，其经营的项目往往承受着巨大的风险，若农户贷款后没有取得其期望的效益，将会降低农户对贷款的需求。另一方面，基于农村房屋确权成果的农村房屋抵押融资信息平台尚未建立，平台的信息功能还未体现，银行在进行贷款时无法核实拟抵押房屋是否已经抵押，无法从源头来避免一房多抵的风险。

综上，按照房地一体的原则，重庆市在农房抵押方面存在的问题亦可能是今后开展宅基地使用权抵押融资过程中可能面临的障碍性因素。在未来宅基地使用权抵押融资推进政策顶层设计过程中，要充分注意以上问题的处理，以问题为导向，确保政策顶层设计切实有效。

三　对策与建议

今后宅基地使用权抵押政策的实施有助于提高农户的收入水平，拓宽农户收入渠道，有利于推进"缩小城乡差距，实现共同富裕"。解决影响农村宅基地使用权抵押融资的问题，进一步提升市场规模和效率，不能仅仅采取"头痛医头"、"缺啥补啥"的措施，而应当借鉴"中西医结合"的思路，在宏观层面改进顶层设计，在微观层面采取激励约束手段，发挥政府和市场的作用。

（一）完善立法提供法律保障

现实中推行宅基地使用抵押贷款遇到的最大瓶颈便是立法的禁止，为了更加有效的推进宅基地使用权抵押贷款，从立法角度出发，首先要赋予

集体土地完整的财产权，应当具有抵押、继承、交易、入股、出租等完成的物权。其次，对于农村宅基地使用权不能抵押的规定，如《担保法》、《土地管理法》及《物权法》等，可适当进行调整，赋予宅基地使用权合法抵押的外衣。最后，对于宅基地使用权流转受限的障碍，从受让主体、范围、使用期限等方面加强研究，为全面推进宅基地使用权抵押融资工作打好基础。

（二）完善风险补偿机制的建设

针对银行慎贷、惜贷、怕贷、处置变现难等顾虑，进一步健全和完善相应的配套措施。一方面，地方政府应当身先立足，可以出资建立风险补偿基金，如"农村信贷风险代偿基金"，也可以引入担保或保险机构，如"代偿基金 + 银行 + 担保（保险）"风险共担体。当宅基地使用权抵押贷款过程中发生风险时，政府应根据贷款本金的额度承诺按一定的比例代偿基金对银行进行一定的补偿，降低银行贷款的风险。同时，农户因市场波动、自然风险及其他客观因素受到损失时，应当在对受损农户进行补偿。另一方面，为了切实保护金融机构的利益，使农村宅基地使用地抵押工作落到实处，应结合实际，制定较为详细的风险防控、风险补偿、变现处置等办法，引导农业资产收购、处置等市场主体的建设，让金融机构"不畏贷""积极贷""想贷"。

（三）宅基地使用权资产评估体系的建立

根据房地一体的原则，评估二者价值的最佳方式是将房屋与其宅基地使用权一并评估，并综合考虑可能的增值空间及潜在的市场价值等。一方面建议在全市开展农村集体建设用地分等定级和基准地价研究与试点工作。在综合考量土地及土地权益所具有的自然生产条件、经济资产价值等多重功能的基础上，对宅基地使用权的价值进行科学评估，逐步建立健全宅基地使用权的交易服务市场。另一方面出台评估管理、技术规范等有关法律和业务准则，因地制宜地根据各地土地现状，制定本区域的土地使用权价格。在开展宅基地使用权评估工作中，遵循市场交易原则设立一个基准价格，同时从保护农户利益出发，应当设立一个最低保护价格，从而使各方利益皆能兼顾。最后，希望政府积极引导建立中介机构，拓宽中介机构的服务领域，培养专业评估队伍，今后在宅基地使用权价值具体评估过程中，可以对照评估标准，按照农房及宅基地的地理位置、交通条件、面积、结构、材料等，准确评估抵押房地的价值，为农户提供真实可信的价值信息，为金融机构确定贷款的额度提供保障。

（四）加大宅基地使用权流转市场的建设

确权登记是开展宅基地使用权抵押贷款融资的一项基础性工作，为了使宅基地使用权流转市场顺利运行。首先，结合全区各镇（街）的分布情况，在各镇（街）或国土所管辖镇（街）范围内，建立土地流转中心机构，主要负责区域范围内宅基地的流转、确权颁证、抵押登记等工作。对于确权颁证，要覆盖所有的区域，核实颁证面积和实际面积的准确性，厘清产权的归属，确保农房及宅基地使用权流转顺畅。其次，对于农村宅基地流转范围的限制，地方政府可以出台相关文件，允许宅基地可以在相邻乡镇或所有乡镇内流转，进一步扩宽宅基地流转的范围，有效盘活农村睡眠的资产。

B.12
广东省闲置土地调查与土地
"剩余价值"探讨

侯学平*

摘　要：　闲置土地大量存在并屡清不绝一直是国土行政管理部门多年
来备受困扰的问题。本文在调查分析广东闲置土地类型、分
布特征及处置成效的基础上，对土地"三资"属性转换与土
地资产、资本价值实现途径进行深入探讨，揭示了闲置土地
的形成原因及处置消化的现实难点，提出闲置土地的产生是
土地资产、资本的可交换性、流通性、增值性受损的结果；
土地的剩余价值是超过土地非农化的经济预期与相同劳动条
件下土地资本增值空间的预期叠加；价值驱动是闲置土地产
生及屡清不绝的一个重要原因，但土地剩余价值可以成为消
化闲置土地的动力；先进技术支撑下的劳动是土地"剩余价
值"实现的重要前提和有效消化闲置土地的重要手段。

关键词：　闲置土地　隐形闲置　土地剩余价值　价值驱动　广东

保障经济发展受制用地缺口约束与大量建设用地闲置现象并存，无疑是
近年来土地管理工作面临的最为尴尬的问题。闲置土地为何产生？如何产生？
为何屡经清理整顿仍然无法杜绝甚至死灰复燃？如何有效解决土地闲置问题，

---

* 侯学平，广东省土地调查规划院总工、广东省土地学会副秘书长，教授级高级工程师，研究
方向为土地调查与评价、土地利用与管理相关理论及政策、土地资源管理宏观形势分析等。

及时、高效、完整地的实现或释放土地价值？已成为行政管理部门多年来备受困扰并一直试图通过完善政策措施予以解决、地方基层不断实践探索力图避免的问题。围绕土地闲置问题的学术研究也逐渐成为土地管理学界的重要课题。

一 广东闲置土地调查

根据土地利用的时效性、目的性，闲置土地有广义与狭义之分。国土资源部53号令《闲置土地处置办法》将土地使用者依法取得土地使用权后，超过用地合同书或划拨决定书约定、规定的期限未动工开发建设或投资开发建设进度不满规定条件的国有建设用地定义为闲置土地，体现了土地利用时效性的要求。但严格意义上讲，未能充分、完整实现土地价值的在用或应用而未用的土地都应纳入闲置土地的范畴，如利用强度未达到国家或地方规定标准的，仍有调整利用空间的在用土地、低效用地、批而未用（供）土地等。本文的调查分析将围绕广义的闲置土地展开。

（一）土地闲置问题由来已久

广东位于祖国南大门，毗连港澳，面向东南亚，华侨众多，对外经济历史悠久。改革开放后，优渥的人文地理条件，中央给予发展经济灵活而优惠的政策支持，奠定了广东社会经济迅猛发展的坚实基础，并大大促进了土地资源的开发利用。特别是20世纪80年代起，随着人口增长、农村经济体制改革深入，各地掀起了开发性生产热潮，非农建设用地大幅增长，1987～1996年的10年间，全省新增建设用地总量达到190143.66公顷。但由于利用方式和手段落后，以及管理制度和法律法规体系建设滞后，乱占滥用耕地、浪费土地现象比较突出，1980～1984年间非农建设占用的耕地就高达13.33万公顷。1992年春邓小平南方视察后，广东进入经济高速发展期，再度掀起用地热潮，"开发区热"、"房地产热"、"圈地热"迅速升温，重复建设、超标用地、盲目圈地、超规模占地现象更加突出，仅1992～1993年，广东建设用地量就达66567.33公顷，其中占用耕地29155.00公顷。土地利

用的失控，不仅造成广东耕地资源的急剧减少，超需求、超能力圈地和粗放式用地，也造成大量低效用地和闲置土地。1998 年金融危机的影响，更是加剧了土地闲置或丢荒现象①。1996 年广东耕地较 1980 年减少 44.64 万公顷（年末数）②。来自国土系统的调查统计数据也显示，1996～2000 年间，广东新增建设用地与耕地减少均超过 12 万公顷。2003 年土地市场秩序治理整顿前，广东重点清理的闲置土地大多来源于这两轮用地热潮。2000 年 3 月 17 日，国土资源部将广东惠州市确定为消化闲置土地联络点，实际上与 90 年代惠州投资过热、房地产泡沫破裂遗留大量烂尾楼、闲置土地不无关系。

　　早在 1986 年，广东就对 1982 年后的全省非农建设用地进行了系统性的检查清理。2011 年正式运行的广东土地市场动态监测与监管系统（下简称"监测系统"）录入在案的闲置土地最早供应可追溯到 1985 年。1993 年 8 月，针对愈演愈烈的土地利用失控态势，6 个检查组赴全省各地开展在建项目、开发区和房地产 3 项用地的清理。1995 年，结合查荒灭荒再次对违法用地、闲置土地和高尔夫球场用地进行清理，当年底即清理出闲置土地 15867 公顷、丢荒地 2.13 万公顷。经过清理消化，1999 年底，仍有闲置土地 8666.61 公顷③。2000 年后，相继开展的土地市场治理整顿、房地产项目专项整治、开发区清理整顿、城镇存量建设用地情况专项调查和四清查、闲置土地专项清理、低效建设用地清查等调查结果均显示，闲置土地始终是广东建设用地中不容忽视的组成部分。根据一份内部分析材料④，2007 年，全省城镇存量建设用地超过 5.5 万公顷，占当年建设用地总量的 3.25%。其中，闲置、空闲约 3 万公顷、批而未供约 1.8 万公顷。另有低效用地约13.3 万公顷，占建设用地总量的 7.5%，其中，"三旧"用地约 2.2 万公顷。2008 年 10 月，专项清理活动再次清理出闲置土地 9700 多宗、约 2.3 万公

①　广东省志编纂委员会：《广东省志（1979～2000）》，资源·环境卷，方志出版社，2014，P38～64。
②　根据《广东农村统计年鉴1978》资料推算。
③　《广东国土资源年鉴（2000）》，广东省地图出版社，2001。
④　广东省土地调查规划院：《广东省低效建设用地潜力分析》，2008。

顷。根据"监测系统"统计数据，截至 2015 年 5 月，全省仍有 340 多宗、近 2000 公顷闲置土地尚未处置。游离于国家界定范围之外的闲置土地也大量存在，包括近 29 万公顷的低效待改造"三旧"用地、6.7 万公顷转而未供和 4 万多公顷批而未用土地①。仅 2014 年当年，转而未供和批而未用土地就过 2 万公顷。

（二）闲置土地区域及结构特征明显

根据"监测系统"统计数据，广东闲置土地分布带有明显的经济发展阶段特征与地域特征，历史闲置土地总量分布与地区生产总值呈现明显的正向相关关系（见表 1），绝大多数分布在经济发达地区。

表 1 区域经济与闲置土地占比情况

单位：%

地　区	GDP 占全省比重	历史闲置地占全省比重	未处置闲置地占全省比重
珠 三 角	79	83.28	57.63
粤　　西	7.8	9.51	31.91
粤　　东	6.9	3.68	2.99
粤北山区	6.3	3.53	7.47

注：GDP 为 2014 年数据。

改革开放初期，在快速摆脱"经济状况和经济发展长期处于贫困恶性循环之中"的理念指导下，广东依靠"三来一补"完成了原始积累，依靠大量土地投入保障了经济的起步与腾飞，但一度乱象丛生的土地利用热潮，埋下了大量土地低效利用乃至闲置丢荒隐患。2000 年后，随着经济发展模式逐步由外延粗放向内涵挖潜转变，闲置土地虽然依然存在，但规模与增长幅度都比 2000 年前有了一定下降。1995 年当年清理出的闲置土地比"监测系统"中历年闲置累计值还多 5000 多公顷。统计数据还显示，全省

---

① "三旧"数据截至 2015 年 6 月；转而未供为 2007～2014 年累计；批而未用截至 2014 年累计剩余。

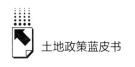

83.28%的闲置土地集中在经济发达的珠三角地区。改革先行地深圳市更是高居全省地级市首位，其闲置宗数与面积甚至超过其他三个区域的12个地市之和。其次是粤西地区，闲置面积占全省比重9.51%。经济水平居全省末位的粤北山区，其闲置土地总量同样居于末位。从尚未处置的闲置土地情况看，居首位的依然是经济水平居首位的珠三角地区。

从区位上看，1985年以来闲置土地总量超过1000公顷的三个地市中，深圳、珠海是我国最早设立的经济特区，为保证城市规划的顺利实施，分别经历过大规模的统转、城市化转地与土地预征。江门市闲置土地的产生则与外部经济环境变化有着密切关系。江门是著名的华侨之乡，外来投资占据社会固定资产投资较大份额，1998年的金融危机，使相当数量的企业因资金链断裂、项目流产而用地闲置。经济形势的变化也直接影响了政府土地开发利用计划，导致土地难以按期"净地"供应。20世纪90年代的开发区热、房地产热也是广东相当数量土地闲置的重要因素。闲置土地总量超过500公顷的7个地市中（表2），广州、湛江是我国第一批经济技术开发区所在地，深圳、珠海、佛山、惠州也在90年代初期设立了国家级开发区。调查资料显示，1997年以前，广东全省有313个县级以上开发区和成片开发区域。2004年开发区清理整顿前，开发区数量达到499个，规划面积近34万公顷，经过整顿，开发区总面积缩减了70%，面积核减量较大的主要是珠三角以外的开发区。

表2　部分地区1985年以来闲置占全省比重

单位：%

行政单位	宗数			面积		
	总量	工矿仓储	住宅	总量	工矿仓储	住宅
广州市	10.2	4.4	2.8	9.2	4.0	3.3
深圳市	26.4	10.1	4.7	30.8	14.3	4.4
珠海市	9.5	5.2	3.6	11.1	6.0	4.4
佛山市	10.1	5.1	4.0	6.6	4.0	2.1
江门市	16.9	11.2	4.5	11.7	9.2	1.8
湛江市	1.4	0.3	0.6	6.7	5.4	0.6
惠州市	8.2	0.7	6.8	9.0	1.3	5.0

存量土地区域分布也体现了经济、自然、区位综合影响的特征。总量上看，全省超过60%的"三旧"用地面积分布在珠三角地区，占所在区域现状建设用地总量的18.26%。其中，核心区中的广州、深圳、佛山、东莞四市就汇集了全省46.36%的"三旧"用地，与其"改革开放试验区和先行地"的历史定位相吻合，是以高投入、低地价、低工资优势实现经济高速增长产业发展模式的直接结果。粤北山区经济长期处于落后状态，自然与区位条件也与其他区域存在一定差距，建设用地总量在四个区域中处于末位，在整体用地水平和方式未有根本性差异的发展过程中，待改造的低效用地数量较少，考虑生态修复因素，粤北可释放建设用地量居区域排名末位。粤东、粤西同样拥有临海优势，但粤东的特区优势、人缘优势（著名侨乡）使其在1980~1998年保持着高于珠三角的利用外资增长率①，但在粗放发展模式作用下遗留下较多的低效建设用地（见表3）。

表3 "三旧"地块区域分布（占全省比重）

单位：%

区 域	"三旧"地块数	总面积	扣除生态修复后
珠 三 角	55.8	13.3	61.5
粤 东	17.7	33.4	15.6
粤 西	9.7	25.9	11.9
粤北山区	16.9	27.3	11.0

闲置土地结构特征同样明显。从分类上看，工矿仓储用地占据较大比重（48.12%），其次是住宅用地，占比28.47%。这同样与90年代兴起的"开发区热"、"房地产热"密切相关。1984年我国设立第一批经济开发区，其宗旨即是划定一定区域，赋予特殊政策，通过吸收外资，形成以高新技术产业为主的现代工业结构，以工业项目为主带动所在区域经济发展。2004年开发区清理整顿时，广东开发区数量减幅达80%，规划面积减幅70%。据

---

① 陈万灵：《粤东、粤西与珠江三角洲经济发展的比较分析》，《南方经济》2000年第3期。

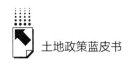

不完全统计，2002~2007 年间，广东有 11 家省级开发区面积核减 1000 公顷以上，粤东一省级开发区 2006 年一次即核减 7400 多公顷。2007 年广东也曾针对房地产项目开展专项清查，房地产闲置量占同期清理出闲置土地的35.14%。房地产热也曾使广州市成为全国闲置土地重灾区之一。根据 2010年国土资源部《有关房地产开发企业土地闲置情况表》，广州被列入"黑名单"的 54 宗闲置土地中 70% 为住宅用地。

存量土地总体上显示出同样的结构特征。按地块类型统计，全省42.0%的"三旧"用地为厂房用地，珠三角地区甚至过半。但也存在区域性差异，粤北山区、粤东地区的旧村庄与粤西地区的旧城镇分别占据所在区域存量用地的主要份额。据粗略统计，开发区疑似闲置土地（供应两年以上未建成用地）也存在同样的结构特征，开发区中疑似闲置土地中约69.4%为工矿仓储用地、18.3%为住宅用地（表4）。

表 4　闲置土地分类占比情况

单位：%

区　　域	闲置宗数				闲置面积				"三旧"用地		
	工矿仓储	商服	住宅	其他	工矿仓储	商服	住宅	其他	旧城镇	旧村庄	旧厂房
珠三角	44.5	7.5	33.6	14.5	48.2	7.3	28.3	16.2	19.0	27.0	54.0
山　区	17.5	10.8	55.8	15.8	22.4	12.6	51.5	13.5	34.8	40.2	25.0
东　翼	51.4	9.0	19.4	20.1	35.9	19.1	30.2	14.8	26.2	46.2	25.8
西　翼	14.1	21.9	52.3	11.7	61.3	7.4	21.0	10.3	43.1	38.0	18.9
全　省	42.3	8.3	34.7	14.7	48.1	7.9	28.5	15.5	24.9	32.9	42.0

注：闲置土地为"监测系统"统计数。

（三）土地隐形闲置难以回避

所谓土地隐性闲置，对于国有土地来说，是指按照现行《闲置土地处置办法》无法认定为闲置土地，但是却长时间处于闲置或空闲状态的土地，或应该认定但未认定的土地，以及绩效低下和虚无性用地。从形式与成因上看主要有六种形式。

一是潜在闲置,如有些开发区设立多年,但仍有相当比重的土地未供应甚至未达到供地条件,有的开发区设立近 20 年,供应土地尚不足总面积的 10%;有些项目用地规模较大,供应了十几年仍未完全建成,虽满足规定已建成比例或投资额度,但实际空闲土地甚至大过多数项目用地面积。粤西一成立 10 多年的省级开发区(面积核减 84.17%)、粤东一成立 23 年的省级开发区(面积核减 63.16%),至今仍有近半土地未开发利用;广州一国家级开发区内的一家企业 2009 年底有超过 33 公顷预留用地(占企业的总面积 21.97%),到 2013 年底时仍有超过 20 公顷未开发利用,相当于近 10 个小型企业用地面积。

二是变相闲置,如企业以预留发展用地名义空置土地,以及道路、停车场用地、堆场用地等占据项目用地较大比例。2009 年时点省级开发区土地集约利用评价调查数据显示,646 个典型企业,预留用地近 590 公顷,占企业用地总面积 12.94%。有 7 家典型企业的预留用地占项目用地比例超过 80%。2013 年底,来自省级开发区及发展方向区的 689 个典型企业中,用于堆场、停车场、绿地、预留发展用地等非生产性用途用地面积超过项目用地面积 50% 的企业个数有 197 家,有 28 家企业超过 70%(其中 12 家超过 80%),最大达到 88.17%。有 253 家企业预留不同规模的发展用地,面积达 400 多公顷。最大的超过 60 公顷,占企业用地总面积 75.7%。还有 130 多家企业的行政办公用地超过国家 7% 的控制标准,其中有两家非织造布、珠宝首饰制造类企业的比例超过 50%。还有一些企业以美化环境的名义留置大片绿地。689 个典型企业的绿地总面积超过 400 公顷,17 家企业绿地率超过 20%,最大达 55.56%。

三是项目用地承载性闲置。由于国内尚未有针对开发区土地利用的统一控制要求与标准,一些开发区用地管理弱化,低密度、低容积率厂房建设比较普遍。2009 年时点开发区土地集约利用评价调查数据显示,扣除异常值,842 家企业中,有 134 家企业用地容积率低于 0.5,最小仅 0.03,104 家企业建筑系数低于 30%。2013 年底,511 家省级开发区的典型企业中,38 家

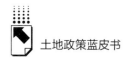

企业用地容积率低于0.5，最小0.2，不到国家控制标准最低值的一半。87家开发区工业用地综合容积率均值0.95、建筑系数均值50.86%，按照开发区发展理想状态测算，仅此两项用地强度潜力即达到5562.15公顷，相当于开发区土地面积的7.97%。

四是灰色闲置，包括未按规定及时认定处置和认定处置后再次闲置两种情况。1999年颁布实施的《闲置土地处置办法》（国土资源部5号令）即规定"超过规定期限满一年的即可认定为闲置土地"。但调查资料显示，一些土地实际闲置长达十年以上仍未予以认定处置；一些闲置土地以限期动工、征收闲置费或延期开工方式处置后，再次处于闲置状态。根据2013年时点开发区土地集约利用调查评价数据，87家开发区项目用地供应两年以上仍未建成的用地面积超过4000公顷。其中，有103宗项目用地在2000年以前供应，最早供应发生在1989年。但各地填报的处置后余下的闲置土地仅300公顷出头。粤东地区一家产业转移园，2013年认定为闲置的17宗项目用地供应年度最早1994年5月，最迟2005年4月。园区内一家印刷公司曾有三次供地、两次闲置土地收回记录。

五是绩效闲置。表现为管理水平与用地水平低下带来的用地产出低下、人均用地过大，土地价值未能充分实现或体现。2013年广东省单位土地生产总值3474.44万元/平方千米，远低于德国、日本、韩国等发达国家，也低于上海市、江苏省、浙江省等兄弟省市（表5）。人均城镇建设用地（140.53平方米）则远高于经济发达国家人均城市建设用地82.4平方米和发展中国家人均用地83.3平方米的水平，表现出粗放扩张用地特征。

表5　2013年部分国家与国内其他地区单位土地产出对照表

单位：万元/平方千米

区　　域	单位土地生产总值产出	区　　域	单位土地生产总值产出
法　　国	3152.77	中国香港特区	165988.84
德　　国	6582.52	上　海　市	34632.07
日　　本	8489.56	江　苏　省	5823.92
韩　　国	8482.69	浙　江　省	3708.89
新　加　坡	268675.86	广　东　省	3474.44

作为区域经济发展的重要增长极，广东开发区工业用地产出也处于低位水平。单从国家级开发区的单位工业用地产出看，地均效益（21717.85万元/公顷）依赖少数绩效较好的开发区拉动高于全国国家级开发区平均水平（12984.94万元/公顷），但实际上，开发区间效益差距显著，极差系数高达3313.32%[①]。综合考虑省级开发区，87个开发区单位工业用地产出仅为6225.01万元/公顷，超过50%的开发区地均工业产值低于2000万元/公顷。最低仅7.63万元/公顷（均为2011年12月底数）。相比国外开发区每公顷动辄上千万美元的地均收益（如新加坡1650万美元/公顷，日本1188万美元/公顷，英国1179万美元/公顷），存在较大差距。2013年底，扣除不可建设用地，广东开发区地均产出也仅4900多万元/公顷，整体用地绩效存在较大的提升空间。

六是指标性闲置，表现为"批而未用""转而未供"，账目上属于建设用地但实际未予落地的虚无用地。2009~2014年间，全省批而未用土地年均超9000公顷。截至2014年底，仍有4万多公顷土地"批而未用"。2007~2014年，全省农转征项目完成供地率平均63.55%，年均转而未供8000多公顷。2014年，全省完成供地项目的农转用仅占农转征总量的12.59%，有17个地市供地率低于20%。

（四）集体建设用地闲置不容忽视

由于土地管理制度的缺陷，集体建设用地闲置一直是建设用地管理政策体系的盲区，国土资源部53号令的适用对象也仅圈定了国有建设用地。实际上，由于缺规划、少规范及管理缺位、滞后，农村集体建设用地粗放、浪费现象相比国有建设用地有过之无不及。20世纪90年代，随着生活水平改善，农村迎来建房高潮，农村建房用地成为非农建设用地的重要组成部分。1987~1996年10年间，集体新增建设用地46735.81公顷，占新增建设用地

---

① 侯学平：《土地节约集约利用理论与实践》中国大地出版社，2014，第91页。

总量的 24.6%，农村个人建房新增建设用地 10389.74 万公顷，占 5.5%[①]。"八五"期间，广东集体建设用地总量占同期非农建设用地比重达 19.4%，东莞、南海等部分地区则超过 50%。2000 年，农村居民点用地占建设用地比重达到 25.94%。其后，广东农村建设用地占建设用地比重一直保持一定的增长幅度，2014 年村庄用地占现状建设用地比重已达 41.29%。但违规占地建房、超标准建房、一户多宅，以及建新房不交回旧宅基地、旧村变成空心村等现象比较突出，乡办企业等非农建设用地空置在不同区域也不同形式地存在。

1997 年，广东曾对 10 个镇、131 个行政村、1151 个自然村的农村居民点建设情况进行抽样调查。结果表明，不仅农村人均建设用地较高，用地粗放及空闲现象也不同程度存在。农村人均建设用地达到 107 平方米，户均拥有宅基地 2.2 宗，人均宅基地 26.9 平方米（最高 47.1 平方米）。从非经营性用地占村庄建设用地面积比例看，集体建设用地价值实现的程度随经济发达程度递增。工商业欠发达地区的道路用地、村内空闲地和生活附属设施用地占据村庄建设用地较大比例（74.8%），平均一个镇就有 213.33 公顷的空闲地和生活附属设施用地[②]，用地价值潜在空间最大（表6）。2003 年对 1997 年 4 月 15 日至 2002 年 8 月 31 日私人违法占地情况的全面清查结果显示，全省私人违法占地建房 28.2 万多户，占地 3480 万平方米，户均 123 平方米。2008 年，对东莞、增城、清新、揭东四个市、县的调查显示，农村居民点人均用地已达 116.7 平方米。而粤中、粤东、粤北不同类型的 15 个村庄的调查结果则显示，人均居民点用地高达 290.39 平方米，户均 1.6 宗宅基地，每宗宅基地约占地 105 平方米。村内空闲地、闲置宅基地、空置住宅地、超标准占地、一户多宅占地近 90 公顷，占居民点实际用地总面积的 11.52%；闲置、空置、超标准、一户多宅的宅基地宗数占宅基地总宗数的 31.56%。另有空心村 1 个，空置土地面积近 8 公顷[③]（表7）。

---

① 广东省志编纂委员会：《广东省志（1979~2000）》资源·环境卷，方志出版社，2014。
② 《广东省志 1979~2000》，资源·环境卷，方志出版社，2014。
③ 广东省国土资源厅：《关于农村宅基地管理情况报告》，2008。

2013 年对粤北一地级市的问卷调查结果同样显示出,农村集体建设用地低效、闲置问题不容忽视。据统计,该市闲置超过 3 个月以上的宅基地达到 3.3 万多宗、323.01 公顷,占宅基地宗数的 3.07%。其中,因村民转为城市居民永久居留造成的宅基地闲置就有 7700 多宗、87.6 公顷。"一户两宅及以上"的户数约 2.15 万户,占农村总户数的 2.35%。另据不完全统计,超 80 平方米标准的宗数 4851 宗、面积 45.3 公顷;超 120 平方米标准的宗数约 1.9 万宗、面积 238.1 公顷;超 150 平方米标准的 695 宗、11.04 公顷。

表 6　集体建设用地区域分布特征

单位:%

类型	工商业发达地区	城乡结合部	工商业欠发达地区
道路用地占村庄建设用地面积比例	35.6	22.7	11.3
村内空闲地和生活附属设施用地占比	13.7	27.4	63.5

表 7　2013 年粤北一地级市农村宅基地情况

名称	空闲地	闲置宅基地	空置住宅	一户多宅	超标准占地	空心村
宗数		305	873	1201	1587	1
面积(亩)	823.6	69.07	66.6	172	213.3	117.8

注:调查统计基数为 7907 户、12568 宗宅基地。

农村集体建设用地同样存在类似于国有建设用地隐形闲置的问题,如完成农转用手续后未真正开发利用。由于早期多为毛地供应,1999 年底的 8600 多公顷闲置土地中,61.54% 的具备耕种条件,被以复耕方式处置。2003 年、2004 年的开发区清理整顿中,以复垦方式处置面积超过 6000 公顷。2006 年底累计处置的 1 万多公顷闲置土地中,也有 743 宗、近 2000 公顷土地以退耕还林方式处置。此外,低密度、低容积率建房、建厂也较为普遍,全省"三旧"改造标图库中,集体土地地块占据加大比重(占比 55.8%),仅旧村庄面积就有 11.20 万公顷,占"三旧"总面积 39.0%。

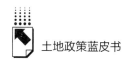

（五）处置措施多样但闲置屡清不绝

自 1996 年起，闲置土地清查处置就成为广东建设用地管理的常态性工作，处置方式日趋多样（表8），但处置方式的选择因素除了闲置原因外，与所处经济发展阶段（地价水平）也有着密切关系。

表8　全省闲置土地处置情况（占比）

单位：%

处置方式	宗数	面积（公顷）
安排临时使用	1.68	1.41
收回土地(无偿、有偿、重新出让及部分收回)	31.34	40.86
改变用途,完善手续继续开发建设	0.54	0.74
等价异地置换	1.14	2.15
收取闲置费	11.3	5.74
延长开发建设时间、责令限期开工	54.0	49.1

注：截至 2011 年底，其中一宗未明确原因不列入总计。

"收回土地"处置方式在 2000 年前后比较普遍，根据闲置原因的不同，又有无偿收回、有偿收回、协议主动退回之分。"监测系统"中以此方式处置的闲置宗数占比 31.2%。广州仅 1997～2000 年间就分十二批收回和注销闲置土地和过期未用地 463 宗、1070 万平方米。深圳市对于原发红线图、方案图超过半年仍未办理有关手续的，一律予以作废。申办红线、方案延期的用地单位，要一次性付清全部地价款后，才准留用，否则予以收回。2000年，即依法解除合同收回土地 8 宗、892 公顷；废止用地方案图收回土地 7宗、472 公顷。但随着房地产价格飙升，巨大的增值空间使得该处置方式较难实行。

"延期动工或限期动工"是近年来闲置土地处置最常见的方式，处置宗数与面积均占首位。2011 年"监测系统"录入的 2026 宗闲置土地中，以延期动工和限期动工方式处置的宗数占了 54%。广东开发区中土地闲置多数采取这种处置方式。佛山顺德区 2009 年以来处置的 113 宗闲置土地中，有

52 宗、约 182 公顷闲置土地即采取限期开发处置方式。这种处置方式多针对规划调整等政府原因造成的土地闲置。但"土地财政"的客观存在也使"政府原因"很多时候成了企业闲置土地的挡箭牌，从而导致处置后再次闲置。

"征收闲置费"是最早实行的闲置土地处置措施。国土资源部 5 号令实施前，广东是根据《广东省政府关于加强非农业建设闲置土地管理的通知》（粤府〔1998〕72 号）精神，按闲置土地用途实行不超过地价 5% ~ 15% 的差别化标准征收土地闲置费。国土资源部 53 号令实施后，征收对象由 5 号令圈定的企业原因导致的房地产开发项目闲置土地扩大到企业原因导致的各用途闲置土地，标准则维持 5 号令出让金 20% 的规定。湛江 1999 年清理闲置土地中即收取闲置费 45.8 万元。但在近年来的实践中，征收闲置费通常是与限期动工措施结合使用的。佛山顺德区 2009 年以来处置企业原因闲置的 53 宗土地，均采取收取闲置费后限期开发的处置方式，收取闲置费 3000 多万元。

"调整用途或规则条件"方式只针对政府原因的闲置。用途调整多基于"扶强扶优"和"以用为先"原则。如佛山南海里水镇 1999 年将位于沙涌收费站口旁已种上桉树的 36.8 公顷闲置地，调整建设了沙步工业区。

"安排临时用地"缘于原项目暂时不具备开发建设条件，由政府安排其他临时用途。1999 年，惠州市对无法建设的统征地，统一安排临时用地，办起了汽车展销市场、建材批发市场、机动车维修厂等。2009 年以来顺德处置的闲置土地中也有 3 宗采用安排临时用地方式。

此外，还有异地置换、政府托管等针对政府原因闲置的处置方式，复耕、退耕还林也曾是广东早期闲置土地处置方式。"三旧改造"完成情况、土地批后征地率、征后供地率与年度土地利用计划指标分配、土地节约集约利用考核挂钩等措施则是针对广义闲置土地的处置策略。

近年来，广东对于闲置地的处置逐步从清理消化历史闲置地为主转为提高清理效率与预防新增规模并重。各地纷纷出台闲置土地处置细则，实行已供建设用地台账管理，加强闲置地处置全覆盖与批后监管体系的信息化建设。东莞松山湖高新产业园区对具备动工开发条件的闲置土地明确监管期限，过期不动工或动工不达建设标准的，将实行无偿收回。顺德出台《闲置土地处置工作指引》，建立闲置土地公示和抄送制度。每月定期将相关信息抄送金融监管部门和区公共资源交易中心，将自身原因导致闲置的土地权属人纳入诚信黑名单，限制其参加土地竞买活动。深圳市出台《深圳市关于贯彻执行〈闲置土地处置办法〉的实施意见》，下放除无偿收回土地使用权以外的闲置土地处置方案审批权限。并启动《土地利用监测及闲置土地处置管理系统建设》项目研究，以期借助信息化手段实现闲置土地处置全过程监管。

系列处置措施的实施曾使一度失控的房地产用地、开发区用地得到有效控制，也使全省土地集约利用水平有了一定提高。但调查资料显示，无论是广义的现状土地，还是狭义的闲置土地，都仍占据着建设用地总量的一定份额。闲置土地屡清不绝更是用地管理长期痛点。

据不完全统计，1996～2013 年间，广东曾以各种方式处置闲置土地 8 万多公顷，其中过半得到盘活利用，收回土地 1.3 万多公顷。但截至 2015 年 6 月，"监测系统"中尚未处置的闲置土地仍有近 2000 公顷。广州 2000 年前后，曾多批次收回闲置土地和批而未用土地 1 万多公顷，2015 年中期仍有近 80 公顷闲置土地尚未处置。深圳 2000 年曾收回闲置土地 1364 公顷，但 2006～2014 年 12 月底批准闲置土地处置方案涉及的面积仍超过 2000 公顷，也有约 265 公顷闲置土地时至 2015 年尚未处置。

闲置土地清理与新增并存是广东闲置土地的一个显著特征，也是闲置土地屡清不绝的一个重要原因。广东 1996～1999 年间相继消化利用闲置土地 12600 公顷，与 1995 年底清理出的闲置总量相比，1999 年底遗留的闲置土地明显有 5000 多公顷是新增和以往清理遗漏。延期动工或限期动工、征收闲置费等方式处置后，土地仍不按期动工，也是闲置土地屡清不绝的重要因素。一份地方针对 2014 年国土专项审计问题提交的整改方案请示中就明确表示"2006 年通过缴纳闲置费方式处置的闲置土地，处置后至今仍有不少地块未开发利用，闲置问题依然存在，且还有一部分漏报瞒报的闲置宗地；

同时，经过近 10 年的发展，全市又形成了一批闲置土地"。2009～2014 年间，全省批而未用建设用地年平均 9000 多公顷，经过清理整顿，2014 年积累的批而未用量仍比 2010 年增加 79.15%。2007～2014 年间，转而未供土地年均 8000 多公顷，2014 年更创历年供地率最低。"三旧"地块面积也在 2011～2015 年 6 月间增加约 1.8 万公顷。

二 土地价值与"剩余价值"

（一）土地价值与闲置土地成因

1. 土地的价值属性

土地资源作为生产资料或生活资料的天然来源，其价值属性通过土地资产属性与资本属性体现和实现，并使土地成为经济活动中资产和资本的基础。

土地是一种不可再生的资源，是人类赖以生存与发展不可替代的物质基础和来源。数量的有限性和用途的多宜性，使土地流向各种可被选择的用途，在各种用途上发挥资源利用的效率、实现资源的价值，成为资源占有者可以保值增值的资产。并在人类需求多样性、增长性和区位差异性的作用下，在流通中（租赁、买卖、转让）为所有者带来预期收益（产生增值），成为牟取利益的凭借，实现土地的资本效能。在市场经济条件下，土地资本也成为一种特殊商品，与土地资源密不可分，但"土地资本商品的价值具有固定性与累积性"[①]。

相比土地资源的养育与承载等功能，土地的资产功能是指土地可以作为财产或财产权利使用，土地资产能带来收益，并具有可交换性，能使土地所有者或使用者通过流通获取收益。而"作为资本的土地带来的

[①] 葛扬：《转型期我国房地产经济虚拟性研究——马克思土地资本化理论的视觉》，人民出版社，2013，第 48 页。

收入不是地租而是利息和经营利润"①、土地资本商品价值"是由土地资本所带来的利息性地租的资本化"②，则表明土地的资本功能体现在流动性和增值性上。"土地资本是人类在开发、利用土地过程中所投入的物化劳动和活劳动，其功能在于改善土地质量，提高土地的产出率或变更土地的用途，实现土地资源的优化利用"③，"土地资本价值具有自身的价值基础，其价值在地产使用过程中被土地使用者投入的劳动转移到土地产品或建筑物上④"。

2.闲置土地成因

总体而言，闲置土地原生于客观，继发于主观，与土地的价值属性密切相关。闲置土地的最初产生是粗放式发展观的产物，是土地政策、用地导向、管理机制、经济形势共同作用下土地资产的可交换性、流通性受损的结果。根据闲置地产生过程中作用主体的不同，通常划分为政府原因闲置和企业原因闲置两种类型。"监测系统"统计数据显示，广东因政府原因造成的土地闲置占据较大比重（宗数、面积分别占比68.61%、75.61%）。

政府原因多以规划调整为主。近年来，广东城市化进程加快，部分地区规划编制的滞后，以及城市发展转型定位变化带来的已出让用地规划功能的调整，都会影响区域内土地开发建设进度。如广州，部分已完善出让手续但未及时开发的土地按现行土地利用总体规划变更为非建设用地，不再具备动工开发的条件。

供地政策及模式不健全、土地纠纷也是导致一些土地闲置的重要原因。早期土地以"毛地"出让较多，极易受周边市政配套设施滞后影响而闲置；

① 马克思:《政治经济学的形而上学·土地所有权或地租》，载《马克思恩格斯选集》第1卷，第153页。
② 葛扬:《转型期我国房地产经济虚拟性研究——马克思土地资本化理论的视觉》，人民出版社，2013，第48页。
③ 葛扬:《转型期我国房地产经济虚拟性研究——马克思土地资本化理论的视觉》，人民出版社，2013，第6页。
④ 葛扬:《转型期我国房地产经济虚拟性研究——马克思土地资本化理论的视觉》，人民出版社，2013，第49页。

征转地补偿协议纠纷、法院司法查封，在未有定论前，用地单位投资开发土地的意愿不强，土地开发建设进度难免受到影响。2009～2013年期间，广州有58.56公顷住宅、商业和工业用地因征地遗留问题、权属争议、出让后未及时交地及市政建设影响等影响无法及时开发。

企业原因闲置多以企业资金紧张和债务纠纷所致。部分企业在取得土地使用权后，因资金运转困难而暂停对土地的开发建设，造成土地闲置。这一现象在2008年全球金融危机过程中较为突出。部分企业在土地开发建设过程中因建设工程纠纷或债务纠纷导致土地开发建设停止或土地使用权被抵债转移，造成土地闲置。还有一些早期协议出让按项目供应的工业用地，因不符合现行的产业发展导向，需要转型升级导致不能及时消化。顺德2009年以来处置的113宗闲置土地中，有55宗属于企业自身原因导致。

相比原发性土地闲置的客观无奈，对土地资产潜在增值空间的追逐是土地继发性闲置的最大推动力，也是闲置土地屡清不绝的根本原因。而原有闲置土地巨大增值收益的示范效应也导致新的闲置土地不断出现。最为典型的即是恶意囤地后闲置。土地闲置无形中成为土地价值增值与积累的一种手段。

在现代经济社会中，支撑土地利用活动的投入不仅能提高土地的产出水平，增加土地收益，还能像增长极一样带动周边土地资产价值与区位价值的拉高，成为固定在土地上的资本，一旦流通发生即为土地占有者攫取，成为其增加地租或提高地价的条件。因此，一些地块虽然闲置多年未有任何开发利用，土地资产价值却能成倍增长。2010年，广州有54宗闲置地被国土资源部列入"黑名单"，其中珠江新城L2地块因法律纠纷烂尾8年后再闲置4年。按照原规划建筑面积计算，楼面地价仅为1356元/平方米，但2010年珠江新城地王价格已达15324元/平方米，以此计算，该地块土地增值接近11倍，开发商尚未动工已获利约11.2亿元；位于白云区石井镇横沙村西北侧地段的金沙洲地块，总用地面积26505平方米，闲置近5年，即使按金沙洲2010年较为保守的地价水平计算，一块原1000万元出头的土地，开发商

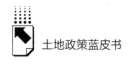
坐等升值便获利超 2.4 亿元，地价升值接近 21 倍①。

与狭义的闲置土地相比，土地批而未供隐性闲置的产生基本由政府原因引起，并受经济、市场、用地者及利益相关方多种因素共同影响。如征地拆迁未落实、项目未落实、土地流拍、城市规划未落实或规划调整、国家楼堂馆所政策管制等。2014 年，顺德区因房屋拆迁未完成、配套设施不完善导致的批而未供土地占未供土地的 21.4%；因缺少用地项目未供的土地占未供土地的 29.22%。批供间程序复杂、耗时长以及供需关系变化带来的体制性供应滞后、市场消化滞后也是批而未供的主要因素。

在社会主义市场经济条件下，农用地征用补偿费、土地开发及二次开发费、乡村集体或个人用于开发和改造农业用地的土地投资，都是土地资本商品的表现形式（葛杨）。"一般而言，土地资本商品价值的实现，是在国家相关职能机构的主导下，采取租金、价格的形式通过市场机制实现的"②。批而未供（用）、转而未供土地等暂不产生效益、不具备可交换性，缺乏向资产、资本转换的基本条件。但隐形闲置土地的价值潜存于所处经济环境、市场环境发展演变带来的价值增值空间。

（二）土地价值属性转换

1. 土地价值属性转换

土地资产是具有经济价值的土地资源，"土地从资源转化为资产，是相对于人类需求土地出现稀缺而占有土地，并把土地视为财产时发生的。"③，需求的增长性与土地资源的不可增长性导致土地资源的稀缺现象，从而使土地被一部分人当作财产（或财产权）占有。土地因其有用性成为使用价值，因与其他使用价值的可交换性成为交换价值，土地作为商品进入市场后，通

---

① 根据 http：//baike. baidu. com/link？url = FC2T－WpDHKGzCyVH6S7AP＿KMJGsUxKLbYMQg1－q6Rf2fAURflaBBh＿ItBkkHwArnqXMMlpqllXBzy2zdgY＿DS 整理。

② 葛杨：《转型期我国房地产经济虚拟性研究——马克思土地资本化理论的视觉》，人民出版社，2013，第49页。

③ http：//wiki. mbalib. com/wiki/土地资本。

过地租资本化具有价格,实现和显化其使用价值与交换价值,完成土地由资源单一属性向资源、资产双重属性的转变。

土地成为资产奠定了土地资本经营的基础,土地有偿使用制度的建立则搭建了土地资本运作的平台。土地资产转化为资本的过程是土地进入市场流通,完成土地使用权及衍生的他项权力交易获取资产增值的过程,土地资本是以实现利润最大化为目的开始形成的。资本形成的目的性也成为用途调整、用地结构优化和效益提高等存量盘活、集约用地的驱动力。存量土地在持有期内伴随着某些物量或价值的变化连续增加的结果使得存量土地具备资产与资本特征,从而使得持续多年的土地增量保障经济模式转向土地存量补充保障经济模式成为可能。

2. 土地价值属性转换途径

土地非农化与土地市场建立是土地价值转换必不可少的两个途径。人类生活、生产、享受的需求使得土地在承担养育功能的同时,担负起承载功能、美学功能等,从而部分土地资源的用途从农用转向建设。土地非农化为资源向资产、资本转换提供了基本前提,土地市场建立则为追求资本效益最大化奠定了基础。

1996~2013 年间,广东建设用地面积年均增加近 3 万公顷,农用地年均减少约 0.9 万公顷、耕地年均减少 3.7 万多公顷。2012 年前的 16 年间,直接由耕地和园地转为城镇、工业仓储、商服等各类建设用地的面积年均超过 8500 公顷和 5000 公顷。相比地均农地资源产出 2.11 万元/公顷的价值体现,地均产出 336.53 万元/公顷的建设用地实现了更高的资产价值。土地资源非农化开发利用为广东经济高速发展提供巨大支撑,并使资源禀赋不具优势的土地资源稀缺性益发严重的同时,非农化带来的巨大价值增值空间,也导致了资源向资产、资本转换的巨大推动力。超需求、超规模、超标准占地,甚至恶性圈地油然而生,埋下大量闲置土地衍生的隐患。

土地流通是土地资本形成并获取价值增值的基本途径。公有制是我国土地制度的基本特征。1987 年以前,土地资源的利用一直是无偿、无限期、无流动,呈现出绝对单一的自然资源属性。《中华人民共和国宪法》《中华人民共和国土地管理法》对土地管理的表述也表现为纯粹的资源管理。土地资产特征被湮没，资本形成更缺乏应有的基础条件。土地有偿使用制度的建立，打通了土地资源向资产、资本转换的途径。土地作为特殊商品进入市场，使土地体现固有使用价值、显化应有交换价值成为可能，也使土地使用权经过物化劳动获取盈利成为可能。市场主体利用市场法则，通过土地资本运作，实现土地资源配置和资本增值。法则的完备性、运作的技巧性，不仅决定了资源配置优化程度，也决定了资本增值空间的大小，并对土地存量补充保障经济模式绩效产生较大影响。闲置土地分布的相对集中实际上是区域间土地资产价值差对资源配置影响的结果。2014 年第四季度，广东 8 个国家级地价监测城市监测结果显示，集中了全省八成以上闲置土地的珠三角，其 6 个监测城市的平均地价明显高于粤东、粤西监测城市地价水平。其中，商业用地地价，珠三角高于粤东 123.91%、高于粤西 197.9%；居住用地地价，珠三角高于粤东 290.9%、高于粤西 677.73%；工业用地地价，珠三角高于粤东 30.05%、高于粤西 147.87%。

土地用途转换也是资源属性转换的一种推动力。土地的资源属性与资产、资本属性凭借市场经济而融合，并借助于土地资本在不同区域、不同市场间的流通来完成土地资源与资产的合理配置与使用。土地用途管制制度的实施，促使土地使用权转让市场的发育成熟，通过交易实现丰缺调剂、用途调整，进而实现用地结构优化和效益提高，完成土地资本利润最大化运作过程。但土地不同用途间的资产价值差不仅使通过用途调整获取更高价值增值成为可能，也使"规划调整"成为土地闲置最常见的"政府原因"。2014年第四季度，广州商业用地地价高于工业用地地价 3934.79%，深圳商业用地地价高于工业用地地价 1057.08%，与工业用地类闲置占据绝对多数、商业用地闲置最少形成鲜明对应关系。

（三）土地剩余价值

1. 土地剩余价值形成

本文所论土地"剩余价值"包括两重含义：一是相对土地非农化的经

济预期实现度；二是相同劳动条件下，土地资本增值空间的可预期实现量。

土地作为一种特殊商品，同样是"一个靠自己的属性来满足人的某种需要的物①"，并因其的有用性成为使用价值，在使用或消费中得到实现，因可与另一种使用价值相交换而成为交换价值。从形式上看，在用土地是一种价值被表现的商品，闲置土地则成为一种待表现价值的商品。

因为"交换价值首先表现为一种使用价值同另一种使用价值相交换的量的关系或比例，这个比例随着时间和地点的不同而不断改变"②，用途调整成为土地闲置的一个原因，也是通过调整可使土地增值的原因。

正如马克思所言，商品买卖的本身并非因使用价值而发生，土地流通的发生缘于土地所承担的交换价值。土地受买方不仅要拥有土地（使用价值），还要生产新的使用价值（如房屋、工业产品），更要通过土地获取价值增值和剩余价值。

"价值增值过程不外是超过一定点而延长了价值形成过程。如果价值形成过程只持续到这样一点，及资本所支付的劳动力价值恰好为新的等价物所补偿，那就是单纯的价值形成过程。如果价值形成过程超过这一点而持续下去，那就成为价值增值过程"③。马克思的劳动价值论认为剩余价值来源于劳动在量上的剩余，是补偿劳动力价值后的结余。但"科学技术是第一生产力"，在市场经济中，施加于土地的物化劳动，伴随着土地的属性转换（非农化）、用途转换会带来土地的价值增值，土地开发利用技术与管理水平的提升同样会带来土地被利用后的价值增值。如果说"劳动力成为商品是剩余价值生产的前提，剩余价值的生产过程就是劳动过程与价值增值过程的统一"④。那么，同等劳动条件下，先进技术的应用将创造更多量的剩余，补偿劳动总成本后的结余成为土地的"剩余价值"。借助流通市场，土地这

---

① 马克思：《资本论》第一卷，人民出版社 2004 年 1 月第 2 版，第 47 页。

② 马克思：《资本论》第一卷，人民出版社 2004 年 1 月第 2 版，第 49 页。

③ 马克思：《资本论》第一卷，人民出版社 2004 年 1 月第 2 版，第 227 页。

④ 《剩余价值理论的理解》，http：//wenku.baidu.com/link？url＝NGQBL－37nQRYjbv＿6＿Kw0YeAcucTDC2－cgu3oEDId2G1DxkA2y9WSCH10x69jfPDnlUO＿Lm6QO280hN0aRsqyT7BJze－UImsP9DdRjYXKjy。

一生产资本也转化为有剩余价值产生的商品资本。

马克思的剩余价值理论强调了价值的生产主体在剩余价值产生过程中的作用，作为价值生产的客体，土地在剩余价值的生产过程中同样极为重要。因为，土地的资源属性使其成为剩余价值生产的最根本基础；资本属性则使其资产属性在发挥经济载体作用中的价值得以实现、剩余价值得以产生。

狭义闲置土地创造剩余价值的可能性来源于施加于其本身的更多技术含量的物化劳动和环境价值提升对其的辐射，隐形闲置土地创造剩余价值的可能性则更多来源于土地管理与利用中技术创新的驱动。所说技术包括了多种形式体现，有对土地管理行政行为、用地行为产生影响的软科学技术（如施政理念、管理模式和用地模式等方面的理论方法、技术思路与方法），也有对用地绩效（效率、产出、增值）直接发挥促进作用的实用技术手段或工具。如前文所述，对比开发区发展理想状态，通过技术水平提升现状利用强度即可创造相当于7.97%开发区土地面积的使用价值。

2. 闲置土地处置现实难点

闲置地处置难点表现在原因认定与措施可操作性两个方面。

一是闲置原因认定难，影响处置方式选择。调查发现，一些闲置土地成因复杂，政府因素、自身因素同时存在，难以明确界定。对既有政府原因、又有企业自身原因的闲置土地如何处置，国家相关规定也未有相关指引，实践中难以把握。

从超期开工等违约责任看，房地产经营性用地从签订《土地使用权出让合同》到取得《施工许可证》，平均需时约14～18个月；工业用地项目则需约10～13个月。一些新兴特殊产业或重大项目报建程序环节增多，需要分期立项、产业规划审核的，甚至需要24个月左右时间[①]。造成用地单位刚刚具备动工法定条件就已超或即将超过规定动工期限，究竟是属政府原因还是用地单位自身原因很难区分。出让合同规定的固定资产总投资、投资强度和开发投资总额要求，以及建筑容积率、建筑密度最低标准要求等要求，分属

① 根据东莞调研点资料整理。

发改局、规划、住建等多个部门职能范围，单凭国土一个部门难以监管认定。

二是处置措施可操作性差，导致执行难。国土资源部 53 号令对由政府原因造成的土地闲置规定了多种处置方案，并明确处置方式由政府与企业双方协商确定，但对于协商不成如何处置没有规定，导致现实操作过程中存在协商不成无法处置的情况。除限期开工方式外，其他的处置方式因缺乏具体的适用条件，可操作性不强，特别是无偿收回闲置土地操作难度较大。建设用地使用权属于土地使用权人的合法物权，随着土地市场的发展，土地资产的显化、地价越来越高，支付出让金获取的土地使用权由国家无偿收回，实际上也形成了对使用权人的财产增值的剥夺。虽然出让合同已有约定，但因与《宪法》和《物权法》的财产权、物权保障法理存在偏差，容易引发纠纷，实践中难以操作。

闲置土地处置也隐含着一定的社会风险。在政府原因、企业原因并存、甚至叠加的情况下，有些地方或出于政绩考虑，片面地将土地闲置问题完全归咎于企业并以强制行政方式执行无偿收回，因有失社会公正引起社会矛盾。还有一些历史遗留闲置土地，债权债务关系复杂，甚至涉及被征地农民利益，往往伴有私下转让、"一地多卖"，或设定了抵押权，或被法院实施查封。即使认定企业自身原因造成闲置、依法依规无偿收回其土地，相关利益方也会为挽回损失开展"维权"上访或提起复议、诉讼，既增加政府处置成本和社会成本，也引发社会不稳定因素。

3. 剩余价值实现与闲置土地清理

闲置土地处置的现实难点也是土地剩余价值实现难点。土地"剩余价值"无论是"土地非农化的经济预期实现度"，还是"相同劳动条件下，土地资本增值空间的可预期实现量"，先进技术支撑下的劳动（包括土地管理和土地利用）都是土地"剩余价值"实现的重要前提。通过加快技术创新并应用于土地管理与土地利用的过程，建立科学的土地管理体系和政策体系，是实现土地剩余价值并有效消化闲置土地的重要手段。为此，针对闲置土地处置现实难点，建议如下。

（1）完善土地利用规划细节设计。综合考虑市场消化期、政策显效期

的滞后因素，合理安排土地非农化的节奏与规模，以及供地的节奏、结构与布局；综合用途及区位价值差异细化使用限制条件。

（2）拓展闲置土地界定范围。完善国土资源部53号令，将作为经济发展载体组成部分的集体建设用地一并纳入闲置处置范围。同时，闲置认定条件除明确已开工面积占比，补充未开工最小面积限制。

（3）实行按用途差别化的闲置处置原则和方式选择限定原则。对于房地产等经济性较高的闲置用地，在合理确定动工时限的基础上，非不可抗拒因素，不得采用延期动工或安排临时用地的处置方式；对于公益设施用地和关系被征地农民生计的闲置土地，原则上不得采用改变用途、等价异地置换方式；对存在司法诉讼的闲置土地，司法机关处理前暂不作闲置土地处置，在"监测系统"中备注延期，待司法程序完结再按闲置土地处置；具有一定规模的闲置土地，可由政府主导，施行缴纳闲置费处置后调整给新的用地单位用于符合产业转型升级的优质项目。同时，对于同一项目用地，非收地的处置方式只能采取一次，处置后再次闲置的，原则上只能选择收回处置方式。

（4）构建定期诚信评估与公示制度。对恶性闲置的，实行在原出让价基础上补贴历年累计利息方式收回的行政手段，相关用地单位列入诚信用地黑名单予以公示。

（5）加大对土地利用与监管技术创新的支撑力度，建立技术成果应用有效途径与激励机制，通过土地的高效集约利用，实现存量土地的盘活与剩余价值释放。

（6）进一步深化农村土地制度改革。疏通因政府垄断土地供应而阻滞的土地资源与资产、资本的联系，实现土地三资属性的有机融合，并通过土地资本在不同区域、不同市场间的流通完成土地资源与资产的合理配置与高效使用，以充分、完整的实现土地价值。

四 结束语

综合上述调查分析，围绕闲置土地的产生、清理、盘活与预防，得出以下结论。

（1）闲置土地的产生是经济、自然、区位，以及土地政策、土地利用和管理水平综合影响的结果，是土地资产、资本的可交换性、流通性、增值性受损的结果。闲置土地分布带有明显的经济发展阶段特征和区域特征。

（2）价值驱动是闲置土地产生及屡清不绝的一个重要原因。价值驱动的表现有直接性的，如恶性圈地闲置；有间接性的，如地方为谋求更好的发展获益前景而调整规划导致一些用地闲置。还有一种是隐性综合性的，如为将来发展预留空间而超需求申请用地、低密度低容积率建设等。

（3）土地剩余价值可成为消化闲置土地的动力。土地剩余价值是超过土地非农化的经济预期与相同劳动条件下土地资本增值空间的预期叠加。先进技术驱动的劳动是土地"剩余价值"实现的重要前提。技术驱动表现为多种形式，有对土地管理行政行为、用地行为产生影响的理论方法、技术思路和方法，也有对用地绩效直接发挥促进作用的实用技术手段或工具。

B.13
浙江省农村住房抵押贷款
政策绩效评价

王直民　鲍海君　彭　毅*

摘　要：　2008年4月，浙江省决定"开展农村住房抵押贷款试点"。本
文在实地调查的基础上，设计农村住房抵押贷款政策绩效评价
指标体系，运用行业咨询、问卷调查等方法所采集的数据资料
对农村住房抵押贷款政策绩效进行实证评价，对农村住房抵押
贷款政策面临问题进行了深入分析，提出了相关政策建议，为
政府有关部门完善农村住房抵押贷款政策提供参考。

关键词：　农村住房　抵押贷款　政策绩效　浙江省

一　引言

　　浙江民营经济发展较早，民间融资较为发达，各种自发的民间金融方式
层出不穷。早在1987年，温州瑞安农村信用合作社（瑞安农村合作银行的
前身）就开始试办农村住房抵押贷款业务。1995年，乐清等地的农村信用
社也开始着手开展农村住房抵押贷款工作。虽然20世纪八九十年代浙江省
开展农村住房抵押贷款业务的农村合作金融机构逐渐增加，但是由于法律法
规和政策环境等限制，这项工作没有得到全面推广和广泛宣传。党的十七大

---

　*　王直民，博士，浙江财经大学城乡规划与管理学院副教授；鲍海君，博士，教授，浙江财经
大学城乡规划与管理学院副院长；彭毅，博士，浙江财经大学城乡规划与管理学院讲师。

以后，浙江省各地出台了多项"深化农村综合改革，推进农村金融体制改革和创新"的新举措，推进农村住房抵押贷款工作也被许多地方政府提上议事日晨。2007 年 11 月，嘉兴市出台了《嘉兴市农村合作金融机构农村住房抵押借款、登记管理暂行办法》，这是首次以政府为主导的政策试点。但是 2007 年颁布的《物权法》明确规定宅基地等集体所有的土地使用权不得抵押。为此，不少地方的房地产管理部门停止办理农村住房抵押登记，使得农村住房抵押贷款业务陷入停滞状态。随着农村经济与社会的不断发展，新农村建设对资金的需求越来越大，但由于缺少有效抵押物，农民融资困难，这加剧了农村资金短缺状况，影响了新农村建设和发展。2008 年 4 月，为解决农民融资难问题，省政府金融工作会议明确提出"开展农村住房抵押贷款试点"。在此后的几年时间里，农村住房抵押贷款政策在浙江省迅速铺开。

截止到 2011 年底，浙江省已有 30 多个县市（区）出台了试点政策，全省涉农金融机构累计向 61966 户农户发放了农村住房抵押贷款，累计贷款金额达 196.02 亿元。贷款金融机构则从农村合作金融机构逐步扩大到农业银行、邮政储蓄银行、村镇银行等，而其他商业银行和农业政策性银行还没有发放农村住房抵押贷款的记录。浙江省各地出台的农村住房抵押贷款政策通常包括贷款对象、贷款用途、贷款机构、贷款条件、贷款审查材料、抵押登记、合同公证、不得抵押的房屋范围、抵押价值评估、房屋保险、贷款利率、贷款额度、贷款期限、抵押率、风险管理、抵押权实现等方面的内容。

二 农村住房抵押贷款政策绩效评价方法与指标设计

常见的政策绩效评价方法有成本——收益分析法、实验或准实验设计法、反馈设计法等，本文选用反馈设计法作为主要的政策绩效评价方法。本文在遵循科学性原则、系统性原则、全面性原则、操作性原则、可比性原则以及针对性原则的基础上，设计了贷款业务发展、农村经济发展、农民生活改善、金融机构发展、农村社会和谐、农村社会管理、主观满意度等 7 大类共

15 个指标的农村住房抵押贷款政策绩效评价指标体系（见图 1）。上述 15 个指标体系分别为：期末农村住房抵押贷款余额、期末农村住房抵押贷款户数、期末农村住房抵押贷款余额占全部农村担保创新类贷款余额的比例、期末农村住房抵押贷款余额占全部涉农贷款余额的比例、农村住房抵押贷款前后农户经营规模变化率、农村住房抵押贷款前后就业人数增长率、农村住房抵押贷款前后农民人均纯收入变化率、农村住房抵押贷款后农民人均纯收入目标实现程度（相对全面建设小康社会目标值）、农村住房抵押贷款余额占金融机构全部贷款余额的比例、农村住房抵押贷款不良贷款率、农村住房抵押贷款前后社会治安事件数量变化率、信用村或信用农户比例、农村住房抵押贷款前后农村住房确权登记比例变化率、贷款农户满意度。贷款金融机构满意度。

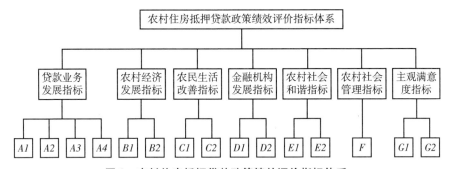

图 1　农村住房抵押贷款政策绩效评价指标体系

图中：

A1：期末农村住房抵押贷款余额

A2：期末农村住房抵押贷款户数

A3：期末农村住房抵押贷款余额占全部农村担保创新类贷款余额的比例

A4：期末农村住房抵押贷款余额占全部涉农贷款余额的比例

B1：农村住房抵押贷款前后农户经营规模变化率

B2：农村住房抵押贷款前后就业人数增长率

C1：农村住房抵押贷款前后农民人均纯收入变化率

C2：农村住房抵押贷款后农民人均纯收入目标实现程度（相对全面建设小康社会目标值）

D1：农村住房抵押贷款余额占金融机构全部贷款余额的比例

D2：农村住房抵押贷款不良贷款率

E1：农村住房抵押贷款前后社会治安事件数量变化率

E2：信用村或信用农户比例

F：农村住房抵押贷款前后农村住房确权登记比例变化率

G1：贷款农户满意度

G2：贷款金融机构满意度

三 农村住房抵押贷款数据来源与调查方法

（一）行业咨询

全省范围的农村住房抵押贷款统计数据主要通过向省级银行监管部门调查咨询得到。这些数据包括农村住房抵押贷款余额、贷款户数、金融机构全部贷款余额、全部涉农贷款余额、全部农村担保创新类贷款余额等。由于2008 年之前浙江省农村住房抵押贷款业务处于自发状态，全省范围的统计数据缺失，因此上述全省统计数据的时间段为 2008 ~ 2011 年共 4 个完整年份。

由于目前农村合作金融机构是发放农村住房抵押贷款的主力，农村合作金融机构有关农村住房抵押贷款的统计数据大体上也能反映全省农村住房抵押贷款情况。因此，农村住房抵押贷款不良贷款率和农村信用村镇、信用农户比例等数据主要采用了浙江省农村信用合作社联合社的内部资料。

（二）问卷调查

采用问卷调查并结合农户走访的方式对农户农村住房抵押贷款的意愿、抵押贷款前后的经营规模、家庭纯收入变化情况以及农户对农村住房抵押贷款政策满意度等进行调查。因时间、经费和人力的限制，课题组只对海宁市马桥镇和周王庙镇、临海市括苍镇和白水洋镇共 4 个镇 8 个行政村（即周王庙镇博儒桥村和长春村，马桥镇的陈王村和新场村，括苍镇的张家渡村和井头村，白水洋镇的埠头村和叶家岙村）进行了抽样调查。调查时间为 2012 年 1 月 5 日至 2 月 18 日，调查人员为课题组成员以及部分大学生。调查过程中共发放调查问卷 200 份，回收有效问卷 187 份，有效率 93.5%，在申请过农村住房抵押贷款且全部用于生产经营活动的农户中选取了有代表性的 16 户作为主要调查分析对象。此外，2011 年 12 月，课题组就农村住房抵押贷款政策问题向参加浙江省农村信用社联合社组织的地方农信社负责人培训

班上的学员进行了问卷调查，发放调查问卷 150 分，回收问卷 150 份，有效问卷 89 份，有效率 59.33[①]。

（三）集中座谈

以集中座谈的形式向上述 8 个行政村的村干部了解各村的农户数量、人口规模、经济发展、新农村建设、社会治安、住房确权登记等情况。

（四）深度访谈

深度访谈是定性调查研究的重要形式。课题组各选择了一位有代表性的贷款农户和基层农信社负责人作为访谈对象，分别是临海市括苍镇张家渡村村民许某某和海宁市马桥镇农村信用合作社主任孙某某。为提高访谈质量，课题组有针对性地拟定了若干个问题，并提前将访谈题目发送到访谈对象手中。在正式访谈时，对每一个问题都进行深入探讨并进行相应的记录和整理。

四　农村住房抵押贷款政策绩效评价

（一）对贷款业务发展的促进作用

1. 期末农村住房抵押贷款余额

2008～2011 年，浙江省涉农金融机构期末农村住房抵押贷款余额分别为 29.91 亿元、35.18 亿元、54.78 亿元、76.15 亿元，年平均增长速度为 37.44%，2011 年期末贷款余额是 2008 年的 2.55 倍。可见，自实施农村住房抵押贷款试点政策以来，浙江省农村住房抵押贷款规模增长迅速（见图 2）。从贷款增速来看，农村住房抵押贷款政策对促进农村住房抵押贷款业务发展的作用比较明显。

---

① 问卷有效率较低的原因是剔除了那些没有开展过农村住房抵押贷款业务金融机构提交的问卷。

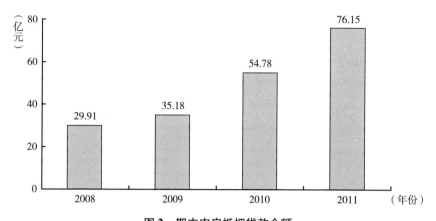

图2 期末农房抵押贷款余额

2. 期末农村住房抵押贷款户数

2008~2011 年，浙江省涉农金融机构期末农村住房抵押贷款户数分别为 1.14 万户、1.24 万户、1.68 万户、2.14 万户，年平均增长速度为 24.12%，2011 年期末贷款户数是 2008 年的 1.88 倍。可见，自实施农村住房抵押贷款试点政策以来，浙江省农村住房抵押贷款户数增长迅速（见图3）。从贷款户数来看，农村住房抵押贷款政策对增加农民政策受益面的作用比较明显。

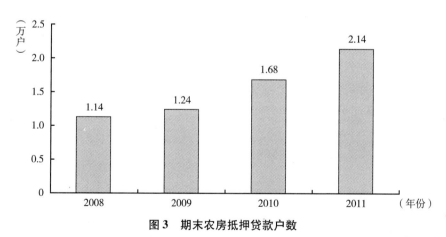

图3 期末农房抵押贷款户数

3. 期末农村住房抵押贷款余额占全部农村担保创新类贷款余额的比例

2008~2011 年，浙江省涉农金融机构期末农村住房抵押贷款余额占其全部农村担保创新类贷款余额的比例分别为71.76%、71.49%、65.41%、64.45%（见图4）。农村担保创新类贷款包括农村住房抵押贷款、林权抵押贷款、土地承包经营权质押贷款、海域使用权质押贷款等。由图4可见，农村住房抵押贷款余额占全部农村担保创新类贷款余额的2/3左右，是规模最大的担保创新类贷款。

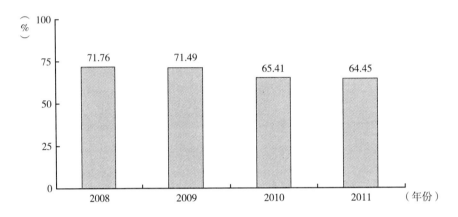

图4　农房抵押贷款占全部担保创新类贷款比例

4. 期末农村住房抵押贷款余额占全部涉农贷款余额的比例

2008～2011年，浙江省涉农金融机构期末农村住房抵押贷款余额占其全部涉农贷款余额的比例分别为0.80%、0.71%、0.93%、1.05%，除2009年略有下降外，总体呈上升趋势。但由于业务发展基数较低，所占比例仍然不高（见图5）。

（二）对农村经济发展的促进作用

1. 农户在农村住房抵押贷款前后经营规模变化率

该指标采用课题组所调查的16户贷款农户在抵押贷款前后的平均经营规模变化率表示。在贷款用途方面，16户农户中有3户用于投资办厂、1户用于开办养殖场、6户用于开店、3户用于经营特色农业、3户用于买卖经商。为消除生产经营的波动性，经营规模数据分别取农户在农村住房抵押贷

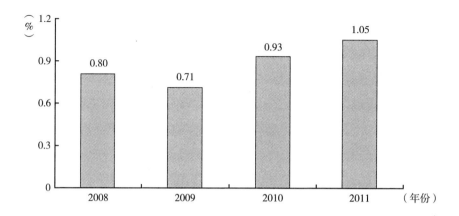

图5　农房抵押贷款占全部涉农贷款比例

款前后各三个完整年份的经营规模平均值，若不足三年则按照实际年数计算，数据如表1所示①。

表1　农村住房抵押贷款前后农户经营规模的变化

	农户1	农户2	农户3	农户4	农户5	农户6	农户7	农户8	农户9
贷款前的经营规模（万元）	25	0	20	45	0	5	15	10	32
贷款后的经营规模（万元）	80	20	10	80	87.5	15	50	70	50
经营规模变化率(%)	220	—	−100	77.8	—	200	233.3	600	56.3

	农户10	农户11	农户12	农户13	农户14	农户15	农户16	平均
贷款前的经营规模（万元）	0	18	30	5	25	18.5	47.5	18.5
贷款后的经营规模（万元）	12	40	120	20	65	55	180	59.6
经营规模变化率(%)	—	122.2	300	300	160	197.3	278.9	222.5

说明：（1）农户2、5、10为首次创业的农户；（2）农户3贷款后经营失败。

根据表1的数据，16户农户在农村住房抵押贷款后的经营规模比贷款前的经营规模平均增加了222.5%。如果剔除3家首次创业农户（贷款前的经营规模为0），则经营规模增长率为203.5%。可见，农村住房抵押贷款政策极大地促进了农户经营规模的扩大，从而促进了农村经济的发展。

---

① 需要说明的是，由于很多农户在经营中没有规范的财务记录，经营规模是调查时回忆出的大致数量。

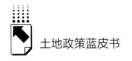

2. 农村住房抵押贷款前后就业人数增长率

为消除生产经营波动性导致的就业人数波动性，就业人数分别取农村住房抵押贷款前后各三个完整年份的就业人数平均值，若不足三年则按照实际年数计算。农户在农村住房抵押贷款前后就业人数变化情况表2所示。

表2　农村住房抵押贷款前后就业人数的变化

	农户1	农户2	农户3	农户4	农户5	农户6	农户7	农户8	农户9
贷款前的就业人数（人）	2	0	2	2	0	1	2	1	2
贷款后的就业人数（人）	2	2	2	2	5	2	3	2	2
就业人数变化率(%)	0	—	0	0	—	100	50	100	0

	农户10	农户11	农户12	农户13	农户14	农户15	农户16	平均
贷款前的就业人数（人）	0	2	2	1	2	2	2	23
贷款后的就业人数（人）	2	2	6	2	3	4	5	46
就业人数变化率(%)	—	0	200	100	50	100	150	100

根据表2的数据，虽然农户的生产经营方式大多以家庭经营为主，但抵押贷款后的就业人数还有较大程度的增加。16户农户在农村住房抵押贷款前就业人数为23人（包括农户家庭成员和雇佣的职工），贷款后随着经营规模的扩大，就业人数增加到46人，比贷款前的就业人数平均增加了100%。可见，农村住房抵押贷款政策能够促进农民就业，进而促进农村经济的发展。

（三）对农民生活改善的促进作用

1. 农民人均纯收入变化率

为消除生产经营的波动性导致的人均纯收入的波动，分别取农村住房抵押贷款前后三个完整年份的人均纯收入平均值进行计算，若不足三年则按照实际年数计算。农户家庭人均纯收入在农村住房抵押贷款前后的变化情况如表3所示。

表3　农村住房抵押贷款前后农户家庭人均纯收入的变化

	农户1	农户2	农户3	农户4	农户5	农户6	农户7	农户8	农户9
贷款前的人均纯收入（万元）	1.67	1.5	2	2.5	1.8	0.9	2	1.2	3.2
贷款后的人均纯收入（万元）	3.5	3	1.33	4.5	5.5	2.5	3.2	3.5	5.5
人均纯收入变化率（%）	109.6	100	-33.5	80	205.6	177.8	60	191.7	71.9

	农户10	农户11	农户12	农户13	农户14	农户15	农户16	平均
贷款前的人均纯收入（万元）	0.8	2.5	3	1	2.5	2	3.5	2.15
贷款后的人均纯收入（万元）	2.8	3.5	6.5	2.7	3.3	4.5	5.8	3.85
人均纯收入变化率（%）	250	40	116.7	170	32	125	65.7	79.07

　　根据表3的数据，16户贷款农户在农村住房抵押贷款前的家庭人均纯收入为2.15万元[1]。申请贷款后，随着农户经营规模的扩大，家庭人均纯收入增加到3.85万元，比贷款前的人均纯收入增加了79.07%。虽然收入的增加有社会整体收入水平提高和物价上涨等因素在内，但是农村住房抵押贷款政策的促进作用也不可忽视。因为2008～2011年，全省农民人均纯收入从9258元增加到13071元，增幅仅为41.2%[2]。

　　2.农民人均纯收入目标实现程度

　　农民人均纯收入目标实现程度是指农村住房抵押贷款后农户家庭人均纯收入与浙江省全面建设小康社会评价指标体系中农村居民人均纯收入目标值的比值。浙江省全面建设小康社会评价指标体系中农村居民人均纯收入目标值为9000元[3]，农村住房抵押贷款前后农民人均纯收入目标实现程度分别为139%和331%。

[1] 这16户农户在农村住房抵押贷款前大多数就已经从事经营活动，因此其人均纯收入在农村住房抵押贷款前后均大大高于同期全省农村人均纯收入。
[2] 浙江省统计局网站 http://www.zj.stats.gov.cn/
[3] 浙江全面建设小康社会综合评价指标体系

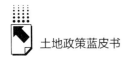

（四）对金融机构发展的促进作用

1. 农村住房抵押贷款余额占涉农金融机构全部贷款余额的比例

2008～2011年，浙江省涉农金融机构期末农村住房抵押贷款余额占其全部贷款余额的比例分别为0.48%、0.43%、0.55%、0.63%，除2009年略有下降外，总体呈上升趋势。但由于业务发展基数较低，所占比例仍然不高（图6）。2010年，农村合作金融机构、农业银行、邮政储蓄银行以及村镇银行的农村住房抵押贷款余额占其全部贷款余额的比例比例分别为0.68%、0.29%、2.20%、0.98%（图7）。可见，农村住房抵押贷款业务还具有很大的发展空间。

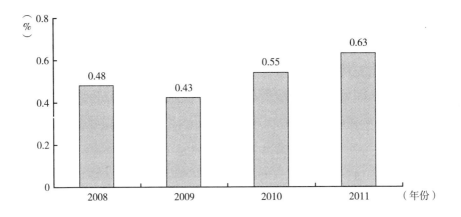

图6 农房抵押贷款占金融机构全部贷款比例

另据了解，在所有涉农金融机构中，农业政策性银行——中国农业发展银行2010年发放的涉农贷款余额占所有涉农金融机构涉农贷款的5.15%，排在农村合作金融机构和农业银行之后而位居第三，而且其贷款均为涉农贷款，但是直到2011年底，该金融机构还没有发放农村住房抵押贷款的记录。

2. 农村住房抵押贷款不良贷款率

截止到2010年底，浙江省农村合作金融机构的农村住房抵押贷款不良

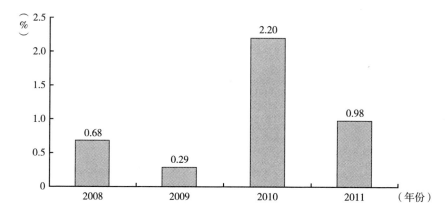

图7　农房抵押贷款占金融机构全部贷款的比例

贷款率为0.9%，比同期全国商业银行1.14%的不良贷款率还低，更远远低于浙江省农村合作金融机构7.72%的整体贷款不良率，贷款风险处于安全可控状态。由于农村合作金融机构是浙江省农村住房抵押贷款的主力，上述情况基本上能够反映全省农村住房抵押贷款的质量状况。住房是农民的安身立命之所，住房抵押使农民在贷款时更加理性，不会盲目举债，通常都考虑了自身的还贷能力，在获得贷款后也大多会投入到一些风险较小、有稳定收益的产业。因此，农民通常都能如期偿还贷款，从而使农村住房抵押贷款的不良贷款率大大降低。因此，农村住房抵押贷款政策的推行能够降低金融机构的贷款风险，保证其健康发展。

（五）对农村社会和谐的促进作用

1.社会治安事件变化率

农村社会治安事件数量通过组织被调查的4个镇8个行政村的村干部进行集中座谈得到。据了解，2008～2011年，被调查的8个行政村的社会治安事件数量分别为9起、12起、7起、2起，社会治安事件数量整体上呈下降趋势，反映了近几年上述村庄的社会治安状况在逐渐好转。虽然社会治安状况是多种因素作用的结果，但农村经济的繁荣发展、农民生活水平的不断提高必将减少社会治安事件发生的概率。从这个角度来讲，农村住房抵押贷

款政策的实施推广能够间接实现净化社会风气、改善社会环境、增进社会和谐的作用。

2. 信用村或信用农户比例

2008~2011 年，浙江省范围内银行业金融机构所评定的信用村数量占全省全部行政村的比例分别为 17.7%、20.8%、41.2%、45.6%。2008~2011 年，浙江省范围内银行业金融机构所评定的信用农户数量占全省农户数量的比例分别为 23.2%、29.8%、39.7%、42.0%。信用村和信用农户的比例均稳定提高（图8、图9）。由图可见，农村信用体系建设已取得了一定成效。虽然农村信用体系建设不是农村住房抵押贷款政策的直接目标，但该政策的实施推广无疑也会促进农村信用体系的建设与完善，因此也间接体现了该政策的实施绩效。

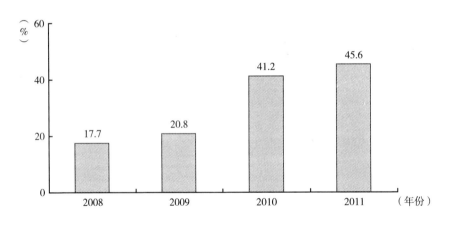

图 8　全省信用村比例

（六）对农村社会管理的促进作用

农村住房管理是农村社会管理工作的重要组成部分。本课题选用农村住房确权登记比例变化率来衡量农村住房抵押贷款政策对农村住房管理的促进作用。通过集中访谈的方式，向被调查的 4 个镇 8 个行政村的村干部了解农村住房确权登记情况，得到近几年各村的确权登记比例。2008~2011 年，

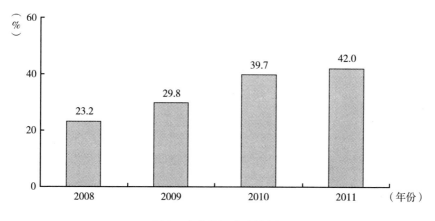

图9 全省信用农户比例

被调查的 8 个行政村的农村住房确权登记比例分别为 13.9%、24.6%、39.6%、54.6%①。由于农村住房抵押贷款以宅基地和房屋确权登记发证为前提，因此农村住房抵押贷款政策的实施推广将直接推动农村住房确权登记工作，从而促进农村社会管理。

（七）主观满意度

1. 贷款农户满意度

贷款农户对农村住房抵押贷款政策的满意度通过调查得到。在所调查的 16 户贷款农户中，对目前的住房抵押贷款政策很满意、比较满意、不太满意和不满意的户数分别为 4 户、8 户、3 户、1 户，分别占调查总数的 25%、50%、18.8%、6.2%。很满意和比较满意的比例高达 75%，说明农村住房抵押贷款政策满足了农民的实际需要，并得到了农民普遍欢迎。而在回答"若有需要，您是否还会再次办理农村住房抵押贷款"时，选择愿意、不愿意和看情况的户数分别为 13 户、1 户、2 户，分别占调查总数的 81.3%、6.2%、12.4%，这说明虽然农村住房抵押贷款政策还存在不少问题，但仍

---

① 上述比例包括拥有集体土地使用权证或集体土地使用权证与房屋所有权证两者同时拥有的情况。目前很多地方的农房只有集体土地使用权证而没有房屋所有权证，但"两证齐全"是申请农房抵押贷款的前提。

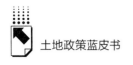

然是不少农民融资时潜在选择对象。

2. 贷款金融机构满意率

金融机构对农村住房抵押贷款政策的满意度指标通过调查得到。在所收集的148份有效问卷中，对目前的农村住房抵押贷款试点政策表示满意、基本满意、不太满意和很不满意的数量分别为15份、38份、67份和28份，分别占有效问卷总数的10.1%、25.7%、45.3%和18.9%，不满意的比例远高于满意比例，这与贷款农户的满意度形成了强烈反差。这个结果可以在其他问题的回答中得到验证，例如，有64.2%被调查者认为农村住房抵押贷款的收益不高，有84.5%的被调查者认为金融机构开展农村住房抵押贷款业务目的是为了完成支农任务和上级下达的指标，有91.9%被调查者认为贷款抵押物难以变现，有77.7%的被调查者认为农村住房抵押贷款政策缺少具体可操作性细则，有55.4%的被调查者认为农村住房抵押贷款的风险分担机制不合理，金融机构贷款风险过大。由此可见，目前的农村住房抵押贷款主要出于缓解农民融资难的考虑，对贷款金融机构的风险和收益考虑不够全面，影响了金融机构的贷款积极性和对政策的满意度。

五　结论与政策建议

本文对2008年以来的浙江省农村住房抵押贷款政策的实施绩效进行了评价。评价结果显示，农村住房抵押贷款政策实施绩效明显，主要体现在以下几个方面：第一，促进了农村住房抵押贷款业务的迅速发展；扩大了农村住房抵押贷款的农户受益面；农村住房抵押贷款已经成为农村担保创新类贷款的主体，占全部涉农贷款的比例逐渐上升；贷款金融机构从农村合作金融机构扩大到农业银行、邮政储蓄银行和村镇银行等；第二，促进了农户经营规模的扩大，增加了农民就业，推动了农村经济发展；第三，增加了贷款农户家庭人均纯收入，改善了农民生活质量，提高了全面建设小康社会目标的实现程度；第四，提高了农村住房抵押贷款在金融机构全部贷款中的比例，降低了金融机构不良贷款率，促进了金融机构的良性发展；第五，降低了农村社会治安事件发生率，推动了农村信用体系建设，提高了农村信用水平，增进了社会和谐；第六，提高了农村住房确权登记比例，促进了农村社会管理；第七，贷款农户对该政策的满意度也比较高。同时，通过对具体贷款农户进行的深入访谈发现，农村住房抵押贷款政策对支持农户创业、扩大农户经营规模、促进农民就业、增加农民收入等方面都起到了积极作用。

尽管农村住房抵押贷款业务发展迅速，但还面临着总体规模小、贷款业务增速下降、业务发展不平衡、贷款成本偏高以及政府和金融机构重视程度不够等问题，造成上述问题的原因主要在于：第一，农村住房抵押贷款政策与《担保法》《物权法》等有关"宅基地使用权不得抵押"的法律规定相冲突，在农村住房转让和登记环节也存在不少法律及政策障碍；第二，禁止城镇居民购买农村住房和宅基地，而且符合购买条件的农村居民又很少，使得抵押物处置受让人的范围及其狭窄，增加了抵押物处置和抵押权实现的难度；第三，农村住房抵押配套制度不健全，包括住房确权登记工作滞后，住房价值评估难度大，贷款风险与成本分担机制不合理，缺少规范、有形的农村住房交易市场，宅基地流转收益分配机制、农村保险机制、农村信用体系以及农村社会保障体系不健全等。

与现行法律规定相冲突是各地不敢对农村住房抵押进行大胆尝试和创新的深层次原因。而抵押物处置变现困难是金融机构不愿开展农村住房抵押贷款业务的主要原因。配套制度不健全和不完善则是农村住房抵押贷款业务发展受限的主要客观原因之一。这些问题使农村住房抵押贷款业务发展面临很大瓶颈。但是考虑到宅基地问题的敏感性，完全放开宅基地抵押和流转是不明智和不现实的。基于社会稳定的考量，对农村住房和宅基地应该本着谨慎态度，在现有法律框架下进行循序渐进的制度创新，以解决农村住房抵押所面临的各种问题。

B.14

上海土地复合利用方式创新的
探索与思考

胡国俊 代兵 范华*

摘 要: 土地复合利用是以紧凑高效、多样丰富、整体有序和生态可持续为目标,将区域所需的各类功能在同一空间内系统性结合的一种用地方式。在资源紧约束背景下,鼓励土地复合利用方式创新,有利于破解用地瓶颈,适应产业形态多样化和产城融合发展要求,提升城市环境品质和土地资源综合效益。本文归纳总结了上海探索实践土地复合利用的主要模式和经验成效,从制度、机制和技术等方面剖析了存在的问题和难点,并借鉴日本、新加坡和香港等地典型案例的做法和经验,提出应聚焦建设用地多元化复合利用、农用地多功能复合利用、"事前-事中-事后"全过程政策激励和公共设施市场化合作开发四大领域,加强方式创新和机制完善,深入推进土地复合利用。

关键词: 土地复合利用 方式创新 上海

---

* 胡国俊,上海市地质调查研究院(上海市国土资源调查研究院)院长,经济师,研究方向为土地规划、土地管理和土地政策;代兵,上海市地质调查研究院(上海市国土资源调查研究院)所长,高级工程师,研究方向为土地评价和土地政策;范华,上海市地质调查研究院(上海市国土资源调查研究院)工程师,研究方向为土地集约利用评价和土地政策。

一 引言

我国特大型城市普遍存在着平面过密、立体过疏的空间形态特征，空间功能布局相对分散和单一。由此衍生了因跨区域工作、居住、文化娱乐、休闲而产生的高流量、高耗时、高排放的交通压力，降低了城市的宜居性，还被动地增加了各类交通设施、公共服务设施的用地需求，进一步加剧了"三生"（生产、生活、生态）用地对资源承载力的巨大挑战，亟须通过土地利用方式的创新改革来促进土地资源的紧凑集约利用，以实现城市低碳可持续的发展。

在此背景下，土地复合利用作为深化土地利用方式改革的探索路径之一，受到了政府和社会各界的关注和支持。2014 年，上海明确提出严格控制城市建设用地规模，努力实现规划建设用地总规模"零增长"，并通过文件《关于进一步提高本市土地节约集约利用水平若干意见的通知》（沪府发〔2014〕14 号文）明确提出"鼓励土地立体开发和复合利用，推进轨道交通场站、交通枢纽、公共停车场等大型基础设施、公共设施的综合开发利用，在中国（上海）自由贸易试验区等区域内，探索工业、商业、办公等综合用地复合开发的土地政策"的要求。文件实施后，上海正在以典型案例为抓手，着力探索操作路径和实施细则，发挥"可复制、可推广"的示范引领作用。

二 上海土地复合利用实践探索

近年来，上海探索实践了以综合交通、工业研发和公共空间为导向的土地复合利用模式，取得了一定的经验和成效。

（一）以综合交通为导向的复合利用

上海轨道交通上盖物业的综合开发在国内城市中起步较早，中心城区主要站点上盖都已进行了综合开发，建成了人民广场、徐家汇等大型的地上地

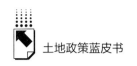

下综合体。目前，上海正在按照《关于推进上海市轨道交通场站及周边土地综合开发利用的实施意见（暂行)》（沪发改城〔2014〕37 号）相关要求，深入探索实践轨道交通车辆基地的综合开发。建设中的 17 号线徐泾北城站将从建筑中穿楼而过，集轨道交通车站、公交枢纽、"P＋R"停车场以及地铁管理用房为一体。此外，城市高架隧桥的立体开发也初见成效。南浦大桥采用螺旋形引桥设计，在引桥圈内设置了公交枢纽、旅游集散中心和公共绿地，被列为国内典型的节地模式之一。

（二）以工业研发为导向的复合利用

针对自贸区用地瓶颈对区域新业态融合发展形成制约、存量低效工业向产业融合转型路径不畅等问题，上海及时出台了自贸区"综合用地"土地新政，根据不同的规划功能分区，明确了不同规划用途的土地混合利用引导方向，允许工业仓储用途与商业、办公等功能混合，引导企业科技研发、总部管理、销售服务等功能集聚。近期，在规划引导下，自贸区外高桥保税片区正在探索实施一幅工业用地转为综合用地的存量转型项目。计划将原有物业重建为集商业、办公、研发、展示等功能的综合性楼宇，推进区内物业资源整合和功能布局优化。

（三）以公共空间为导向的复合利用

上海通过探索创新水岸空间绿化、校园绿化、屋顶绿化等方式，营造具有生态和休憩功能的公共空间。例如，西亚宾馆城市更新项目，在酒店转型为办公用途的同时，通过适度提高容积率，在经营性物业面积不增加的情况下，将 1～2 层开发为公共空间、3～4 层开发为社会停车场，提高区域环境，完善地区功能。虹桥商务区内结合水系及绿地，设计了自行车道、跑步道等慢行系统，提供市民高品质的公共活动空间。静安区因地制宜，以"小、巧、高"为特色，率先开展了屋顶绿化、"五口"绿化、透墙绿化、墙面绿化、垂直绿化等，美化了城市景观，也有效缓解了热岛效应。

三　上海土地复合利用存在的问题

通过深入调研自贸区、浦东新区等区域，发现上海土地复合利用遇到的问题和难点如下。

（一）政府各部门协同创新机制未形成，缺少事前、事中、事后全过程的支持政策

土地复合利用需综合考虑产业、交通、消防和环保等要求，涉及面广，较为复杂。例如，工业用地复合利用涉及产业调整、环境污染防治等；学校体育设施对外开放涉及校园安全、卫生防疫等；农用地复合利用涉及粮食安全生产、耕地保护等。然而，相关部门未形成协同创新机制，出台的支持政策也未能形成合力。因此，面对因城市发展提出的空间多样化复合利用需求，政府各部门的重视程度和协作力度还有待加强。

（二）公益性设施市场参与机制不完善，投资运营压力大

对于住宅、商业、办公等经营性物业的综合开发，市场参与度高，市场机制较为完善，而对于交通、市政、文化等公益性设施的综合开发，政企合作或市场主导的开发模式还有待深入探索。上海鼓励轨道交通建设主体与相关市、区（县）国资公司组成综合开发主体参与开发，但在具体实践中，政企双方尚在探索合作模式和合作条件，在统筹规划、土地供应、抵押融资等方面亟待政策创新。

（三）经营性物业复合公共设施操作路径不畅

一方面，现行的土地用途管制制度过于强调对用途类型的管制，弱化了对用地强度、功能优化和用地效益的管理，一定程度上制约了土地复合利用。另一方面，土地复合利用在建筑设计、结构安全、消防设置、交通布

局、卫生防疫、绿化要求等多方面有特殊要求，但尚无专业技术标准，使经营性物业复合公共设施等探索实践困难重重。

四 国际大都市土地复合利用的经验与借鉴

（一）政策激励

对于混合开发项目，美国可视情况给予建筑密度、建筑高度或容积率等规划条件奖励，并配以特殊区域、特殊用途减免税费等财政激励政策。新加坡允许开发商在招标技术文件规定的用地面积、用途清单、建筑面积上限、容积率上限和建筑限高等规划条件范围内，按市场条件自行调整"白地"的功能用途及其结构比例，且不需要缴纳土地溢价。香港对于符合规划用途正面清单的调整项目，简化了行政审批手续。对于配建综合交通、社区福利等公共设施的项目，还可视条件减免公共设施部分的容积率。

（二）典型模式

1. 日本六本木新城（垂直花园模式）

六本木新城项目位于日本东京港区，其地段相当于上海的淮海中路西段。项目采用了疏密结合的空间布局，以占整个地块5.4%的土地面积创造出50%的建筑面积，实现了空间、时间、功能、安全和环境"五项倍增"目标。其主要做法：一是不同城市功能的有机整合。采用垂直花园城市的规划理念，将日常工作和生活等功能在垂直空间内有机结合。二是立体连续的交通组织方式。立体组织城市道路、公路和铁路等交通设施，并设计回游型的步行系统和垂直型的生活动线，改变了人们生活出行方式。三是立体的、复合农业的公共生态空间。由屋顶花园、中心花园、露天广场和内部中庭等组成开敞空间。值得关注的是，项目在其低层建筑物的屋顶铺设了水田和菜地，并定期举办插秧、收割、晾晒等农业体验活动，满足人们亲近自然的需求，还能发挥抗震和抑制热岛效应的生态功能。

表1　六本木业态配比赛

	酒店	办公	居住	商业、娱乐			
				百货	餐饮	影院	文化娱乐
功能比例	11%	33%	13%	29%	3%	2%	9%
建筑面积(万平方米)	8	25	10	22	2	1.5	6.5

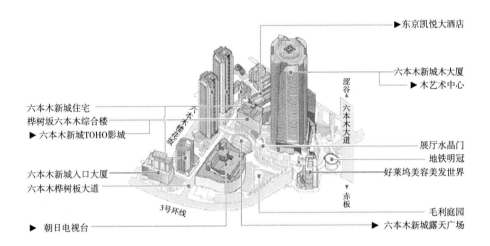

图1　六本木新城空间布局示意图

2. 新加坡纬壹科技城（产业主导模式）

项目依托便捷的交通条件发展医药、信息、媒体等产业，并配以商务区和生活区，满足了工作、学习、生活、消费等各方面需求，成为新一代的产业园模式。其主要做法：一是居职平衡的社区模式。按照创新活力社区的理念来打造科技园区。园区内核心功能区、生命科学区、咨询传媒区等产业组团呈分散布局，居住、商业、生态等服务组团串联起产业组团。二是充满活力的公共空间。园区开放空间占地面积16公顷，由中央绿地、组团绿地和零售业组成，提供了多样化的休憩交流空间。三是低碳绿色的环保技术。通过景观绿地、节能设施以及空气动力、垃圾回收系统等新技术，建成了环保、低碳、绿色园区。

表2 纬壹科技园功能分区及其功能定位

功能区	面积(ha)	功能定位	组成
核心功能区	17	商务办公区、综合商务服务区、社交场所、交通枢纽	由写字楼、商业、酒店、商务中心、市民中心组成
生命科学区	20	实验室型研发企业、商务办公及其孵化器	以生命医药产业为主的办公共设施及商业配套
资讯传媒区	30	一期面向信息通信技术、媒体相关行业;二期面向科学、技术和公共研究机构	信息通信技术、传媒企业、科学、技术和研究局下属术和公共研究机构
开放空间区	16	区域内住户的非正式聚会、自发活动的场所	绿地景观、绿色步道、开放广场空间、开放草坪区域、儿童游玩广场
生活配套区	40	低密度生态住区	由公寓、联排别墅以及 LOFT 构成,其中公寓和联排别墅为住宿功能,LOFT主要以创意工作室为主

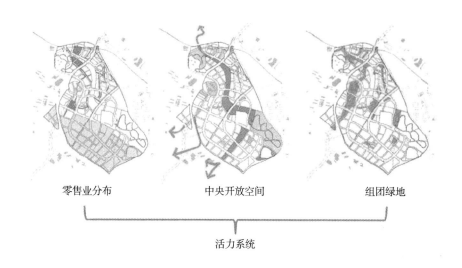

零售业分布　　　中央开放空间　　　组团绿地

活力系统

图2 纬壹科技园活力系统组成

3. 香港港铁九龙站(轨道交通场站综合开发模式)

香港鼓励发展公共交通和城市轨道交通,其轨道交通上盖物业成熟的开发盈利模式成为内地地铁建设的标杆。以九龙站为例,该项目占地13.54公顷,容积率约8.0,集住宅、写字楼、商场、休闲和酒店设施为一体。其主要

228

做法：一是分组、分层的立体开发模式。整个项目分为七个组团分期建设，并在垂直空间内多层规划公共交通、住宅、商场、社区配套和大型绿化。二是成熟的"地铁+物业"综合开发流程。港铁公司以协议方式获取车站车辆段上部及其周边土地的物业开发权利，并作为项目发起人招入开发商进行合作开发。在合作过程中，土地不流转。港铁公司通过物业开发收益反哺地铁建设运营费用，减少了政府财政压力，还实现了地铁开发的外部增值效益内部化。

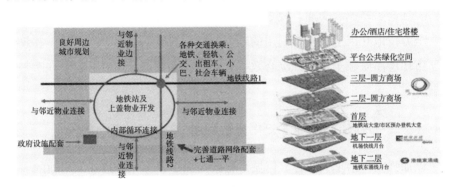

图3　香港九龙地铁站开发示意图

（三）对上海的启示与借鉴

结合国内外大都市土地复合利用相关经验和做法，对上海的启示与借鉴主要有以下几点。

一是注重工作、居住、商业、娱乐、文化和休憩等多项城市机能在平面和立体空间的结合。对于经营性物业可借鉴日本垂直花园模式经验；对于产业园区可借鉴新加坡经验打造社区型科技创新园，促进"产城融合"。

二是注重综合交通组织对土地复合利用的引导作用。构建多层立体的交通体系，结合轨道交通场站、综合交通枢纽等综合开发，以交通结点为核心，聚集多样化的生产、生活和生态功能，形成相互补充、相互裨益的关系。

三是注重营造多样化的公共生态空间。借鉴日本经验，通过配建步行系统，开放低层空间，打造立体绿化和屋顶农业等手段，营造可供运动、休

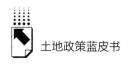

憩、文化和交流等多功能的公共空间，提高开放共享的生态环境的数量和质量。

五　深入推进土地复合利用方式创新的思路和对策

方式创新和机制完善是上海深入推进土地复合利用的主要方向，应联合经济、社会、产业、交通、规划土地、环保、消防和财政等相关部门，系统地、全方位地开展土地复合利用的政策创新、制度创新和管理创新，有效提升城市环境品质和土地资源综合效益。近期，可重点聚焦以下四个方面实现突破。

（一）加强建设用地多元化复合利用

以加强城市治理为目标，以城市更新为抓手，深化推进建设用地的多元化复合利用。鼓励经营性物业之间、公益性设施之间以及经营性物业与公益性设施之间的立体开发、集中设置和综合开发，完善区域功能，提升环境品质，提高用地综合效益。其中，尤其要重视综合交通枢纽及其周边土地的综合开发利用，发挥交通组织（出行方式、结点布设、通勤容量等）对空间复合利用的驱动作用，促进形成"居职平衡"的产城融合模式。

（二）探索试点农用地多功能复合利用

为了挖潜扩大生态用地，上海提出了加强绿地、林地、湿地建设。到2040年森林覆盖率达到25%以上，建成区绿化覆盖率达到45%以上。并且，控制以坑塘和养殖水面补充耕地，增加水面供给，保护恢复水网系统，丰富生态和文化要素。面对资源紧约束的现实背景，迫切需要通过用地方式的复合来落实空间保障。以时间复合拓展功能，加强农用地轮作、农业－休闲、农业－养殖业的复合管理；以空间复合叠加功能，加强农－林、林－水、农－水等规划引导。建议以严格落实永久基本农田保护为前提，以不破坏土地耕作层为原则，探索农用地生产、生态、文化、休憩等多功能复合利用，创新完善"大类管住、小类放开"①的农用地用途管制制度，促进农田林网等生态建设。

（三）研究出台事前、事中、事后全过程的支持政策

现有的相关鼓励政策多在开发前期给予试点口径和政策优惠，但对于项目的开发进展、开发成效及长期运营情况缺乏过程性、持续性的奖优惩劣政策。建议实施土地复合利用项目全生命周期管理，全程跟踪评估项目的开工建设、功能实现、运营管理、节能环保和社会贡献等情况。对于改善区域功能、提升环境品质、承担公益性责任成效显著的项目，可给予容积率减免、用途调整补地价打折、税金减免（或返还）等奖励政策，促进项目加快建设、高效运营，保障土地使用功能最优化和使用价值最大化。

（四）探索公共设施的市场化合作开发模式

借鉴港铁经验，依托轨道交通场站综合开发试点工作，深入探索轨道交通建设主体和知名开发企业的合作开发模式，厘清开发权责、收益分配、反哺方式和风险控制等底线条件，制定地上地下统筹规划方案以及分期、分割开发计划等，在先行先试中落实完善相关实施细则和操作路径。此外，对于其他公益性设施，也可视条件探索政企合作的特许经营模式，灵活融资和运营方式，增强社会对基础设施开发建设的参与度，减少财政压力，实现政企共赢。

---

① 农用地"大类管住、小类放开"是指在严格保护永久基本农田和坚持农用地总量动态平衡的底线管控前提下，按照"宜农则农、宜林则林、宜水则水"的原则，允许农用地在耕地、林地、园地和养殖水面等之间适度调整，发挥农用地的生产、生态、文化、休憩等多重功能。

B.15

城镇低效用地再开发：基于
宁波市的案例分析

楼立明　邓思琪　耿　槟*

摘　要：　城镇低效用地再开发是推动新型城镇化以及缓解我国土地供需矛盾的关键手段。本文采用案例分析方法，基于宁波市城镇低效建设用地现状，剖析了典型企业盘活利用低效建设用地的再开发模式、预期收益以及待化解困境，最后提出了完善宁波市城镇低效用地再开发的政策建议。

关键词：　城镇低效用地　再开发　宁波市

一　引言

随着工业化和城镇化的快速发展，宁波市经济规模迅速增加，迫切需要大量的建设用地保障；城市人口持续增长和大量人口转移、流动，以及消费结构转型升级，带动了城镇住宅用地和各类公共基础设施用地需求相应增加。这些因素的共同作用，使得城镇建设用地需求持续膨胀。与此同时，耕地占补平衡政策的贯彻执行，使得宁波市优质耕地后备资源日益缺乏，大规模开发后备土地资源保障城镇发展的模式难以持续。近年来，随着土地执法力度的加强，提高了地方违法用地的风险与成本，也促使政府和企业不得不

---

* 楼立明，硕士，宁波市国土资源管理局高级工程师；邓思琪，浙江财经大学城乡规划与管理学院硕士研究生；耿槟，博士，浙江财经大学城乡规划与管理学院讲师。

改变低效利用和过度消耗土地资源的粗放型用地模式。

因此，对低效用地进行再开发、再利用逐渐成为土地节约集约利用的重要举措，引起了社会各界的广泛关注。本文从宁波市城镇低效用地现状分析出发，调研分析宁波市城镇低效用地再开发典型案例，剖析城镇低效用地再开发的障碍因素，并提出完善宁波市城镇低效用地再开发的政策建议。

二　宁波市城镇低效用地现状分析

（一）城镇低效用地再开发地块分布相对集中

城镇低效用地面积及分布中，城镇总体规划范围内共有城镇低效用地125551.39 亩，占全市建设用地总面积的 4.57%，占城乡建设用地总面积的5.59%。主要分布在余姚市、慈溪市、奉化市、宁海市、镇海区和鄞州区，其中余姚市、慈溪市和奉化市占比较大，分别占宁波全市低效用地总面积的24.18%、21.44% 和 19.26%，是今后低效用地再开发的重点和潜力集中区。

城镇低效用地中，旧城镇地块主要集中于奉化市（14563 亩）、慈溪市（10551 亩）和宁海市（10835 亩）；旧村庄地块主要分布于奉化市（9610亩）、宁海市（8837 亩）和余姚市（5835 亩）；旧厂矿地块主要集中于奉化市（9610 亩）、宁海区（8837 亩）和余姚市（5836 亩）；其他类型地块主要集中于江东区（4890 亩）和海曙区（3376）。空间上来看，低效用地再开发地块连片集中分布，有利于再开发工作的统一推进。

（二）城镇低效用地类型以旧厂矿和旧城镇为主

宁波市城镇低效用地类型中，旧厂矿和旧城镇的再开发地块总面积分别为 67333.33 亩和 40503.69 亩，分别占全市城镇低效用地总面积的 53.63%和 32.26%，由此可见，旧工矿和旧城镇是宁波市低效用地的主要用地类型。另外，旧村庄面积为 11371.21 亩，占全市城镇低效用地总面积的 9.06%；其他类型面积为 6343.16 亩，占全市城镇低效用地总面积的 5.05%。

（三）城镇低效用地现状用地结构以工矿仓储用地为主

规划范围内 125551.39 亩城镇低效用地中，主要为工矿仓储用地，面积 68331.64 亩，占低效用地总面积的 54.43%；其次为住宅用地，面积 43718.72 亩，占比 34.82%；商服用地、公共管理与公共服务用地和其他的用地相对较少，面积分别为 2550.57 亩、3710.1 亩和 7240.37 亩，占比分别为 2.03%、2.96% 和 5.77%。

（四）城镇低效用地现状用地强度相对较低

城镇低效用地的平均容积率为 0.69，平均建筑密度 36.57%。从城镇低效用地的用地强度来看，现状平均容积率低于国家和省有关建设项目控制标准，仅为 2009~2014 年新增国有建设用地平均容积率（1.42）的 48.59%，现状土地利用强度偏低。但反言之，城镇低效用地再开发的潜力十分可观，凸显宁波市开展城镇低效用地再开发的必要性。

（五）城镇低效用地土地产出效益不高

宁波市城镇低效用地中，工矿仓储用地的现状投入强度约为 197.3 万元/亩。宁波市拟实施再开发的城镇低效用地土地产出效益不高，部分拟再开发地块实际已经改变用途，但是土地性质限制了其土地利用效率和投入产出效益的提高。

三 宁波市低效用地再开发案例

（一）CH 针织厂再开发项目

CH 针织服饰有限公司成立于 1984 年，建筑面积 23000 多平方米，职工 500 多人，是一家专业生产四季各类帽子、针织服装及围巾手套等产品的企业。CH 针织厂是私人控股企业，由于城市建设的发展，本来位于城郊偏远地区的厂区现在变成了城镇中心，继续作为工业用地，已经不符合城市规划的要求，且该厂生产设备陈旧，随着生产规模的扩大，原有的厂址已经不能适应新添设备、改造升级的需要。该厂改造前收入约 200 万元/年，仅能与当年应缴纳的税款相当。为增强企业效益，提高市场竞争力，企业希望通过低效用地再开发将厂房改造为商用，引入社会资金，盘活土地资产，同时改善周边环境。

1. 再开发模式与方案

该低效用地再开发项目属于企业（产权人）自行改造。由产权人自行负责出资与融资，根据政府城市规划及批准的改造方案改造，协议出让给 CH 针织有限公司集团，土地用途由工业改为商业，需补缴土地出让金。再开发项目中，改造总用地面积 18765 平方米，总建筑面积 27351 平方米，将建成商业综合体。改造完成后，产权人作为业主，配合做好物业服务。

2. 再开发收益分配

（1）再开发后项目投资主体收益

项目改造总投入为 1200 万元，用于翻建支出；项目建成后项目投资主体收入为 400 万元/年的租金收入；改造后项目投资主体收益预期用 5 年的时间收回 1200 万元投资成本。

（2）再开发后政府收益

首先，政府将获得补缴出让金（最终补缴地价标准与方式没有确定）；其次，该地块改造之后将会成为周巷镇内较大的商业中心，大大改善了城市形象，提升了城市价值；再者，改造前政府仅能获得税收 200 余万/年，改造后，政府将获得租金所得税（预计 200 余万/年）以及营业税收（预计 400 余万/年）。

3. 待破解的困境

（1）工业用地使用权开发商业用地困境

CH 针织服饰工厂再开发用于商服设施投入较大，必须通过融资才能实现项目再开发的资金运转，但是目前工业用地的使用权无法获得银行抵押贷款，已经找到的投资合作方也因为此地块为工业用地使用权而放弃投资。因

此，要实现此项目再开发，必须将工业用地使用权转变为商业用地使用权。

根据浙江省、宁波市出台的相关文件，该项目所在地的乡镇政府提出了以下两种解决方式。

第一，直接将工业用地转变为商业服务业用地。据宁波市政府出台的，旨在加快工业用地"二次开发"，提升资源要素集约利用水平，推动传统块状经济向现代产业集群提升的相关文件，《关于调整工业用地结构促进土地节约集约利用的意见（试行)》，符合下列4个条件的工业用地，可以协议出让方式改变为商业服务业用地：一是国有建设用地使用权供地批准时间在2002年7月1日前；二是未列入政府区块改造计划或政府收购储备计划；三是符合城乡规划、不影响周边其他地块开发，同时在扣除道路、公共绿化等公建用地后，可开发或相邻地块经转让后联合开发的土地面积不少于5000平方米；四是改变土地用途后，仅限于企业自用或出租，不得分割销售、分割转让和分割办理权证，禁止开发商品住宅。按此途径，企业需与国土部门重新签订建设用地使用权出让合同，并按照一定标准补缴土地出让金。

第二，临时改变用途，利用原厂房发展商业服务业。根据市政府发布的《市人民政府关于调整工业用地促进土地节约集约利用的意见（试行)》，对城镇规划区暂未列入改造计划的工业企业，允许企业自身对低效、闲置厂房进行利用改造，在建设用地使用权人不变、土地登记用途不变、建筑物不变的前提下，经依法审批，允许按商业服务业功能使用并收取相应的土地收益，对发展创意产业包括设计、研发、产品展示等生产性服务业的，经市政府批准暂不收取土地收益。

（2）补交出让金方式影响再开发项目进程

如果按照目前区域的商业用地基准地价与工业用地基准地价差额全额补交，此项目再开发就要补交500万以上土地成本，这对于本来就缺少开发资金的CH针织服饰有限公司无疑是一个巨大的阻碍，再开发项目无法进行，公司只能选择放弃再开发，仍然进行帽子生产。

如果是临时转变用地方式，工业用地变更为商业服务业用地方式，根据文件应按该地块所在区域的商业用地基准楼面地价与工业用地基准地价差额的2.5%补交出让金。在文件下发前已改变土地用途，且符合企业自行改造和利用原厂房发展服务业条件的，必须对其违法行为做出处理，补缴收益金。补缴金额按照实际已改变用途的年份乘以所处地段商业用地基准楼面地价与工业用地基准地面地价差额的2.5%计算，实际改变用途年份从办营业执照之日起计。若不符合自行改造和利用原厂房发展服务业条件的，责令其在本文件下发起两年内自行整改到位。整改期间，每年按照不低于所处地段商业用地基准楼面地价与工业用地基准地价差额的2.5%缴纳土地收益。此种方式虽然补交成本较低，但是临时转变用途签订合同使用期只有5年，作为商业用地开发投资大，收益回报期最短也要5年，如果土地使用出现问题，收益回报无法保证，因此在这种补交出让金方式下的土地变更情况下，合作投资者也无法出资参与低效用地再开发。

宁波市正在着手出台文件，以简政放权的思路，将补交出让金的方式交由各县市国土局自行制定，以适应各县市不同的低效用地再开发情况。值得注意的是，目前在低效用地再开发过程中，项目所在地的乡镇政府并不想通过土地出让金补交方式获得低效用地再开发收益分配，更看重的是土地利用效率的提高。即使民间资本雄厚、投资热情很高，但是受政策文件限制，土地用地变更受阻，低效用地再开发无法进行。因此，低效用地再开发成功与否的关键，是在于低效用地再开发政策体系的完善，并符合各地不同的情况。

（二）YG 古玩厂再开发项目

YG 古玩公司曾经是全球最大的经营古旧家具为主体的民营企业，有近30年的经营历史。厂房建筑面积82000平方米，员工800余人。后因经营不善且于2013年发生火灾受到严重损失等原因倒闭。在债权、债务理清之后，剩余资产仅存土地和厂房。

YG 古玩厂位于 YG 古玩旅游区中，镇政府自2013年以来，着力打造YG 古玩旅游区，素有中国民间家具的博物馆、古旧家具的民间故宫之称，

是全国工业旅游示范点。旅游区所集的古旧家具门类齐全，品种繁多，造型独特，是目前全国最大的古旧家具集散地之一。旅游区内的古旧家具、瓷器、木雕、竹雕、石刻、漆器等各种古旧家具工艺品，结构独特，古朴典雅，带着浓厚的传统文化气息。

在此背景下，YG古玩公司被YG进出口有限公司以"不良资产"名义进驻收购。收购后通过一系列改造，从古旧家具的生产转变为古玩城，并计划后期通过再开发，打造为以古玩为主题的集购物、娱乐、住宿、餐饮为一体的综合商服设施。据介绍，YG古玩城的一期正在试营业中，其面积达到1万多平方米。1~3楼为交易市场，入驻商家已有100多家，经营的内容包括瓷器、玉石、红木家具、字画等与古玩相关的物件，日人流量3000人左右。4~6楼为展厅，主要以红木家具和瓷器为主，每个展厅各具特色。除了固定的商家之外，每周的星期二和星期三，YG古玩城也为其他淘古者提供场地交流。目前，古玩城已与部分旅行社合作，将古玩城列入本地一日游线路，深受游客欢迎。与以往的企业化操作不同的是，现在的YG古玩城采用市场化操作，为众多古玩商家和淘古者搭建了交流的平台。据悉，按照"一街一城"的规划思路，目前街道立面改造和路面拓宽正加快推进，YG古玩城二期、三期工程也在加快开发中，未来将成为当地"古典家具文化街"的重要组成部分。

1. 再开发模式

YG古玩公司被乡镇政府列入低效用地再开发项目后，通过提供银行贷款等多种优惠方式，邀请民营企业YG进出口有限公司进行资产收购，再由YG进出口有限公司进行自主再开发成古玩城，以配合当地古典家具文化街的整体改造。

原YG古玩厂工业用地60亩，厂房建筑面积82000平方米，通过补缴出让金，将工业用地变更为商业服务业用地，再通过协议出让，办理国有土地出让手续。目前尚未办理土地工业用途变更，已经完成一期再开发。在原始建筑基本保持不变前提下，进行局部装修再开发，改造成古玩城。对原厂违法用地的改造上，根据省政府"三改一拆"三年行动计划，YG古玩厂有违法用地面积 10 亩，拟将违法用地改作停车场，以配合该地区申建 "3A" 级景区（要求必须有停车场）。配建公建方面，政府投资 7000 余万元进行永淦古玩城一公里内的街道立面改造和路面拓宽。

2. 再开发收益

（1）项目再开发投资主体收益

项目再开发投资主体 YG 进出口有限公司投资 6100 万元收购 YG 古玩公司，8000 万元翻建支出，每年支付 300 万元利息，项目再开发打造古玩城后初期以古玩交易店铺租金收入为主，该项目为文化企业，按出租面积获得 10 元/平方米的补贴，计划 3 年收支平衡。后期通过长期培育，计划打造成全国主要的古玩拍卖交易市场，预计年利润过亿。

（2）再开发后政府收益

政府获得补缴出让金（最终补缴地价标准与方式没有确定）。该地块改造之后将会成为当地著名的旅游景区，大大改善了城市形象，提升了城市价值。改造前 YG 古玩厂银行欠债较大，为不良资产。再开发后，政府将获得租金所得税（预计 300 余万/年）以及营业税收（预计 400 余万/年）。

3. 待破解的困境

目前该低效用地再开发项目主要遇到以下几个亟待解决的问题。

一是土地成本太高，违法用地再开发停滞。对于厂区内的违法用地的再开发，根据相关政策，应按照目前区域的商业用地基准地价全额补交，据估算此违法用地大约要补交 400 万土地成本，此地块计划开发为停车场，如此高的再开发土地成本直接阻碍了项目的再开发。

二是临时改变土地用途，建筑无法获得再开发施工许可。由于再开发主体 YG 进出口有限公司不缺乏再开发资金，所以开发主体选择了临时改变土地用途方式进行一期再开发改造。然而古玩城二期再开发需要对建筑进行重新改造施工。但是市政府 2011 年发布的文件《市人民政府关于调整工业用地促进土地节约集约利用的意见（试行）》规定，对城镇规划区暂未列入改造计划的工业企业，允许企业自身对低效、闲置厂房进行利用改造，在建设用地使用权人不变、土地登记用途不变、建筑物不变的前提下，经依法审

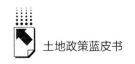

批，允许按商业服务业功能使用并收取相应的土地收益，对发展创意产业包括设计、研发、产品展示等生产性服务业的，经市政府批准暂不收取土地收益。根据此规定以及项目所在地乡镇的城市规划，古玩城二期建筑施工将无法进行。

由于再开发主体 YJ 进出口有限公司不缺乏再开发资金，所以开发主体选择了临时改变土地用途方式进行一期再开发改造，但是古玩城二期再开发需要对建筑进行重新改造施工。然而根据上文提到的慈溪市政府 2011 年发布的试行文件对城镇规划区暂未列入改造计划的工业企业的相关规定以及该镇城市规划，古玩城二期建筑施工将无法进行。

四　结语

从宁波城镇低效用地再开发调研情况看，现行土地管理政策比较重视新增建设用地管理。而相对于新增建设用地来说，城镇低效建设用地无论在土地占用、土地开发、土地处置、土地收益等方面都存在较大差异。因此，建议按照用地类型分别予以管制，实行差别化管理，提高土地承载能力和利用效率，使政府、产权主体以及再开发主体共享土地增值收益，实现城镇低效用地土地综合效益的最大化。例如对于低效产业用地，再开发可采取协议出让方式办理，或者由政府主导实施收回、收购，并按规定实施土地公开出让；对于旧城用地，改造后需按经营性用地公开挂牌出让的，与地块改造一起的配套设施可与经营性土地整体挂牌出让，由受让方统一配套建设。同时，政府要加大支持力度，落实各项优惠政策。例如对城镇低效用地再开发涉及城市公共基础设施建设的，可从土地出让金中安排相应的项目资金予以支持；对依法收回、收购低效建设用地用于再开发的，除依法补偿外，可给予原土地权利人一定数量的奖励。

在符合规划的前提下，要充分发挥市场在土地资源配置中的决定性作用，允许土地使用权人和集体经济组织等市场主体参与城镇低效用地的开发，充分调动社会各方的积极性。可以参考以下两种模式：一是企业自行再造。政府鼓励原业主自主开发来实施土地的再开发，对实施改造后，不改变实际使用用途，而容积率提高的现有工业用地，不予增加土地的价款；二是以双方企业为主导，通过自行协商联合改造、兼并重组。走内涵挖潜之路，把实施"两退两进"（退低进高、退二进三）作为破解资源要素制约、助推经济转型升级的重要突破口和切入点。总之，在新经济新常态下，地方政府既要用足用好现有政策，又要审时度势不断创新举措，突破低效用地再开发障碍，将一块块"沉睡"的土地"唤醒"，释放其发展潜力。

理论研究篇

Theoretical Studies

B.16

农村住房抵押的相关法律
法规和政策研究

魏西云　高圣平*

摘　要：　农民住房财产权由房屋所有权和宅基地使用权构成，是绝大
多数农民的一项重要财产，现行法明确禁止宅基地使用权抵
押，在很大程度上制约了这项财产金融价值的充分体现。在
"保障农户宅基地用益物权"的政策指引下，在试点地方暂
停上述禁止性规定的实施，农民住房财产权抵押权也就取得
了"房地一致"原则之下的合法性。农民住房财产权抵押权
未经登记不得设定，其实现可以采取协议拍卖、协议变卖、
强制拍卖、强制变卖、强制管理等方式。抵押物处置时受让

* 魏西云，中国土地勘测规划院地政研究中心副研究员，研究方向为土地政策与土地法律；高
圣平，法学博士，博士生导师，中国人民大学法学院教授，研究方向为民商事法律科学。

人的范围不应以本集体经济组织成员为限，但其他人受让农民住房财产权时，可以采取仅取得房屋所有权，同时取得宅基地使用权租赁权的方法。原抵押人仍然可以基于宅基地使用权的出租而取得相应收益，以保障其基本住房权利。抵押物处置中涉及宅基地使用权的收益应在国家、集体、农民之间合理分配。

关键词： 农民住房财产权　宅基地使用权　农民住房财产权抵押权
　　　　　强制管理

党的十八届三中全会、国务院《关于开展农村承包土地的经营权和农民住房财产权抵押贷款试点的指导意见》（国发〔2015〕45号）（以下简称《"两权"抵押指导意见》）均对农民住房财产权抵押制度改革提出了具体要求，并要求试点先行。农民住房财产权抵押贷款试点牵涉的主体较多，其中包含的利益关系十分复杂，涉及重大理论、政策和法律问题。因此，对农民住房财产权抵押开展系统研究，并及时全面总结地方实践经验，研究抵押权实现时宅基地处置范围、形式、收益分配及抵押中的风险防范问题显得尤为重要和迫切。

一　农民住房财产权抵押的相关法律法规和政策

我国实定法上，"建筑物"与"建设用地使用权"属于不同的财产类型，但建筑物在物理状态上无法脱离于其所依附的土地而独立存在，两者必须相互结合，才能发挥其经济作用。为避免权利冲突、简化交易关系，我国法上采取了"房地一致"原则，明确规定建筑物应与建设用地使用权一并处分。但是，这些规则均只适用于建筑物与其占用范围内的建设用地使用权之间的关系。该建筑物主要指国有土地上的建筑物和乡（镇）、村企业的厂房等建筑物，至于农民住房与其占用范围内的宅基地使用权之间的关系，是

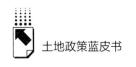

否适用或准用"房地一致"原则，有待明确。

《物权法》规定，"宅基地等集体所有的土地使用权"不得抵押，但"建筑物及其他地上附着物"可以抵押。目前，在宅基地使用权不能作为抵押物的情况下，关于其上的农民房屋所有权（属于"建筑物"）是否可以抵押尚有争论。如果适用或准用"房地一致"原则，则农民房屋所有权依"地随房走"就不能抵押，如此即妨碍了农民住房的交易自由，损害了农民房屋所有权，忽视了农民住房的资产属性与融资功能；如果不适用或不准用"房地一致"原则，则不管是否允许宅基地使用权抵押，农民房屋所有权均可抵押。现行法律虽然禁止宅基地使用权的抵押，但并未禁止宅基地之上的房屋抵押，更没有对农村房屋抵押是否适用"地随房走"的原则做出明确规定。

《"两权"抵押指导意见》明确将党的十八届三中全会《决定》中所称的"农民住房财产权"界定为包括住房所有权和宅基地使用权，指出："农民住房财产权设立抵押的，需将宅基地使用权与住房所有权一并抵押"，维系了农民住房财产权抵押权设定时的"房地一致"原则。可见，党的十八届三中全会《决定》之后，虽然绝大多数学者坚持"房地分离"的观点，但并未被《"两权"抵押指导意见》所采纳。同时，《"两权"抵押指导意见》也提出要"探索农民住房财产权抵押担保中宅基地权益的实现方式和途径"，似乎又为抵押权实现时的"房地分离"留下了空间。

二　国内外关于农民住房财产权抵押既有学说

党的十八届三中全会《决定》提出要慎重稳妥推进农民住房财产权抵押，此后，学者间就住房财产权抵押提出了各种不同的改革方案。

第一种观点认为，《决定》采取了"房地分离"的改革方式，将宅基地及其上房屋作为独立的两类财产。其中，宅基地使用权属于集体经济组织成员的财产权，具有身份性，因保障农民基本生活资料的公共政策需要，限制权利人处分，禁止宅基地使用权的抵押和转让；但地上房屋属于农民的私有财产，其权能完整，允许抵押、转让。在农民住房抵押权实现时，农村住房的受让人不应限定于本集体经济组织成员，但受让人并不取得该住房占用范围内的宅基地使用权，而仅取得该宅基地使用权的法定租赁权或集体土地的法定租赁权，以使农民房屋所有权的受让人取得正当的土地权源。

第二种观点认为，现行法上的"房地一致"原则仍应坚持。党的十八届三中全会虽然只是赋予农民住房财产权"抵押、担保、转让"权能，但在"房地一致"原则之下，农民房屋所有权的转让必然导致宅基地使用权随之转让。因此，应放宽农民房屋所有权流转的限制条件。农民住房财产权抵押权实现时，房屋的受让人同时取得该房屋所有权及宅基地使用权，允许因房地不可分离、随农民房屋所有权转让而必然产生的宅基地使用权流转。同时认为，农村集体经济组织作为宅基地所有权人，可以向购买农民住房所有权的受让人收取相应的集体土地使用权有偿使用费。

面对如此巨大的学说争议和解释分歧，如何进行政策选择和制度设计？比较法上的经验无疑会为我们展开新的视野。

在德国民法上，建筑物属于土地的重要组成部分，不能独立成为物权的客体，只能与土地一起作为抵押物。在他人土地之上建造建筑物时，建筑物所有权人的土地权源为地上权，建筑物依附于地上权而存在，因此建筑物应与地上权一并作为抵押物，但土地所有权可以单独设定抵押。在日本民法上，土地和建筑物为相互独立的不动产，各为独立的所有权客体，并各为独立的抵押权的标的。在抵押权实现时，如土地和建筑物原为同一人所有，但因变价而分属不同人所有的，建筑物的受让人取得土地之上的法定地上权，以使建筑物受让人取得相应的土地权源；如土地和建筑物原非为同一人所有，建筑物所有权人原已取得土地之上的地上权或租赁权，建筑物变价时受让人继受取得原抵押人约定的地上权或租赁权。我国台湾地区"民法"上，土地与建筑物为各自独立之不动产，建筑物虽附着于土地，但独立于土地，故建筑物与其附着的土地不必同属于一人所有，两者可以分别成立所有权，土地及其上建筑物可以分别独立作为抵押物。土地与建筑物原为同一人所有，因抵押权实现而分属不同人所有时，建筑物所有人取得该土地之上的法

定地上权；土地与建筑物原非为同一人所有，建筑物所有权人已经取得土地之上的地上权，建筑物与其地上权应一体设定抵押权。

如此看来，关于"房地一致"、"房地分离"的各种立法例和学说主张，均有其正当性，只要相应配套制度设计合理，两种模式并无优劣之分，尤其是我国本来就坚持房屋所有权和土地所有权不一致，在此种情况下，农民房屋所有权与宅基地使用权相分离各自进入市场，没有理论上的障碍。

法律上对农民房屋所有权与宅基地使用权之间的关系作如何规定，与现有的法律体系及法律观念有关，但服从现实的社会经济生活需要成为最主要的考量因素。调整农民房屋所有权与宅基地使用权之间关系的首要目标，在于促进资源的充分合理利用。由此，"房地分离"模式也就成了制度重构时的可采路径之一。一方面，此模式下仅有农民房屋所有权设定抵押，符合物权法允许"建筑物"抵押的规定，既规避了宅基地使用权禁止抵押的相关规定，又消除了农民住房资本化和金融化所面临的法律风险；另一方面，此模式可以突破宅基地使用权只能向本集体经济组织成员转让的限制性规定，扩大农民住房作为抵押物的处置范围，降低处置难度，充分实现农民住房的市场价值。就此，有学者主张以法定租赁权或（法定）地上权解决"房地分离"模式下农民房屋所有权受让人的土地权源问题。在目前宅基地制度无法一步改革到位的情况下，"房地分离"既不悖于现行法，也为农民房屋的市场化流转提供了一条可行的路径。

三 农民住房财产权抵押的实践探索

重庆市作为全国统筹城乡综合配套改革试验区，全面推进包括农村居民房屋抵押融资在内的农村金融制度创新。规定，以农民房屋作抵押的，房屋占用范围内的土地使用权一并抵押，并要求抵押人提供其拥有其他住房和稳定生活来源的证明材料。在抵押权实现时，抵押物可以通过依法拍卖、变卖、流转等方式处置。同等条件下，本集体经济组织及其符合条件的成员有优先受让权。尽管重庆市的改革方案在某些方面突破了现行法的规定，但重庆市高级人民法院的司法意见认定上述规定设定的抵押权有效，并明确规定以下情形应优先在村集体经济组织内处置，即当债务人不履行到期债务或者发生当事人约定的实现抵押权时；同时规定当在该集体经济组织内不能处置的，可以由政府指定的有关机构收购。

四川成都市也是全国统筹城乡综合配套改革试验区，其农村房屋抵押融资试点仍然坚持"房地一致"原则，农村房屋所有权与其占用范围内的集体建设用地使用权应一并抵押，未一并抵押的，未抵押财产视为一并抵押。满足以下条件的，抵押人可以申请办理农村房屋抵押，即持有合法取得的房屋所有权证和集体土地使用证（使用权为集体建设用地使用权），征得本集体经济组织同意，并承诺除设定抵押的房屋外还有其他的居住场所。农村房屋设定抵押时，该房屋占用范围内的宅基地使用权应变更为集体建设用地使用权。该规定意在规避宅基地使用权不得抵押的禁止性规定，但在实际操作过程中并未做此要求。抵押权实现时，也是农村房屋所有权与集体建设用地使用权一并变价，共同清偿贷款债权。

浙江乐清作为温州模式的发祥地，在农民住房财产权抵押登记试点上获得了成功。其主要做法是，农民申请农房抵押贷款时，应提供房屋所有权证、宅基地使用权证、抵押物非唯一住房确认书、村集体同意抵押物处置证明书、处置人不再申请宅基地承诺书；贷款用途限于正当的经营项目。仅办理农民住房抵押权的登记，但抵押权实现时宅基地使用权应随同农民房屋所有权一并转让。根据法院的裁定书和协助执行通知书，国土资源管理部门予以办理土地使用权过户手续。在2008年《房屋登记办法》实施，明令禁止集体土地范围内房屋抵押登记的情况下，省高级人民法院出台了《关于为推进农村土地流转和集体林权制度改革提供司法保障的意见》，明确提出以农村住房抵押做担保进行贷款的，只要当事人办理了抵押或出质登记的，应当对抵押权和质权予以确认和保护。可见，浙江法院明显突破了现行法上"宅基地使用权不能抵押"的规定。

从目前各地开展的农民住房财产权抵押贷款试点来看，在抵押权设定时，大多只是以农民房屋所有权为抵押物，有的虽然是以农民住房及其土地

使用权作为担保物，但在抵押登记时也都仅仅只是登记了农民住房抵押权。在一定程度上反映了物权法上禁止宅基地使用权作为抵押物对于农民住房财产权抵押的影响，也因此存在着创新试点不符合立法本意、得不到法律认可的风险。各地在试点中要么不提及"宅基地使用权"，或以"（集体）土地使用权"代之，要么改变宅基地使用权的性质，使之成为法律上未禁止抵押的"集体建设用地使用权"。但在抵押权实现时，各地无一例外地采取了"房地一致"原则，就农民房屋所有权及其占用范围的土地使用权（不管具体名称如何）一起变价。

十八届三中全会虽然对推进农民住房财产权抵押提出了明确要求，但根据《中共中央关于全面推进依法治国若干重大问题的决定》的精神，要做到"重大改革于法有据、立法主动适应改革和经济社会发展需要"。因此，如果不修改或暂停实施《物权法》上的相关规定，在"房地一致"原则之下，农民住房财产权抵押贷款就无法依法展开。

四　农民住房财产权抵押制度改革的政策建议

（一）抵押物的处置方式

《"两权"抵押指导意见》强调"采取多种方式处置抵押物"。就抵押物的处置方式，《物权法》第195条规定了协议折价、协议拍卖、协议变卖、强制拍卖、强制变卖等几种。《"两权"抵押指导意见》进一步指出，农民住房财产权（含宅基地使用权）作为抵押物处置时，应与商品住房制定差别化规定。《物权法》第195条的相关规定也就不能完全适用于农民住房财产权的处置。

在"慎重稳妥推进"的政策指引下，农民住房财产权抵押贷款试点中的贷款人仅限于金融机构。这也就决定了，不能以协议折价的方式处置抵押物，否则，金融机构取得农民住房财产权，违反了《商业银行法》不得向非自用不动产投资的禁止性规定。同理，在强制执行程序中，强制拍卖、强制变卖之后仍然无法处置的，也不能以折价的方法使金融机构取得农民住房财产权。实践中，就抵押物的处置还有一种方式，即由农村产权抵押融资风险基金收购，这种方式实际上是变卖的一种形式，只不过变卖的对象是产权抵押融资风险基金。

同时，对于抵押物价值较大但担保的债权数额较少，或在强制执行程序中无法变价的抵押物，可以采取强制管理的方式处置抵押物。即通过委托他人管理抵押物，并以其所得收益使债权得以优先受偿，这种强制管理的处置方式不改变抵押物的权利归属，抵押人仅在一定期限内丧失对抵押物的使用收益权，以抵押物的收益来满足抵押债权，抵押债权满足之后，抵押人仍然享有原先对抵押物的完整权利。强制管理的具体形式，可以出租或抵押权人自己利用；管理人可以是执行法院指定的组织或人员，也可以是抵押权人或抵押人。强制管理措施对执行债务人而言，比起强制拍卖来具有更少的深刻后果，这在一定程度上契合了目前保证农户基本住房权利的公共政策目标。但这一处置方式增加了金融机构实现权利的时间，抵押权人的利益在一定程度上受到了限制。

（二）抵押物处置时受让人的范围

农民住房财产权抵押权实现时，受让人是否受限，取决于法律上是否就农民住房财产权的权利主体做出特别规定。在实定法上，虽然农民房屋所有权的权利主体或受让对象没有限制性规定，但在"房地一致"原则的约束之下，农民住房财产权的主体因其宅基地使用权主体的身份性而受到极大的限制。土地管理法中农村农民出卖、出租住房后，再申请宅基地的，不予批准的相关规定，其主旨是为了在宅基地分配上对农民申请资格做出相关限制，而并非禁止宅基地使用权的转让，其管制对象仅仅是作为出卖宅基地以后再度申请的农村村民，但国务院的一系列文件却将宅基地使用权的受让对象局限于本集体经济组织内部符合宅基地申请条件的农民。

抵押物处置的范围在试点地方各不相同，有的地方将受让人限定于本集体经济组织成员；有的地方规定应优先在集体经济组织内处置，不能处置

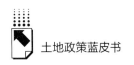

的，由政府指定的有关机构收购；有的地方将受让人扩大到包括一定范围内的农业户籍人员在内；有的地方已将宅基地使用权变更为集体建设用地使用权，受让人的范围没有限制。限定受让人的范围，实际上降低了农民住房财产权的实际价值，也使得抵押物的市场化处置存在不确定性。从试点看，受让人的过度限制，在一定程度上阻碍了房屋和宅基地的流转量。

《"两权"抵押指导意见》指出，农民住房作为抵押物涉及处置时，受让人应限制在相关法律法规和国务院规定的范围内。其对抵押物处置范围的限制仅仅只是"原则"，该意见同时指出"盘活农民土地用益物权的财产属性，加大金融对'三农'的支持力度"，"探索农民住房财产权抵押担保中宅基地权益的实现方式和途径"，给各试点地方提供了实践创新的余地。试点管理办法可以规定几种模式：第一，抵押物处置范围局限于农民住房所在地的集体经济组织。这种模式完全迁就了现行法的制度安排，没有试点的实际意义，也不会为下一步的法律修改和制度完善提供实践基础；第二，抵押物处置范围放宽到一定范围（如本县、市）内的农业户籍人员，但农民住房所在地的集体经济组织及其成员具有优先受让权，并明确宅基地转让收益在集体和农民之间的分配。关于户籍问题，在目前相关政策并不明朗的情况下，受让人并不取得该集体经济组织的户籍；即使取得户籍，也不取得该集体经济组织成员的身份；第三，抵押物处置范围不作限制，但农民住房所在地的集体经济组织及其成员具有优先受让权，制度设计时同样要考虑宅基地转让收益的分配问题。这三种模式各有其适用空间，分别对应于经济和社会发展现状不同的地区。例如，对于大城市的近郊而言，农民住房财产权的价值较高，市场化基础（如登记、流转机制）比较好，农民以非农收入为主要生活来源，此种情形可以采取第三种模式。

（三）抵押物处置时宅基地权益的实现方式和途径

从《"两权"抵押指导意见》可见，在当前宅基地制度改革试点并未朝着市场化发展的背景下，宅基地使用权本身的保障功能及不可处分性，决定了"房地一致"的农民住房财产权抵押权实现时，处置范围必然受到宅基地使用权受让范围的限制。但宅基地制度改革的指导思想就是要依法保障农民宅基地用益物权，即保障农民对宅基地依法取得、使用、收益的权利，并逐步推进宅基地有偿使用和流转制度。而现行宅基地制度之下，农户对宅基地仅享有占有、使用的权利，因其流转宅基地使用权极受限制，收益权能也极为受限。《"两权"抵押指导意见》"探索农民住房财产权抵押担保中宅基地权益的实现方式和途径"，更多地应从保障宅基地用益物权的角度进行理解。

第一，探索抵押物处置时宅基地权益的实现方式和途径，首先要保证农民住房财产权的变价款主要应由农民享有，并优先用于清偿贷款债权，剩余部分主要归属于农民。宅基地使用权的收益权能的体现之一就是以转让、出租等方式处分宅基地使用权并获取法定孳息。在抵押物处置时，其中宅基地使用权的变价款即为其法定孳息的表现形式，应以之作为农民的财产清偿相应债务。

第二，探索抵押物处置时宅基地权益的实现方式和途径，意味着农民住房财产权抵押权实现时不一定要就农民房屋所有权和宅基地使用权一并变价，可以探索"房地分离"模式：受让人仅取得住房所有权，及宅基地使用权的租赁权（债权性质的土地使用权），而不取得宅基地使用权。即抵押人仅丧失住房所有权，并不丧失宅基地使用权，其可以依宅基地使用权的租赁权收取租金，用此租金租赁住房，以保证基本住房权利。这既是宅基地用益物权的实现方式，也是《"两权"抵押指导意见》制定与商品住房相区别的抵押物处置规则的体现。

第三，探索抵押物处置时宅基地权益的实现方式和途径，还要注意其中集体经济组织的宅基地所有权利益的实现问题。有学者认为，鉴于宅基地分配的福利性、保障性，农民的住房财产权主要体现为房屋所有权的价值，而房屋所附着的宅基地的价值在其房地产转让过程中不应视为宅基地使用权人所享有的固有财产价值。非本集体经济组织成员受让农民住房财产权时，取得房屋所有权，同时"推定其与土地所有权人成立新的土地使用权关系"，受让人应向作为土地所有权人的集体经济组织交纳租金，如宅基地使用人在转让房屋所有权后仍享有土地收益或土地福利，则不符合宅基地无偿分配的

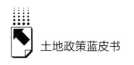

福利性，也剥夺了作为所有权人的农村集体的合法权益。

本作者认为，宅基地虽然实行福利分配和无偿取得，但这并不能抹杀宅基地使用权的财产属性，更不能据此剥夺农户作为宅基地用益物权人所本应取得的法定孳息。以集体所收取的租金来保障农民的基本住房权利，限于该租金的集体资产性质以及我国目前的集体资产权利行使现状，恐难实现。因此，以在宅基地使用权之上设定租赁权的方式将租金的主要部分直接给予农民，乃是目前制度设计的最佳选择。同时，集体经济组织作为宅基地所有权人，可以参与抵押物处置时宅基地部分法定孳息（包括转让或出租所生孳息）的分配，具体分配标准和比例应参酌当地经济发展水平、基本生活保障水平等因素综合确定。就宅基地使用权的法定孳息而言，国家以税收方式参与租金的分配；集体经济组织作为宅基地所有权人，可以享有部分宅基地价值增值收益；农民享有自己投资所致的价值增值部分。

（四）防止农民居无定所的实践探索及其评价

在宅基地依然是农民最重要的生活来源的背景下，"失地风险"是一个不可忽视的重要问题。农民住房财产权抵押贷款试点中是否会出现居无定所的问题，是慎重稳妥推进试点改革最重要的原因。金融机构在处置抵押物时如何保证农户基本住房权利，就成了试点管理办法起草时无法回避的论题。

各地试点探索中，大多要求农民提供住宅以外其他住所的证明，以防止抵押权实现时抵押人居无定所，发生社会风险。这一做法大大限制了农民住房抵押的设立，从而也就间接限制了农民住房的价值发挥。首先，提供的住宅以外其他住所的证明的真实性值得置疑，其次，是否可以落实亦值得怀疑，只是形式而并无多大的实际意义。学说上，农民基本住房权利的保障已经脱逸出了宅基地用益物权的范畴，"为被执行人及其所扶养家属提供基本居住条件，应当是社会保障制度的功能，属政府的职责范围。"[①] 在落实农

---

① 王飞鸿：《〈关于人民法院执行设定抵押的房屋的规定〉的理解与适用》，《人民司法》2006年第1期。

村土地的用益物权、赋予农民更多财产权利，有效盘活农村资源、资金、资产的抵押贷款试点指导思想之下，更应注重实现宅基地使用权的财产属性。即使抵押物的处置以保证农户基本住房权利为前提，其实现路径亦应在准确把握"基本住房权利"的含义下展开。

"基本住房权利"并不以农户享有住房财产权或保有宅基地使用权为唯一判断因素，其他保障农民居有定所的方法也不失为可采路径之一。例如，前述抵押物处置方式中，强制管理就没有使农民丧失住房财产权；宅基地使用权租赁权的制度设计同样可以使农民以租金满足其"基本住房权利"。此外，农村社会保障制度的建立和完善也为"基本住房权利"的保障提供了最为正当的路径。司法实践中的既有规则也已经就"基本住房权利"的保护提供了解决方案。如《最高人民法院关于人民法院民事执行中查封、抵押、冻结财产的规定》明确规定，"对被执行人及其所扶养家属生活所必需的居住房屋，人民法院可以查封，但不得拍卖、变卖或者抵押"，《最高人民法院关于人民法院执行设定抵押的房屋的规定》也明确指出，对于属被执行人及其所扶养家属必需但已设定抵押的房屋，在由申请执行人或集体经济组织提供临时性住房后，方可拍卖、变卖。

在抵押农民有数处住房时，不会发生农民居无定所的情形，对抵押物的处置应无障碍。在抵押农民仅有一处住房时，抵押物处置时原则上以货币安置方式安置抵押农民及其所扶养家属，使其有生活必需的居住条件，安置款按照安置面积乘以被处置房屋所在区域较偏僻地段的买卖价格或租赁价格计算，并从抵押物变价款中扣除。若有条件采取实物安置方式的，也可以实物安置，实物安置按照就近原则，一般在被处置房屋所在位置的一定范围以内安置，提供足以保障被执行人及其所扶养家属最低生活标准所必需的住房，但实物安置不一定是使抵押农民取得价值较低的住房财产权，租赁权亦可。

五 结语

农民住房财产权抵押贷款试点改革，就金融机构而言，就是要构建风险

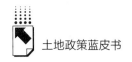
防控机制，保障信贷资产的安全；就公共政策的考量而言，就是要防控抵押物处置时农民失去住房财产权所引发的社会风险。当前农村宅基地问题十分突出，既有管理不到位的因素，也有制度和政策不适应的问题。倾斜地保护农民权益，首先是要赋权，赋予农民处分其住房财产权的权利，并明确权益内涵，让农民拥有包括使用价值和交换价值在内的完整的房地权益。由于当前的社会环境以及农村社会保障体系尚不健全，全面放开农村住房自由抵押与流转的时机尚不成熟，① 折中方案就成了目前制度安排时的无奈之举。为使农民住房财产权抵押贷款制度真正落地，达到政策设计的目标，配套制度的跟进至为重要，这也是控制抵押风险、吸引金融机构参与抵押贷款的关键。例如，户籍制度、登记制度、抵押财产评估制度、抵押物流转平台建设等等，均应及时配套跟进。

---

① 陈锡文：《土地承包权和宅基地抵押应慎行》，《农村工作通讯》2009 年第 10 期；王直民、孙淑萍：《基于"房地分离"的农村住房抵押制度研究》，《农村经济》2012 年第 10 期。

B.17
经济新常态下支持旅游业
发展的用地政策思路

姚 丽 王柏源*

摘 要： 旅游业成为中国调整经济结构重要动力。然而，旅游业作为
服务业组成，具有产业泛、融合多、规模大、扩张快、布局
广等特征，用地规律与特点复杂、特殊，与传统产业存在较
大差别。因此，在经济结构调整的关键时期，如何与时俱进
采取土地差别化管理方式，促进旅游业转型升级加快发展成
为当务之急。本报告在总结 2011 年以来旅游用地差别化土地
政策研究成果与地方旅游用地改革实践探索基础上，立足全
面深化改革总体要求，结合旅游业面临的新常态、新问题，
提出促进旅游业发展改革的差别化土地政策相关思路。

关键词： 支持旅游业 差别化 土地政策

一 旅游业为新常态下经济结构调整注入活力

（一）消费需求扩量升级

随着国民旅游休闲时代到来，我国旅游总规模快速增长，旅游人数年均

---

* 姚丽，中国土地勘测规划院地政研究中心研究员，研究方向为差别化土地政策及土地制度改
革；王柏源，中国土地勘测规划院地政研究中心工程师，主要研究方向为土地政策与土地法
律。有关旅游业、新兴产业和现代农业等差别化土地政策研究成果，已应用于有关产业差别
化用地政策制定。

保持在10%~15%的增幅，旅游需求全面升级，旅游消费持续旺盛，为我国扩大内需发挥着重要的作用。2014年，全国旅游总收入3.38万亿元，增长14.7%；旅游总人数达37亿人次，其中，国内旅游36亿人次，接待入境游客1亿人次；抽样调查，一日游和过夜游比例约6∶4计，2014年分别为22亿人次、15亿人次。据世界旅游组织预测，到2020年，我国将成为世界第一大旅游目的地及第四大客源市场。

（二）投资规模需求拉动经济增长

在经济下行压力加大，传统行业增效普遍困难之际，旅游业因消费需求旺盛，带来投资规模快速增长，成为新常态下经济位次前移最快的行业。全国旅游总投资从2011年的2.7万亿元增长到2013年的6.8万亿元，同比增长超过25%（见图1），呈现规模大、扩张快、布局广的特点。截至2014年底，全国共形成225处国家级风景名胜区，186家国家5A级旅游风景区，正在营业的酒店有三星级5585家、四星级2431家、五星级783家。旅游业发展壮大的同时，也为稳增长、调结构、促改革、惠民生、提高促进就业、扶贫救困、改善生态环境发挥了重要作用。

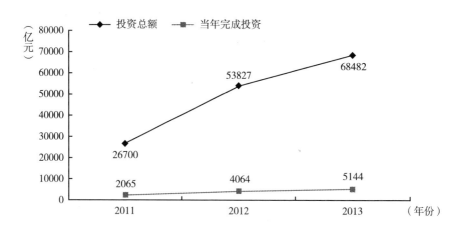

图1　2011~2013年旅游投资总额及当年完成投资额

数据来源：历年旅游投资报告。

（三）产业结构与布局特点明显

近年来，观光、休闲、度假旅游并重发展，旅游业提质扩容带动相关产业转型升级，结构调整活跃，不同的业态、投资主体与资本多层次广泛融合。跨行业，不同行业主体投资融合。从投资看，一是大项目投资多。2013年，总投资 50 亿元及以上的在建旅游投资项目共计 295 个，涉及项目总投资达 34178.1 亿元，占全国项目总投资的 49.9%；100 亿元以上项目达 127个，2014 年上半年增长到 151 个，大项目的建设带动了区域旅游经济的发展壮大。二是东部占比高、西部增幅高。从旅游项目总投资所占比重看，东部地区占比为 59%，明显高于中部地区的 24% 和西部地区的 17%。从项目总投资增幅看，2013 年，西部地区增幅最大，项目总投资增幅同比增长 52.1%，东部地区同比增长 25.2%，增幅最小的为中部地区，同比增长 18.7%。三是大型涉旅企业在发达地区投资密集，并开始全国布局。国内知名的万达集团、华侨城集团、方特集团，发展区域从发达地区转向全国性的旅游发展布局。四是旅游投资主体多元化，政府与企业及国有与民营融合。从 2013 年我国旅游投资资金来源比重看，民营资本占到了 57%，增幅达 13.3%，成为旅游投资的主力。五是产业融合日趋显著，新的旅游业态层出不穷，旅游吸引物与吸引地不断更新。众多行业与企业纷纷开始涉足旅游市场，民营资本、外资、社会资本进入多主体合作时代，如上海迪士尼、乌镇、长隆等都出现跨体系的融合。六是成为各路资本逐鹿的主要市场，大型项目层出不穷，出现巨大单体量式与覆盖全国式项目的资本市场极度活跃，旅游产业布局出现同质化旅游投入或成本设施投入，新的产业布局和结构偏向大体量、超豪华方向，存在发展风险。

（四）旅游业正在迈入全新时代

一是旅游业地位上升，成为服务经济的支柱行业和国民经济的重要行业，并形成旅游业带动关联产业融合发展格局。二是随着国民旅游休闲时代的到来，民众越来越多的将旅游视为生活习惯和时尚方式。"说走

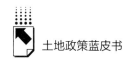

就走"成为旅游新常态。三是由于旅游业包容协调的发展方式,在消除贫困、缩小地区及城乡和产业差别、增进人民福祉、和谐社会稳定等方面发挥重要作用,因而,中国旅游业的改革与发展深刻影响着现代化进程。

(五)可持续保障能力急需提升

一是旅游交通、停车场及厕所等旅游基础设施及公共服务普遍供给不足。急需围绕全国重点的旅游区域、线路、城市、景区,规划建设服务设施体系。如,未来三年需要建设各类旅游厕所5.7万座,其中新建3.3万座,改扩建2.4万座。新建自驾车和房车营地1000个。二是旅游业具有高投资、高风险、慢回报的产业基本特征,需要扶持性政策长期培育,借助乡村旅游进行的扶贫致富更是发展难点。三是受传统发展方式影响,旅游资源开发利用粗放浪费,需要节约集约引导。

二 旅游用地情况复杂,具有特殊性

旅游业面广量大的发展态势,涉及行业多、区域多、环节多,在用地方面具有以下特点。

(一)旅游用地内涵宽泛,难成独立地类

旅游用地是指直接或间接满足旅游者的游览、游憩、休闲目的,以旅游业为主要或重要组成的旅游业用地,与旅游业相关的旅游吸引物、旅游接待设施、旅游企业、管理结构等为旅游者进行一系列旅游活动提供场所和空间的用地总称。其权属可为国有或集体所有,广泛涉及建设用地、农用地或未利用地中的大部分地类。利用时常常多地类使用,具有功能复合、利用持续特征、效益多重、方式多样性等特征,可大体分为旅游景观用地(包括自然、人文旅游资源用地、游览设施用地和支撑性自然资源或缓冲区),旅游接待用地(主要为经营性旅游建设用地,包括旅游接待、旅游商业和度假

疗养用地等），旅游管理及基础设施用地（旅游道路等基础设施用地、公共管理设施用地等）。

（二）规划机制衔接不畅，难调发展空间

一是在规划层面上，旅游业用地需要统筹安排发展空间，系统解决现有生产、生活和生态规划用地空间，怎样附加旅游用途功能的问题。二是旅游规划多为预期指导性规划，对旅游重点发展区域及相关建设项目空间定位与规模描述模糊，在与土地利用总体规划与城镇规划衔接中无法安排落地，往往出现"落地难"问题。加之规划实施中旅游项目多为社会资本投资，受招商引资方式影响，发展存在不确定性。目前由于衔接不畅，与土地利用规划存在冲突较多，规划调整难度大，配置建设空间艰难，影响到一部分项目的建设安排，也影响到除5A景区外的部分景区公共服务设施用地配套问题。三是许多旅游集中发展区域旅游人口大于常住人口几十倍，由于规划规模对旅游人口统筹不够，计划指标不足，用地供需矛盾突出，这些地区旅游基础设施和公共服务设施供给不足。四是众多旅游发展区，人口、资源环境容量十分有限，资源开发与生态保护面临许多关系的协调。

（三）旅游用地利用复杂，难落用途管制

一是一批体量小、数量大，直接关乎旅游服务质量的厕所、步道、凉亭等旅游公共服务设施，受用途管制限制，无法在农用地和未利用地建设；二是随着新业态不断涌现，自驾游、邮轮等规模增长，停车场、汽车营地、码头等相关配套设施建设用途管制需要政策。三是大型旅游景区开发涉及景观、交通、购物、宾馆和配套住宅等各类用地，同一项目往往涉及多种用地类型，取得方式不同、用途管制不同、利用方式复杂，是以综合方式实施管理还是分类方式实施管理需要探索解决。四是大型新建景区多采取社会资本进行综合开发，项目建设准入时往往实施备案不审批，但项目用地规模多达上千亩，甚至上万亩，项目用地准入、用地标准、用途管制和风险防范需要管控举措。

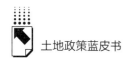

（四）乡村旅游正在兴起，难用法律保障

农村土地制度安排影响着乡村旅游发展，当前，"农家乐"、乡村酒店、休闲农庄、农业旅游等乡村旅游用地绝大多数是通过租赁方式使用集体建设用地。特别是正在发展兴起的民宿式乡村酒店，事关宅基地增加或转向经营用途，以及由此带来法律、产权管理和收益分配等问题，一是宅基地和村庄用地使用权从无偿自住到有偿经营，用途发生变化。在农房从自住拓展到经营功能的同时，宅基地用途已从原有福利保障型自住自用，拓展到有偿向集体经济组织以外人员提供住宿和经营的用途，其经营收益难以区分是属农房还是宅基地使用权经营收益，从无偿自住到有偿经营所获收益，村集体经济组织作为所有权主体是否参与分配，村庄成为经营场所是否需要办理增加用途的土地手续。二是宅基地保障型自住自用限定变为同时成为客栈的经营性供他人有偿使用，其法律属性不同。农村宅基地使用权具有居住保障的性质，是国家法律赋予农户的福利，农民宅基地使用权具有无偿、处分和收益受限定等属性。而用宅基地经营乡村客栈，其土地使用权已同时兼有经营性建设用地使用权，由于从居住保障性质拓展到经营性质，其用地在分配、使用和退出环节不应是无偿的。特别是依照我国《土地管理法》第12条规定"依法改变土地权属和用途的，应该办理土地变更登记手续。"已用于经营的宅基地是否也应增设产权管理环节，需要明确相关法律。三是因投入原因乡村客栈经营用地的主体已超出了本村村民范围。由于村民发展资金有限，一些外来人员和工商企业涉足乡村客栈投资经营，出现了用地主体资格漂移，由于收益分配关系不明晰，村民和集体利益往往会被侵蚀。四是乡村旅游中如何规范集体建设用地流转政策规定尚未明确，集体建设用地实现抵押融资难，投资者担心产权不稳，不愿意规模投入，往往限制了乡村旅游扩容提质。

（五）旅游项目用地复杂，存在多样需求

一是涉及旅游生态景观的农用地、未利用地规模虽大，但不改变土地用途，需要分类管理政策；二是利用未利用地、废弃地及边远海岛支持发展旅

游业，需要差别化支持政策；三是海岛开发管理，需要将土地管理延伸到涉及旅游开发的无居民岛屿上，实施海陆统筹管理。四是旅游业投资具有高风险、低收益、慢回报的产业特征，出让年限偏短，不利于大资本投资回收，需要在出让年期和方式上差别化供地。五是旅游设施建设的重点保障问题，符合国情背景下的大型基础设施建设用地需要统筹协调保障；厕所、步道、凉亭等旅游基本需求设施，虽属刚性需求，但体量大、需求多，布局分散，需要便捷供地方式给予保障。六是普遍存在重新增旅游项目建设、轻存量再利用盘活，重短期回报、轻生态文明建设等问题，存量旅游用地低效和闲置情况较为严重，需要健全适用旅游业的用地标准和规模控制标准体系，建立旅游项目节约集约用地评价标准和监管体系。

（六）保护与管控压力大，需要坚守底线

一是部分涉"农"旅游，存在规避审批"以租代征"，租用农用地后擅自违规改变用地用途，造成农用地隐性减少。二是旅游用地资源价值未得到充分保护，由于准入门槛过低，缺少旅游用地节约利用约束指标，许多地区依然采用降低优质山水资源利用成本，实现旅游粗放扩张的简单发展模式，同质化竞争、低水平开发，经营管理方式单一，往往形成不合理开发，导致旅游资源破坏严重，生态环境受损。三是旅游企业取得用地后不按规划控制要求随意布局，擅自扩大建设规模。四是由于规划衔接和审批困难，许多旅游用地以正当方式取得土地使用权难，存在旅游建设用地未批先用，未报即用现象。

三　旅游业改革发展的用地政策思路

按照中央和国务院有关旅游业改革发展要求，在了解旅游业发展态势，掌握旅游业用地需求规律的基础上，本报告在总结旅游用地改革地区实践探索、借鉴相关产业用地支持政策思路和旅游用地政策研究成果基础上，按照中央深化改革有关要求，拟通过旅游用地管理环节政策调整，创新差别化政策有关思路如下。

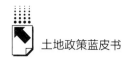

（一）在规划计划环节，统筹考虑旅游业需求全面升级带来的发展空间不足问题

通过建立规划计划完善的体制机制，解决旅游业发展空间难获取，规模、布局、结构和时序统筹安排的问题。探索利用旅游发展区规划和实行重大项目清单制作为规划衔接关口和调整手段；通过完善和延伸现行乡村相关规划体系，赋予乡村地区旅游设施建设空间。具体可考虑下面几种方式解决用地空间问题。

1. 强化规划融合，统筹安排旅游业发展空间

在土地利用总体规划和城乡规划中统筹考虑国民休闲度假需求。土地利用总体规划与城乡规划、旅游规划等规划相互融合的模式，完善国土空间规划体系，在明确城乡生产、生活和生态功能区范围时，同步对旅游业提质扩容的合理用地需求做出相应安排。根据旅游人口增加状况、旅游区域布局和旅游业转型发展需要，共同确定需要重点支持的重点旅游目的地，根据休闲度假需求和游客活动规律，由旅游、国土及发改、城建等部门共同编制与旅游相关的厕所、停车场、游客集散中心、咨询中心等公共服务设施用地规划。在旅游用地指标上予以倾斜。在旅游人口与本地居民比例过高地区，按照常住人口和旅游人口的整体需求，客观划定人均城市建设用地规划规模。

2. 有效落实新增建设用地，完善旅游用地与相关规划衔接机制

由地方政府统一组织，旅游局牵头，国土等相关部门共同参与，在符合耕地保护、环境保护和生态文明建设要求的前提下，按照"多规合一"相关要求，编制重点旅游区发展规划，明确重点旅游区范围、发展方向、用地规模与布局等，经评审论证后，报市人民政府批复实施，对旅游产业用地规模与布局实施规划管控。

3. 探索项目清单制，统筹旅游项目结构与时序

制定《重大旅游项目建设清单》，做好与《重点旅游片区发展规划》的衔接，在市中心城区外的旅游产业项目选址、建设内容、用地规模符合《重点旅游片区发展规划》。项目清单实行准入退出、滚动管理机制，便于

项目建设不确定性调整。经过合法性论证和审查机制，确立旅游重大项目建设清单，凡纳入清单的重大建设，做好与规划、计划的衔接，统筹保障用地，清单项目建立部门推荐负责制和准入与退出机制，实行滚动管理。未列入重大旅游项目建设清单的旅游项目，按现有土地管理政策执行。

4. 建立旅游新增项目的规划衔接机制

在经土地利用总体规划实施中期评估后，将旅游项目新增需求纳入土地利用总体规划布局调整或修编工作。旅游产业用地必须符合土地利用总体规划相关要求，已经在市、县、乡三级土地利用总体规划中安排，可以列入旅游建设发展规划的重大旅游项目建设，以及经市级人民政府核准，省厅批准，利用低丘缓坡、荒滩等未利用地开发的旅游项目；可以对土地利用总体规划进行局部调整或修改。

5. 建立旅游开发利用未利用地建设的用途管控机制

发展旅游业涉及荒地、荒坡、荒滩等未利用地开发的，编制利用方案，方案包括用地位置、范围、面积、地类、土地权属、城乡规划合规性和开发建设是否有利于生态改善、环境保护和提高土地利用率等，涉及规划调整的，同时编制规划调整方案。相关利用方案经听证、论证后报管辖地国土资源部门批准后实施。

6. 建立健全乡村规划体系，赋予乡村旅游发展空间

完善土地利用总体规划乡村规划体系，会同相关部门共同建立乡村旅游用地建设标准和规模控制指标，设定发展建设许可认定和用地取得程序。增减挂钩节余指标要统筹考虑发展乡村旅游。

7. 增加年度土地利用计划弹性配置空间

对符合相关规划的旅游重点发展项目，及时安排新建调用地指标和补充耕地指标，对旅游厕所等重点建设的旅游公共服务设施用地给予重点计划保障。

（二）在审批供应环节，对必要建设的旅游服务设施建立用地差别化供给调节政策

结合产业升级和复杂业态要求，区别对待旅游用地功能复合问题，实施

差别化供给。

1. 着力解决新建旅游公共服务必要设施的用地难题

对建设体量小、数量大的厕所、步道、凉亭等必要的旅游公共服务设施，探索总量控制，区分地类，集中申请审批与供地方式。解决自驾游配套必需设施的用地问题。引导绿色自驾游配套设施建设，明确房车营地项目用地性质，完善用地管理方式。

2. 细化旅游用地分类管理政策

新建观光、体验型旅游项目用地，利用农用地和未利用地形成的生态景观用地、停车场（须确定比例和面积），在不固化、不破坏耕作层、不改变地类性质的前提下，可依照《土地利用现状分类》（GB/T21010～2007），按实际地类管理；对其中未超过6.5米的景区道路，按农村道路管理。建立生态景观用地分级管控规模。采用分类用地管理方式的生态景观用地，不再办理农用地（未利用地）转用和土地征收手续，但原土地使用权人与项目法人须就生态景观用地签订相关流转（或租赁）合同（格式统一监制），明确约定生态景观土地用途和利用期限、用途管制责任主体及违约责任等，作为项目生态景观用地后续监管依据。与旅游资源开发相关的基础设施、旅游服务设施和管理设施等用地，包括游客服务中心、游客广场、游客休息点、医疗点、固化停车场和超过6.5米的道路用地，用于旅游项目的会议、餐饮、住宿等地产开发项目用地，按建设用地管理，办理建设用地审批手续。

3. 强化旅游用地分类管理环节监管措施

做好与现行规划计划、审批利用与批后监管的管理衔接。如项目涉及生态景观用地分类管理的，有关合同一并纳入报件，实行审查备案；不涉及旅游设施用地审批的，交由相关业务部门备案，纳入批后项目一并监管。项目涉及改造生态景观用地，涉及农用地地类内部调整的，纳入农村土地综合整治专项规划，按土地整理项目管理，美化景观和整合、提高农用地质量，未经依法批准不得进行非农建设。国有农用地和未利用地未改变用途实施有偿出让和租赁的，参照执行。

4. 探索差别化供地模式

一是实行旅游项目有区别的依差别化供地方式。有景观生态容量要求的区域，适度调整建设密度，合理确定旅游景区及周边建筑密度、容积率等控制标准。根据城市总体规划、城乡控制性详细规划和规划部门出具的规划条件，合理确定旅游景区内外建筑密度、容积率等控制标准。二是根据投资规模，回收期，完善旅游用地出让年期、地价和税费调节制度。三是在保护生态环境、建立环境容量管控的条件下，对利用未利用地发展旅游业的，合理确定审批方式、供地方式和税费标准，进行鼓励和引导。实行有控、有保的准入和地价政策支持鼓励旅游业使用荒山、荒坡、荒滩、石漠化等未利用地等发展旅游项目。对旅游业涉及无人海岛开发的延伸土地行政管理。将土地管理延伸至涉及旅游开发的无居民岛屿上，纳入海陆统筹管理范畴。

5. 完善旅游业用地管理方式，促进旅游业转型升级

对符合国家旅游业发展方向，投资大、市场前景好的重点旅游项目可优先安排供地；按照"谁投资、谁受益"原则，支持旅游企业利用荒山、荒坡、荒水、荒滩、荒岛及采矿塌陷区和生态评估后可开发利用的石漠化土地开发旅游项目。确定投资主体和土地使用权主体用地取得方式；对利用存量用地建设旅游项目的，在符合土地利用总体规划和城市规划的前提下，按照各类支持性政策，实施差别化供地方式；建立旅游项目联合督察制度。对于条件成熟的旅游项目，及时跟进服务，及时沟通协调解决出现的情况，定期督促检查；建立责任追究制度，明确部门责任分工。

（三）探索农民利用集体土地参与旅游开发、分享收益的模式

1. 探索农民集体经济组织和农民以集体土地参与旅游项目开发的模式

在严格保护耕地、坚持农地农用和生态环境保护，充分尊重农民集体和农民个人意愿的前提下，旅游生态景观用地实行分类管理的，原则上利用农民集体性质的农用地和未利用地不征不转，旅游景区（或项目）涉及利用农用地（包括设施农用地）和未利用地的，设定承包关系的可按承包经营权流转方式进行取得，未设定承包经营权可按使用权入股、联营、租赁等方

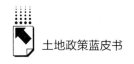

式参与旅游开发经营。在符合规划和土地用途管制前提下，允许已有的农村集体经营性建设用地租赁、入股，在经集体经济组织三分之二以上成员，或三分之二村民代表同意，经依法批准的集体建设用地可进行经营性开发，但不能建设商品房。

2. 探索利用村庄发展乡村民宿涉及相关用地的产权管理和收益分配等问题

从规范管理出发，统筹设计、需要探索宅基地涉入经营后的产权、使用、收益分配和退出等管理制度，通过制度设计，让农民在保障农民宅基地用益物权和集体在所有权益方面有获得感。用于旅游项目开发的村庄集体土地必须明晰产权关系，做好土地权属登记。探索在符合土地利用总体规划、城乡规划的前提下，用经依法批准的建设用地、旧村庄及闲置集体建设用地进行整合改造开发旅游项目，也应当经本村村民三分之二以上成员或三分之二村民代表同意，涉及房屋拆建的应征得本人同意，可按照建设项目管理程序报批后实施。涉及扩大用地范围占用农用地的，应依法办理农用地转用审批手续。

3. 建立健全政府、旅游开发者、土地所有权人、土地使用权人的收益分配机制

由市级政府研究制定收益分配办法，明确出让的旅游景区开发用地除扣除土地出让成本外的增值收益，政府与被征地农民集体和农民个人分享收益比例，且向农民个人倾斜。拟定未进入旅游景区经营，但由于景区开发而受限制利用的生态景观用地，应给予土地所有权人、土地使用权人（保护人）一定补偿。明确保留集体土地所有权不变，成片开发建设旅游项目周边的市政道路、供排水等配套基础设施，应由集体土地所有者、旅游项目建设开发者负责建设。未完善基础设施建设的，不得进行旅游项目开发建设。

（四）实行节约优先战略，探索促进旅游产业转型升级的供地政策

1. 建立旅游用地集约节约用地制度

完善旅游业用地标准体系。制定旅游业转型升级指南和重点旅游项目旅

游用地目录，制定不同地区、不同类型旅游产业用地准入门槛，重点支持符合旅游业转型升级要求和对旅游目的地旅游业带动作用明显的旅游项目，对于重大旅游项目，建立旅游、住房与建设和规划、国土资源主管部门共同参与的项目准入审核和管控机制。严格限制旅游产业用地特别是其中的非农建设用地规模。

2. 合理确定土地出让条件

将符合规划的旅游项目或旅游公共服务设施建设指标纳入所在宗地的土地供应条件，并在土地出让合同或划拨决定书中，明确约定土地使用权人需要承担配建任务的具体内容。旅游项目或旅游公共服务设施建成后，土地使用权人应当按照约定和规定交付相关单位或按国家相关规定严格使用管理。严禁改变用途。

3. 盘活旅游目的地城市存量建设用地，提升城市旅游综合服务功能

对中心城区中生态环境较差、市政设施不完善、经济效益低下和影响旅游景观的片区，城镇低效用地再开发，根据项目实施实际情况，采取灵活供地方式。利用原有工业厂房、仓储用房、传统商业等存量建设用地用于旅游业项目开发建设的，可保留原土地用途及取得方式；需变更土地用途的，可以采用协议出让的方式处置，并补缴土地出让金，建立完善低效旅游业用地退出机制，积极推进低效旅游利用建设用地二次开发。

4. 引导旅游业调整发展模式，控制商业地产过度配置

规定旅游产业项目中配套房地产用地的面积占比。严格控制大型主题公园建设规模和数量，防止旅游设施过度建设。引导资本投向符合旅游战略发展方向的区域、项目和业态，严控占地超大的旅游开发项目，鼓励多业态，防止针对旅游业的差别化供地供向地产性项目，多方面发挥投资的正面作用。严格新增用地考核，鼓励优化存量旅游用地的使用。探索建立旅游用地动态预警机制。

B.18
从耕地占补向生态占补转型：
以德国为鉴

谭荣　王荣宇*

摘　要：　当前，我国的耕地占补平衡政策面临诸多挑战。作为实现"占补平衡"的自然资源管理目标的重要机制，德国的生态补偿政策成效显著，值得我国借鉴。本文先分别介绍了中国的耕地占补平衡政策和德国的生态补偿政策。基于此，本文从政策目标、治理结构和基础性制度三个方面揭示了中、德两国"占补平衡"政策设计的差异性及其得失之道。并且，进一步探讨了中国耕地占补平衡政策转型的路径选择。

关键词：　耕地占补平衡　生态补偿　制度比较　中国　德国

一　引言

耕地资源是国民经济发展的基础，对保障国家粮食安全和社会的长治久安具有不可或缺的作用。为了控制在工业化和城镇化大背景下耕地日益减少的趋势，1997年至今，我国都始终坚持世界上最严格的耕地保护制度。耕地"占补平衡"就是该制度的核心。

---

* 谭荣，博士，博士生导师，浙江大学土地与国家发展研究院副教授，研究方向为制度经济学与土地政策；王荣宇，浙江大学公共管理学院土地管理系博士研究生，研究方向是土地制度与经济。

诚然，耕地"占补平衡"的实施使全国及大部分省域在耕地数量上实现了"占"与"补"的平衡。但是，它也面临着一些突出问题。比如，耕地"占补平衡""重数量、轻质量"。再如，个别欠缺荒地资源的平原县，为实现耕地的"占补平衡"，把村内林地也纳入了挖潜、复垦的计划，有悖于经济、生态、社会的可持续发展。这些矛盾与问题既让耕地"占补平衡"的绩效大打折扣，也威胁着整个经济社会的可持续发展。因此，如何推进耕地"占补平衡"政策的转型发展，提高其政策绩效是当务之急。

实际上，利用"占补平衡"来减轻或弥补人为引起的土地利用变化对社会－生态系统负面效应的做法在其他国家已有先例。德国的生态补偿政策就是其中的代表。只不过，德国不仅关注耕地的"占补平衡"，还强调生态的"占补平衡"。换而言之，它要求农用地或生态用地被占用后，应当补充等值的土地，以保证规划区内的生态质量不降低。德国的生态补偿政策是世界上较为成熟的"占补平衡"机制之一，实现了良好的经济、社会和生态效益，值得我国学习借鉴。

为此，文章的后续安排如下：第二部分将简要评述中国的耕地"占补平衡"政策及其绩效；第三部分将重点阐释德国的生态补偿政策；第四部分是两国"占补平衡"政策的比较分析；最后一个部分是总结德国的生态补偿政策对我国耕地"占补平衡"政策转型的启示。

二　中国的耕地"占补平衡"

（一）背景

当代中国的快速工业化和城镇化催生了大量的建设用地需求。城市周边的农用地，特别是耕地，被转变为建设用地，似乎成为一个不可扭转的趋势。对此，中国提出了所谓的耕地保护红线，即到 2020 年全国的耕地数量不能低于 18 亿亩。这就意味着自 2009 年起，中国每年仅能有 115200公顷耕地转变为建设用地。面对如此巨大的粮食安全和农地非农化压力，

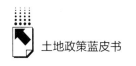

迫使中国推行耕地"占补平衡"政策来减轻和弥补建设占用耕地产生的不良影响。

（二）主要内容

根据《中华人民共和国土地管理法》的有关规定："国家实行占用耕地补偿制度。非农建设经批准占用耕地的，按照'占多少，垦多少'的原则，由占用耕地的单位负责开垦与所占用耕地的数量和质量相当的耕地；没有条件开垦或者开垦的耕地不符合要求的，应当按照省、自治区、直辖市的有关规定缴纳耕地开垦费，专款用于开垦新的耕地。省、自治区、直辖市人民政府应当制定耕地开垦的计划，监督占用耕地单位按计划开垦或者组织开垦耕地，并进行验收。省、自治区、直辖市人民政府应当保证本行政区域内耕地总量不减少；耕地总量减少的，由国务院责令其在规定期限内组织开垦与所减少耕地的数量与质量相当的耕地，并由国务院土地行政主管部门会同农业行政主管部门验收"。

耕地"占补平衡"突出了各级地方政府确保本行政区内耕地总量不减少的主体责任。虽然，建设占用耕地的单位也负有补充耕地的义务，但在实践中基本上变成了缴纳开垦费的责任。地方政府及其国土资源管理部门则成了补充耕地的主体。它们垄断了项目立项、补充耕地方案的编制、审批、实施、验收以及与占用耕地的建设项目相挂钩等环节。

（三）小结

保护耕地，确保耕地总量动态平衡和国家粮食安全是中国耕地"占补平衡"的出发点和核心。以强势的政府为行动主体，充分利用政府的力量是中国耕地"占补平衡"治理结构的突出特点。然而，从结果上看，这种强调政府保护耕地的政治责任和突出政府作用的机制所取得的绩效却不尽如人意。

人多地少、后备耕地资源缺乏是中国基本的土地国情，也是制约耕地"占补平衡"的瓶颈。一些地方为了突破这种自然条件的约束，完成耕地

"占补平衡"的任务，开始把目光转向偏远的、具有生态服务功能或并不适宜农业生产的土地。故而，以坡地开垦、毁林开荒、围湖造田、滩涂围垦等方式来实现耕地"占补平衡"的行为频现。诸如此类的"占补平衡"行为，既造成耕地"占优补劣""占近补远"，与保护耕地和保障国家粮食安全的初衷背道而驰；也引致水土流失、土地沙化、生态退化等新问题。可见，耕地"占补平衡"虽然保持了耕地数量的平衡，但却是以牺牲土地资源的生态服务价值为代价的；也难以保证耕地质量的平衡。

三　德国的生态补偿

（一）背景

自20世纪70年代开始，生态补偿就成为德国规划者的关切所在。同时，由于土地利用矛盾日益突出，生态保护和生态补偿也逐渐引起了联邦层面的关注。在德国，大多数的开发项目仍是与土地利用变化相关，生态补偿也是以土地为基础的。比如，近年来德国就提出要减少农用地向居住和交通用地的转变，即从2004年到2007年期间的每天114公顷减少到2020年的每天30公顷。这表明不仅农地非农化现象在当今德国仍时有发生，而且生态补偿也是德国实现农地"占补平衡"的重要手段。

在长期的实践过程中，德国生态补偿的管理模式逐渐由早期严格的层级式管理转变为如今更具灵活性的模式，比如生态账户（eco - account）体系。可见，德国生态补偿制度的变迁过程可以为中国耕地"占补平衡"政策转型提供宝贵的经验借鉴。

（二）法律基础

德国的生态补偿可以追溯到1976年由《自然保护法》提出的影响减轻规制（Impact Mitigation Regulations，下称"IMR"）所体现的"补偿原则"。它要求开发者在对自然环境造成了影响后必须采取适当的补偿措施以保护环

境和维护生态平衡。

虽然《自然保护法》是国家层面的成文法律，但由于德国是联邦制国家，各州在实施《自然保护法》的规定方面具有一定自由度。例如，各州可以自行设计州层面的法律和景观规划。同时，联邦层面的法律往往采用具有灵活性的条款为各州立法和执法提供便利。根据《自然保护法》的规定，在德国有两级机构负责自然保护和景观管理，即联邦政府和州政府层面的自然保护机构。其实，这就意味着各州的景观规划设计、具体的生态补偿措施都不尽相同，进而引致了各州多样化的生态补偿实践。

（三）规划保障

景观规划是德国最为基础的环境保护工具之一，也是各种补偿手段的实施依据。景观规划的内容包括确定自然保护和景观管理的具体目标和实现既定目标的手段。在德国景观规划共分为四级：一是全州的景观项目；二是各州不同地区的景观总体规划；三是市镇层面的景观规划；四是开放空间结构规划。一般来说，低层级的景观规划都提供了综合性的手段来弥补人类活动对自然环境的各种负面影响。

此外，景观规划中的信息、目标、保护或开发的手段都应当由相应的空间规划确认以保证其施行。景观规划确定了适宜开展补偿项目的地块，可供选择的补偿措施以及计算补偿项目开展前后的生态价值的基本原则。这些都是德国 IMR 发展的第二阶段中以"生态账户"为代表的"补偿池"（compensation pools）建立和运行的基本依据。

（四）阶段一：影响减轻和补偿层级

自 1976 年《自然保护法》出台以来，IMR 就成为规划部门评估特定活动的环境影响的最重要和最有效的工具。根据"补偿原则"，开发者必须遵循"影响减轻和补偿层级"（mitigation and compensation hierarchy）来采取相关措施弥补开发活动的副作用。也就是，开发者应当先尽力避免开发活动对自然环境的负面影响；在这种影响不可避免的情况下，开发者应该采取措施减轻这种负面影响；如果无法减轻这种负面影响，那么开发者才可以选择进行生态补偿。

德国生态补偿的方式可以分为两类，即恢复性补偿和替代性补偿。恢复性补偿应当就地也即在土地开发项目的所在地进行。在无法进行恢复性补偿时，可以采取替代性补偿。在该阶段，德国生态补偿的一般程序是：第一，土地开发项目的影响评估；第二，确定最合适方法来评估当地的土地景观品质和生态功能；第三，判断哪些影响是可以被避免或减轻的；第四，设计恢复性补偿措施；第五，基于公众的意见来权衡与项目相关的多种利益诉求；第六，为那些无法减轻的负面影响设计相应的替代性补偿措施；第七，确定资金支持；第八，制定符合"补偿原则"的生态补偿的最终方案。

不过，替代性补偿很可能简化为土地开发者在实施带有负面影响的土地开发项目时只要缴纳额外的费用（类似于中国耕地"占补平衡"政策中的耕地开垦费）即可。因此，为了确保"补偿原则"能够得到切实执行，德国于1987年又提出了土地开发项目审批的附加规定。也就是，在土地开发项目审批时必须考虑开发项目对其所在地的景观生态带来的负面影响能否就地进行补偿。该项新规定明确要求任何开发项目都要优先采取措施修复其产生的负面影响。恢复性补偿成为土地开发项目能否获批的主要要求之一。然而，这些要求过于严格，土地开发者在实践中根本难以执行。

（五）阶段二：生态账户体系

面对第一阶段中的执行难题，德国的《联邦建设法典》于1998年进行了修订，《国家自然保护法》于2002年和2009年两次进行了修订，修订后的新法案详细规定了异地进行生态补偿的选址要求和验收标准等，为生态账户的产生创造了条件。但是，由于管理模式、评价标准和补偿手段的多样性，我们难以从全国层面分析研究生态账户体系。不过，各地的生态账户又存在一些共性特征。这些共性特征恰恰具有重要的借鉴价值。

1. 生态账户体系的内涵

生态账户体系由三个关键要素组成：一是，适宜开展补偿项目的地块集合

(Flächenpools/下称"PAL");二是,交易媒介,如生态指标(Ökopunkten);三是,生态账户(Ökokonten)。

PAL由诸多适合进行补偿活动的地块组成。它们一般是依据德国各州的景观规划确定的具有生态价值增值潜力的地块。PAL整合了个别的、零散的生态补偿项目,是构建生态账户的物质基础。地方政府、土地开发者或者地方机构在对PAL内的地块实施了补偿措施并提高了这些地块的生态价值,那么其增值部分就可以某种形式(如生态指标)存储在生态账户中。

在德国的许多州,生态账户的规模通常以生态指标的数量来衡量。具有不同生态价值地块的生态指标数量也不同。如果生态补偿项目提高了土地的生态价值,其生态价值增值部分就可以转换为生态指标存入一个地区或市镇的生态账户中。实际上,生态账户类似于传统的银行账户。开展生态补偿而获取的生态指标就暂存其中。在进行土地开发活动时,应根据其生态影响大小扣除生态账户中相应数量的生态指标。生态指标可以通过市场化交易用于土地开发项目来弥补其负面效应以保持生态平衡。

由于各州独立实行IMR并建立生态账户,指标的计算、补偿项目的质量评价标准都不同,生态指标无法跨州交易。而且,各州还被景观规划划分为具有不同功能的自然区,因此生态指标也不能跨区交易。此外,生态账户需要在地方环保部门登记。这些部门扮演着生态账户监督者的角色。当然,地方政府也可以运营自己的生态账户,自行开展生态补偿项目。

2. 生态账户的运营

在德国,生态账户可以由不同的行为主体管理,包括地方政府、用地者、第三方机构等。如果由地方政府经营管理生态账户,地方政府要向私人土地所有者获取用于实施补偿项目的地块,然后再开展补偿项目;或者在公共所有的地块上实施补偿项目。私人也可以通过与地方政府签订合约来建立生态账户,开展生态补偿活动。此种管理模式不依赖于政府的财政资金,可以更加有效地为开发商和地方政府实施补偿项目。第三方机构也可以经营管理生态账户并通过生态指标交易获益。但其前提是必须获得地方政府的许可。在此情况下,地方政府需要建立专门的监管机构。那些无力承担生态补偿责任的开发商一般会向第三方机构购买生态指标。它们通过与经营生态账户的第三方机构签订合约，根据开发项目的环境影响程度确定购买的指标数量和价格等。

3. 案例：巴登－符腾堡州的生态账户体系

巴登－符腾堡州的德廷根市政府拥有自己的生态账户。当地采取以下四步来建设和管理生态账户：第一，制定景观规划；第二，获得生态补偿用地并组建 PAL；第三，综合运用多种手段开展生态补偿项目；第四，生态指标的计算、交易与生态账户的收支平衡。另外，由于大部分的补偿用地属于私人所有，需要得到土地产权人的许可，故而政府还要制定合适的谈判策略以降低总成本。

表 1 展示了一个土地开发项目的生态指标计算过程。根据当地规定，生态指标的数量多寡因土地利用类型的生态价值而异。其跨度从价值 1 个指标的沥青地到价值 64 个指标的湿地不等。由于土地利用方式的转变提升了干草地的生态价值，生态补偿工程的实施者获得了 1200000 个生态指标并将其存入自己运营的生态账户。占用牧场来建设居住区造成了当地生态价值的下降。为此，用地者需要有偿购买 100000 个生态指标以维护生态平衡。总体而言，指标的成本约占土地价格的 1% ～ 5%。双方完成交易后，还有1100000 个生态指标继续保留在卖方的生态账户内供下次交易使用。

表 1　巴登－符腾堡州的生态账户运作案例

影响：把一片牧场开发为居住区(1 公顷,60% 的沥青地/建设用地,40% 的私家花园)	
开发前的生态价值(牧场价值 13 个指标/m² ×10000 m²)	130000 个指标
开发后的生态价值(沥青地价值 1 个指标/m² ×6000 m² + 私家花园价值 6 个指标/m² ×4000 m²)	30000 个指标
生态平衡 1：	－100000 个指标
生态补偿措施：把 8 公顷密集型利用的干草地转变为非密集型利用	
补偿前的生态价值(密集型利用的干草地价值 4 个指标/m² ×80000 m²)	320000 个指标
补偿后的生态价值(非密集型利用的干草地价值 19 个指标/m² ×80000 m²)	1520000 个指标
生态平衡 2：	+1200000 个指标
净收入：	+1100000 个指标

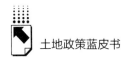

（五）小结

德国的生态补偿政策适用于各类土地而非局限于特定的土地利用类型。它关注土地的质量平衡而非数量平衡。其首要目标是实现土地开发项目所在地的自然环境的每种功能之间的平衡，即没有生态环境的净损失。它的第二个目标就是通过异地补偿来保证整个规划区内的生态环境平衡。因此，德国的生态补偿在第一阶段就实现了恢复性补偿和替代性补偿两种手段的综合。

在德国生态补偿的第二阶段，生态账户提高了生态补偿的专业化水平，降低了执行成本，也避免片面盲目进行土地开垦的副作用。从事补偿活动的机构为了积累生态指标以获取收益，也有激励保质保量地完成补偿任务。而开发者则通过购买生态指标承担了补偿项目的成本，体现了"污染者付费"的原则。这种具有灵活性的生态指标交易还为开发者实施跨区域和全国性的开发项目提供了便利，促进了区域间的优势互补和协调发展。此外，由于在建立 PAL 过程中涉及私有土地产权的变化调整，地方政府、生态补偿机构不可避免地要与利益相关者进行协商谈判。这样，不仅为公众参与和监督生态账户的运行及其结果创造了条件，还最大限度地提高了政策的可接受度，减少了执行的阻力。

四 "占补平衡"的得失之道：基于中德比较的视角

德国的生态补偿政策运行时间长并取得了较好的经济、社会和生态效果。德国模式在关注土地系统本身的同时也兼顾了自然和社会系统。相反，中国耕地"占补平衡"政策的绩效却欠佳。因此，有必要深入探讨中、德两国政策绩效差异背后的原因。

（一）政策目标

德国的生态补偿政策目标具有综合性，既包括土地资源的综合保护，又包括生态环境的保护。在这种综合性的目标体系下，土地的农业生产、人类生存、生物多样性、社会文化和经济社会协调发展的功能都得到实现和平衡。换言之，德国的政策致力于通过生态补偿来追求更全面、更综合的结果。相反，中国的耕地"占补平衡"政策目标较为单一，就是为了保护耕地，满足土地利用规划指标的约束要求。这种单一的政策目标必然导致诸多副作用。

（二）组织过程

1. 补偿手段

在德国模式下，恢复性补偿手段具有优先地位。当面对土地开发导致的难以恢复的生态损失时，替代性补偿手段就成了不二选择。不论是恢复性补偿还是替代性补偿都致力于减轻或最小化手段本身可能引致的副作用。例如，生态账户体系下的补偿手段就包括保护生物的栖息地及生物多样性，推动农业生产活动从密集型向非密集型转变，优化现有林区管理等。单纯的土地开垦在德国是比较少见的。

中国的耕地"占补平衡"致力于实现特定土地利用类型的数量平衡，进而引致了如开垦新耕地来弥补建设占用耕地的负面效应等补偿手段。此种补偿手段与德国模式中的替代性补偿较为相似。

2. 管理模式

德国严格遵循"污染者付费"的原则，讲求土地开发的外部成本内部化。土地开发者通过购买"生态指标"或支付补偿费甚至直接组织实施补偿项目的方式来承担生态补偿的成本。而且，在生态账户体系下，经营者专业从事生态补偿并对补偿项目的效果负责。此种治理结构可以为生态补偿者提供激励，让政府更好地控制补偿活动的结果，减少了交易费用。

在中国，耕地"占补平衡"的成本主要由地方政府承担。虽然建设占用耕地的土地开发者应当缴纳耕地开垦费，但地方政府在 GDP 导向的政绩观驱动下，推行以地招商引资来发展经济，用地者缴纳的耕地开垦费远远低于造地成本甚至还出现了减免、拖欠耕地开垦费的现象。可见，在中国模式下，当前的经济利益高于长远的生态环境价值。为此，地方政府自然要垄断

从规划立项到项目验收的生态补偿的全过程。

3. 过程的透明度和公平性

中国的耕地"占补平衡"和德国的生态补偿的过程基本一致。但是，这些过程的实施情况却不同。由于存在完备的景观规划，德国生态补偿的实施相对容易。土地开发项目对社会和环境的影响程度及其应当采用的补偿手段在事前就得到了充分的考虑和系统的安排。规划也向开发商和公众公开，为公众参与创造了条件。而且，生态账户体系还提高了生态补偿的专业化水平，提高了过程效率。

中国虽然有耕地"占补平衡"的规定，但是其实施过程却是一个"黑箱"。补偿项目的实施缺乏透明度、标准化，也没有公开的报告来说明补偿项目的执行情况及耕地开垦费的使用情况，甚至连直接受到开发项目影响的农民和居民也不了解补偿经费的使用情况。这种"黑箱"式的操作无助于实现"占补平衡"的目标，也阻碍了公众参与和监督。

另一个重要问题是受到影响的利益主体特别是农民是否得到了公平补偿。德国的生态补偿要兼顾所有的利益主体。实现该目标的保障就是景观规划和补偿项目规划阶段的公众参与。德国的规划体系还遵循"污染者付费"原则，实现补偿成本的公平分担。在中国，农民的政治力量相对薄弱，其利益在征地过程中时常受到侵害。另外，受到土地开发项目间接影响的居民也没有得到合理补偿。

4. 评价标准

生态价值的整体平衡是德国生态补偿的核心评价标准。土地开发的所有影响都要计算和转换到同一维度。这比单纯地依据某一特定的影响评价标准，如土地数量，更为有效。中国耕地"占补平衡"的主要评价标准与其政策目标相一致，即保证耕地数量不减少。土地的质量及其生态价值则被忽视了。中央政府只关注"占补平衡"的最终结果而忽视地方政府实施补偿项目的成本。当然，生态成本、社会成本等"占补平衡"的副作用引致的非货币成本也少被考虑。

（三）基础性制度

1. 土地产权

在德国，土地产权大多是私有性质的且受到法律的严格保护。清晰界定的产权明确了政府、产权人、用地者在生态补偿方面的权利和责任。在中国，耕地"占补平衡"涉及的农用地、农村集体建设用地和未利用地等多属于农民集体所有。但是，这种集体土地所有权却时常受到政府征地行为的侵犯。被征地的农民集体处于弱势地位，很少有发言权。城市土地则属于国家所有，中央政府虽是行使国家土地所有权的代表，但它授权地方政府来具体行使国家土地所有权。中央政府和地方政府之间也由此形成了一种权责不清的委托–代理关系。可以说，中国共有的土地产权结构必然导致"公地的悲剧"，造成耕地"占补平衡"的低效率。

首先，这种产权安排会造成有限任期的地方政府的短视，即只关注短期的经济利益，忽视长期的生态环境价值。比如，地方政府为了以地招商引资，通过减免耕地开垦费等方式尽量减轻用地者的补偿责任。其次，它也造成了地方政府对中央政府的道德风险。地方政府有行使国家土地所有权并获取土地收益的权利，却缺乏相应的责任。因此，地方政府倾向于采用简便易行、成本低的开垦新耕地等替代性补偿手段来完成补偿任务。可是，开垦新耕地等替代性补偿的成效却往往逊色于恢复性补偿。而且，由于上下级信息不对称和监督成本的存在，地方的各种机会主义行为就有了活动空间，自然无法有效实施耕地"占补平衡"。最后，模糊的产权还造成了地方政府间的"恶性竞争"和"搭便车"现象。耕地"占补平衡"所实现的粮食安全和生态安全是一种公共物品。因此，热衷于发展地方经济的地方政府会相互推卸"占补平衡"的责任，寄希望于他人来承担这种公共物品的供给成本，导致了耕地"占补平衡"的低质量。此外，农民集体也面临着他们自己的"公地悲剧"。由于农地产权的共有性，对农民个人而言，他们只关注可以归属个人农地经济价值，而忽视了农地的生态价值。

2. 法律基础

在德国，生态补偿有着坚实的法律基础。开展生态补偿活动是法律对各级政府或私人土地开发者的强制性规定。尽管中国的《土地管理法》对耕地"占补平衡"政策作了规定，但是在实际操作中并未得到严格执行。比如，一些基础设施建设项目和得到政府支持的促进地方经济发展的建设项目可以不必事先设计补偿措施而直接占用耕地，即所谓的"先占后补"。另外，用数量补偿的评价标准来替代质量补偿的评价标准也大大削弱了有关法律规定的权威和效力。

3. 土地规划体系

德国的土地规划体系偏重于实现人类社会与自然环境的协调以及整个社会的可持续发展，是一种空间规划模式。空间规划确定了特定地块的特定土地用途以及未来可能的利用方向，也就确定了补偿用地的选址范围。同时，景观规划更是因地制宜地确定了生态补偿措施。而且，德国的规划信息公开程度高，为公众参与和监督等提供了条件，故而很少存在违法违规现象。另外，德国土地规划体系的权威性强。土地规划一经批准，不论是地方政府还是中央政府都不能随意修改。这些都有利于增强规划对生态补偿的约束力，确保生态补偿的合理组织设计并得到有效的执行和监督。

中国的土地规划体系偏重于保证耕地的数量，是一种"自上而下"的指标分配模式。指标规划只注重指标数量的增减变化，不关注具体的空间区位。这就导致政府只关注"占补平衡"带来的指标数量的变化，忽视了实际的效果，进而引致更多的负面效应。比如，中国边际土地的减少虽然满足了耕地"占补平衡"，但生态遭到了进一步的破坏。再者，规划指标没有与具体的空间区位相对应，加大了中央和地方的信息不对称，给地方政府违规提供了条件和机会。此外，中国的土地规划信息透明度低，公众很少有参与和监督的机会，所以政府和私人的违法违规行为很多。虽然中国的土地规划名义上有法律效力，但因为政府自身的随意修改，导致规划约束力不强，难以对耕地"占补平衡"产生应有的控制效果。

4. 行为主体间关系

德国模式引入了市场机制，重视公众参与。在德国，设立了专门机构来实施生态补偿项目并出售它们所拥有的生态指标。土地开发者必须购买生态指标以承担开发补偿的成本。政府则负责监督生态补偿项目的实施。而且，这些机构所获得的生态指标数量与其补偿成果的质量相挂钩。它们如果不能提高补偿对象的生态价值，就无法获得生态指标，也就无从获取收益。可见，在市场机制作用下，生态补偿的有关各方得以分享最大化的共同利益并分担最小化的交易费用。另外，公众参与充分发挥了社会公众对生态补偿的监督作用。虽然，公众参与会增加事前和事中的协商费用；但是，公众参与有助于增强全体利益相关者的利益一致性，促进生态补偿集体行动的形成。如此，将有助于节约数量可观的事后交易费用。

中国的耕地"占补平衡"是一种政府主导的组织模式。由政府单方面来负责"占补平衡"降低了事前与其他利益主体的协商费用。然而，同私人决策者一样，政府也是有限理性的，也受到信息不完全的现实条件制约。因此，政府主导的模式既无法降低信息搜寻成本，还不可避免地会产生决策失误的成本。再者，地方政府是一个独立的利益主体，中央政府和地方政府间的关系以及地方政府之间的关系又为地方政府以欺骗的手段自利提供了可能。这就增加了强制地方政府无偏地执行耕地"占补平衡"政策的成本。此外，在中国，一般是由上级政府监督下级政府的补偿行为。而下级拥有的信息优势往往会加大上级监督的难度，增加相关成本。当前，中国耕地"占补平衡"和规划过程中的公众参与也很不充分。而且，市场力量也还未参与到"占补平衡"过程中。

综上所述，中、德政策的比较分析揭示了两国在政策目标、治理结构和制度环境层次的主要差异。其实，这也正是两国"占补平衡"政策得失的原因所在（如表2）。以此为基础，我们可以进一步探讨中国耕地"占补平衡"政策的转型路径。

表 2   中、德两国"占补平衡"政策设计的比较

	中国	德国
政策目标		
	耕地保护	减轻或最小化负面生态影响
组织过程		
补偿手段	单一的替代性补偿	恢复性补偿优先、替代性补偿次之
管理模式	政府支付成本	污染者付费
过程透明度和公平性	"黑箱" 成本分担欠公平	透明度高 成本公平分担
评价标准	以指标数量为基础	以生态质量为基础
基础性制度		
土地产权	集体所有制或国家所有制 受到政府干预	大多数为私有制 严格受法律保护
法律基础	弱	强
土地利用规划体系	指标规划 不公开 受到行政力量的干涉	空间规划 公开 坚实的法律基础
行为主体间关系	政府主导	合作关系

五   政策转型：中国的路径选择

德国的经验为中国提供了许多启示，也预示着中国耕地"占补平衡"政策转型的路径。然而，中、德两国的社会基础和历史文化传统并不完全相同；而且，与社会－生态系统紧密相连的制度变迁还是一个复杂的过程。因此，中国耕地"占补平衡"政策的转型发展应当是一个循序渐进的过程，即首先是治理结构层次的改进，然后才是制度环境的变迁。

第一，建立多元化和多层次的目标体系。耕地"占补平衡"的目标不能局限于保护耕地和保障粮食安全的基本层面。它应当延伸至更高层次和更宽领域，即保护生物多样性、维护生态平衡并兼顾补偿行为的社会和文化效应，为从耕地占补向生态占补的转型提供正确的方向指引。

第二，如果改变中国的产权结构和政府角色在短期内难以实现，我们可以考虑改进土地规划体系。应当推动指标规划向空间规划转变，或至少将指标与空间区位相挂钩，以减少信息不对称、机会主义行为，提高规划执行的效率。德国的经验表明，地方性的景观规划对"占补平衡"有着显著影响。即便仍由政府来主导"占补平衡"，但在明确了权责之后，补偿项目的有效性自然可以得到保障。从长期来看，这就有可能实现生态"占补平衡"的目标要求。

第三，由于景观规划决定了"占补平衡"的具体任务，行为主体就可以通过市场化的协商谈判来实施补偿。这意味着可以推动政府主导的耕地"占补平衡"向其他更有效率的生态"占补平衡"模式转变。比如，在"占补平衡"过程中政府与私人部门的合作、农民集体的自组织和第三方营利机构的介入等。

第四，土地规划包括景观规划应当实现信息公开，为公众参与和监督创造条件，促进规划信息公开和公众参与，特别是要赋予受"占补平衡"影响的主体表达自己利益诉求的权利；建立政府修改规划的社会制约和监督机制，增强规划的权威性。它将有助于提高规划促进经济、社会和生态协调和可持续发展的能力，改进和提升规划在中国的角色和地位。进而，加快中国由耕地占补向生态占补转变的步伐。

最后，在上述改革策略见效后，就可以适时推进制度环境的变迁，为耕地"占补平衡"向生态"占补平衡"的转型打下坚实基础。例如，可以在保持当前土地产权结构的前提下，通过推动土地发展权交易等产权制度创新来提高共有产权的资源配置效率；按照"发挥市场在资源配置中的决定作用和更好发挥政府作用"的原则改革当前的土地管理体系，增加土地管理的分权化色彩等。

B.19

空心村治理应革新思维

刘 锐*

摘 要： 当前行政主导的空心村治理方案，不仅成本高效益低，且容易引发社会冲突，与中央精神有较大差距。本文以为，空心村治理应遵循其演变规律，以农民生产生活作为治理重点。从农村人口流动的角度看，彻底消灭空心村是黄粱一梦；从土地财产属性的角度看，挖潜空心村的土地意义不大。了解农民的宅基地诉求，发挥村民自治的功能，以乡村规划为实施媒介，可促进小农家计持续发展，高效地实现空心村治理目标。

关键词： 空心村治理 行政主导 集体主导 小农家计 乡村规划

自中央提出建设美丽乡村的号召以来，不少地方政府以空心村为突破口进行改造。与"不能大拆大建，要给乡亲造福"的原则相比，各地的空心村治理方案形形色色却又小异大同。从我们的调查经验来看，当前的空心村治理过于激进，与中央的精神有较大差距，大拆大建的改造方式，不仅实现不了既定的目标，而且会带来政治社会问题。从农民家计生产的角度看，空心村治理应着眼于农民利益，尽量低成本地改善农民社会福利。

---

* 刘锐，博士，四川大学公共管理学院副研究员，研究方向为土地问题与地方治理。

一　当前空心村治理问题

当前的空心村治理，其主要思路是，对农村宅基地进行确权，以增减挂钩政策为工具，实行宅基地的有偿退出，鼓励农民进社区集中居住。其总体目标是，促进土地集约利用，改善农村居住环境，提高农民的财产收益。治理问题主要表现在以下三个方面。

（一）拆旧激化干群冲突

拆旧主要有两种方式，一种是插空式拆旧，即引导农户自愿拆除老房，一种是统一拆迁，即政府统一拆除所有房屋。前一种拆旧矛盾少，但花费的时间长，耗费的成本高，不利于其他工作的开展，多数政府采取第二种方案。不同农民的拆迁诉求有差异，统一拆迁会遭遇部分人的反抗，政府做工作的疏忽不细致，或边缘户进行谋利型抗争，都会出现拆迁中的不和谐，干群冲突或意外就容易出现，乡村组织合法性因此被削弱。

（二）建新带来生活不便

拆旧的目标是为了建新，农民去哪里住是个问题。以增减挂钩为工具拆旧，是为了获取建设用地指标，政府建新用的是指标利益。地方政府为了多谋利，会倾向于建新少占地，就会建十多层的高楼。有的地方政府不谋利，却有较强的政绩诉求，积极建设"万人社区"。不管哪种建新方式，带来的后果都一样，农民集中居住后，种地会不再方便，副业收入大大减少，还要交管理费、物业费，就会面临较大生活压力。

（三）实践与既定目标相悖

表面上看，拆旧建新不仅节约出了耕地，而且花极小的代价让农民住上新房，是件利国利民的好事。我们调查发现，农民住上新房后的生活质量，呈不同程度的逐渐下降趋势，农民对该政策也越发的不满。有些农民为了多

挣些收入，又到田地附近搭棚子种地。乡村组织招商搞土地大规模经营，在开始的红火之后多数企业亏损，如何保证土地不抛荒成为问题。重庆秀山县曾设立"撂荒费"，只要复垦的土地通过验收，不仅奖励500元/亩，还免费发放种子，依旧无法阻止土地抛荒。

二　空心村治理不善的原因

空心村治理问题的出现，除部分政府监管不严、利益之手作祟外，主要原因是政策部门对空心村缺乏认识，对农村宅基地的性质缺少理解，对农民生产生活的重点缺少关注，以下分三点说明。

（一）彻底消灭空心村是黄粱一梦

相比于治理、地理等原因，宏观经济结构是空心村形成的主因。当前我国城市经济发展水平总体不高，多数农民难以在城市完成家庭再生产，大部分农民因此要周期性往返于城乡。除少数农村自然条件差，不适宜农民居住生活，村庄空心化程度高外，大部分农村宅基地闲置不完全，空心村只是个阶段性空间现象。从城乡关系变迁角度看，只有城市经济进一步发展，农民能够体面地在城市生活，空心村才会逐渐减少直至消失。通过行政强制力来消灭空心村，只是转移了住宅空心化问题。集中居住后没有收入来源，农民又会大量外出打工，新型社区由此出现空心化，鬼城、鬼村现象在各地并不鲜见。

（二）挖潜空心村的土地意义不大

少部分农村条件差，不适宜居住和生活，农民稍富裕就搬走，这些村庄逐渐空心化。这类空心村土地没有挖潜价值，土地贫瘠产出少是空心化的原因，该类土地应被纳入退耕还林政策范围。大部分空心村的出现缘于宅基地的季节性闲置，依据我们的调查分析，不到30%的农民能顺利进城，宅基地闲置在那里无伤村庄发展大局。大部分农民反复进城受挫后，会回村利用宅基地生产生活，宅基地因此具有较强的保障功能。若土地效益高农民会自发复垦宅基地，空心化住宅就会逐渐被开垦成为耕地，我们调查的多地农村都有类似现象出现。利用行政强制力去复垦，成本大还带来耕地抛荒。

（三）农民生产生活才是治理重点

空心村的存在虽然总体合理，不进行治理以延缓其阵痛，不符合美好乡村建设之义。多数空心村并非完全空心化，居住在其中的多是贫弱者和老人。他们不仅面临生产生活上的诸多窘境，还面临情感失落和社会排斥问题。另外，空心村的居住环境较差、享受不到基本公共服务，倒逼村民迁至交通、医疗便利之地。因此，加强社区建设和生活关怀，丰富村庄文化生活只是其一，更重要的是研究空心村的形成原因，搞清楚农民宅基地真实诉求，制定出稳健的空心村治理方案，以引导农民有序合理地建房，提高公共品建设的瞄准率，促进农民低成本的搬出空心村。

三　低成本的空心村治理方案

遵循空心村的演变规律，发挥村民自治的积极性，可低成本的退出空心村。以下我们以搜集到的空心村治理案例，来说明集体主导的宅基地治理优势。

（一）平原农村

山东东营孙家村是典型的华北平原农村，老宅基地面积小、居住格局紧凑，村集体在外围规划宅基地，村民按要求在村外建房，老村空心化程度越来越大。2006 年，中央提出新农村建设政策，乡镇鼓励村集体自主探索治理方式。孙家村集体决定复垦老村宅基地，主要为保障新增人口的宅基地分配。经过多次村民大会讨论制定出的方案是，村民公选 3 ~ 4 个代表测量评估房屋，代表们做通村民工作后村集体扒老屋。大部分老屋是土坯房，补偿价在 1500 ~ 3200 元，孙村用集体经济去补偿，除 5 户外其余均同意复垦，

老村也很快被复垦出来。村民之所以同意，主要是复垦出来的土地，也是为了村民有地方建房。

（二）山区农村

福建宁德柏杨村是典型的山区农村，全村只有一块平地，25 个自然村均在坡地上，各自然村之间相隔较远。随着家庭收入的增长，部分村民到村外建房，老宅基地逐渐闲置。2000 年村集体以高速路征地收益为基础，在平地上规划宅基地并号召村民下山居住。因规划点靠近公路，且基本在耕作半径内，村民很积极地下山建房。村组织公示基础设施建设支出，以统规自建方式有偿划拨宅基地，村民自愿下山但建新后必须拆旧。村民的土地大多在山上，建新拆旧耕作会有影响，有些农民就不愿意拆旧。后来村集体号召种植经济林，村民见收益大就自发将老房复垦为耕地。2014 年我们特意到老村观察，发现多数老村已退为耕地。

（三）丘陵农村

湖北荆门荆马村是典型的丘陵农村。全村有十多户散居的村民，其余居住点之间相隔较远，有些居住点因出行生活不便，村民逐渐迁出而变成空心村。2005 年，国土所在编制新一轮规划时，村组织申请在路边规划建居民点。在获得批准后村集体要求，村民若到新村建房，须无偿退出老村宅基地。散居的村民积极搬迁到规划点，有些居住偏僻的村民也陆续迁入。大家愿意到新村居住，是为了享受便利的交通条件，农业生产也基本不受影响。2012 年，十多户散居村民全部迁入，他们自发复垦腾出土地 20 多亩，其他迁来的村民也自发复垦老房子。村组织负责规划并监督宅基地复垦，这期间没有向上级政府要任何支持，居住在规划点的村民也都很满意。

四　以规划为媒介治理空心村

与行政化治理空心村的高成本、低效益相比，集体主导的空心村治理之所以能获得成功，主要原因是，村集体了解村民的宅基地诉求，通过疏堵结合的方式治理空心村。从小农家计可持续的角度，我们认为应从如下几方面治理空心村。

一是了解农民的宅基地诉求。大部分空心村的出现，主要是其不能满足农民的居住诉求，不能满足农民高涨的公共品需求。另外，农民到哪里住并不随意，他们不仅考虑生活方便，还要兼顾农业生产方便，农业收入作为家计来源不可或缺。因此，新型居民点应在农业耕作半径内。

二是发挥村民自治的作用。多数村集体不能发挥作用，除上级政府的不信任外，更重要的是其丧失治理能力、缺乏治理积极性。若村集体有一定收入来源，上级政府支持其自主治理。村民参与积极性就会被激发，村民自治制度就会发挥功能，空心村治理就能因地制宜，政府只需加强引导和监管即可。

三是以规划为媒介进行治理。若不是增减挂钩政策，一般农村的宅基地不值钱，以规划为媒介可引导宅基地退出。具体来说，乡村组织制定的规划应在农业耕作半径内，加强设施建设并引导农民到新村居住。凡到新村住的村民，必须拆掉老村的房子，乡村组织进行督促监管，时间的推移会带来空心村的自发复垦。

以规划为媒介的乡村建设，对乡村治理能力提出高要求，对土地管理部门提出高要求，是可持续有益于农民的方案，希望相关部门面向实践推广该模式。

B.20

反思土地参与宏观调控

杨遴杰[*]

摘 要： 土地参与宏观调控是中国特有的概念，在操作中并不如人意。
由于存在信息成本、决策效率和实施效果的延后等问题，调
控的内在逻辑无法自洽，内在矛盾无法解决。目前应该考虑
的是在政府无法摆脱供地者角色的前提下，如何放活市场供
应，建立真正的市场调节机制。

关键词： 土地政策 宏观调控 绩效分析

土地参与宏观调控是中国特有的概念与做法。2006 年《国务院关于加
强土地调控有关问题的通知》出台以来，土地参与宏观调控似乎成了不证
自明的真理，国土管理部门在参与调控上不断提出各种思路，制定各种政
策。但是作为一系列的公共政策，土地调控的理论基础是否扎实，土地调控
的政策可操作性如何，并没有经过充分讨论。9 年多时间过去了，相关理论
缺陷与操作中的问题逐步显现，也具备了从绩效上考察土地调控是否有效的
有关案例与事实基础，据此可以多角度对土地调控进行反思。

一 尴尬的调控新政策

2015 年 3 月，国土资源部与住房城乡建设部发布《关于优化 2015 年住

---

* 杨遴杰，博士，浙江大学公共管理学院副研究员，主要从事土地管理政策研究。

房及用地供应结构促进房地产市场平稳健康发展的通知》（以下简称《通知》），针对一年来房地产市场低迷的整体形势，提出"促进房地产用地结构调整"，在"房地产供应明显偏多或在建房地产用地规模过大的市、县"，"研究制订未开发房地产用地的用途转换方案，通过调整土地用途、规划条件，引导未开发房地产用地转型利用，用于国家支持的新兴产业、养老产业、文化产业、体育产业等项目用途的开发建设"。这样的做法，大致要体现国土资源部与住建部在参与宏观调控，通过土地供应数量与用途联动的方式，对产业、地方发展乃至宏观经济进行调节。

回顾两年前，国土资源部提出要加快供地以抑制2013年房价的快速上涨，对于供地落实率低的城市进行专项督察。在落实供地率的要求下，2013年，全国住宅用地供应13.82万公顷，同比增加24.7%，相当于前5年平均实际供应量9.64万公顷的143%，为历年最高水平。当大量出让的住宅用地进入开发周期时，遇到2014年初开始的房地产下行周期，造成大量土地闲置。

尴尬的是，两年后的今天，当初督促供地的主体又要求改变土地用途来消化当年督促多供出去的土地。这种尴尬恰恰来自于角色定位错位，一方面国土系统是地方土地一级市场供应的唯一主体，另一方面又肩负着土地参与宏观调控的重任。房价上涨时不追加供地，必然会承受社会各界的指责，面对"地价抬高房价"言论必须以扩大土地供应来缓解社会压力，也顺带证明国土部门在积极参与调控。但是土地的开发是一个长周期过程，从政府供应土地到企业拿地、规划设计跑流程到最后建造施工直至竣工入住，需要三年以上。在这么长的期间内并不能保证房地产市场不出现波动，一旦市场变化，企业往往通过停止开发过程来减少投入和可能的损失。但承担宏观调控责任的部门，对于这种市场的变化反应明显滞后，难以做出及时、适度的应对，这很容易引出土地是否能够发挥所期望的宏观调控功能的考虑。

《通知》提出的这项政策的难点是，转型利用如何操作？高价拿来的房地产用地，转型做养老、文化、体育等产业，企业不会答应。所以国土资源部提出："对按照新用途或者新规划条件开发建设的项目，应重新办理相关用地手续，重新核定相应的土地价款"。但是《通知》并没有明确地方政府

是否退还差价，这就使得很多企业考虑是否值得去转型利用。

大量已供应土地要转型利用的城市，必然是房地产市场下跌较快的地方，当前经济形势不好，各地财政收入上涨缓慢甚至负增长，而 2014 年以来这一类城市更是面临土地出让金大幅下滑，并无能力支付这个差价。如何去推动企业转型利用？卖地较好有支付能力的地方，却不需要考虑转型利用问题，这种错位让调控者在逻辑上难以自洽。

二　对土地调控的反思

国土部门兼具调控、管理与供应土地多重角色引出的各种具体的调控与管理政策的冲突，以及土地调控自身在理论与可操作性上的缺陷，带来土地调控在实际效果上远不如人意。

以房地产市场土地供应为例，土地调控要起到弥补市场的作用至少要做好以下三个方面。

1. 全面掌握市场信息，包括已出让的土地数量，已供未建面积，在建面积，已销售的住房面积等，对于国土资源部这个层级就要求掌握全国的信息。问题是，全面数据获取的难度、滞后性以及真实性，从来就没有得到很好的解决。

2. 调控者能根据市场信息做出准确判断，并制定相应的市场策略。在掌握了全面数据基础上，要求调控者能准确地判断市场现状，同时还要综合国家宏观经济发展的趋势，对市场做出准确的趋势判断，并针对发展趋势，提前制定出正确的市场策略。要做到如此庞大的数据处理与市场预判，难度自然不小，而现实中更看不到谁做到过，每次都是市场变化后才匆匆去应对。这不仅是个人能力问题，如此庞大的经济运行数据的处理和判断，本来就是不可解的，这也是市场存在的理论基础。

3. 调控政策可以从上到下完整地贯彻执行。假设前两点调控者都能做到，制定了完善的调控方案，还要面临一个地方政府在执行时的配合问题。地方政府受制于任期，需要短期内做出自身的政绩，对于各种政策倾向有利于自身政绩建设的积极执行，有碍于自身的就拖延阻拦。前者如中央号召发展新能源产业，各地竞相压低土地价格以及帮助融资去发展本地的光伏产业，导致我国光伏产能完全过剩。后者若要转型利用需要补差价，在如此紧张的财政形势下地方政府难以去执行。

三　一点思考

在未来一段时间内，我国城市土地一级市场的供应主体还会保持政府垄断格局，在这样的格局下政府如何供应土地是必须要解决的一个问题。

市场起作用，是因为供求决定价格，价格又指引资源配置。在政府垄断土地一级市场的格局里，房地产市场供求关系决定的房价如果作为政府调整土地供应的依据，由于土地供应后形成产品需要一个很长的周期，因此它不可能像利率调整对所有经济主体立刻产生影响一样，对房地产市场的供求关系产生立竿见影的效果。因此跟着房地产价格变动去变化土地供应，永远没有办法摆脱踏错节奏的后果。

在政府垄断一级市场供应不变的情况下，可以考虑这样一种弹性的供应机制：政府一级市场的稳定供应＋二级市场的弹性变化。具体操作如下。

其一，政府根据城市经济与人口的增长，给定未来一段时间，比如五年和十年的土地供应总量，并按年度平均分配，公告给市场，既保证市场的基本供应，又稳定市场预期，避免政府成为市场波动的因素。现在各地都在开始划定城市发展边界，这恰恰说明城市土地供应未来必然会在更严格的限定下，政府可以供应土地的规模也相对比较好确定，确定后分步供应，稳定市场预期。

其二，真正放松二级市场，尤其在城市更新、旧城改造中，强调原土地使用主体的开发主体地位，政府制定好规划，把开发权赋予原使用者，由其根据市场情况与自身收益来考虑是否启动，何时启动。在市场价格上涨的时候，收益提升会自然带来更多城市更新改造的土地进入市场，起到调整供应弹性作用。市场价格不高的时候，政府供应土地可以支撑，这一部分的弹性

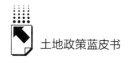
就会自然收缩。这一类模式其实在 2013 年国土资源部颁布的有关城镇低效用地再开发的试点意见中已有初步的构建。根据科斯在《耐久性与垄断》一文中提到的基本原理，土地是耐久的，之前供应的土地可以成为之后供应土地的竞争者。过去我国土地二级市场包括城市更新改造都被政府控制过于严格，没有形成一级市场垄断下的市场弹性补充的作用。现在恰恰可以考虑如何构建这样的一种市场形态。

土地参与宏观调控无论在理论和操作上都存在巨大的且不可解决的问题，不在于为了部门自身的权威性考虑而去硬加这样一个职能，应该考虑如何建立一个真正可以自我反馈进行调整的市场机制。

调查研究篇

Surveys and Case Studies

B. 21

耕地占补平衡政策的实现
途径需要改革

——来自基层的声音*

陈美球 吴 萍 叶晓鑫**

摘 要： 当前事实上的以县为单位落实耕地数量占补平衡政策的实施
途径，存在耕地占补的责任主体转移，新增耕地的开发、利
用与管理难度大等诸多现实问题，建议回归建设用地单位的
耕地补充责任主体地位，建立以占用耕地生产能力及耕地社
会保护成本为依据的耕地复垦费核算与收取机制。在全国统
筹下，围绕耕地开垦重点工程、耕地质量提升工程和耕地保

---

* 本文系中国土地勘测规划院江西土地政策实证研究基地调研成果。
** 陈美球，博士，江西农业大学教授，博士生导师；吴萍，博士，江西省国土资源勘测规划院
高级工程师；叶晓鑫，江西省龙南县国土资源局局长。

护补偿机制等主题，科学使用耕地复垦费，并因地制宜地探索耕地占补平衡的新路径。

关键词： 耕地占补平衡　实现途径　改革

基层是落实耕地占补平衡的关键主体，深入基层充分了解现实中的耕地占补平衡政策的实施效果，对于进一步完善耕地占补平衡的实施策略具有积极意义。课题组于 2014 年 6～10 月开展了《耕地占补平衡制度的实施效果》专题调研，在江西省九江县、赣县、龙南县等地多次召开了由基层国土资源管理人员、乡镇干部、村干部、农民代表参与的座谈会，广泛听取了基层人员对现阶段耕地占补平衡政策实施效果的评价，以及进一步完善的期望。

一　现行耕地占补平衡政策实现途径与现实并不适应

（一）在人地矛盾突出的地区实现耕地占补的数量平衡是个伪命题

耕地后备资源不是取之不尽的，想开发多少就能开发多少，现行以县为单位的区域耕地占一补一的数量平衡违背了客观规律。一是因为耕地是稀缺资源，并不能随意"创造"，就像赣州的稀土矿一样，总不能要求矿主开采一吨稀土，就要补充一吨稀土资源？二是中国农民一直保持着勤劳的传统，在像江西省这样人口密集的地区，人地矛盾一直比较突出，那些适应开垦的耕地后备资源即使在农业学大寨的运动中得不到开垦，也在承包责任制后，自行开垦为自留地了，只剩下了数量不多的比较偏远、耕作条件差的耕地后备资源，且多零星分布，开垦价值不大。

以赣州市龙南县为例，根据 2013 年度土地变更调查，未利用地面积约为 0.8 万亩，能够形成规模进行耕地开发的后备资源不到 0.1 万亩，而预计今后 6 年建设用地需要占用耕地 0.8 万亩，在数量上实现占补平衡不实现，水田占补更是难上加难。

（二）耕地占补的责任主体出现了转移

实施耕地占补平衡政策的一个主要目的就是通过增加占用耕地的建设成本，倒逼建设主体尽量不占或少占用耕地。但实际上，建设用地单位并不直接承担耕地的补充任务，而多是象征性地交纳一定的耕地复垦费，具体耕地补充责任通常由县级地方政府负责，并最终落实到国土资源管理部门，使耕地占补平衡制度对建设主体占用耕地的制约作用大打折扣。

目前，如何完成耕地补充任务以保障建设项目的推进，已成为各县国土资源管理部门的一项主要任务。但国土部门难以胜任耕地补充的这项工作。一方面，从业务能力看，国土部门对新增耕地的质量监控能力显然要低于农业部门和农田水利部门，目前不少由国土资源部门牵头的土地整治项目和土地开发项目，其耕地质量不尽人意，与国土部门的业务能力不无关联。另一方面，国土部门既是运动员，又是裁判员；既要负责耕地的开发，又要负责耕地开发的质量监管与验收，也不符合管理的规范。

地方政府不应该承担国家建设项目的耕地占补任务，这是地方国土资源管理部门反映较为强烈的一个问题。国家建设项目通常是基于国家社会经济宏观发展需求，虽然对当地发展会起到一定的促进作用，地方在项目选址上完全被动，建设对耕地占用的多少，地方基本上没有发言权，但耕地的补充任务却要地方承担，并作为一个行政任务下达，不得影响项目的如期申报。如途径龙南县的大广高速龙南里仁至杨村（赣粤界）段工程，是国家高速公路"7918 工程"规划网的项目，是珠三角与内地公路交通的主要通道，在龙南占用耕地 113.2856 公顷，全部由龙南县政府承担耕地占补平衡，而龙南县 2009～2014 年的 6 年间才完成新增耕地面积 199.7385 公顷，用于大广高速建设的占补任务后，所剩指标根本无法满足本县的建设占用耕地的补充需要，不少项目不得不通过异地方式来落实耕地占补平衡。

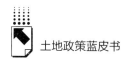

（三）不切实际的种种耕地补充行为导致基层政府信誉受损

"上有政策，下有对策"。面对耕地占补平衡的硬性要求，各地也在积极探索相应的"创新"措施。但这些所谓的"创新"，基本都是违背自然客观规律的"损招"，其中不乏"自欺欺人"、"掩耳盗铃"之举，常常受到当地农民的嘲笑：政府在做傻事！有些地方因为不切实际的耕地补充，已导致基层政府的信誉大大受损。调研中群众反映了一个"一边退耕还林，一边毁林造田"的典型现象：在同一个山坡上，低坡地带列入了林业部门的退耕还林项目，在原来的耕地上种上树，而更高地势的地带，却被国土部门列入了耕地开发项目，树木被砍去，开垦成耕地。

各地为了完成耕地补充任务，各显神通，采取的各种应对"损招"，主要包括以下几种：一是利用地籍年度变更机会，增加未利用地，人为地制造出宜耕后备资源，甚至有极个别县，有远见地在"二调"成果中就埋下了伏笔。二是毁林造地或围滩造田，有的地方不得不由政府出面协调林业部门、水利部门与国土部门的关系，为"造地"开绿灯，结果造成生态破坏，引发水土流失。三是为了实现"占水田补水田"的要求，创新地提出了"旱改水"工程，实际上，并不是只要资金投入多，就能建设成水田，有些旱地，土质就是沙壤土，保水性能差，也无法形成犁底层，不可能种植水稻，即使有些地段，通过泵站建设，抽取地下水来解决水源问题，但维持成本很高，在赣县有一个总面积约300亩的"旱改水"项目，村民给我们算了一笔账：如果完全依赖泵站抽取地下水来保障浇灌，且不论地下水量能否保障灌溉用水需求，每年维持费就不会少于5万元，而要增加300亩水田5万元的利用经济价值，几乎不可能，最后投巨资建成的水源保障设施，只能是摆设，时间长了，连泵站都会不翼而飞。

（四）新增耕地的开发、利用与管理难度大

现阶段，耕地生产经营经济效益偏低的宏观环境下，耕地的开垦并不被农村社会所看好，从开发、利用到后期监管，在实践操作中都存在很大的阻力。

　　首先,由于农村的山地(包括地籍上的一些未利用地)基本上都分配至各家各户,农户非常清楚开发成耕地的经济效益,特别是处于脐橙生产基地的赣州地区,能开垦成耕地的山地,完全可开发成果园,而耕地的经济效益远不如果园,他们都不希望自家的山地被列为耕地后备资源。其次,新增耕地难以落实耕作主体,后期管护难度大,新增耕地大量抛荒的现象很是普遍!现在好地都没人种,双季改单季、耕地抛荒的现象比较普遍,而在国家的种粮补贴、良种补贴、农资综合补贴的具体实施中,多以 2003 年计税面积发放,这些耕地即使抛荒,也可得到补贴,而开发的新增耕地很难计入补贴面积。地方政府为了应付验收与上级部门检查,大多数是临时请人种上植被。调研中我们发现,这些新增的耕地,其经营权主要还是属于原山地承包户,但因农户不愿耕种,多由当地村组管护。当然,也发现了例外,如修水县马坳镇利用河滩地开垦了 100 亩的耕地,作为深山移民的承包地,从而解决了这些移民基本生存的土地保障问题。

二　完善耕地占补平衡政策实现途径的对策建议

　　现行的以县为单位落实耕地数量占补平衡政策的实施途径,与现实情况很不适应,不仅缺乏群众基础,有"劳民伤财"之嫌,得不到群众支持,而且地方压力大,缺乏可操作性,耕地补充任务已成为地方发展的主要瓶颈,改革已迫在眉睫。异地占补也不宜鼓励,既不利于耕地后期跟踪监管,也容易产生相应的腐败问题(在不少国土部门的官员腐败案件中,不乏与耕地占补指标买卖关联的事例)。

　　课题组建议,应回归建设用地单位的耕地补充责任主体地位,建立以占用耕地生产能力及耕地社会保护成本为依据的耕地复垦费核算机制。把耕地占补平衡从重数量平衡转向耕地数量与质量并重,并通过耕地质量的提升来弥补耕地数量的减少。在全国统筹下,围绕耕地开垦重点工程、耕地质量提升工程和耕地保护补偿机制等主题科学使用耕地复垦费。如当地确实具有耕地后备资源的,应优先给予立项。具体包括以下对策。

（一）科学评估建设占用耕地的生产能力，提高耕地占用成本

只有真正把建设用地单位作为耕地补充的责任主体，才能发挥出耕地占补平衡政策对耕地少占用的调控作用，因此，应防止地方政府为了吸引各项建设项目的投资，而把耕地补充转移给地方国土部门的行为，切实让建设用地单位承担起补充耕地的责任。建议充分利用农用地分等定级和耕地地力评价成果，根据建设项目占用耕地的数量和质量、耕地社会保护平均成本来核算应交纳的耕地复垦费，要使其占用耕地的成本，至少应高于占用低丘缓坡土地，通过经济杠杆引导用地项目少占耕地，特别是对优质良田的侵占。

（二）强化耕地开垦适宜性论证，杜绝破坏生态环境的耕地开发

要改变耕地开发适宜性评价流于形式的现状，综合考虑地形地貌、耕作区位、地质基础、生态脆弱特征等因素，建立适应当地的耕地开垦适宜性评价指标体系，并严格进行论证，尊重客观规律。可探索论证终生负责追究制，切实增强适宜性论证专业人员的责任感和使命感，能真正坚持生态保护优先的原则，杜绝破坏生态环境的耕地开发。

（三）加强耕地质量建设，重视新增耕地的管护

耕地质量是耕地生产能力的本基，通过耕地质量建设，也可有效缓解耕地数量减少对我国粮食安全的冲击。在强调现有耕地质量建设的同时，要重视新耕地质量的培育，把新增耕地纳入国家的系列惠农政策中，必须使种粮补贴、良种补贴、农资综合补贴等政策也惠及新增耕地，只有这样，才能真正落实新增耕地的耕种主体，同时，国家应进一步加大对耕地质量保护的鼓励政策，如加大农田水利设施建设投入、建立农田基础设施维护机制、鼓励冬季绿肥的种植、推行农药化肥的科学施用。

（四）坚持因地制宜，探索耕地占补平衡的新路径

由于农业产业具有较强的地域特色，不少地方用于发展地方特色果业的果

园，只要具备耕地的基本特征，也可以计入耕地范畴，如赣州市坡度在25°以下脐橙精品果园建设就应允许其纳入耕地范畴。理由如下：一是精品果园具备了耕地的基本条件，在生产本质上与耕地相同。经对赣州多个精品果园的调查，其土壤理化指标完全符合耕地质量的要求。事实上，不少新开果园，在前期套种花生、大豆、红薯等先锋作物，长势很好；二是果业直接在为粮食安全做贡献，在一定程度上发挥着耕地的功能。水果是低热量低脂肪的食品，营养价值高，同样含有传统粮食作物所包含的能量、蛋白质、脂肪和碳水化合物四大营养成分；三是精品果园与耕地之间具有可逆性，是"藏粮于园"的表现。果园的种植利用过程，是个地力培肥的过程，特别是精品果园，其土地肥力可与高产耕地相媲美，与耕地之间完全具有可逆性。万一国家粮食安全真正出现了问题，这些精品果园能很快地转变为耕地，直接用于生产粮食。另外，建议经二调确认的农民自行开发的新增耕地，经验收后，可用于折抵耕地占补平衡指标。

（五）明确管理部门职责，理顺耕地补充中的部门关系

应正视国土部门难以胜任耕地补充主体角色的现实，彻底改变在耕地补充中既是运动员，又是裁判员的现状，要明确国土、农业、农田水利、林业等相关部门在耕地占补平衡政策中职责分工，回归国土部门行使耕地保护监管的本位职能。至于耕地的具体开垦，可依赖市场机制，交由具有开垦能力的企业去实施，各职能部门只要负责相应内容的监管就行。

（六）构建科学的耕地保护补偿机制，提升耕地保护实效

构建耕地保护的补偿机制，是提高地方对耕地保护的积极性、改变我国目前耕地保护效果不乐观状况的一条重要途径，而补偿经费的缺失是补偿机制构建的主要瓶颈。由于在核算建设用地的耕地复垦费时，已把耕地保护的社会成本计入其中，为耕地保护补偿资金的筹集提供一条解决途径，因此，可以把耕地复垦费纳入耕地保护补偿机制的构建之中，对基本农田保护区，特别是粮食主产区提供相应的经济补偿，作为他们牺牲耕地非农化发展权的弥补，从而提高这些地区保护耕地的积极性。

B.22
浙江省农村宅基地有偿分配
改革调研报告[*]

徐忠国　关　涛　蒋明利　陈建明[**]

摘　要：　长期以来，受公平主义的影响，我国主流的农村宅基地分配使用制度为无偿无期限的福利分配使用制度。毫无疑问，该制度为农民安居乐业发挥了一定的历史作用。但其负面作用也很明显，农村公共服务供应严重不足，人居环境脏乱差，用地粗放低效。在城市成功实行有偿使用制度后，是否可以在效率的视角下，在农村宅基地治理中引入有偿使用的机制呢？学界充满争议，但显然反对者甚众。实践出真知，对该问题的回答必须基于试点的实际效果。从本文调查的两个典型案例来看，如果制度设计合理，有偿分配不会过度增加农民的负担，也不会侵害弱势群体的居住权益，反而可以显著地改善土地管理的绩效，提高农村宅基地的利用效率和效果。

关键词：　农村宅基地　有偿分配　浙江

一　改革背景：无偿走向有偿

改革开放以前，我国城市国有和农村集体所有建设用地均实行"无偿

　＊　本文系中国土地勘测规划院浙江土地政策实证研究基地调研成果。
＊＊　徐忠国，浙江省土地勘测规划院所长，高级工程师；关涛，浙江省土地勘测规划院副院长；蒋明利，浙江省土地勘测规划院高级工程师；陈建明，浙江省土地勘测规划院高级工程师。

无期限、行政划拨"的土地使用制度，该制度铭刻着计划经济体制的烙印。由于无偿无期限，建设用地开发利用存在着粗放无序和基础设施建设投资不足的弊病。改革开放以后，以深圳为前锋，全国各地通过改革试点和深入学习香港和英国的土地开发制度，逐步建立起城市国有建设用地有偿有期限使用制度和国有建设用地使用权交易市场。新机制的实施，一方面促进用地主体树立起土地资源有偿使用的成本约束意识，促进了土地节约集约利用；另一方面也为城市基础设施建设筹措了充足的建设资金，改善了城市的人居环境和运营功能，取得了良好的制度绩效。但农村集体所有建设用地使用制度的改革相对迟缓，到目前为止仍然沿用"无偿无期限"的土地使用制度，与农村居民密切相关的宅基地制度也是如此，其特点是"集体所有、农户使用、无偿无期、一户一宅，限制流转"。这种福利分配的宅基地制度为我国农村社会稳定、农民安居乐业发挥了一定的历史作用。但随着城镇化、工业化和农业现代化的推进，已越来越难以适应农村经济社会发展的现实，表现在农村居民的正常建房权益难以得到合理的保障，农民建房难的问题日益突出，农村人居环境脏乱差，农村公共服务供应严重不足。

农村宅基地分配是应效率优先，还是公平优先？即，农村宅基地分配应坚持有偿市场化配置机制，还是无偿福利性配置机制？这个问题颇有争议。总体而言，目前我国学界和管理部门的主流思想还是认为现阶段农村宅基地应坚持无偿福利性分配。在此大背景下，浙江的农村宅基地有偿分配改革是颇具破题意义的。理论与实践争议的话题主要有：（1）有偿分配是否会增加农民的负担？（2）有偿分配是否会损害弱势群体的居住权益？（3）有偿分配真的会改进土地管理的绩效？（4）有偿分配获得的资金能否得到有效的监管？（5）试点经验是否仅限于发达地区，而欠发达地区不适用？这些问题都需要通过实践予以检验和回答。

二　山前村："拍卖＋竞价"

山前村位于台州市黄岩区南城街道南部，地处城乡接合部，靠近国道，

区位条件优越。村庄面积约 1 平方千米。全村总户数 406 户，户籍总人口 1310 人，外来人口 1110 人。产业以衣帽加工、塑料加工为主，2013 年全村经济收入达 2.32 亿元，农民人均纯收入 1.25 万元。村集体经济组织通过出租土地给企业用于生产经营（比如汽车的 4S 店）获得租金，是村集体经济组织的主要经济收入。

山前村的房屋大多修建于 20 世纪 80 年代初，现今大多老旧破败，村民存在农房更新改造的强烈需求，但一直苦于没有建设用地指标而迟迟无法获批。近年来，浙江省着力保障新增建设用地指标用于解决农民建房难问题，台州市国土资源局黄岩分局下达了 80 亩建房指标给山前村，后来经山前村努力争取，用地指标增加到 200 亩。然后，山前村的建房工作又面临新的困难：政府多年前编制的村庄建设规划难以实施。实施的困难主要体现在两个方面：一是原村庄规划将建房区位布局在远离国道的区域，不被村民接受；二是按原规划区域建房，因个别村民要价过高、个别区块祖坟较多等原因，村内收地难度很大，不易实现。

为此，山前村多次找国土、规划主管部门沟通协商，最终达成一致意见，由国土部门、规划部门和村集体共同完成山前村宅基地选址布局的规划工作：第一，山前村集体可以在尊重民意和考虑实施难度的基础上自行选址并进行详细设计。第二，用地总规模不得超过政府设置的上限。第三，由于土地利用总体规划调整难度较大，应尽量选址布局在现行土地利用总体规划划定的允许建设区和有条件建设区内。第四，村庄建设规划的科学性和可行性以城乡规划部门的最终意见为准，符合上述条件的规划方案应尽快完成法定程序。

为了减少宅基地的区位差异和方便农民生活，山前村修改调整了原规划，增加了主通道，确保每块宅基地都能临路。在制定了新的村庄规划并得到审批后，山前村共向村民收回了 200 亩土地用于农民建房，每亩土地的收地成本为 7.5 万元，收地总成本约为 1500 万元。全村第一期建房共计 38 户，分配的对象主要是困难户，即居住条件差、生活空间狭小，但因宅基地指标紧缺而无法取得宅基地的农民。为公正透明起见，住房困难户的认定结果在全村进行了公示，第二期工程则解决了 150 户的建房问题，道路建设、污水处理、绿化、通水通电等基础配套设施成本约为 1700 万元。第三期工程尚在进行中。第二、三期工程完成后，可解决全村 90% 农户的建房问题。

山前村的宅基地分配采用有偿竞价分配，底价根据 1700 万元配套设施成本 188 户均摊计算得到，即 9 万元起，临湖等景观和区位条件好的宅基地的取得价格高达 30 余万，而对于第一期的困难户，分配的区位较差，由集体对其费用进行了适当减免。山前村集体共收得地价款 2700 万元，加上政府配套经费 500 万元，总收入 3200 万元，经费收支基本平衡。

另外，在农房改造之前，山前村集体经济组织的治理结构已经相当健全，成立了民主监督小组、民主理财小组，实行了阳光村务，建立了"一月一结账、一季一圆账、半年一封账"的财务透明制度，做到了账目清晰，有据可查。在新农村建设过程中，山前村农房改造项目在村民的积极参与下分期实施，取得了不错的效果。

同时，山前村还通过村规民约对宅基地的分配权利进行了明晰，包括宅基地的面积、户口人数的认定、分配的选择顺序等。该村的宅基地分配按照黄岩区的统一标准执行，即 1~3 人的农户可分得 47.5 平方米的宅基地；4~7 人的农户可分得 95 平方米的宅基地；因区级以上重点工程建设需要，涉及的 6 人以上的拆迁户，每户可分得 142.5 平方米的宅基地。在每户人口的认定方面，规定在分配宅基地时，已经出嫁的女儿不计入人口。如果该户有两个女儿，只能有一个女儿享有宅基地取得权利，并且该户还应提供分居协议，明确哪个女儿享有宅基地取得权利。若有妇女嫁入该户，嫁入者可以享受宅地基取得权利。但是在集体经济分红方面，户的认定按照公安部门的标准。此外，在收地时，村集体还承诺被收地的农户可以原地安置或先于无地的农户来选择宅基地。该村明确规定，已有宅基地的农户拆旧后方可建新。村里要求需要建新的农户应该在规定期限内（一般 15 天）拆除旧宅基地，村里才会为其报批宅基地。若超过规定期限，此农户就只能等待下一批次。

为了保证村庄的整体形象，村集体统一设计三套房屋建造方案供村民选择。每户需自行出资按照设计方案建房。同时，该村还建立了互相制约的监督机制，即以若干户为一组，选定一个小组负责人，其责任是确保本组农户

都按照既定方案建设房屋。若出现农户违反既定方案建设的情况，负责人应承担相应责任。

通过滚动式分期改造，村集体和村民严格执行制定的宅基地管理规则，各自承担相应的费用，推动农房改造顺利实施。山前村的村庄面貌发生巨大变化，从简陋矮小的老房子转变成统一美观的现代化新房，实现了"民有所居"。

三 民强村："抽签+付费"

民强村位于杭州市下辖富阳区东部，距富阳市区 12 千米，是个历史悠久、民风淳朴的山村。全村下辖水竹篷、小房里、石塔坞、殷家宕、金家山等 5 个自然村，总面积约 5 平方千米。全村常住人口 1386 人，户数 413 户，现有宅基地户均面积 92 平方米。产业以林业为主，兼种水稻，是以产茶叶和土纸为特色的小山村。近年来，全村根据人多地少的实际情况，大力发展第三产业。2014 年，民强村人均纯收入 1.60 万元。由于山多地少的自然条件，民强村面临着建房空间少、村民建房难的问题。为此，民强村在坚持一户一宅的原则下，通过村民协商调剂，利用存量建设用地，积极探索抽签有偿安排宅基地的方式。

根据 2013 年富阳市政府下发的《关于印发富阳市农村村民建房行动计划（2013～2016 年）的通知》和《里山镇农村村民建房管理实施细则》等相关规定，民强村规划第一期新建农村居民点面积为 6.54 亩，22 块宅基地。结合村内新建农村居民点的实际情况，经全体村民表决同意，决定解决本村的危房、无房和住房条件相对较差的农户的建房需求，以公平、公正、公开的原则合理有偿分配地基。具体的实施过程如下。

一是农户报名参与第一期的宅基地分配。村民委员会以村民递交的新农村居民点建房申请书为依据，参照危房、无房及住房条件差的标准，对每一农户的申请理由进行初审。通过初审的农户，递交申请材料至镇建设办，经审核合格后，正式获得入围资格。根据农户申请的情况，第一期共有 22 户村民参与宅基地分配。

二是制定宅基地的价格和地块分配的规则。村委会先对入围农户的实际情况进行摸底调研，从村民意见、农户人口数、农居点房屋结构安排等原则出发，确定安排三开间地基和安排二开间地基的户数。但是，村委会确定的三开间和二开间的数量与规划时的地基数量并不一致，村民需要通过抽签来最终确定是三开间还是二开间的地基。随后，农户在缴纳地基款和建房押金后，进行第二次抽签，从而确定地基的位置。按照村规民约，当所有农户确定地基位置后，不得以任何理由交换位置。对于宅基地的价格，民强村是以单位成本价进行核算，包括收地费、施工费、材料成本费、设计费、耕作费等，具体价格和宅基地的地块大小有关。宅基地的亩均价格是 57.85 万元，户均价格是 17.2 万元。

三是差别化处理原有宅基地的拆迁回收工作。为严格执行农村"一户一宅"的政策，参与宅基地有偿分配且有老宅基地的农户，必须先按要求拆除旧房，并通过村委的验收，才给予地基分配的权利。若不同意拆除旧房和回收宅基地的农户，视为自动放弃新建农居点的宅基地分配。根据旧房的地理位置，民强村采取了不同的处理办法。对在新建农村居民点范围内的旧房拆迁，由村委会与被拆迁户签订拆迁补偿协议，双方确认地面面积（包括屋前房后的空地），按 200 元/平方米进行补助，拆除后的土地由村里统一收回。对其他位于复垦区范围内的旧房，由村里组织复垦后归还户主耕作，农户不得以任何理由改变耕地现状。为鼓励宅基地复垦，拥有旧房的农户获得了地基 40 元/平方米，屋前房后空地及附房 20 元/平方米，零星的土地 5 元/平方米，青苗费 10 元/平方米的补助。另外，对于旧房拆除的农户，还享受到了新房在建一年内每月 200 元的过渡费。

四是统一实施基础工程，押金规则保障农户自主建房。农户上交给村委会的地基款，其主要用途是支付新建农居点的基础工程。该基础工程由村委统一代建，工程内容有土地收回、基础填挖、设计放样、石坎修砌等。整个基础工程实行的是经济独立核算的原则，由农户代表进行全程监督。农户在新的宅基地基础上，自主建设农居房，建房的成本费用由村民自行承担。为

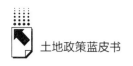

了保证房屋的外观式样、建造进度和建设质量，农户在抽签确定地基位置前，上缴了押金，其中三开间押金20万，二开间押金15万。根据村委会制定的规则，农户的房屋必须在一年半内建成，逾期者村委会将有权收回宅基地，并按建筑工程量从押金中扣除相应的违约金。为统一房屋式样，建房所需的外墙砖和瓦片均由村统一组织采购，房屋的外观结构都是按照规划的图纸进行施工，并由村委会进行监督。在房屋按时竣工且式样没有改变的情况下，农户可向村委会申请退还保证押金。实际的退还过程是，在三楼顶层现浇楼板浇好并经村委会验收合格后退还一半左右的押金（二开间退还7万，三开间退还10万），余下的押金在村委会扣除采购外墙砖、瓦片的成本核算后，以多退少补的方式返还。目前，新建农居点的地基工程已经基本完成，农户的新房正在有序建设中。

四 政策讨论：效率与公平的权衡

（一）山前村案例总结

山前村的宅基地管理可以归纳为"有偿使用、竞价分配、农房自建"三大特征。山前村农房改造的顺利实施，得益于村集体经济组织在尊重农民意愿的基础上，制定了公平合理的宅基地管理规则。这样的规则清晰界定了村民在宅基地分配和新房建造中的权利和义务，也间接决定了村民改造农房的成本和收益。另外，农房改造工程的顺利实施还离不开政府的引导和协助。没有地方政府在宅基地指标配额上的让步，山前村的农房改造项目就无法落地实施。而在政府引导下制定的村庄规划等相关规划，避免了宅基地无序、散乱、粗放等低效利用现象。

该案例最明显的创新点是打破了宅基地无偿分配和使用的传统，采用了宅基地竞价有偿使用的分配方式。在经济条件较好的山前村，宅基地有偿使用并不会明显增加村民的经济负担（收地拆迁范围内的一部分村民还能以补偿款来减轻负担）。相反，由于对有房可居诉求强烈，村民都愿意承担这部分宅基地费用。在宅基地指标紧张的地区，通过有偿分配的手段，能一定程度上优化资源配置，提高宅基地利用的效率。

（二）民强村案例总结

民强村的宅基地管理可以归纳为"有偿使用、抽签分配、农房自建"三大特征。其中，宅基地从无偿向有偿使用的转变，约束了农户粗放使用宅基地的行为，压制了没有实际需求的农户申请宅基地的冲动。而宅基地基于成本定价，在农户可承受的范围内，并不会给农户带来太大的经济压力。在宅基地的大小和位置的确定上，公开抽签的方式比较符合农村公平分配公共物品的传统习惯，也因此获得了村民一致的认同。抽签获得的地块不得私下进行交易，杜绝了农户利用宅基地谋取不正当利益、赚取差价的现象，有利于农村的和谐稳定。此外，村委会利用村民购买宅基地的价款统一实施宅基地的基础工程，不仅加快了新农村的建设进度，还节约了基础建设的平均成本，减轻了农户的建房负担。而农户在押金的约束下，有利于房屋外观式样的统一，避免了农户在房屋建设过程中出现烂尾楼现象。

从实际效果看，村委会根据实际情况制定的管理规则，合理公正，得到了村民较好的执行，使整个农居点的实施过程比较顺利。民强村通过有偿使用的宅基地分配探索，解决了农民建房难、农村更新慢的问题。

（三）两种做法的对比分析

山前村和民强村的两种做法，共同特征是宅基地有偿分配和农房自建，差别化的只是有偿使用的方式。山前村的"拍卖竞价"方式适应了沿海地区市场化发育水平高的地域特点，也适应了沿海农民具有较强的市场经济意识的现状，因此，得到了农民的广泛支持。通过拍卖竞价，经济条件较强的农户可以选择区位条件更好的地段，经济条件中等的农户可以选择普通地段，经济条件困难的农户则选择经济适用地段并得到集体经济的补助。把选择权交给了农户，解决了宅基地分配的效率问题。集体经济所获得的土地有偿使用费则全部用于改善公共的人居环境，集体受益，个人也受益。应该说这种方式比较适合市场化发育程度较高的地区，有着良好的制度绩效。民强村的"抽签＋付费"方式适应了山区或农耕区市场化发育水平相对较低的特点，也迎合了山区或农耕区农户的平均主义思想，得到了农耕思想较重的农民的拥护，较好地解决了宅基地分配的公平问题。集体经济所收得的土地有偿使用费，主要用于村民个人的宅基地地基建设，也有效地改进了村容村貌。农户建户的风格统一问题，主要靠后期的民主监督及押金返还来实现。应该说，"抽签＋付费"这种方式更适合农耕文化较深、市场发育水平相对较低的地区。"竞价"和"抽签"这两种不同方式没有孰优孰劣的问题，只是适用于不同的地域环境。

（四）政策讨论

本文的观点是鲜明的：支持农村宅基地有偿分配改革，并通过典型案例分析来回应相关的质疑。（1）有偿分配不会过度增加农民的负担。土地有偿使用费，取之于民，用之于民。山前村把经费主要用于全村的公共基础设施建设，民强村主要用于村民的宅基地地基建设。有偿使用费的获得方式和标准可以根据不同的地区条件进行设置，从而适应当地的经济社会发展阶段，可以实现不过度增加农民的负担。（2）有偿分配不会侵害弱势群体的居住权益。农村弱势群体的建房权益得到了有效保障，山前村的弱势农户在区位条件一般的地段得到了安排，并且得到了村集体的经济补助，而民强村的抽签方式理所当然保障了他们居住权益。（3）宅基地有偿使用可显著改善土地管理的绩效。通过土地有偿使用费的运营，充分发挥了农村经济统分结合经营机制的优势，在"统"的方面有助于改善全村整体的人居环境，有助于增加集体经济的综合实力；在"分"的方面有助于改善农户个体的居住条件，也有助于约束农户的用地行为，促进土地的节约集约利用。应该说，农村建设用地的有偿使用改革取得了和城市建设用地类似的效果。（4）宅基地的土地有偿使用费是可以得到有效监管的，前提条件是需要建立良好的集体经济组织的治理结构，以及发动村民广泛参与和监督。（5）浙江的宅基地有偿分配改革的经验具有一定的可复制性和可推广性，可供全国其他省份作为借鉴，也可作为全国制定政策的参考。"拍卖竞价"和"抽签＋付费"方式分别适用于不同的地区和不同发展阶段，可以结合当地实际进行制度改造。

（五）经验推广建议

虽然试点取得了良好的成效，但在面上推广宅基地有偿分配改革的时候，还是应该更为慎重，应选择条件适合的地区先行开展，以下几个方面的建议可供参考。一是优先选择村支部和村委会的班子建设较强、组织基础较扎实的地区开展改革。二是村集体经济组织要有较强的经济基础，农户亦有改善居住条件的强烈愿望。三是要加强村集体经济组织的治理结构建设，决策机构、执行机构和监督机构要能有效运营。四是要加强村民的公共参与和民主监督。各项事务要公开阳光，接受村民的严格监督。五是要根据村民主流意愿来选择适合当地条件的有偿分配方式，打好民意基础。总之，本文认为农村宅基地的有偿分配改革，坚持了"三不"底线，即土地公有制性质不改变、耕地红线不突破、农民利益不受损，也取得了良好的制度绩效，可以进一步深化改革，稳步向具备条件的地区进行推广。

B.23

农村宅基地管理实践中的
困惑与对策思考

——基于江西省农村宅基地利用与管理专题调研[*]

陈美球 吴 萍 李志朋 林建平[**]

摘　要： 现阶段基层人员在农村宅基地管理实践中，普遍存在农户到
　　　　　 底拥有多大的农村宅基地利益、"公平"在农村宅基地使用
　　　　　 与管理中如何得到体现、基层国土部门有哪些有效的农村宅
　　　　　 基地监管手段、市场在解决低效利用突出问题中能发挥多少
　　　　　 作用等困惑。建议在坚持正确处理好"公平"与"效益"的
　　　　　 关系、以"一户一宅"政策为核心、强调系统思维、市场调
　　　　　 节与政府调控有机结合、以"疏"代"堵"的基本原则下，
　　　　　 完善农村宅基地供给与使用政策、农村宅基地流转政策，并
　　　　　 同步推进配套政策的改革。

关键词： 农村宅基地管理　实践困惑　对策思考

　　农村宅基地管理是面对农村地区广大农民群体的一项实践性很强的工
作，基层管理人员是落实我国农村宅基地管理政策的关键主体。为了真正掌
握现阶段我国农村宅基地政策的实施效果，课题组在江西省九江县、赣县、

───────────

　　*　本文系中国土地勘测规划院江西土地政策实证研究基地调研成果。
　　**　陈美球，博士，江西农业大学教授，博士生导师；吴萍，博士，江西省国土资源勘测规划院
　　　　高级工程师；李志朋，江西农业大学研究生；林建平，江西省赣州市国土资源局科长。

龙南县、乐安县、分宜县、上饶县等地多次召开了由基层国土资源管理人员、乡镇干部、村干部参与的座谈会，以期从基层管理人员的角度深入了解当前农村宅基地管理现状。

一 农村宅基地管理实践中的困惑

"政府叫难，农户无奈"，是座谈代表对宅基地管理现状的归纳。特别是说起农民违规建房，不少代表表示同情与理解。农民也想依法依规申请建房用地，但难以获得批准，一方面，农村建房有着旺盛的需求：一是儿子大了成家必须建房，二是建新房在农村是成功的重要标志，近年来农民外出打工赚了钱，回家首要任务就是在生活更加便利的地方建新房；另一方面，农村建房的用地指标非常少，以赣县为例，每年下达给县的年度用地指标大约为600亩，可用于农民建房的指标为10%，60亩，最多能满足250户的建房需求，而全县有60多万农民约20万户农户，每年申请建房农户有2000多户，远远超过用地指标。既然农民不能正常地依法建房，就违章搞建筑了，与丘陵山冈比较，占用耕地的建设成本要低得多，结果农民多选择自家承包耕地建房。违章建筑应无条件拆除，但农民几乎是尽全家所有积蓄建新房，谁动手拆除，他们就和谁拼命。一边是拆违，一边是维稳，基层土管人员陷入"两难"的境地。

基层管理人员反映当前的农村宅基地管理非常被动，现行的农村宅基地管理政策与现实需求存在诸多不适应之处，他们提出了心中的种种困惑，通过梳理归纳，主要集中表现在以下几个方面。

（一）农户到底拥有多大的农村宅基地利益？

确保农民利益是我国农村土地管理的基本原则，但只拥有土地使用权的农民，到底拥有多大的权益？现实中"一套换三套"的征地补偿、借征地之机一夜暴富的事例屡见不鲜，成为非征收农户羡慕的对象。农户根据《物权法》大谈农民土地使用权用益物权的保护，却对集体所有权的正当权

利避而不谈，农户占据着农村集体土地，不论合法与否，即使荒芜不用，都要反复与基层政府博弈，争取最大的利益补偿。人们不得不担心，农村土地确权后极有可能加剧农村宅基地管理的困难，这是因为，确权可能会强化私有观念、超面积的农村宅基地得到了默认，处理难度会更大，村集体经济组织土地所有权者的主体地位可能会完全丧失。农村宅基地私有观点的加强，使那些房屋拆除的宅基地使用权很难被村集体收回处置。中国有着根深蒂固的恋土情结，丢失"祖房"就是"败家者"，确权很可能把宅基地异化成了农户私有，强化农民对"祖房祖屋"的永久占有。

（二）"公平"在农村宅基地使用与管理中如何得到体现？

"公平"是我国农村社会传统的核心价值观，也是维持农村各项社会经济活动的基本准则。但目前的农村宅基地管理政策并没有很好地体现"公平"。现实中，由于多占宅基地的留置成本几乎为零，占有集体土地越多的农户，反而存在得到的补偿越多的机会，而作为宅基地所有权的村集体组织的其他成员，基本上得不到任何补偿，这是集体成员权明显不均等的表现，无形中在鼓励农户强势多占宅基地，这也使村集体土地的所有权价值丧失。

（三）基层国土部门有哪些有效的农村宅基地监管手段？

农村宅基地监管是国土部门的职责，但没有赋予他们相应的执法权限。比如对于农户占用承包耕地违章建房一事，尽早制止和拆除，能将农户的损失降至最低。但根据相关法律法规的规定，无论采用哪种办法对违章建筑采取强制拆除的措施，完整履行法定程序，都至少需要60天左右的时间，监管员不可能每天在现场监察，两个月的时间房屋基本建成了，这些新房凝聚着农户一家的心血与积蓄，拆除阻力很大。目前问责的板子基本上打在国土部门，每年的"卫片执法"大检查和土地利用督查，都是国土部门最为忙碌，也最为头痛的时间。

（四）"一户一宅"的政策如何得到真正实施？

"一户一宅"是我国农村宅基地使用与管理的核心政策，但由于没有相应的实施细则，这一政策完全缺乏实践可操作性。如何界定"户"？农户通过接受赠予、合法继承、合法购买房屋取得的宅基地，造成的"一户多宅"，该如何处理？建新不拆旧的农户如何处置？旧宅基地又该如何处置？现在开展的户籍改革，取消了城乡户口的区别，如何界定农村宅基地获取资格？如何处理"空挂户"（即一个人迁入户口、全家跟来居住，但全家户籍留在原村，不退出宅基地），龙南县莲塘村就遇上这些难题：近三年有约200户外来"空挂户"迁入，不仅宅基地管理难，还面临着新农保、新农合、计生管理等一系列农村社会管理新问题。

（五）市场在解决低效利用突出问题中能发挥多少作用？

市场机制是解决土地资源有效配置的重要手段，但依赖市场不可能彻底解决农村宅基地低效利用的问题，只能缓解农村宅基地需求矛盾。且不论目前农村宅基地流转的主体、组织者和监管者不够明晰，就是市场的交易边界或交易对象都不能确定。零星的不符合规划的闲置农村宅基地没有流转受体，必须走有偿退出的复垦之路，这几年的"增减挂"试点，把能解决的基本上解决了，但受到没有搬迁建新能力的困难农户的影响，难以成片进行复垦施工。这就出现了对农村弱势群体关心的问题。如果放开流转受让对象，允许城里人来购买，会冲击农村宅基地市场，威胁农村集体土地的成员权，但如果对受让对象进行限定，是一个不完全的市场，农村宅基地的抵押权难以实现。

（六）农村理事会在农村社会管理中发挥了重要的协调作用，但如何防范风险？

近年来在新农村建设逐渐成立的"农村理事会"，越来越在农村事务协调中，特别是在农村集体建设用地的管理中发挥出重要作用。但如何

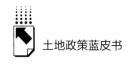

防范相应的风险？如农村集资修建农村生活基础设施，万一出现了资金的管理问题，谁来负责？农村理事会是否能合法集资？农民对政府"高依赖、低信任"的现象较为普遍，当农村理事会参与的事项出现问题后，最终还是会成为基层政府的负担，相应的风险防范机制和约束制度不可缺失。

二　提高农村宅基地管理实效的对策建议

现行的农村宅基地管理政策，已与实际严重脱节，加快农村宅基地管理政策创新的呼声在基层很高。

（一）推动农村宅基地管理政策创新的基本原则

1. 正确处理好"公平"与"效益"的关系

"公平"与"效率"是贯穿于土地资源利用与管理的主线，既要追求社会各利益主体在土地利用与收益分配中公平和公正、最大限度减少社会矛盾，又要充分考虑土地资源的配置效率，促进土地资源的节约集约利用。具体体现在农村宅基地管理中，就必须充分考虑村集体、具体使用农户、村集体其他成员、公众等多个利益主体的统筹，既要保证集体组织内成员的权益、机会的均等，又要激励农户对宅基地的高效集约利用、防止宅基地的闲置与浪费。

2. 以"一户一宅"政策为核心

"一户一宅"政策是我国农村宅基地管理的核心政策，也是村集体成员公平使用宅基地的根本制度保障。各地可根据不同的地形地貌特征和土地资源禀赋，确定相应的面积标准，但切不可放弃"一户一宅"的原则。

3. 强调系统思维

作为人类社会生产的三大基本要素之一，土地的使用与管理制度本身就是一项系统工程，涉及社会活动的方方面面，农村宅基地的利用与管理既与耕地保护、用途管制、集体建设用地管理等其他土地制度密切相关，也与城镇化、农村基本社会保障、农村生活基础设施建设，以及教育、医疗资源的空间配置息息相关。只有充分尊重土地制度系统关联性的客观规律，把农村宅基地管理政策创新与农村土地征收、集体经营性建设用地入市、土地利用总体规划调整完善等其他土地使用制度，以及城镇化、农村社会保障建设等内容综合在一起，协同推进，才能取得较好的制度创新绩效。

4. 市场调节与政府调控有机结合

农村宅基地管理，既离不开市场机制的调节，也离不开政府的宏观调控。这是因为，一方面，市场是土地资源配置的有效途径，引入市场的经济杠杆对供需矛盾进行协调，能促进农村宅基地的有效利用；另一方面，农村宅基地是典型的稀缺资源，应确保村集体经济组织成员之间公平使用的权力。同时，农村宅基地的使用对象受到一定的限定，决定了宅基地市场是个不完全的市场，不可能完全由市场这只无形的手进行配置，必须有政府的宏观调控。

5. 以"疏"代"堵"，规范流转

农村宅基地流转，既是建设资源节约型社会的客观要求，也是我国农村土地使用的主要方向。因此，针对当前普遍存在的农村宅基地"隐性"，应采取以"疏"代"堵"的策略，制定相应的流转机制与保障制度，促进农村宅基地流转市场的健康发展。

（二）推动农村宅基地管理政策创新的具体对策建议

1. 完善农村宅基地供给与使用政策

一是尽快出台"农村宅基地'一户一宅'管理实施细则"。"一户一宅"的法律规定，要求村民一户只能拥有一处宅基地，村民迁居后的原宅基地在理论上应当退回集体。"一户一宅"政策在落实中产生的具体问题非常复杂，现实的实施阻力很大，必须制定相应的具体实施细则，既可保证"一户一宅"政策落到实处，又能增强闲置农村宅基地流转的驱动力。

二是进一步完善农村居民点发展规划，既要重视村庄建设规划，也要重视区域农村居民点体系规划。调查中，课题组发现目前在村庄建设中存在一

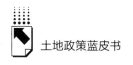

个误区，那就是重视单体村庄的建设规划，而忽视了区域内村庄居民点的整体布局的体系规划，单个村庄的建设规划对于提高村庄本身的节约集约利用固然非常重要，但就整个区域的农村居民点用地的节约集约而言，更重要的是区域内居民点体系的合理布局。必须完善农村居民点体系规划，以利于在区域整体水平上最大限度地挖掘潜力。

三是创新农村宅基地跨村小组（村）使用制度。随着社会的发展，人口的流动与集聚的区域界线越来越模糊，限制本村集体组织成员使用农村宅基地的规定已不适应社会发展的需求，甚至可能制约农村发展。农村宅基地跨村小组（村）使用，还能为农村人口向中心村聚集、迁村并点发展新型农村社区提供农民住房用地保障。建议由乡域逐步扩大至县域范围，构建农村居民跨村小组（村）使用制度农村宅基地的机制，在更大范围内实现农民居住的相对聚集，进而促进新型城镇化的进程。

2. 完善农村宅基地流转政策

一是科学设定农村宅基地的产权束。针对农村宅基地流转的实际需求，围绕"提升农村宅基地节约集约利用水平"和"在保障农户宅基地用益物权前提下，慎重稳妥地推进农民住房财产权抵押、担保、转让"的改革目标，在坚持农村宅基地集体所有的前提下，进行所有权和使用权的分离，依据使用权的"权利束"理论，现阶段农村宅基地的使用权可设定为"占用权"、"收益权"、"抵押权"和"继承权"四种。"占用权"是对农村宅基地利用的权利，依据规划可利用宅基地建房的权利，初始赋予集体经济组织成员。"收益权"既是宅基地集体所有权的经济体现，也是集体经济组织成员放弃"占用权"经济补偿的内在要求。"抵押权"是把农村宅基地"占用权"作为债权的担保，向银行金融机构等进行债权人抵押，以换取资金的权利。这也是实现"在保障农户宅基地用益物权前提下，慎重稳妥推进农民住房财产权抵押、担保、转让"改革目标的客观要求。"继承权"是农户可以把农村宅基地"占用权"作为遗产进行继承。这既是对目前农村宅基地世代相传既成事实的一种认可，也是农村以"农户"为单位运行社会传统的客观要求。

二是构建农村闲置宅基地有偿退出的流转机制。可借鉴城市国有土地的储备制度，探索由村集体有偿收回农村闲置宅基地使用权，对放弃农村宅基地使用权的农户给予一定的经济补偿，然后把宅基地重新分配给其他农户使用或用于村公共建设的盘活机制。具体应包括规范农村宅基地收储工作流程、建立合理的农村宅基地收储补偿标准、制定科学的宅基地有偿退出的利益分配制度和完善相应的运行保障与监管制度。要加强资金监管，宅基地储备的核心要素就是宅基地和资金，资金是宅基地储备制度建立的基础，是土地储备制度目标得以实现的保障。宅基地储备制度从前期的宅基地退出补偿，中期的宅基地整理和储备，以及后期的供地运作，所涉周期长、范围广，完善的资金监管制度是整个工作健康运行的前提。要健全公众参与机制，保障农户根本利益。

3. 同步推进配套政策的改革

一是加强村集体组织建设。加强村集体经济组织建设是开展农村土地管理制度改革绕不过的核心内容，既是维持我国社会主义农村土地集体所有的内在需求，也是体现农村集体土地所有权的客观需要。在村民小组和村委二者中，课题组认为应把村委定位为农村集体经营性建设用地入市流转的决策主体理由如下：1）村委的管辖范围远远大于村民小组的管辖范围，能在更大区域内进行资源优化组合，特别是在现阶段推进新型农村社区和中心村建设中，基础设施配套需要人口聚集规模，显然村委的协调功能要比村民小组强大，农村土地改革中产生的利益也能惠及更多的农民；2）村民小组现有的组织机构过于弱小，基础太差，人民公社的"三级所有、队为基础"，经历了 20 世纪 80 年代建立乡镇政府和实行政社分开、21 世纪初撤并乡镇等变化，村民小组的建设明显弱化，而且随着社会的进步和科技的发展，农村生产条件得到了很大改善，以村民小组为单位的组织机构也缺乏进一步建设的必要性。

二是改善城镇化环境，促进农村人口的转移。要进一步打破城乡二元结构的壁垒，构建城乡居民同工同酬的公平环境，优化农民外出打工环境，并按照属地化管理的原则，逐步健全覆盖外出打工者的城市公共服务

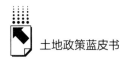

体系，保障外出打工者子女平等接受义务教育，多渠道改善农村转移人口在城镇的生活条件，让他们能真正融入城镇生活，进而放弃农村宅基地的使用。

三是加强农村社会保障体系的建立，合理安置农村弱势群体。农村的弱势群体的安置问题成为农村居民点用地改造中的一大阻碍，如何安置和保障这一群体的基本生活水平不降低是目前"空心村"改造中亟待解决的问题，也是农村宅基地节约集约利用中必须面对的一个现实问题。应构建一个以政府为主体、民间组织、企业和机构等共同参与的农村社会保障体系，并加强老年公寓、敬老院等多种农村社会基础设施和公共服务配套设施建设。

B.24
支持农村电商发展需要用地政策创新

——基于丽水农村电子商务发展与土地利用变化调查

杨遴杰　饶富杰*

摘　要： 在一些地区农村电商快速发展，其对土地利用的新需求在当前政策下难以得到满足。通过对当前制度约束进行分析，并对丽水市一些典型案例进行调研，给出政策创新的思路和实现路径。

关键词： 农村电商发展　制度约束　政策创新　浙江丽水

2015年5月，国务院下发《关于大力发展电子商务加快培育经济新动力的意见》，从营造宽松发展环境、促进就业创业、推动转型升级等八个方面部署进一步促进电子商务创新发展。与过去几年国务院出台的众多产业支持政策不同，此次促进电商发展的相关政策中并无涉及土地利用方面的支持措施。

可能是考虑到"互联网＋"最本质特征是虚拟、共享与融合，作为最早也是最彻底实现"互联网＋"本质特征的电商，在用地上只需要整合现有产业的土地资源即可。但从电商发展，尤其是农村电商的发展需要来看，并不代表土地政策的创新无所作为，反而大有可为。

---

* 杨遴杰，博士，浙江大学公共管理学院副研究员，主要从事土地管理政策研究；饶富杰，澳大利亚墨尔本大学博士研究生。

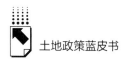

一　发展背景

从 2009 年至 2014 年，中国电子商务迅速发展，交易量从 3.85 万亿元增长至 12.3 万亿元（增幅为 319%）。其中，农村电子商务的蓬勃发展格外引人关注。从 2009 年起，随着首批"淘宝村"（3 个）的形成，中国农村电子商务的发展开始加速。2013 年，全国累计形成 20 个淘宝村。2014 年，淘宝村数量出现"井喷式"增长，达到 212 个（预估带来新增就业机会 28 万个）。同期，中央政府提出"以人为本"的新型城镇化战略，鼓励就地就近城镇化，并积极推动农村征地制度、集体经营性建设用地入市流转以及宅基地制度改革。

二　农村电商的用地需求与约束

农村电商发展对农村产业形态将带来巨大变化。过去物流基础设施落后和信息严重不对称，农村产业链条虽然长，而增值能力较大的农产品转化、加工、销售以及农业观光旅游等环节要么甩在农村之外，要么基础条件不足无法发展，农村的产业发展大多限于简单的初级农产品的供给，产业发展模式单一，无法有效增加农民收入。

农村电商的大力推进，将打通农村的流通体系。一方面，农产品的供销渠道通畅后，整个农产品价值链中具有较高价值的部分回归农村变为可能。如浙江临安的山核桃今年已经实现一半以上通过网络销售，由于通过网络把销售环节掌握在手中，临安的村民们从过去提供山核桃原料，到现在种植、加工、销售、物流、客服全部在本地开展，农民获得的收益大幅度上涨。另一方面，由于城市生活空间的相对局促、生活环境的持续恶化，农村生活环境的价值得以体现，通过网络营销，乡村旅游项目在近几年来更是发展迅猛。浙江桐庐的获浦村去年国庆节期间仅本村停车场收取的停车费就超过十万元，平时的旅游人数持续呈上升趋势，本村很多外出打工的农民都回家参与旅游产业开发。

产业的下沉,旅游的发展,都带来了农村产业用地需求的变化。总的来看,农村电商涉及产品生产、电子商务、物流和旅游等方面内容。产业链条的下沉产生了更大的用地需求,目前大多以存量农村建设用地来解决。在法律规定农村土地用于建设只有宅基地、乡镇企业和农村公共用地三个用途的情况下,当前的利用方式多少有打擦边球的味道。

农村电子商务的活跃与农村土地利用制度改革的深入为农村未来的发展提供了丰富的想象空间。理论上,随着农村电商活动的开展,各类农村土地将出现如下三方面的利用水平提升:加快土地流转效率、增加土地经营强度(整理/开发等)与提升土地规划水平。然而,由于缺乏实证的支撑,现阶段的农村土地利用制度的改革方案尚未针对农村电子商务的发展做出具体部署,两者的互动还需要更多实地调研与政策构建来推动。

三 实地调研

为更深入了解农村电商发展对土地利用带来的改变,我们前往浙江省丽水市进行专题调研。

(一)丽水市的基本情况

丽水市位于浙江省西南部内陆,属于浙江经济不发达地区。丽水人地关系十分紧张,地理特征为"九山半水半分田"(山地面积占88.42%;耕地面积仅占5.52%)。不利的区位与土地资源条件既制约了丽水的农业生产规模与发展潜力,又使其错失了传统工业制造业时代的发展机遇。直到2014年,丽水市GDP才首次突破千亿元,达到1051亿元,在浙江省仅优于舟山,在各地级市中排名倒数第二。

出乎意料的是,丽水在互联网时代占得先机,其电子商务的发育程度在全国领先。2014年,丽水电子商务销售额达76.7亿元,同比增长53.6%。根据阿里研究院的调研报告,丽水拥有5个电商百佳县。2014年,丽水农

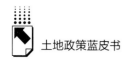

村电商销售额超过 35 亿元，占当年全市电商销售总额的 46%，为 2010 年的 10 倍。目前，丽水累计形成 5 个淘宝村。有"中国第一淘宝村"美誉的北山村（缙云县壶镇）的电商活动可追溯至 2006 年。该村已经形成了以自主品牌"北山狼"为核心的户外运动用品产业集群。自 2013 年起，中国"淘宝村高峰论坛"在丽水举办（每年一次，已成功举办两届），充分反映了业界对于丽水农村电商的认可。

（二）农业用地的利用

在丽水，当地政府积极推进农产品生产与农村电商的联结，"自然造物"的新农业理念致力于挖掘具有山区特色且不需要过多人工经营的农业生产机遇，更加符合山区农村的生产实际与市场定位，获得农村电商的青睐。但本地常规农业生产活动并未有明显起色，农村电商活动对于农业用地利用方式的影响并不显著，农地抛荒仍是农村的常态。

1. 常规农业生产的困境

表面上，互联网电商有利于丽水的农产品进入全国乃至全球市场。农产品销量的提升将激励专业农场的建设，形成农地流转、土地整理与规划的需求。然而，互联网电商生态体系的成熟，尤其是物流体系的健全以及自由贸易程度的提升，使得农产品的生产在全国乃至全球范围内得到优化配置：电商积极追求的不是"本地"农产品，而是"效率最优"的农产品。例如，对于丽水的农村电商而言，使用或者销售东北大米的效益将高于本地大米；使用或者销售美国大豆的效益将优于国内大豆。

丽水地形以山地为主，不适宜常规的农业生产活动，尤其是满足一般消费的农产品生产。在农产品网络销售较为发达的遂昌县，尽管网商协会搭建了"麦特龙"分销平台，为种植红提、猕猴桃等一般消费品的农户提供统一的产品物流、仓储与包装，但其带来的销售额增长不足以刺激闲置农地的再利用，更难以带动农地的规模化流转。在莲都区碧湖镇堰头村，炙手可热的"倪老腌"辣酱（获评 2014 年度淘宝最佳的"小而美"电商）所使用的辣椒源自生产条件更佳的邻县。红火的农村电商活动对当地农地利用的影响并不显著。

2."自然造物"

意识到丽水在常规农业生产中的显著劣势，农村人口老龄化加剧与年轻人务农意愿持续降低的现实，丽水的农村电商另辟蹊径：推崇"自然造物"的新农业。由农村电商对当地的土货进行精心的筛选、包装与设计，使之成为高端、时尚的产品。以缙云壶镇为例，其农产品电商计划主推"桑叶加工品"。当地的桑树资源十分丰富，利用当地茶作坊充足的制茶机器，进行桑叶的加工并上网售卖。在该模式下，农业生产并不需要大规模的农地整理与生产强度的提升，而主要依赖原生态的产出。

（三）宅基地

农村电商活动的开展显著改善了宅基地的利用情况。首先，大量闲置的农房空间被用作农村网商的仓库，实现再利用，但农房的布局不合理、可供经营的面积有限以及建筑质量较低，使其难以支撑农村网商经营规模的持续扩大。其次，部分农房实现民间私下的流转，以迎合网商经营的需要，一些古建筑通过这样的形式被成功"活化"。

1.闲置农房空间的再利用

农村电商活动促进了闲置农房空间的再利用，使得宅基地的经济价值明显提升。以北山村为例，"网商作坊"完全在农房内进行"前店后厂"的经营。基本的场地使用模式是：一层的房间用于客服、运营与来料加工；二层以上的房间用于住家与仓储。

然而，农房经营的缺陷不利于"网商作坊"向"电商企业"的升级。首先，众多网商零散分布于村内，限制了物流的配送效率。其次，北山村一户典型的三口之家农户的房屋多为3层（每层40平方米左右）联排建筑，面积相对狭小，不仅楼道内摆满了货物，还把租赁的村内闲置房也存满了货物。网商们频繁往返于楼上楼下、屋里屋外，降低了经营效率。另外，农房的建筑质量不佳，一旦遭遇极端天气，极易造成货物的损失以及安全隐患。尽管北山村进行了一定的乡村规划与景观设计，改善农房使用状态，仍无法

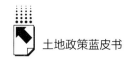

跟上淘宝村快速扩张的现实。

2. 农房流转

农村电商活动还推动了农房流转，"活化"了部分农村古建筑。由于特殊的历史原因，许多精美宅院的所有权被分割给多个农户，新业主的生活方式与古宅并不匹配。例如，原本极具审美价值的中庭被当作堆放杂物的公地，排水沟里积聚着各类生活垃圾与污水。细碎的产权阻碍了古建筑的灵活利用。

2014 年，碧湖镇堰头村的农村电商"倪老腌"大获成功。其长期整租了村内一座精美的古宅，并进行细致的修缮。中庭院落的景观得到恢复，利用残存的假山，配之以简单、整洁的草木。客厅内摆放古色古香的桌椅；墙上悬挂着书有"以辣交友"的牌匾。剩余房间则用于辣酱的手工制作与仓储，一些基本的现代生活设施，如厕所与下水管道得以建设。通过农村电商活动，这座古宅被成功"活化"：它继续承载着充满本地特色的生产经营与文化内涵，实践着建筑在互联网时代的使命。

（四）集体经营性建设用地

现有土地利用体系使得丽水的农村电商活动鲜有利用集体经营性建设用地的案例。

1. 存量挖潜的困难

以北山村为例，存量农村建设用地仅勉强满足宅基地需求，无力回应农村电商发展对于集体经营性建设用地的需求。为了支持淘宝村的发展，当地国土部门曾积极介入，试图利用"存量挖潜"的方式帮助北山村解决农村网商的用地困难。

理论上，"存量挖潜"有如下途径：首先，通过整村的规划与重建，整理出额外的建设用地指标，满足农村电商扩大生产的需求。北山村人均宅基地面积相对狭小，乡村重建不但难以产出额外的用地指标，还需要消耗新增建设用地指标，以建设符合规划技术条件的公共设施，维持一定合理的建筑间距，增加实际的居住面积。

其次，可以尝试对集体公共设施用地进行存量转用。然而，北山村目前的公共设施用地屈指可数，尚不足以满足基本的公共服务，很难转为经营性用地，满足农村电商生产规模的扩大。由于缺乏合适的经营场所，北山村的龙头企业"北山狼"被迫迁离。

2. "北山狼"的困境

"北山狼"已经形成独立品牌，受到浙江省乃至山东省很多产业园区的青睐，迁至成熟的工业园区似乎是其必然选择。然而，"北山狼"离开北山村并不是容易的抉择。

首先，"北山狼"的创始人与业务骨干均是北山村村民，他们的家庭与社会关系扎根于北山村。其次，"北山狼"的成功离不开北山村网商的集群推动。村内绝大部分的网商是"北山狼"产品的分销商；有的网商亦学习"北山狼"打造独立品牌。这些网商与"北山狼"既是乡里乡亲，也是熟悉的生意伙伴，在定价等环节形成了行业准则，不仅能有效防止价格战，还能团队作战"拼市场"。最后，"北山狼"主营户外运动用品，与当地知名的"括苍古道"（经典户外徒步线路）形成呼应，有利于品牌定位与宣传。因此，"北山狼"搬离北山村实属无奈之举。其最后选择搬迁至邻近的壶镇网商创业园，而非级别更高、优惠条件更丰厚的异地产业园，便是最好的证明。

"北山狼"与北山村之间的密切联系源于人文、经济与自然地理的综合作用（见图1）。对于"北山狼"而言，能够在北山村当地获得充足的土地资源与厂房空间是最优选择。遗憾的是，中国土地利用体系的缺陷使得北山村难以利用集体经营性建设用地支持产业集群的壮大。

（五）集体公共设施用地

随着农村电商的发展，厂商不仅关注农村商贸、产业集聚与产品外销，而且积极推动互联网购物在农村的落地，让农民也能享受到互联网消费的实惠。在激烈的市场竞争中，部分厂商通过创新的农村电子政务 PPP 模式布局服务网点，间接提升了集体公共设施用地的使用价值。

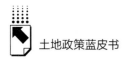
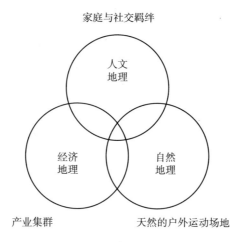

图 1 "北山狼"的选址依据

遂昌选择农村便利店设点的"赶街模式"与阿里巴巴借助农村网商进行布局的"千县万村"计划是农村互联网购物服务网点的主流布局形式。

2014 年,遂昌"嘉言民生"公司创造了新服务模式,将名为"益农信息社"的互联网购物服务网点设置于如村委会办公室附近的乡村公共场所,向农民免费提供整合后的基本服务功能:ATM 取款机、电商代购点/代销点、文印、常用药品、基础通信设备销售以及免费的 Wi-Fi 服务等。

每个网点配有一名专业的工作人员,除提供服务外,还成为村级信息收集者与村民联络员,逐步掌握农村生活与生产的实际需求,开始实践农村电子政务。如当地国土部门在推进农村土地确权发证过程中,遇到大量村民在外务工的难题。益农信息社利用本村外出务工人员"微信群",工作人员及时向他们推送确权发证的通知,收集必要的信息,完成法定的代办程序,有效推动确权颁证工作,效率远高于上门走访的传统方式,破解了依靠知识水平相对欠缺且存在利益冲突的村两委落实农村电子政务的难题。

(六)总结

从实际调研可知,受农村电商活动影响,丽水各类农村土地的利用变化大相径庭,且比理论假设更加复杂。农地利用的变化并不显著;农地抛荒的现象仍旧普遍。活跃的农村电商活动带动了农房的私下流转，使得宅基地的利用效率显著增加，但却难以满足淘宝村的持续发展。集体经营性建设用地的供给相对紧缺，也未能有效支持农村电商经营规模的扩大。集体公用设施用地随着新型农村电商服务网点的出现而焕发新生，实现了公共服务内涵的提升（表1）。

表1 农村电商活动与土地利用变化

农村集体土地类别	土地利用变化
农地	不明显；抛荒问题依旧显著
宅基地	利用效率增加，但不足以满足"淘宝村"的持续发展
集体经营性建设用地	并未发挥支持农村电商扩大经营规模的作用
集体公共设施用地	公共服务的内涵明显提升

四 政策创新思考

我国基于耕地资源不足的约束条件，政府实施严格的用途管制，建立起"世界上最严格的耕地保护制度"，一方面常规的占用耕地建设行为要求"占补平衡"补充耕地，另一方面城市扩张缺乏规模可以通过"增减挂钩"来额外获得发展空间。但是这两种做法都导致大量位置偏僻、低质量且不愿意耕种的耕地，替换掉城市边缘较高质量的耕地。这些耕地的有效利用成为很严峻问题。

即使在互联网时代，山区耕地只能满足如原生态产品生产、体验经济等特殊消费需求。农村电商很难高效的解决山区耕地抛荒的问题，说明以保耕地数量为核心的最严格的耕地保护制度缺乏市场可行性。

基于"增减挂钩"机制，地方政府热衷于推动整村重建，换取城市建设用地指标，却忽视了农村经营性建设用地的市场需求。作为缺乏有效约束的土地资源代理人以及土地一级市场的垄断供给者，地方政府为增加GDP、财税收入等政绩考核指标，其愿意以低于土地开发成本的价格向能够带来显

著投资额、土地产出与利税的大企业供给建设用地，使得相关企业缺乏集约用地的激励，引致土地的低效利用。与此形成鲜明对比，市场中十分活跃的小微企业与农村电商的用地需求却得不到满足。

此外，农房与农村集体经营性建设用地的合法交易权受到极大限制，使得许多符合市场规律、集约用地准则以及古建筑保护需求的行为却未被纳入合法框架以内。调研中遇到的电商购置农房的行为属于"民间私下交易"，缺乏法律认可。集体经营性建设用地在向银行进行抵押贷款的过程中获得的估值远小于同等土地开发条件的国有土地，限制了农村电商经营规模的扩大。

纵观世界，土地利用效率较高的国家均充分尊重市场在土地资源配置过程中的决定性作用，并通过相关法律与法定规划确定土地利用的基本准则。以耕地保护为例，相关国家科学制定土地利用规划，设置城市发展边界，通过市场竞价购买（充分保障农民的土地权益）土地质量较优且面临即刻开发风险的耕地。因此，中国土地利用体系的基本逻辑应从"政府直接管制"积极转向"依法治国"，既规范土地使用者的用地行为，也约束地方政府的供地行为与规划职能，进而更好地适应互联网时代农村电商发展的实际需要。

具体而言，中国应首先厘清农村土地产权，强化村集体作为集体土地所有权人以及农民作为农房所有权人的地位，使其获得不动产应有的市场交易权能。

其次，更多地发挥市场在土地资源配置中的决定性作用，全面推动农业用地经营权的流转以及集体经营性建设用地与国有土地"同权同价、同等入市"，让土地资源的保育从"行政命令下的数量考核"转变为"市场条件下的质量提升"。

最后，完善城乡规划，改变极端的耕地保护逻辑，积极追求土地综合生态效益的实质增长。同时，科学合理的规范农房与农村公共设施的建设标准，打造真正的"美好乡村"。

就集体存量建设用地放开的路径上，应该改变过去过于死板的做法，允许进行更灵活的用途转换，支持集体各类建设用地用于本村的电商发展。在未来，还可以考虑确保农民利益的前提下允许部分下乡支持农村电商发展的资本利用这些土地。

下一步，还需要考虑为农村电商配置新增用地问题。随着农村电商的发展，专业化大发展之后会在用地空间中出现"大分散，小集中"的布局，在部分专业化村庄出现更多的用地需求，超过存量可供应能力，应考虑新增规模支持其发展。

多年来，地方政府将用地规模主要用于城市发展、新城新区建设，甚至将农村建设用地规模通过"增减挂钩"方式转移到城市。现在我国农村在电商推动下出现了就业本地化、就地城镇化的可能，农村有了产业自我发展的机会，地方政府应该改变过去大搞开发区的方式，在新增用地上向农村倾斜，结合十七届三中全会规划圈外新增经营性用地为农民提供多种方式参与开发经营的精神，支持农村电商发展。

通过用地政策的创新，充分放活存量，适当提供增量，支持农村电商发展，对于我国农村的发展有着重要价值，政策出台当积极赶上。

B.25
重庆市避暑休闲地产用地分析[*]

杨 涛　郑财贵　牛德利[**]

摘　要：　重庆夏季持续高温，市民消夏避暑需求旺盛，为了满足持续增
　　　　　长的消夏避暑需求，同时也为了实现更大的经济效益，重庆各
　　　　　地积极开发避暑休闲地产，但避暑地产对资源要求的特殊性，
　　　　　导致在土地利用中存在诸多方面需要进一步完善。本文采用了
　　　　　问卷调查和实地调研相结合的方式，摸清重庆市避暑休闲地产
　　　　　用地现状，分析发展中存在的问题，最后提出未来发展对策建
　　　　　议。

关键词：　避暑休闲地产　用地现状　发展对策　重庆市

休闲度假产业是一个国家社会经济发展到一定阶段出现的产业抉择，隶属于广义服务业范畴，但又区别于传统产业的新兴产业。主要以旅游资源、交通、市场为基础，为各类消费者提供旅游观光、休闲度假、康体疗养、养生养心等休闲产品。涵盖旅游、交通、娱乐、餐饮、房地产等领域，具有对相关产业带动性强、行业关联度高、产业发展后劲足等特点。

根据国外经验，当人均 GDP 超过 5000 美元时，进入度假经济时代，休闲度假产业将快速发展。当前我国已经步入这一时期，日益增长的大众化、

---
　* 本文系中国土地勘测规划院重庆土地政策实证研究基地调研成果。
　** 杨涛，重庆市国土资源和房屋勘测规划院工程师；郑财贵，重庆市国土资源和房屋勘测规划
　　院副院长，正高级工程师；牛德利，重庆市国土资源和房屋勘测规划院所长，高级工程师。

多样化消费需求为休闲度假地产发展提供了新机遇。国务院 2013 年 2 月颁布的《国民旅游休闲纲要（2013～2020 年）》，明确提出到 2020 年"城乡居民旅游休闲消费水平大幅增长，健康、文明、环保的旅游休闲理念成为全社会的共识，国民旅游休闲质量显著提高，与小康社会相适应的现代国民旅游休闲体系基本建成"。纲要进一步明确了旅游休闲在拉动内需、促进就业、调整国民经济结构中的作用。宏观政策导向为休闲度假地产提供了发展契机。

重庆市委四届三次全会提出了加快建设五大功能区的战略部署。城市发展新区、渝东北和渝东南地区将充分利用其山河、森林、田园等自然禀赋，结合生态文明建设理念，大力发展绿色经济、低碳经济和循环经济。《重庆市人民政府关于优化全市产业布局加快五大功能区建设的实施意见》（渝府发〔2013〕83 号）明确提出了区县主体功能和产业发展方向，支持并鼓励具有避暑休闲资源的城市发展新区、渝东北和渝东南地区大力发展休闲产业，为重庆市避暑休闲地产提供了发展机遇。

重庆市 2013 年人均 GDP 已达 6910 美元，服务和享受型消费比重不断提高，居民住房需求已逐步由单一居住型向品质型、功能型需求转变，加之重庆夏季高温酷暑，持续时间长，避暑休闲已成为居民主导休闲需求。随着老龄化社会的到来，对避暑休闲地产的潜在需求较大。根据抽样调查，全市中高收入城镇家庭中约有 10% 的家庭有购买避暑休闲地产意愿，避暑需求为避暑休闲地产市场快速增长提供了广阔的市场前景。

然而，规划的不完善，监管不到位，导致无序建设、过度开发等现象的发生，面临着避暑休闲地产品质低下、无序开发、监管缺失等诸多问题。

一 重庆市避暑休闲地产概念界定

休闲度假地产一般指依托休闲度假资源，以房地产开发为手段，整合各类资源，具有休闲、度假、居住等功能，集投资消费于一体的非常住地产。结合重庆市自然及气候特点，将重庆市避暑休闲地产界定为在一定海拔

（主要在800～1500米）的国有土地上开发的，夏季气候适宜、居住环境舒适，依托现有场镇、旅游景区开发具有避暑休闲居住功能的商品住宅，具有如下特点。

一是地域性和季节性较强。主要分布在夏季平均气温24度左右、海拔800～1500米左右范围内的区域；住宅使用时间主要集中在每年6～8月。

二是资源和区位条件较好。依托森林、湖泊、草场等休闲度假资源，同时距离主要消费市场3小时车程之内。

三是消费主体和方式独特。主要集中在城镇中高收入群体，以短期自住为主，兼具投资功能。

四是品质和环境要求较高。物业形态多为中高端类型，以舒适性较高的小户型为主，一般要求建筑密度较低。

五是布局和配套要求特殊。大多呈组团式分散布局，规模适度；商业配套一般以小型商业和公共设施为主。

二　重庆市避暑休闲地产用地现状

为了摸清重庆市避暑休闲地产发展现状，采用了问卷调查和实地调研相结合的方式进行资料收集和现状摸底，于2013年11月向全市发展避暑休闲地产的区县发放了现状调查表格，进行开发情况统计；在对收集到的表格数据进行汇总和梳理后，调研组成员8人分为3个小组，于2014年4～5月进行区县实地调研，对各区县避暑休闲地产现状用地面积、建筑面积、容积率、销售均价等情况进行实地核查，厘清全市避暑休闲地产发展现状。

（一）重庆市避暑休闲地产用地现状

截至目前，全市已开发建设避暑休闲地产总用地994公顷，建筑面积1161万平方米，21.3万套，住宅占92%，配套设施占8%，住宅户均面积约50平方米，综合容积率1.17。主要分布在武隆县仙女山、万盛经开区黑山谷、石柱县黄水等12个区县（经开区）。

（二）重庆市避暑休闲地产用地特点

1. 起步晚，总量小，发展相对集中

重庆市 2005 年已有部分区县进行小规模避暑休闲地产开发，2008 年以后部分区县开始成规模开发，与海南、云南等国内休闲度假地产发展较成熟省份相比，起步明显较晚。当前全市避暑休闲地产用地近 1000 公顷，仅占全市房地产建设总用地规模 5% 左右，总量较小，且发展相对集中，主要集中在城市发展新区、渝东南、渝东北三个功能区。

2. 资源依托明显，发展空间较大

当前，资源优势较为明显的"三山两湖"（"三山"指武隆仙女山、南川的金佛山、万盛的黑山，"两湖"即丰都的澜天湖和南川的黎香湖）地区成为重庆市避暑休闲地产分布的主要区域，表明重庆市避暑休闲地产布局基本与资源分布情况相符，具有明显的资源依托性特点。重庆市避暑休闲资源丰富，避暑休闲地产发展空间较大。通过对全市避暑气候资源的综合调查评价，全市具备避暑资源的区域面积为 2.7 万平方千米，主要分布在黑山、金佛山、四面山、七曜山、铁峰山、方斗山等山脉，涉及万州区、涪陵区等 22 个区县（经济开发区），未来依托这些高品质资源积极开发避暑休闲地产。

3. 用地需求旺盛

通过调查，重庆市中高收入家庭中约有 10% 具有购买避暑休闲地产的需求，按照户均 50 平方米，综合容积率 0.8 粗略估算，约有 3800 公顷的用地需求。同时，随着居民收入水平提高，这一购买需求将进一步增加，表明重庆市避暑休闲地产市场潜力较大。从地产销售方面来看，当前全市避暑休闲地产整体销售平稳，已建成销售避暑休闲地产中，销售率超过 60%，需求和供给不平衡使得重庆避暑休闲地产市场还属于输出型，将吸引更多的开发商投资建设，逐步实现市场供需平衡。

三 重庆市避暑休闲地产用地存在的问题

根据现状调研，目前重庆市避暑休闲地产用地存在以下问题。

（一）规划滞后，存在无序开发

目前全市避暑休闲地产尚无统一规划，缺乏对全市避暑休闲地产规划引导，部分区域开发建设缺乏统筹规划，与土地利用总体规划衔接差，没有将避暑休闲地产项目纳入土地利用总体规划，项目用地难以获得发展空间，存在无序开发和过度开发的问题。

（二）规模过度集中，不能满足用地需求，导致消费外溢

重庆避暑休闲地产主要集中在武隆仙女山、石柱黄水、南川金佛山和黎香湖、万盛黑山、丰都澜天湖等区域，由于过分集中，造成部分地区过度开发及产业发展不均衡等问题，远远不能满足避暑休闲地产用地需求。同时，过度集中，资源未充分利用，导致重庆市大量消费者到贵州桐梓、习水和湖北利川等地消夏避暑，消夏避暑消费需求输出现象严重。

（三）基础用地不足，居住品质有待提高

全市避暑休闲资源主要分布在渝东北、渝东南和城市发展新区，消费市场主要在大都市区，资源分布与市场空间上分离，整合开发困难，导致交通、供水、电力、污水垃圾处理等基础配套用地严重不足，与开发规模不匹配，部分区域自身的公共服务配套不足，导致避暑休闲地产发展配套设施紧张，居住品质有待提高。

（四）引导不足，缺乏监管

重庆市避暑休闲地产需求旺盛，避暑休闲地产项目建设陆续开发，而目前避暑休闲地产缺乏引导和相应的政策支撑，针对避暑休闲地产的监管体系有待建立和完善，导致部分区域出现新的无序开发现象，不利于避暑休闲地产市场的健康发展。

四 重庆市避暑休闲地产用地对策与建议

针对以上避暑休闲地产发展中面临的问题，为促进重庆市避暑休闲地产健康发展，提出以下发展建议。

（一）加强规划编制

建议加快编制《重庆市避暑休闲地产规划》，在重庆市级层面对全市避暑休闲地产开发规模、开发重点和时序进行统筹安排，规范和引导全市避暑休闲地产持续健康发展。同时，要求相关区县（自治县）依据全市规划，按照区县级避暑休闲地产规划编制指南要求，编制本地区的避暑休闲地产规划，对本地区避暑休闲地产发展规模、空间布局、发展重点及建设时序等做出具体安排，引导本区县避暑休闲地产发展。

（二）保障用地需求

建议适时调整区县土地利用总体规划和城乡总体规划，做好与旅游规划、林地保护利用规划、环境保护规划、风景名胜区规划、交通规划、水利规划等专项规划相衔接和协调。分类保障避暑休闲地产项目开发和配套基础设施用地指标，避暑休闲地产开发项目用地使用城镇工矿用地指标；交通、水利、旅游等基础设施用地使用交通水利及其他建设用地指标。分类保障避暑休闲地产用地空间，对有城镇建设用地空间的区县，在区县城镇工矿建设用地规模内适时调整建设用地布局；对城镇建设用地空间不足的区县，视开发建设情况适时安排城镇建设用地周转空间。同时，建议相关区县要结合土地利用总体规划中期评估和修改，按全市规划确定的发展方向和发展时序，适当布局允许建设区和有条件建设区，满足避暑休闲地产用地需求。

（三）加强执法监管

建议建立查处违法用地长效机制。一是制定和完善土地管理工作制度。

重新梳理涉及土地执法监管的制度，完善动态巡查制度、案件督办制度、联席会议制度、信息通报制度、案件移送制度、责任追究制度等必备制度。同时，进一步完善内部监督制约机制，加强用地审批和管理；二是构建完整的执法监察网络体系。逐步建立"上有卫星，下有百姓"、"纵向到底，横向到边"立体防范监管体系，进一步提高土地违法案件发现率、制止率和立案率，降低执法成本，提高执法效率。三是加强土地动态巡查。进一步明确土地监察部门巡查的任务、职责以及范围，改善土地执法中必要的设施条件，确保发现早、报案快，制止早。同时，建立违法用地查处月度汇报制度，及时汇报违法用地、土地管理法律法规的执行情况等。

（四）完善配套设施

建议加大投入，完善配套设施用地，提升避暑休闲地产品质。一是加大基础设施投入。市级各相关部门和各相关区县（自治县）政府应加大对避暑休闲地产项目周边道路等配套设施投入，构建与外部路网无缝衔接的交通网络，加快完善用水、电力、信息通信、广播电视、污水垃圾处理等基础配套设施。理顺价格机制，完善使用者付费制度，增强供水、污水处理等配套设施的建设和运营投资回报水平，吸引社会资本进入。二是完善相关配套设施。避暑休闲地产区配套的社区服务等公共配套设施，要与避暑休闲地产同时设计、同时施工、同时投入使用。同时要积极引导建设运动健身、养老保健、房车露营、聚会度假等项目，满足不同市场需求，提高居住生活品质和避暑休闲地产利用率。在避暑休闲地产规划开发片区内，结合农民新村建设，积极发展避暑休闲地产，发挥配套设施最大利用率。

（五）保护生态环境用地

建议在避暑休闲地产开发过程中，严格保护生态环境。一是科学选址，合理确定开发区域。在自然保护区、世界文化和自然遗产、国家及市级风景名胜区、国家及市级森林公园、国家湿地公园、国家地质公园、重要水源地、重要水源水库及其保护区、地质灾害高发区、基本农田保护区等区域，禁止布局避暑休闲地产。避暑休闲地产项目开发建设要严格执行环境影响评价制度、地质灾害危险性评估制度，处理好规划选址、设计施工以及污水垃圾处理等环节与保护环境的关系。二是严格限制开发规模。避暑休闲地产开发建设要综合考虑规划片区饮用水源、可建设用地等资源承载能力，要加强湖泊、山地、森林等资源环境保护，确保避暑休闲地产周边资源环境品质良好。三是制定避暑休闲地产设计导则，确保避暑休闲地产品质。合理确定避暑休闲地产开发建设的容积率、建筑密度和建筑高度，建筑设计形态、风貌与当地自然人文景观、民俗文化等元素融合，确保与当地生态景观相协调。

附　录

Appendix

B.26
2015年上半年国土资源主要统计数据

一　国有建设用地供应情况

全国国有建设用地供应 20.62 万公顷，同比下降 21.4%。其中，工矿仓储用地 5.13 万公顷，同比下降 27.2%；房地产用地 4.70 万公顷，同比下降 38.2%；基础设施等其他用地 10.79 万公顷，同比下降 6.8%。从二季度情况看，国有建设用地供应总量环比增长 17.4%，其中，基础设施等其他用地供应较快，环比增长 41.4%。

二　主要监测城市地价情况

二季度末，全国 105 个主要监测城市综合、商业、住宅、工业地价分别为 3574 元/平方米、6655 元/平方米、5359 元/平方米和 752 元/平方米。四类用地价格环比增长率分别为 0.9%、0.9%、1.0%和 0.8%，较上一季度分别上升 0.37 个、0.32 个、0.48 个和 0.26 个百分点。同比增长率分别为 3.0%、2.9%、2.7%和 3.4%，较上一季度分别回落 0.24 个、0.28 个、0.27 个和 0.20 个百分点。

三 矿业权出让情况

共出让探矿权 461 个，同比下降 22.7%，出让价款 7.06 亿元，同比下降 56.0%。出让采矿权 1002 个，同比增长 19.0%；出让价款 51.26 亿元，同比增长 208.6%。以招拍挂方式出让探矿权、采矿权的比例分别为 41.9%和 89.2%，占比较上年同期分别提高 2.6 个和 1.8 个百分点，矿产资源的市场化配置程度进一步提高。

四 地质灾害防治情况

全国共发生地质灾害 5238 起，共造成 109 人死亡、71 人受伤，直接经济损失 7.27 亿元。与上年同期相比，地质灾害发生数量和直接经济损失均有所减少，同比分别下降 0.2%和 20.4%，但造成的死亡失踪人数同比增长 16.0%。全国共成功预报地质灾害 253 起，避免人员伤亡 6620 人，避免直接经济损失 1.27 亿元。（注：以上数据均为初步统计数据。同比是指 2015 年上半年与 2014 年上半年相比，环比指 2015 年二季度与一季度相比。）

✤ 皮书起源 ✤

"皮书"起源于十七、十八世纪的英国，主要指官方或社会组织正式发表的重要文件或报告，多以"白皮书"命名。在中国，"皮书"这一概念被社会广泛接受，并被成功运作、发展成为一种全新的出版形态，则源于中国社会科学院社会科学文献出版社。

✤ 皮书定义 ✤

皮书是对中国与世界发展状况和热点问题进行年度监测，以专业的角度、专家的视野和实证研究方法，针对某一领域或区域现状与发展态势展开分析和预测，具备原创性、实证性、专业性、连续性、前沿性、时效性等特点的公开出版物，由一系列权威研究报告组成。

✤ 皮书作者 ✤

皮书系列的作者以中国社会科学院、著名高校、地方社会科学院的研究人员为主，多为国内一流研究机构的权威专家学者，他们的看法和观点代表了学界对中国与世界的现实和未来最高水平的解读与分析。

✤ 皮书荣誉 ✤

皮书系列已成为社会科学文献出版社的著名图书品牌和中国社会科学院的知名学术品牌。2011年，皮书系列正式列入"十二五"国家重点出版规划项目；2012~2015年，重点皮书列入中国社会科学院承担的国家哲学社会科学创新工程项目；2016年，46种院外皮书使用"中国社会科学院创新工程学术出版项目"标识。

中国皮书网

www.pishu.cn

发布皮书研创资讯，传播皮书精彩内容
引领皮书出版潮流，打造皮书服务平台

栏目设置：

☐ 资讯：皮书动态、皮书观点、皮书数据、
  皮书报道、皮书发布、电子期刊
☐ 标准：皮书评价、皮书研究、皮书规范
☐ 服务：最新皮书、皮书书目、重点推荐、在线购书
☐ 链接：皮书数据库、皮书博客、皮书微博、在线书城
☐ 搜索：资讯、图书、研究动态、皮书专家、研创团队

　　中国皮书网依托皮书系列"权威、前沿、原创"的优质内容资源，通过文字、图片、音频、视频等多种元素，在皮书研创者、使用者之间搭建了一个成果展示、资源共享的互动平台。

　　自 2005 年 12 月正式上线以来，中国皮书网的 IP 访问量、PV 浏览量与日俱增，受到海内外研究者、公务人员、商务人士以及专业读者的广泛关注。

　　2008 年、2011 年中国皮书网均在全国新闻出版业网站荣誉评选中获得"最具商业价值网站"称号；2012 年，获得"出版业网站百强"称号。

　　2014 年，中国皮书网与皮书数据库实现资源共享，端口合一，将提供更丰富的内容，更全面的服务。

法 律 声 明

权威·前沿·原创

社会科学文献出版社

皮书系列

2016年

盘点年度资讯　预测时代前程

社会科学文献出版社 学术传播中心 编制

社会科学文献出版社
SOCIAL SCIENCES ACADEMIC PRESS (CHINA)

社会科学文献出版社成立于1985年,是直属于中国社会科学院的人文社会科学专业学术出版机构。

成立以来,特别是1998年实施第二次创业以来,依托于中国社会科学院丰厚的学术出版和专家学者两大资源,坚持"创社科经典,出传世文献"的出版理念和"权威、前沿、原创"的产品定位,社科文献立足内涵式发展道路,从战略层面推动学术出版五大能力建设,逐步走上了智库产品与专业学术成果系列化、规模化、数字化、国际化、市场化发展的经营道路。

先后策划出版了著名的图书品牌和学术品牌"皮书"系列、"列国志"、"社科文献精品译库"、"全球化译丛"、"全面深化改革研究书系"、"近世中国"、"甲骨文"、"中国史话"等一大批既有学术影响又有市场价值的系列图书,形成了较强的学术出版能力和资源整合能力。2015年社科文献出版社发稿5.5亿字,出版图书约2000种,承印发行中国社科院院属期刊74种,在多项指标上都实现了较大幅度的增长。

凭借着雄厚的出版资源整合能力,社科文献出版社长期以来一直致力于从内容资源和数字平台两个方面实现传统出版的再造,并先后推出了皮书数据库、列国志数据库、"一带一路"数据库、中国田野调查数据库、台湾大陆同乡会数据库等一系列数字产品。数字出版已经初步形成了产品设计、内容开发、编辑标引、产品运营、技术支持、营销推广等全流程体系。

在国内原创著作、国外名家经典著作大量出版,数字出版突飞猛进的同时,社科文献出版社从构建国际话语体系的角度推动学术出版国际化。先后与斯普林格、博睿、牛津、剑桥等十余家国际出版机构合作面向海外推出了"皮书系列""改革开放30年研究书系""中国梦与中国发展道路研究丛书""全面深化改革研究书系"等一系列在世界范围内引起强烈反响的作品;并持续致力于中国学术出版走出去,组织学者和编辑参加国际书展,筹办国际性学术研讨会,向世界展示中国学者的学术水平和研究成果。

此外,社科文献出版社充分利用网络媒体平台,积极与中央和地方各类媒体合作,并联合大型书店、学术书店、机场书店、网络书店、图书馆,逐步构建起了强大的学术图书内容传播平台。学术图书的媒体曝光率居全国之首,图书馆藏率居于全国出版机构前十位。

上述诸多成绩的取得,有赖于一支以年轻的博士、硕士为主体,一批从中国社科院刚退出科研一线的各学科专家为支撑的300多位高素质的编辑、出版和营销队伍,为我们实现学术立社,以学术品位、学术价值来实现经济效益和社会效益这样一个目标的共同努力。

作为已经开启第三次创业梦想的人文社会科学学术出版机构,我们将以改革发展为动力,以学术资源建设为中心,以构建智慧型出版社为主线,以"整合、专业、分类、协同、持续"为各项工作指导原则,全力推进出版社数字化转型,坚定不移地走专业化、数字化、国际化发展道路,全面提升出版社核心竞争力,为实现"社科文献梦"奠定坚实基础。

经济类

经 济 类

经济类皮书涵盖宏观经济、城市经济、大区域经济，
提供权威、前沿的分析与预测

经济蓝皮书

2016 年中国经济形势分析与预测

李 扬 / 主编　　2015 年 12 月出版　　定价 :79.00 元

◆ 本书为总理基金项目，由著名经济学家李扬领衔，联合
中国社会科学院等数十家科研机构、国家部委和高等院校的专
家共同撰写，系统分析了 2015 年的中国经济形势并预测 2016
年我国经济运行情况。

世界经济黄皮书

2016 年世界经济形势分析与预测

王洛林　张宇燕 / 主编　　2015 年 12 月出版　　定价 :79.00 元

◆ 本书由中国社会科学院世界经济与政治研究所的研究团
队撰写，2015 年世界经济增长继续放缓，增长格局也继续分化，
发达经济体与新兴经济体之间的增长差距进一步收窄。2016
年世界经济增长形势不容乐观。

产业蓝皮书

中国产业竞争力报告（2016）NO.6

张其仔 / 主编　　2016 年 12 月出版　　估价 :98.00 元

◆ 本书由中国社会科学院工业经济研究所研究团队在深入实
际、调查研究的基础上完成。通过运用丰富的数据资料和最新
的测评指标，从学术性、系统性、预测性上分析了 2015 年中
国产业竞争力，并对未来发展趋势进行了预测。

G20 国家创新竞争力黄皮书

二十国集团（G20）国家创新竞争力发展报告（2016）

李建平 李闽榕 赵新力 / 主编　2016 年 11 月出版　估价 :138.00 元

◆　本报告在充分借鉴国内外研究者的相关研究成果的基础上，紧密跟踪技术经济学、竞争力经济学、计量经济学等学科的最新研究动态，深入分析 G20 国家创新竞争力的发展水平、变化特征、内在动因及未来趋势，同时构建了 G20 国家创新竞争力指标体系及数学模型。

国际城市蓝皮书

国际城市发展报告（2016）

屠启宇 / 主编　　2016 年 1 月出版　　估价 :79.00 元

◆　本书作者以上海社会科学院从事国际城市研究的学者团队为核心，汇集同济大学、华东师范大学、复旦大学、上海交通大学、南京大学、浙江大学相关城市研究专业学者。立足动态跟踪介绍国际城市发展实践中，最新出现的重大战略、重大理念、重大项目、重大报告和最佳案例。

金融蓝皮书

中国金融发展报告（2016）

李　扬　王国刚 / 主编　2015 年 12 月出版　定价 :79.00 元

◆　本书由中国社会科学院金融研究所组织编写，概括和分析了 2015 年中国金融发展和运行中的各方面情况，研讨和评论了 2015 年发生的主要金融事件。本书由业内专家和青年精英联合编著，有利于读者了解掌握 2015 年中国的金融状况，把握 2016 年中国金融的走势。

农村绿皮书

中国农村经济形势分析与预测（2015～2016）

中国社会科学院农村发展研究所　国家统计局农村社会经济调查司 / 著
2016 年 4 月出版　　估价 :69.00 元

◆　本书描述了 2015 年中国农业农村经济发展的一些主要指标和变化，以及对 2016 年中国农业农村经济形势的一些展望和预测。

西部蓝皮书

中国西部发展报告（2016）

姚慧琴　徐璋勇 / 主编　　2016 年 7 月出版　　估价 :89.00 元

◆　本书由西北大学中国西部经济发展研究中心主编，汇集了源自西部本土以及国内研究西部问题的权威专家的第一手资料，对国家实施西部大开发战略进行年度动态跟踪，并对 2016 年西部经济、社会发展态势进行预测和展望。

民营经济蓝皮书

中国民营经济发展报告 No.12（2015 ~ 2016）

王钦敏 / 主编　　2016 年 1 月出版　　估价 :75.00 元

◆　改革开放以来，民营经济从无到有、从小到大，是最具活力的增长极。本书是中国工商联课题组的研究成果，对 2015 年度中国民营经济的发展现状、趋势进行了详细的论述，并提出了合理的建议。是广大民营企业进行政策咨询、科学决策和理论创新的重要参考资料，也是理论工作者进行理论研究的重要参考资料。

经济蓝皮书夏季号

中国经济增长报告（2015 ~ 2016）

李　扬 / 主编　　2016 年 8 月出版　　估价 :69.00 元

◆　中国经济增长报告主要探讨 2015~2016 年中国经济增长问题，以专业视角解读中国经济增长，力求将其打造成一个研究中国经济增长、服务宏微观各级决策的周期性、权威性读物。

中三角蓝皮书

长江中游城市群发展报告（2016）

秦尊文 / 主编　　2016 年 10 月出版　　估价 :69.00 元

◆　本书是湘鄂赣皖四省专家学者共同研究的成果，从不同角度、不同方位记录和研究长江中游城市群一体化，提出对策措施，以期为将"中三角"打造成为继珠三角、长三角、京津冀之后中国经济增长第四极奉献学术界的聪明才智。

社 会 政 法 类

社会政法类皮书聚焦社会发展领域的热点、难点问题，
提供权威、原创的资讯与视点

社会蓝皮书

2016 年中国社会形势分析与预测

李培林　陈光金　张　翼 / 主编　2015 年 12 月出版　定价：79.00 元

◆　本书由中国社会科学院社会学研究所组织研究机构专家、高校学者和政府研究人员撰写，聚焦当下社会热点，对2015 年中国社会发展的各个方面内容进行了权威解读，同时对 2016 年社会形势发展趋势进行了预测。

法治蓝皮书

中国法治发展报告 No.14（2016）

李　林　田　禾 / 主编　　2016 年 3 月出版　　估价：105.00 元

◆　本年度法治蓝皮书回顾总结了 2015 年度中国法治发展取得的成就和存在的不足，并对 2016 年中国法治发展形势进行了预测和展望。

反腐倡廉蓝皮书

中国反腐倡廉建设报告 No.6

李秋芳　张英伟 / 主编　2017 年 1 月出版　　估价：79.00 元

◆　本书抓住了若干社会热点和焦点问题，全面反映了新时期新阶段中国反腐倡廉面对的严峻局面，以及中国共产党反腐倡廉建设的新实践新成果。根据实地调研、问卷调查和舆情分析，梳理了当下社会普遍关注的与反腐败密切相关的热点问题。

生态城市绿皮书

中国生态城市建设发展报告（2016）

刘举科　孙伟平　胡文臻／主编　2016年6月出版　估价:98.00元

◆　报告以绿色发展、循环经济、低碳生活、民生宜居为理念，以更新民众观念、提供决策咨询、指导工程实践、引领绿色发展为宗旨，试图探索一条具有中国特色的城市生态文明建设新路。

公共服务蓝皮书

中国城市基本公共服务力评价（2016）

钟　君　吴正杲／主编　2016年12月出版　估价:79.00元

◆　中国社会科学院经济与社会建设研究室与华图政信调查组成联合课题组,从2010年开始对基本公共服务力进行研究,研创了基本公共服务力评价指标体系,为政府考核公共服务与社会管理工作提供了理论工具。

教育蓝皮书

中国教育发展报告（2016）

杨东平／主编　2016年5月出版　估价:79.00元

◆　本书由国内的中青年教育专家合作研究撰写。深度剖析2015年中国教育的热点话题,并对当下中国教育中出现的问题提出对策建议。

生态文明绿皮书

中国省域生态文明建设评价报告（ECI 2016）

严耕／主编　　2016年12月出版　　估价:85.00元

◆　本书基于国家最新发布的权威数据,对我国的生态文明建设状况进行科学评价,并开展相应的深度分析,结合中央的政策方针和各省的具体情况,为生态文明建设推进,提出针对性的政策建议。

行业报告类

行业报告类皮书立足重点行业、新兴行业领域，
提供及时、前瞻的数据与信息

房地产蓝皮书

中国房地产发展报告 No.13（2016）

魏后凯　李景国／主编　2016年5月出版　估价：79.00元

◆　蓝皮书秉承客观公正、科学中立的宗旨和原则，追踪2015年我国房地产市场最新资讯，深度分析，剖析因果，谋划对策，并对2016年房地产发展趋势进行了展望。

旅游绿皮书

2015～2016年中国旅游发展分析与预测

宋瑞／主编　2016年1月出版　估价：98.00元

◆　本书中国社会科学院旅游研究中心组织相关专家编写的年度研究报告，对2015年旅游行业的热点问题进行了全面的综述并提出专业性建议，并对2016年中国旅游的发展趋势进行展望。

互联网金融蓝皮书

中国互联网金融发展报告（2016）

李东荣／主编　2016年8月出版　估价：79.00元

◆　近年来，许多基于互联网的金融服务模式应运而生并对传统金融业产生了深刻的影响和巨大的冲击，"互联网金融"成为社会各界关注的焦点。本书探析了2015年互联网金融的特点和2016年互联网金融的发展方向和亮点。

资产管理蓝皮书

中国资产管理行业发展报告（2016）

智信资产管理研究院 / 编著　　2016 年 6 月出版　　估价 :89.00 元

◆　中国资产管理行业刚刚兴起，未来将中国金融市场最有看点的行业，也会成为快速发展壮大的行业。本书主要分析了 2015 年度资产管理行业的发展情况，同时对资产管理行业的未来发展做出科学的预测。

老龄蓝皮书

中国老龄产业发展报告（2016）

吴玉韶　党俊武 / 编著
2016 年 9 月出版　估价 :79.00 元

◆　本书着眼于对中国老龄产业的发展给予系统介绍，深入解析，并对未来发展趋势进行预测和展望，力求从不同视角、不同层面全面剖析中国老龄产业发展的现状、取得的成绩、存在的问题以及重点、难点等。

金融蓝皮书

中国金融中心发展报告（2016）

王　力　黄育华 / 编著　　2017 年 11 月出版　　估价 :75.00 元

◆　本报告将提升中国金融中心城市的金融竞争力作为研究主线，全面、系统、连续地反映和研究中国金融中心城市发展和改革的最新进展，展示金融中心理论研究的最新成果。

流通蓝皮书

中国商业发展报告（2016）

荆林波 / 编著　2016 年 5 月出版　　估价 :89.00 元

◆　本书是中国社会科学院财经院与利丰研究中心合作的成果，从关注中国宏观经济出发，突出了中国流通业的宏观背景，详细分析了批发业、零售业、物流业、餐饮产业与电子商务等产业发展状况。

国别与地区类

国别与地区类皮书关注全球重点国家与地区，提供全面、独特的解读与研究

美国蓝皮书
美国研究报告（2016）

黄平　郑秉文／主编　2016年7月出版　估价：89.00元

◆　本书是由中国社会科学院美国所主持完成的研究成果，它回顾了美国2015年的经济、政治形势与外交战略，对2016年以来美国内政外交发生的重大事件以及重要政策进行了较为全面的回顾和梳理。

拉美黄皮书
拉丁美洲和加勒比发展报告（2015~2016）

吴白乙／主编　2016年5月出版　估价：89.00元

◆　本书对2015年拉丁美洲和加勒比地区诸国的政治、经济、社会、外交等方面的发展情况做了系统介绍，对该地区相关国家的热点及焦点问题进行了总结和分析，并在此基础上对该地区各国2016年的发展前景做出预测。

日本经济蓝皮书
日本经济与中日经贸关系研究报告（2016）

王洛林　张季风／编著　2016年5月出版　估价：79.00元

◆　本书系统、详细地介绍了2015年日本经济以及中日经贸关系发展情况，在进行了大量数据分析的基础上，对2016年日本经济以及中日经贸关系的大致发展趋势进行了分析与预测。

俄罗斯黄皮书

俄罗斯发展报告（2016）

李永全 / 编著　2016 年 7 月出版　估价 :79.00 元

◆　本书系统介绍了 2015 年俄罗斯经济政治情况，并对 2015 年该地区发生的焦点、热点问题进行了分析与回顾；在此基础上，对该地区 2016 年的发展前景进行了预测。

国际形势黄皮书

全球政治与安全报告（2016）

李慎明　张宇燕 / 主编　2015 年 12 月出版　定价 :69.00 元

◆　本书旨在对本年度全球政治及安全形势的总体情况、热点问题及变化趋势进行回顾与分析，并提出一定的预测及对策建议。作者通过事实梳理、数据分析、政策分析等途径,阐释了本年度国际关系及全球安全形势的基本特点，并在此基础上提出了具有启示意义的前瞻性结论。

德国蓝皮书

德国发展报告（2016）

郑春荣　伍慧萍 / 主编　2016 年 6 月出版　估价 :69.00 元

◆　本报告由同济大学德国研究所组织编撰，由该领域的专家学者对德国的政治、经济、社会文化、外交等方面的形势发展情况，进行全面的阐述与分析。

中欧关系蓝皮书

中欧关系研究报告（2016）

周弘 / 编著　2016 年 12 月出版　估价 :98.00 元

◆　本书由欧洲所暨欧洲学会推出，旨在分析、评估和预测年度中欧关系发展态势。本报告的作者均为欧洲方面的专家，他们对欧洲与中国在各个领域的发展情况进行了深入地分析和研究，对读者了解和把握中欧关系是非常有益的参考。

地方发展类

 地方发展类皮书关注中国各省份、经济区域，
提供科学、多元的预判与资政信息

北京蓝皮书

北京公共服务发展报告（2015~2016）

施昌奎/主编　　2016年1月出版　估价：69.00元

◆ 本书是由北京市政府职能部门的领导、首都著名高校的教授、知名研究机构的专家共同完成的关于北京市公共服务发展与创新的研究成果。

河南蓝皮书

河南经济发展报告（2016）

河南省社会科学院/编著　　2016年12月出版　估价：79.00元

◆ 本书以国内外经济发展环境和走向为背景，主要分析当前河南经济形势，预测未来发展趋势，全面反映河南经济发展的最新动态、热点和问题，为地方经济发展和领导决策提供参考。

京津冀蓝皮书

京津冀发展报告（2016）

文　魁　祝尔娟/编著　　2016年4月出版　估价：89.00元

◆ 京津冀协同发展作为重大的国家战略，已进入顶层设计、制度创新和全面推进的新阶段。本书以问题为导向，围绕京津冀发展中的重要领域和重大问题，研究如何推进京津冀协同发展。

文 化 传 媒 类

文化传媒类皮书透视文化领域、文化产业，
探索文化大繁荣、大发展的路径

新媒体蓝皮书

中国新媒体发展报告 No.7（2016）

唐绪军 / 主编　　2016 年 6 月出版　　估价 :79.00 元

◆　本书是由中国社会科学院新闻与传播研究所组织编写的关于新媒体发展的最新年度报告，旨在全面分析中国新媒体的发展现状，解读新媒体的发展趋势，探析新媒体的深刻影响。

移动互联网蓝皮书

中国移动互联网发展报告（2016）

官建文 / 编著　　2016 年 6 月出版　　估价 :79.00 元

◆　本书着眼于对中国移动互联网 2015 年度的发展情况做深入解析，对未来发展趋势进行预测，力求从不同视角、不同层面全面剖析中国移动互联网发展的现状、年度突破以及热点趋势等。

文化蓝皮书

中国文化产业发展报告（2016）

张晓明 王家新 章建刚 / 主编　　2016 年 4 月出版　　估价 :79.00 元

◆　本书由中国社会科学院文化研究中心编写。从 2012 年开始，中国社会科学院文化研究中心设立了国内首个文化产业的研究类专项资金——"文化产业重大课题研究计划"，开始在全国范围内组织多学科专家学者对我国文化产业发展重大战略问题进行联合攻关研究。本书集中反映了该计划的研究成果。

经济类

G20国家创新竞争力黄皮书
二十国集团（G20）国家创新竞争力发展报告（2016）
著(编)者:李建平 李闽榕 赵新力
2016年11月出版 / 估价:138.00元

产业蓝皮书
中国产业竞争力报告（2016）NO.6
著(编)者:张其仔 2016年12月出版 / 估价:98.00元

城市创新蓝皮书
中国城市创新报告（2016）
著(编)者:周天勇 旷建伟 2016年8月出版 / 估价:69.00元

城市蓝皮书
中国城市发展报告 NO.9
著(编)者:潘家华 魏后凯 2016年9月出版 / 估价:69.00元

城市群蓝皮书
中国城市群发展指数报告（2016）
著(编)者:刘士林 刘新静 2016年10月出版 / 估价:69.00元

城乡一体化蓝皮书
中国城乡一体化发展报告（2015～2016）
著(编)者:汝信 付崇兰 2016年7月出版 / 估价:85.00元

城镇化蓝皮书
中国新型城镇化健康发展报告（2016）
著(编)者:张占斌 2016年5月出版 / 估价:79.00元

创新蓝皮书
创新型国家建设报告（2015～2016）
著(编)者:詹正茂 2016年11月出版 / 估价:69.00元

低碳发展蓝皮书
中国低碳发展报告（2016）
著(编)者:齐晔 2016年3月出版 / 估价:89.00元

低碳经济蓝皮书
中国低碳经济发展报告（2016）
著(编)者:薛进军 赵忠秀 2016年6月出版 / 估价:85.00元

东北蓝皮书
中国东北地区发展报告（2016）
著(编)者:马克 黄文艺 2016年8月出版 / 估价:79.00元

工业化蓝皮书
中国工业化进程报告（2016）
著(编)者:黄群慧 吕铁 李晓华 等
2016年11月出版 / 估价:89.00元

管理蓝皮书
中国管理发展报告（2016）
著(编)者:张晓东 2016年9月出版 / 估价:98.00元

国际城市蓝皮书
国际城市发展报告（2016）
著(编)者:屠启宇 2016年1月出版 / 估价:79.00元

国家创新蓝皮书
中国创新发展报告（2016）
著(编)者:陈劲 2016年9月出版 / 估价:69.00元

金融蓝皮书
中国金融发展报告（2016）
著(编)者:李扬 王国刚 2015年12月出版 / 定价:79.00元

京津冀产业蓝皮书
京津冀产业协同发展报告（2016）
著(编)者:中智科博（北京）产业经济发展研究院
2016年6月出版 / 估价:69.00元

京津冀蓝皮书
京津冀发展报告（2016）
著(编)者:文魁 祝尔娟 2016年4月出版 / 估价:89.00元

经济蓝皮书
2016年中国经济形势分析与预测
著(编)者:李扬 2015年12月出版 / 定价:79.00元

经济蓝皮书·春季号
2016年中国经济前景分析
著(编)者:李扬 2016年5月出版 / 估价:79.00元

经济蓝皮书·夏季号
中国经济增长报告（2015～2016）
著(编)者:李扬 2016年8月出版 / 估价:99.00元

经济信息绿皮书
中国与世界经济发展报告（2016）
著(编)者:杜平 2015年12月出版 / 定价:89.00元

就业蓝皮书
2016年中国本科生就业报告
著(编)者:麦可思研究院 2016年6月出版 / 估价:98.00元

就业蓝皮书
2016年中国高职高专生就业报告
著(编)者:麦可思研究院 2016年6月出版 / 估价:98.00元

临空经济蓝皮书
中国临空经济发展报告（2016）
著(编)者:连玉明 2016年11月出版 / 估价:79.00元

民营经济蓝皮书
中国民营经济发展报告 NO.12（2015～2016）
著(编)者:王钦敏 2016年1月出版 / 估价:75.00元

农村绿皮书
中国农村经济形势分析与预测（2015～2016）
著(编)者:中国社会科学院农村发展研究所
国家统计局农村社会经济调查司
2016年4月出版 / 估价:69.00元

农业应对气候变化蓝皮书
气候变化对中国农业影响评估报告 No.2
著(编)者:矫梅燕 2016年8月出版 / 估价:98.00元

企业公民蓝皮书
中国企业公民报告 NO.4
著(编)者:邹东涛　2016年1月出版 / 估价:79.00元

气候变化绿皮书
应对气候变化报告（2016）
著(编)者:王伟光 郑国光　2016年11月出版 / 估价:98.00元

区域蓝皮书
中国区域经济发展报告（2015～2016）
著(编)者:梁昊光　2016年5月出版 / 估价:79.00元

全球环境竞争力绿皮书
全球环境竞争力报告（2016）
著(编)者:李建平 李闽榕 王金南
2016年12月出版 / 估价:198.00元

人口与劳动绿皮书
中国人口与劳动问题报告 NO.17
著(编)者:蔡昉 张车伟　2016年11月出版 / 估价:69.00元

商务中心区蓝皮书
中国商务中心区发展报告 NO.2（2016）
著(编)者:魏后凯 李国红　2016年1月出版 / 估价:89.00元

世界经济黄皮书
2016年世界经济形势分析与预测
著(编)者:王洛林 张宇燕　2015年12月出版 / 定价:79.00元

世界旅游城市绿皮书
世界旅游城市发展报告（2016）
著(编)者:鲁勇 周正宇 宋宇　2016年6月出版 / 估价:88.00元

西北蓝皮书
中国西北发展报告（2016）
著(编)者:孙发平 苏海红 鲁顺元
2015年12月出版 / 估价:79.00元

西部蓝皮书
中国西部发展报告（2016）
著(编)者:姚慧琴 徐璋勇　2016年7月出版 / 估价:89.00元

县域发展蓝皮书
中国县域经济增长能力评估报告（2016）
著(编)者:王力　2016年10月出版 / 估价:69.00元

新型城镇化蓝皮书
新型城镇化发展报告（2016）
著(编)者:李伟 宋敏 沈体雁　2016年11月出版 / 估价:98.00元

新兴经济体蓝皮书
金砖国家发展报告（2016）
著(编)者:林跃勤 周文　2016年7月出版 / 估价:79.00元

长三角蓝皮书
2016年全面深化改革中的长三角
著(编)者:张伟斌　2016年10月出版 / 估价:69.00元

中部竞争力蓝皮书
中国中部经济社会竞争力报告（2016）
著(编)者:教育部人文社会科学重点研究基地
　　　　南昌大学中国中部经济社会发展研究中心
2016年10月出版 / 估价:79.00元

中部蓝皮书
中国中部地区发展报告（2016）
著(编)者:宋亚平　2016年12月出版 / 估价:78.00元

中国省域竞争力蓝皮书
中国省域经济综合竞争力发展报告（2015～2016）
著(编)者:李建平 李闽榕 高燕京
2016年2月出版 / 估价:198.00元

中三角蓝皮书
长江中游城市群发展报告（2016）
著(编)者:秦尊文　2016年10月出版 / 估价:69.00元

中小城市绿皮书
中国中小城市发展报告（2016）
著(编)者:中国城市经济学会中小城市经济发展委员会
　　　　中国城镇化促进会中小城市发展委员会
　　　　《中国中小城市发展报告》编纂委员会
　　　　中小城市发展战略研究院
2016年10月出版 / 估价:98.00元

中原蓝皮书
中原经济区发展报告（2016）
著(编)者:李英杰　2016年6月出版 / 估价:88.00元

自贸区蓝皮书
中国自贸区发展报告（2016）
著(编)者:王力 王吉培　2016年10月出版 / 估价:69.00元

社会政法类

北京蓝皮书
中国社区发展报告（2016）
著(编)者:于燕燕　2017年2月出版 / 估价:79.00元

殡葬绿皮书
中国殡葬事业发展报告（2016）
著(编)者:李伯森　2016年4月出版 / 估价:158.00元

城市管理蓝皮书
中国城市管理报告（2016）
著(编)者:谭维克 刘林　2017年2月出版 / 估价:118.00元

城市生活质量蓝皮书
中国城市生活质量报告（2016）
著(编)者:张连城 张平 杨春学 郎丽华
2016年7月出版 / 估价:89.00元

城市政府能力蓝皮书
中国城市政府公共服务能力评估报告（2016）
著(编)者:何艳玲　2016年7月出版 / 估价:69.00元

创新蓝皮书
中国创业环境发展报告（2016）
著(编)者:姚凯　曹祎遐　2016年1月出版 / 估价:69.00元

慈善蓝皮书
中国慈善发展报告（2016）
著(编)者:杨团　2016年6月出版 / 估价:79.00元

地方法治蓝皮书
中国地方法治发展报告 NO.2（2016）
著(编)者:李林　田禾　2016年1月出版 / 估价:98.00元

法治蓝皮书
中国法治发展报告 NO.14（2016）
著(编)者:李林　田禾　2016年3月出版 / 估价:105.00元

反腐倡廉蓝皮书
中国反腐倡廉建设报告 NO.6
著(编)者:李秋芳　张英伟　2017年1月出版 / 估价:79.00元

非传统安全蓝皮书
中国非传统安全研究报告（2015~2016）
著(编)者:余潇枫　魏志江　2016年5月出版 / 估价:79.00元

妇女发展蓝皮书
中国妇女发展报告 NO.6
著(编)者:王金玲　2016年9月出版 / 估价:148.00元

妇女教育蓝皮书
中国妇女教育发展报告 NO.3
著(编)者:张李玺　2016年10月出版 / 估价:78.00元

妇女绿皮书
中国性别平等与妇女发展报告（2016）
著(编)者:谭琳　2016年12月出版 / 估价:99.00元

公共服务蓝皮书
中国城市基本公共服务力评价（2016）
著(编)者:钟君　吴正杲　2016年12月出版 / 估价:79.00元

公共管理蓝皮书
中国公共管理发展报告（2016）
著(编)者:贡森　李国强　杨维富
2016年4月出版 / 估价:69.00元

公共外交蓝皮书
中国公共外交发展报告（2016）
著(编)者:赵启正　雷蔚真　2016年4月出版 / 估价:89.00元

公民科学素质蓝皮书
中国公民科学素质报告（2016）
著(编)者:李群　许佳军　2016年3月出版 / 估价:79.00元

公益蓝皮书
中国公益发展报告（2016）
著(编)者:朱健刚　2016年5月出版 / 估价:78.00元

国际人才蓝皮书
海外华侨华人专业人士报告（2016）
著(编)者:王辉耀　苗绿　2016年8月出版 / 估价:69.00元

国际人才蓝皮书
中国国际移民报告（2016）
著(编)者:王辉耀　2016年2月出版 / 估价:79.00元

国际人才蓝皮书
中国海归发展报告（2016）NO.3
著(编)者:王辉耀　苗绿　2016年10月出版 / 估价:69.00元

国际人才蓝皮书
中国留学发展报告（2016）NO.5
著(编)者:王辉耀　苗绿　2016年10月出版 / 估价:79.00元

国家公园蓝皮书
中国国家公园体制建设报告（2016）
著(编)者:苏杨　张玉钧　石金莲　刘锋　等
2016年10月出版 / 估价:69.00元

海洋社会蓝皮书
中国海洋社会发展报告（2016）
著(编)者:崔凤　宋宁而　2016年7月出版 / 估价:89.00元

行政改革蓝皮书
中国行政体制改革报告（2016）NO.5
著(编)者:魏礼群　2016年4月出版 / 估价:98.00元

华侨华人蓝皮书
华侨华人研究报告（2016）
著(编)者:贾益民　2016年12月出版 / 估价:98.00元

环境竞争力绿皮书
中国省域环境竞争力发展报告（2016）
著(编)者:李建平　李闽榕　王金南
2016年11月出版 / 估价:198.00元

环境绿皮书
中国环境发展报告（2016）
著(编)者:刘鉴强　2016年5月出版 / 估价:79.00元

基金会蓝皮书
中国基金会发展报告（2016）
著(编)者:刘忠祥　2016年4月出版 / 估价:69.00元

基金会绿皮书
中国基金会发展独立研究报告（2016）
著(编)者:基金会中心网　中央民族大学基金会研究中心
2016年6月出版 / 估价:88.00元

基金会透明度蓝皮书
中国基金会透明度发展研究报告（2016）
著(编)者:基金会中心网　清华大学廉政与治理研究中心
2016年9月出版 / 估价:85.00元

教师蓝皮书
中国中小学教师发展报告（2016）
著(编)者:曾晓东　鱼霞　2016年6月出版 / 估价:69.00元

教育蓝皮书
中国教育发展报告（2016）
著（编）者：杨东平　2016年5月出版／估价：79.00元

科普蓝皮书
中国科普基础设施发展报告（2016）
著（编）者：任福君　2016年6月出版／估价：69.00元

科学教育蓝皮书
中国科学教育发展报告（2016）
著（编）者：罗晖　王康友　2016年10月出版／估价：79.00元

劳动保障蓝皮书
中国劳动保障发展报告（2016）
著（编）者：刘燕斌　2016年8月出版／估价：158.00元

连片特困区蓝皮书
中国连片特困区发展报告（2016）
著（编）者：游俊　冷志明　丁建军
2016年3月出版／估价：98.00元

民间组织蓝皮书
中国民间组织报告（2016）
著（编）者：黄晓勇　2016年12月出版／估价：79.00元

民调蓝皮书
中国民生调查报告（2016）
著（编）者：谢耘耕　2016年5月出版／估价：128.00元

民族发展蓝皮书
中国民族发展报告（2016）
著（编）者：郝时远　王延中　王希恩
2016年4月出版／估价：98.00元

女性生活蓝皮书
中国女性生活状况报告 NO.10（2016）
著（编）者：韩湘景　2016年4月出版／估价：79.00元

汽车社会蓝皮书
中国汽车社会发展报告（2016）
著（编）者：王俊秀　2016年1月出版／估价：69.00元

青年蓝皮书
中国青年发展报告（2016）NO.4
著（编）者：廉思 等　2016年4月出版／估价：69.00元

青少年蓝皮书
中国未成年人互联网运用报告（2016）
著（编）者：李文革　沈杰　季为民
2016年11月出版／估价：89.00元

青少年体育蓝皮书
中国青少年体育发展报告（2016）
著（编）者：郭建军　杨桦　2016年9月出版／估价：69.00元

区域人才蓝皮书
中国区域人才竞争力报告 NO.2
著（编）者：桂昭明　王辉耀
2016年6月出版／估价：69.00元

群众体育蓝皮书
中国群众体育发展报告（2016）
著（编）者：刘国永　杨桦　2016年10月出版／估价：69.00元

人才蓝皮书
中国人才发展报告（2016）
著（编）者：潘晨光　2016年9月出版／估价：85.00元

人权蓝皮书
中国人权事业发展报告 NO.6（2016）
著（编）者：李君如　2016年9月出版／估价：128.00元

社会保障绿皮书
中国社会保障发展报告（2016）NO.8
著（编）者：王延中　2016年4月出版／估价：99.00元

社会工作蓝皮书
中国社会工作发展报告（2016）
著（编）者：民政部社会工作研究中心
2016年8月出版／估价：79.00元

社会管理蓝皮书
中国社会管理创新报告 NO.4
著（编）者：连玉明　2016年11月出版／估价：89.00元

社会蓝皮书
2016年中国社会形势分析与预测
著（编）者：李培林　陈光金　张翼
2015年12月出版／定价：79.00元

社会体制蓝皮书
中国社会体制改革报告（2016）NO.4
著（编）者：龚维斌　2016年4月出版／估价：79.00元

社会心态蓝皮书
中国社会心态研究报告（2016）
著（编）者：王俊秀　杨宜音　2016年10月出版／估价：69.00元

社会组织蓝皮书
中国社会组织评估发展报告（2016）
著（编）者：徐家良　廖鸿　2016年12月出版／估价：69.00元

生态城市绿皮书
中国生态城市建设发展报告（2016）
著（编）者：刘举科　孙伟平　胡文臻
2016年9月出版／估价：148.00元

生态文明绿皮书
中国省域生态文明建设评价报告（ECI 2016）
著（编）者：严耕　2016年12月出版／估价：85.00元

世界社会主义黄皮书
世界社会主义跟踪研究报告（2015~2016）
著（编）者：李慎明　2016年4月出版／估价：258.00元

水与发展蓝皮书
中国水风险评估报告（2016）
著（编）者：王浩　2016年9月出版／估价：69.00元

体育蓝皮书
长三角地区体育产业发展报告（2016）
著(编)者:张林　2016年4月出版 / 估价:79.00元

体育蓝皮书
中国公共体育服务发展报告（2016）
著(编)者:戴健　2016年12月出版 / 估价:79.00元

土地整治蓝皮书
中国土地整治发展研究报告 NO.3
著(编)者:国土资源部土地整治中心
2016年5月出版 / 估价:89.00元

土地政策蓝皮书
中国土地政策发展报告（2016）
著(编)者:高延利 李宪文 唐健
2016年12月出版 / 估价:69.00元

危机管理蓝皮书
中国危机管理报告（2016）
著(编)者:文学国 范正青　2016年8月出版 / 估价:89.00元

形象危机应对蓝皮书
形象危机应对研究报告（2016）
著(编)者:唐钧　2016年6月出版 / 估价:149.00元

医改蓝皮书
中国医药卫生体制改革报告（2016）
著(编)者:文学国 房志武　2016年11月出版 / 估价:98.00元

医疗卫生绿皮书
中国医疗卫生发展报告 NO.7（2016）
著(编)者:申宝忠 韩玉珍　2016年4月出版 / 估价:75.00元

政治参与蓝皮书
中国政治参与报告（2016）
著(编)者:房宁　2016年7月出版 / 估价:108.00元

政治发展蓝皮书
中国政治发展报告（2016）
著(编)者:房宁 杨海蛟　2016年5月出版 / 估价:88.00元

智慧社区蓝皮书
中国智慧社区发展报告（2016）
著(编)者:罗昌智 张辉德　2016年7月出版 / 估价:69.00元

中国农村妇女发展蓝皮书
农村流动女性城市生活发展报告（2016）
著(编)者:谢丽华　2016年12月出版 / 估价:79.00元

宗教蓝皮书
中国宗教报告（2016）
著(编)者:邱永辉　2016年5月出版 / 估价:79.00元

行业报告类

保健蓝皮书
中国保健服务产业发展报告 NO.2
著(编)者:中国保健协会 中共中央党校
2016年7月出版 / 估价:198.00元

保健蓝皮书
中国保健食品产业发展报告 NO.2
著(编)者:中国保健协会
　　　中国社会科学院食品药品产业发展与监管研究中心
2016年7月出版 / 估价:198.00元

保健蓝皮书
中国保健用品产业发展报告 NO.2
著(编)者:中国保健协会
　　　国务院国有资产监督管理委员会研究中心
2016年2月出版 / 估价:198.00元

保险蓝皮书
中国保险业创新发展报告（2016）
著(编)者:项俊波　2016年12月出版 / 估价:69.00元

保险蓝皮书
中国保险业竞争力报告（2016）
著(编)者:项俊波　2015年12月出版 / 估价:99.00元

采供血蓝皮书
中国采供血管理报告（2016）
著(编)者:朱永明 耿鸿武　2016年8月出版 / 估价:69.00元

彩票蓝皮书
中国彩票发展报告（2016）
著(编)者:益彩基金　2016年4月出版 / 估价:98.00元

餐饮产业蓝皮书
中国餐饮产业发展报告（2016）
著(编)者:邢颖　2016年4月出版 / 估价:69.00元

测绘地理信息蓝皮书
测绘地理信息转型升级研究报告（2016）
著(编)者:库热西·买合苏提　2016年12月出版 / 估价:98.00元

茶业蓝皮书
中国茶产业发展报告（2016）
著(编)者:杨江帆 李闽榕　2016年10月出版 / 估价:78.00元

产权市场蓝皮书
中国产权市场发展报告（2015～2016）
著(编)者:曹和平　2016年5月出版 / 估价:89.00元

产业安全蓝皮书
中国出版传媒产业安全报告（2016）
著(编)者:北京印刷学院文化产业安全研究院
2016年4月出版 / 估价:69.00元

产业安全蓝皮书
中国文化产业安全报告（2016）
著(编)者:北京印刷学院文化产业安全研究院
2016年4月出版 / 估价:89.00元

产业安全蓝皮书
中国新媒体产业安全报告（2016）
著(编)者：北京印刷学院文化产业安全研究院
2016年5月出版 / 估价:69.00元

大数据蓝皮书
网络空间和大数据发展报告（2016）
著(编)者：杜平 2016年2月出版 / 估价:69.00元

电子商务蓝皮书
中国电子商务服务业发展报告 NO.3
著(编)者：荆林波 梁春晓 2016年5月出版 / 估价:69.00元

电子政务蓝皮书
中国电子政务发展报告（2016）
著(编)者：洪毅 杜平 2016年11月出版 / 估价:79.00元

杜仲产业绿皮书
中国杜仲橡胶资源与产业发展报告（2016）
著(编)者：杜红岩 胡文臻 俞锐
2016年1月出版 / 估价:85.00元

房地产蓝皮书
中国房地产发展报告 NO.13（2016）
著(编)者：魏后凯 李景国 2016年5月出版 / 估价:79.00元

服务外包蓝皮书
中国服务外包产业发展报告（2016）
著(编)者：王晓红 刘德军
2016年6月出版 / 估价:89.00元

服务外包蓝皮书
中国服务外包竞争力报告（2016）
著(编)者：王力 刘春生 黄育华
2016年11月出版 / 估价:85.00元

工业和信息化蓝皮书
世界网络安全发展报告（2016）
著(编)者：洪京一 2016年4月出版 / 估价:69.00元

工业和信息化蓝皮书
世界信息化发展报告（2016）
著(编)者：洪京一 2016年4月出版 / 估价:69.00元

工业和信息化蓝皮书
世界信息技术产业发展报告（2016）
著(编)者：洪京一 2016年4月出版 / 估价:79.00元

工业和信息化蓝皮书
世界制造业发展报告（2016）
著(编)者：洪京一 2016年4月出版 / 估价:69.00元

工业和信息化蓝皮书
移动互联网产业发展报告（2016）
著(编)者：洪京一 2016年4月出版 / 估价:79.00元

工业设计蓝皮书
中国工业设计发展报告（2016）
著(编)者：王晓红 于炜 张立群
2016年9月出版 / 估价:138.00元

互联网金融蓝皮书
中国互联网金融发展报告（2016）
著(编)者：李东荣 2016年8月出版 / 估价:79.00元

会展蓝皮书
中外会展业动态评估年度报告（2016）
著(编)者：张敏 2016年1月出版 / 估价:78.00元

节能汽车蓝皮书
中国节能汽车产业发展报告（2016）
著(编)者：中国汽车工程研究院股份有限公司
2016年12月出版 / 估价:69.00元

金融监管蓝皮书
中国金融监管报告（2016）
著(编)者：胡滨 2016年4月出版 / 估价:89.00元

金融蓝皮书
中国金融中心发展报告（2016）
著(编)者：王力 黄育华 2017年11月出版 / 估价:75.00元

金融蓝皮书
中国商业银行竞争力报告（2016）
著(编)者：王松奇 2016年5月出版 / 估价:69.00元

经济林产业绿皮书
中国经济林产业发展报告（2016）
著(编)者：李芳东 胡文臻 乌云塔娜 杜红岩
2016年12月出版 / 估价:69.00元

客车蓝皮书
中国客车产业发展报告（2016）
著(编)者：姚蔚 2016年2月出版 / 估价:85.00元

老龄蓝皮书
中国老龄产业发展报告（2016）
著(编)者：吴玉韶 党俊武 2016年9月出版 / 估价:79.00元

流通蓝皮书
中国商业发展报告（2016）
著(编)者：荆林波 2016年5月出版 / 估价:89.00元

旅游安全蓝皮书
中国旅游安全报告（2016）
著(编)者：郑向敏 谢朝武 2016年5月出版 / 估价:128.00元

旅游绿皮书
2015～2016年中国旅游发展分析与预测
著(编)者：宋瑞 2016年1月出版 / 估价:98.00元

煤炭蓝皮书
中国煤炭工业发展报告（2016）
著(编)者：岳福斌 2016年12月出版 / 估价:79.00元

民营企业社会责任蓝皮书
中国民营企业社会责任年度报告（2016）
著(编)者：中华全国工商业联合会
2016年7月出版 / 估价:69.00元

民营医院蓝皮书
中国民营医院发展报告（2016）
著(编)者:庄一强   2016年10月出版／估价:75.00元

能源蓝皮书
中国能源发展报告（2016）
著(编)者:崔民选 王军生 陈义和
2016年8月出版／估价:79.00元

农产品流通蓝皮书
中国农产品流通产业发展报告（2016）
著(编)者:贾敬敦 张东科 张玉玺 张鹏毅 周伟
2016年1月出版／估价:89.00元

期货蓝皮书
中国期货市场发展报告(2016)
著(编)者:李群 王在荣   2016年11月出版／估价:69.00元

企业公益蓝皮书
中国企业公益研究报告（2016）
著(编)者:钟宏武 汪杰 顾一 黄晓娟 等
2016年12月出版／估价:69.00元

企业公众透明度蓝皮书
中国企业公众透明度报告（2016）NO.2
著(编)者:黄速建 王晓光 肖红军
2016年1月出版／估价:98.00元

企业国际化蓝皮书
中国企业国际化报告（2016）
著(编)者:王辉耀   2016年11月出版／估价:98.00元

企业蓝皮书
中国企业绿色发展报告NO.2（2016）
著(编)者:李红玉 朱光辉   2016年8月出版／估价:79.00元

企业社会责任蓝皮书
中国企业社会责任研究报告（2016）
著(编)者:黄群慧 钟宏武 张蒽 等
2016年11月出版／估价:79.00元

企业社会责任能力蓝皮书
中国上市公司社会责任能力成熟度报告（2016）
著(编)者:肖红军 王晓光 李伟阳
2016年11月出版／估价:69.00元

汽车安全蓝皮书
中国汽车安全发展报告（2016）
著(编)者:中国汽车技术研究中心
2016年7月出版／估价:89.00元

汽车电子商务蓝皮书
中国汽车电子商务发展报告（2016）
著(编)者:中华全国工商业联合会汽车经销商商会
    北京易观智库网络科技有限公司
2016年5月出版／估价:128.00元

汽车工业蓝皮书
中国汽车工业发展年度报告（2016）
著(编)者:中国汽车工业协会 中国汽车技术研究中心
    丰田汽车（中国）投资有限公司
2016年4月出版／估价:128.00元

汽车蓝皮书
中国汽车产业发展报告（2016）
著(编)者:国务院发展研究中心产业经济研究部
    中国汽车工程学会 大众汽车集团（中国）
2016年8月出版／估价:158.00元

清洁能源蓝皮书
国际清洁能源发展报告（2016）
著(编)者:苏树辉 袁国林 李玉斋
2016年11月出版／估价:99.00元

人力资源蓝皮书
中国人力资源发展报告（2016）
著(编)者:余兴安   2016年12月出版／估价:79.00元

融资租赁蓝皮书
中国融资租赁业发展报告（2015~2016）
著(编)者:李光荣 王力   2016年1月出版／估价:89.00元

软件和信息服务业蓝皮书
中国软件和信息服务业发展报告（2016）
著(编)者:洪京一   2016年12月出版／估价:198.00元

商会蓝皮书
中国商会发展报告NO.5（2016）
著(编)者:王钦敏   2016年7月出版／估价:89.00元

上市公司蓝皮书
中国上市公司社会责任信息披露报告（2016）
著(编)者:张旺 张杨   2016年11月出版／估价:69.00元

上市公司蓝皮书
中国上市公司质量评价报告（2015~2016）
著(编)者:张跃文 王力   2016年11月出版／估价:118.00元

设计产业蓝皮书
中国设计产业发展报告（2016）
著(编)者:陈冬亮 梁昊光   2016年3月出版／估价:89.00元

食品药品蓝皮书
食品药品安全与监管政策研究报告（2016）
著(编)者:唐民皓   2016年7月出版／估价:69.00元

世界能源蓝皮书
世界能源发展报告（2016）
著(编)者:黄晓勇   2016年6月出版／估价:99.00元

水利风景区蓝皮书
中国水利风景区发展报告（2016）
著(编)者:兰思仁   2016年8月出版／估价:69.00元

私募市场蓝皮书
中国私募股权市场发展报告（2016）
著(编)者:曹和平   2016年12月出版／估价:79.00元

碳市场蓝皮书
中国碳市场报告（2016）
著(编)者:宁金彪   2016年11月出版／估价:69.00元

体育蓝皮书
中国体育产业发展报告（2016）
著(编)者:阮伟 钟秉枢　2016年7月出版 / 估价:69.00元

投资蓝皮书
中国投资发展报告（2016）
著(编)者:谢平　2016年4月出版 / 估价:128.00元

土地市场蓝皮书
中国农村土地市场发展报告（2016）
著(编)者:李光荣 高传捷　2016年1月出版 / 估价:69.00元

网络空间安全蓝皮书
中国网络空间安全发展报告（2016）
著(编)者:惠志斌 唐涛　2016年4月出版 / 估价:79.00元

物联网蓝皮书
中国物联网发展报告（2016）
著(编)者:黄桂田 龚六堂 张全升
2016年1月出版 / 估价:69.00元

西部工业蓝皮书
中国西部工业发展报告（2016）
著(编)者:方行明 甘犁 刘方健 姜凌 等
2016年9月出版 / 估价:79.00元

西部金融蓝皮书
中国西部金融发展报告（2016）
著(编)者:李忠民　2016年8月出版 / 估价:75.00元

协会商会蓝皮书
中国行业协会商会发展报告（2016）
著(编)者:景朝阳 李勇　2016年4月出版 / 估价:99.00元

新能源汽车蓝皮书
中国新能源汽车产业发展报告（2016）
著(编)者:中国汽车技术研究中心
　　　　日产（中国）投资有限公司 东风汽车有限公司
2016年8月出版 / 估价:89.00元

新三板蓝皮书
中国新三板市场发展报告（2016）
著(编)者:王力　2016年6月出版 / 估价:69.00元

信托市场蓝皮书
中国信托业市场报告（2015～2016）
著(编)者:用益信托工作室
2016年2月出版 / 估价:198.00元

信息安全蓝皮书
中国信息安全发展报告（2016）
著(编)者:张晓东　2016年2月出版 / 估价:69.00元

信息化蓝皮书
中国信息化形势分析与预测（2016）
著(编)者:周宏仁　2016年8月出版 / 估价:98.00元

信用蓝皮书
中国信用发展报告（2016）
著(编)者:章政 田侃　2016年4月出版 / 估价:99.00元

休闲绿皮书
2016年中国休闲发展报告
著(编)者:宋瑞
2016年10月出版 / 估价:79.00元

药品流通蓝皮书
中国药品流通行业发展报告（2016）
著(编)者:佘鲁林 温再兴
2016年8月出版 / 估价:158.00元

医药蓝皮书
中国中医药产业园战略发展报告（2016）
著(编)者:裴长洪 房书亭 吴瀚心
2016年3月出版 / 估价:89.00元

邮轮绿皮书
中国邮轮产业发展报告（2016）
著(编)者:汪泓　2016年10月出版 / 估价:79.00元

智能养老蓝皮书
中国智能养老产业发展报告（2016）
著(编)者:朱勇　2016年10月出版 / 估价:89.00元

中国SUV蓝皮书
中国SUV产业发展报告（2016）
著(编)者:靳军　2016年12月出版 / 估价:69.00元

中国金融行业蓝皮书
中国债券市场发展报告（2016）
著(编)者:谢多　2016年7月出版 / 估价:69.00元

中国上市公司蓝皮书
中国上市公司发展报告（2016）
著(编)者:中国社会科学院上市公司研究中心
2016年9月出版 / 估价:98.00元

中国游戏蓝皮书
中国游戏产业发展报告（2016）
著(编)者:孙立军 刘跃军 牛兴侦
2016年4月出版 / 估价:69.00元

中国总部经济蓝皮书
中国总部经济发展报告（2015～2016）
著(编)者:赵弘　2016年9月出版 / 估价:79.00元

资本市场蓝皮书
中国场外交易市场发展报告（2016）
著(编)者:高峦　2016年8月出版 / 估价:79.00元

资产管理蓝皮书
中国资产管理行业发展报告（2016）
著(编)者:智信资产管理研究院
2016年6月出版 / 估价:89.00元

文化传媒类

传媒竞争力蓝皮书
中国传媒国际竞争力研究报告（2016）
著(编)者:李本乾 刘强
2016年11月出版 / 估价:148.00元

传媒蓝皮书
中国传媒产业发展报告（2016）
著(编)者:崔保国 2016年5月出版 / 估价:98.00元

传媒投资蓝皮书
中国传媒投资发展报告（2016）
著(编)者:张向东 谭云明
2016年6月出版 / 估价:128.00元

动漫蓝皮书
中国动漫产业发展报告（2016）
著(编)者:卢斌 郑玉明 牛兴侦
2016年7月出版 / 估价:79.00元

非物质文化遗产蓝皮书
中国非物质文化遗产发展报告（2016）
著(编)者:陈平 2016年5月出版 / 估价:98.00元

广电蓝皮书
中国广播电影电视发展报告（2016）
著(编)者:国家新闻出版广电总局发展研究中心
2016年7月出版 / 估价:98.00元

广告主蓝皮书
中国广告主营销传播趋势报告 NO.9
著(编)者:黄升民 杜国清 邵华冬 等
2016年10月出版 / 估价:148.00元

国际传播蓝皮书
中国国际传播发展报告（2016）
著(编)者:胡正荣 李继东 姬德强
2016年11月出版 / 估价:89.00元

纪录片蓝皮书
中国纪录片发展报告（2016）
著(编)者:何苏六 2016年10月出版 / 估价:79.00元

科学传播蓝皮书
中国科学传播报告（2016）
著(编)者:詹正茂 2016年7月出版 / 估价:69.00元

两岸创意经济蓝皮书
两岸创意经济研究报告（2016）
著(编)者:罗昌智 董泽平 2016年12月出版 / 估价:98.00元

两岸文化蓝皮书
两岸文化产业合作发展报告（2016）
著(编)者:胡惠林 李保宗 2016年7月出版 / 估价:79.00元

媒介与女性蓝皮书
中国媒介与女性发展报告(2015~2016)
著(编)者:刘利群 2016年8月出版 / 估价:118.00元

媒体融合蓝皮书
中国媒体融合发展报告（2016）
著(编)者:梅宁华 宋建武 2016年7月出版 / 估价:79.00元

全球传媒蓝皮书
全球传媒发展报告（2016）
著(编)者:胡正荣 李继东 唐晓芬
2016年12月出版 / 估价:79.00元

少数民族非遗蓝皮书
中国少数民族非物质文化遗产发展报告（2016）
著(编)者:肖远平（彝） 柴立（满）
2016年6月出版 / 估价:128.00元

视听新媒体蓝皮书
中国视听新媒体发展报告（2016）
著(编)者:国家新闻出版广电总局发展研究中心
2016年7月出版 / 估价:98.00元

文化创新蓝皮书
中国文化创新报告（2016）NO.7
著(编)者:于平 傅才武 2016年7月出版 / 估价:98.00元

文化建设蓝皮书
中国文化建设发展报告（2016）
著(编)者:江畅 孙伟平 戴茂堂
2016年4月出版 / 估价:108.00元

文化科技蓝皮书
文化科技创新发展报告（2016）
著(编)者:于平 李凤亮 2016年10月出版 / 估价:89.00元

文化蓝皮书
中国公共文化服务发展报告（2016）
著(编)者:刘新成 张永新 张旭 2016年10月出版 / 估价:98.00元

文化蓝皮书
中国公共文化投入增长测评报告（2016）
著(编)者:王亚南 2016年12月出版 / 估价:79.00元

文化蓝皮书
中国少数民族文化发展报告（2016）
著(编)者:武翠英 张晓明 任乌晶
2016年9月出版 / 估价:69.00元

文化蓝皮书
中国文化产业发展报告（2016）
著(编)者:张晓明 王家新 章建刚
2016年4月出版 / 估价:79.00元

文化蓝皮书
中国文化产业供需协调检测报告（2016）
著(编)者:王亚南 2016年2月出版 / 估价:79.00元

文化蓝皮书
中国文化消费需求景气评价报告（2016）
著(编)者:王亚南 2016年2月出版 / 估价:79.00元

文化品牌蓝皮书
中国文化品牌发展报告（2016）
著(编)者:欧阳友权　2016年4月出版 / 估价:89.00元

文化遗产蓝皮书
中国文化遗产事业发展报告（2016）
著(编)者:刘世锦　2016年3月出版 / 估价:89.00元

文学蓝皮书
中国文情报告（2015～2016）
著(编)者:白烨　2016年5月出版 / 估价:69.00元

新媒体蓝皮书
中国新媒体发展报告NO.7（2016）
著(编)者:唐绪军　2016年7月出版 / 估价:79.00元

新媒体社会责任蓝皮书
中国新媒体社会责任研究报告（2016）
著(编)者:钟瑛　2016年10月出版 / 估价:79.00元

移动互联网蓝皮书
中国移动互联网发展报告（2016）
著(编)者:官建文　2016年6月出版 / 估价:79.00元

舆情蓝皮书
中国社会舆情与危机管理报告（2016）
著(编)者:谢耘耕　2016年8月出版 / 估价:98.00元

地方发展类

安徽经济蓝皮书
芜湖创新型城市发展报告（2016）
著(编)者:张志宏　2016年4月出版 / 估价:69.00元

安徽蓝皮书
安徽社会发展报告（2016）
著(编)者:程桦　2016年4月出版 / 估价:89.00元

安徽社会建设蓝皮书
安徽社会建设分析报告（2015～2016）
著(编)者:黄家海　王开玉　蔡宪
2016年4月出版 / 估价:89.00元

澳门蓝皮书
澳门经济社会发展报告（2015～2016）
著(编)者:吴志良　郝雨凡　2016年5月出版 / 估价:79.00元

北京蓝皮书
北京公共服务发展报告（2015～2016）
著(编)者:施昌奎　2016年1月出版 / 估价:69.00元

北京蓝皮书
北京经济发展报告（2015～2016）
著(编)者:杨松　2016年6月出版 / 估价:79.00元

北京蓝皮书
北京社会发展报告（2015～2016）
著(编)者:李伟东　2016年7月出版 / 估价:79.00元

北京蓝皮书
北京社会治理发展报告（2015～2016）
著(编)者:殷星辰　2016年6月出版 / 估价:79.00元

北京蓝皮书
北京文化发展报告（2015～2016）
著(编)者:李建盛　2016年5月出版 / 估价:79.00元

北京旅游绿皮书
北京旅游发展报告（2016）
著(编)者:北京旅游学会　2016年7月出版 / 估价:88.00元

北京人才蓝皮书
北京人才发展报告（2016）
著(编)者:于淼　2016年12月出版 / 估价:128.00元

北京社会心态蓝皮书
北京社会心态分析报告（2015～2016）
著(编)者:北京社会心理研究所
2016年8月出版 / 估价:79.00元

北京社会组织管理蓝皮书
北京社会组织发展与管理（2015～2016）
著(编)者:黄江松　2016年4月出版 / 估价:78.00元

北京体育蓝皮书
北京体育产业发展报告（2016）
著(编)者:钟秉枢　陈杰　杨铁黎
2016年10月出版 / 估价:79.00元

北京养老产业蓝皮书
北京养老产业发展报告（2016）
著(编)者:周明明　冯喜良　2016年4月出版 / 估价:69.00元

滨海金融蓝皮书
滨海新区金融发展报告（2016）
著(编)者:王爱俭　张锐钢　2016年9月出版 / 估价:79.00元

城乡一体化蓝皮书
中国城乡一体化发展报告·北京卷（2015～2016)
著(编)者:张宝秀　黄序　2016年5月出版 / 估价:79.00元

创意城市蓝皮书
北京文化创意产业发展报告（2016）
著(编)者:张京成　王国华　2016年12月出版 / 估价:69.00元

创意城市蓝皮书
青岛文化创意产业发展报告（2016）
著(编)者:马达　张丹妮　2016年6月出版 / 估价:79.00元

创意城市蓝皮书
台北文化创意产业发展报告（2016）
著(编)者:陈耀竹 邱琪瑄　2016年11月出版 / 估价:89.00元

创意城市蓝皮书
无锡文化创意产业发展报告（2016）
著(编)者:谭军 张鸣年　2016年10月出版 / 估价:79.00元

创意城市蓝皮书
武汉文化创意产业发展报告（2016）
著(编)者:黄永林 陈汉桥　2016年12月出版 / 估价:89.00元

创意城市蓝皮书
重庆创意产业发展报告（2016）
著(编)者:程宇宁　2016年4月出版 / 估价:89.00元

地方法治蓝皮书
南宁法治发展报告（2016）
著(编)者:杨维超　2016年12月出版 / 估价:69.00元

福建妇女发展蓝皮书
福建省妇女发展报告（2016）
著(编)者:刘群英　2016年11月出版 / 估价:88.00元

甘肃蓝皮书
甘肃经济发展分析与预测（2016）
著(编)者:朱智文 罗哲　2016年1月出版 / 估价:79.00元

甘肃蓝皮书
甘肃社会发展分析与预测（2016）
著(编)者:安文华 包晓霞　2016年1月出版 / 估价:79.00元

甘肃蓝皮书
甘肃文化发展分析与预测（2016）
著(编)者:安文华　周小华　2016年1月出版 / 估价:79.00元

甘肃蓝皮书
甘肃县域社会发展评价报告（2016）
著(编)者:刘进军 柳 民 王建兵
2016年1月出版 / 估价:79.00元

甘肃蓝皮书
甘肃舆情分析与预测（2016）
著(编)者:陈双梅 郝树声　2016年1月出版 / 估价:79.00元

甘肃蓝皮书
甘肃商务发展报告（2016）
著(编)者:杨志武 王福生 王晓芳
2016年1月出版 / 估价:69.00元

广东蓝皮书
广东全面深化改革发展报告（2016）
著(编)者:周林生 涂成林　2016年11月出版 / 估价:69.00元

广东蓝皮书
广东社会工作发展报告（2016）
著(编)者:罗观翠　2016年6月出版 / 估价:89.00元

广东蓝皮书
广东省电子商务发展报告（2016）
著(编)者:程晓 邓顺国　2016年7月出版 / 估价:79.00元

广东社会建设蓝皮书
广东省社会建设发展报告（2016）
著(编)者:广东省社会工作委员会
2016年12月出版 / 估价:99.00元

广东外经贸蓝皮书
广东对外经济贸易发展研究报告（2015~2016）
著(编)者:陈万灵　2016年5月出版 / 估价:89.00元

广西北部湾经济区蓝皮书
广西北部湾经济区开放开发报告（2016）
著(编)者:广西北部湾经济区规划建设管理委员会办公室
　　　　广西社会科学院广西北部湾发展研究院
2016年10月出版 / 估价:79.00元

广州蓝皮书
2016年中国广州经济形势分析与预测
著(编)者:庾建设 沈奎 谢博能　2016年6月出版 / 估价:79.00元

广州蓝皮书
2016年中国广州社会形势分析与预测
著(编)者:张强 陈怡霓 杨秦　2016年6月出版 / 估价:79.00元

广州蓝皮书
广州城市国际化发展报告（2016）
著(编)者:朱名宏　2016年11月出版 / 估价:69.00元

广州蓝皮书
广州创新型城市发展报告（2016）
著(编)者:尹涛　2016年10月出版 / 估价:69.00元

广州蓝皮书
广州经济发展报告（2016）
著(编)者:朱名宏　2016年7月出版 / 估价:69.00元

广州蓝皮书
广州农村发展报告（2016）
著(编)者:朱名宏　2016年8月出版 / 估价:69.00元

广州蓝皮书
广州汽车产业发展报告（2016）
著(编)者:杨再高 冯兴亚　2016年9月出版 / 估价:69.00元

广州蓝皮书
广州青年发展报告（2015～2016）
著(编)者:魏国华 张强　2016年7月出版 / 估价:69.00元

广州蓝皮书
广州商贸业发展报告（2016）
著(编)者:李江涛 肖振宇 荀振英
2016年7月出版 / 估价:69.00元

广州蓝皮书
广州社会保障发展报告（2016）
著(编)者:蔡国萱　2016年10月出版 / 估价:65.00元

广州蓝皮书
广州文化创意产业发展报告（2016）
著(编)者:甘新　2016年8月出版 / 估价:79.00元

广州蓝皮书
中国广州城市建设与管理发展报告（2016）
著(编)者:董皞 陈小钢 李江涛　2016年7月出版 / 估价:69.00元

广州蓝皮书
中国广州科技和信息化发展报告（2016）
著(编)者:邹采荣 马正勇 冯元　2016年8月出版 / 估价:79.00元

广州蓝皮书
中国广州文化发展报告（2016）
著(编)者:徐俊忠 陆志强 顾涧清　2016年7月出版 / 估价:69.00元

贵阳蓝皮书
贵阳城市创新发展报告·白云篇（2016）
著(编)者:连玉明　2016年10月出版 / 估价:89.00元

贵阳蓝皮书
贵阳城市创新发展报告·观山湖篇（2016）
著(编)者:连玉明　2016年10月出版 / 估价:89.00元

贵阳蓝皮书
贵阳城市创新发展报告·花溪篇（2016）
著(编)者:连玉明　2016年10月出版 / 估价:89.00元

贵阳蓝皮书
贵阳城市创新发展报告·开阳篇（2016）
著(编)者:连玉明　2016年10月出版 / 估价:89.00元

贵阳蓝皮书
贵阳城市创新发展报告·南明篇（2016）
著(编)者:连玉明　2016年10月出版 / 估价:89.00元

贵阳蓝皮书
贵阳城市创新发展报告·清镇篇（2016）
著(编)者:连玉明　2016年10月出版 / 估价:89.00元

贵阳蓝皮书
贵阳城市创新发展报告·乌当篇（2016）
著(编)者:连玉明　2016年10月出版 / 估价:89.00元

贵阳蓝皮书
贵阳城市创新发展报告·息烽篇（2016）
著(编)者:连玉明　2016年10月出版 / 估价:89.00元

贵阳蓝皮书
贵阳城市创新发展报告·修文篇（2016）
著(编)者:连玉明　2016年10月出版 / 估价:89.00元

贵阳蓝皮书
贵阳城市创新发展报告·云岩篇（2016）
著(编)者:连玉明　2016年10月出版 / 估价:89.00元

贵州房地产蓝皮书
贵州房地产发展报告NO.3（2016）
著(编)者:武廷方　2016年6月出版 / 估价:89.00元

贵州蓝皮书
册亨经济社会发展报告 (2016)
著(编)者:黄德林　2016年1月出版 / 估价:69.00元

贵州蓝皮书
贵安新区发展报告（2016）
著(编)者:马长青 吴大华　2016年4月出版 / 估价:69.00元

贵州蓝皮书
贵州法治发展报告（2016）
著(编)者:吴大华　2016年5月出版 / 估价:79.00元

贵州蓝皮书
贵州民航业发展报告（2016）
著(编)者:申振东 吴大华　2016年10月出版 / 估价:69.00元

贵州蓝皮书
贵州人才发展报告（2016）
著(编)者:于杰 吴大华　2016年9月出版 / 估价:69.00元

贵州蓝皮书
贵州社会发展报告（2016）
著(编)者:王兴骥　2016年5月出版 / 估价:79.00元

海淀蓝皮书
海淀区文化和科技融合发展报告（2016）
著(编)者:陈名杰 孟景伟　2016年5月出版 / 估价:75.00元

海峡西岸蓝皮书
海峡西岸经济区发展报告（2016）
著(编)者:福建省人民政府发展研究中心
福建省人民政府发展研究中心咨询服务中心
2016年9月出版 / 估价:65.00元

杭州都市圈蓝皮书
杭州都市圈发展报告（2016）
著(编)者:董祖德 沈翔　2016年5月出版 / 估价:89.00元

杭州蓝皮书
杭州妇女发展报告（2016）
著(编)者:魏颖　2016年4月出版 / 估价:79.00元

河北经济蓝皮书
河北省经济发展报告（2016）
著(编)者:马树强 金浩 刘兵 张贵
2016年3月出版 / 估价:89.00元

河北蓝皮书
河北经济社会发展报告（2016）
著(编)者:周文夫　2016年1月出版 / 估价:79.00元

河北食品药品安全蓝皮书
河北食品药品安全研究报告（2016）
著(编)者:丁锦霞　2016年6月出版 / 估价:79.00元

河南经济蓝皮书
2016年河南经济形势分析与预测
著(编)者:胡五岳　2016年2月出版 / 估价:69.00元

河南蓝皮书
2016年河南社会形势分析与预测
著(编)者:刘道兴 牛苏林　2016年4月出版 / 估价:69.00元

河南蓝皮书
河南城市发展报告（2016）
著(编)者:谷建全 王建国　2016年3月出版 / 估价:79.00元

河南蓝皮书
河南法治发展报告（2016）
著(编)者:丁同民 闫德民　2016年6月出版 / 估价:79.00元

河南蓝皮书
河南工业发展报告（2016）
著(编)者:龚绍东 赵西三　2016年1月出版 / 估价:79.00元

河南蓝皮书
河南金融发展报告（2016）
著(编)者:河南省社会科学院
2016年6月出版 / 估价:69.00元

河南蓝皮书
河南经济发展报告（2016）
著(编)者:河南省社会科学院
2016年12月出版 / 估价:79.00元

河南蓝皮书
河南农业农村发展报告（2016）
著(编)者:吴海峰　　2016年4月出版 / 估价:69.00元

河南蓝皮书
河南文化发展报告（2016）
著(编)者:卫绍生　　2016年3月出版 / 估价:79.00元

河南商务蓝皮书
河南商务发展报告（2016）
著(编)者:焦锦淼 穆荣国　2016年4月出版 / 估价:88.00元

黑龙江产业蓝皮书
黑龙江产业发展报告（2016）
著(编)者:于渤　　2016年10月出版 / 估价:79.00元

黑龙江蓝皮书
黑龙江经济发展报告（2016）
著(编)者:曲伟　　2016年1月出版 / 估价:79.00元

黑龙江蓝皮书
黑龙江社会发展报告（2016）
著(编)者:张新颖　　2016年1月出版 / 估价:79.00元

湖南城市蓝皮书
区域城市群整合（主题待定）
著(编)者:童中贤 韩未名 2016年12月出版 / 估价:79.00元

湖南蓝皮书
2016年湖南产业发展报告
著(编)者:梁志峰　　2016年5月出版 / 估价:98.00元

湖南蓝皮书
2016年湖南电子政务发展报告
著(编)者:梁志峰　　2016年5月出版 / 估价:98.00元

湖南蓝皮书
2016年湖南经济展望
著(编)者:梁志峰　　2016年5月出版 / 估价:128.00元

湖南蓝皮书
2016年湖南两型社会与生态文明发展报告
著(编)者:梁志峰　　2016年5月出版 / 估价:98.00元

湖南蓝皮书
2016年湖南社会发展报告
著(编)者:梁志峰　　2016年5月出版 / 估价:88.00元

湖南蓝皮书
2016年湖南县域经济社会发展报告
著(编)者:梁志峰　　2016年5月出版 / 估价:98.00元

湖南蓝皮书
湖南城乡一体化发展报告（2016）
著(编)者:陈文胜 刘祚祥 邝奕轩 等
2016年7月出版 / 估价:89.00元

湖南县域绿皮书
湖南县域发展报告 NO.3
著(编)者:袁准 周小毛 2016年9月出版 / 估价:69.00元

沪港蓝皮书
沪港发展报告（2015～2016）
著(编)者:尤安山 2016年4月出版 / 估价:89.00元

吉林蓝皮书
2016年吉林经济社会形势分析与预测
著(编)者:马克　2016年2月出版 / 估价:89.00元

济源蓝皮书
济源经济社会发展报告（2016）
著(编)者:喻新安 2016年4月出版 / 估价:69.00元

健康城市蓝皮书
北京健康城市建设研究报告（2016）
著(编)者:王鸿春　　2016年4月出版 / 估价:79.00元

江苏法治蓝皮书
江苏法治发展报告 NO.5（2016）
著(编)者:李力 龚廷泰　2016年9月出版 / 估价:98.00元

江西蓝皮书
江西经济社会发展报告（2016）
著(编)者:张勇 姜玮 梁勇 2016年10月出版 / 估价:79.00元

江西文化产业蓝皮书
江西文化产业发展报告（2016）
著(编)者:张圣才 汪春翔 2016年10月出版 / 估价:128.00元

经济特区蓝皮书
中国经济特区发展报告（2016）
著(编)者:陶一桃　2016年12月出版 / 估价:89.00元

辽宁蓝皮书
2016年辽宁经济社会形势分析与预测
著(编)者:曹晓峰 张晶 梁启东
2016年12月出版 / 估价:79.00元

拉萨蓝皮书
拉萨法治发展报告（2016）
著(编)者:车明怀 2016年7月出版 / 估价:79.00元

洛阳蓝皮书
洛阳文化发展报告（2016）
著(编)者:刘福兴 陈启明 2016年7月出版 / 估价:79.00元

南京蓝皮书
南京文化发展报告（2016）
著(编)者:徐宁　2016年12月出版 / 估价:79.00元

内蒙古蓝皮书
内蒙古反腐倡廉建设报告 NO.2
著(编)者:张志华 无极 2016年12月出版 / 估价:69.00元

浦东新区蓝皮书
上海浦东经济发展报告（2016）
著(编)者:沈开艳 陆沪根　2016年1月出版 / 估价:69.00元

青海蓝皮书
2016年青海经济社会形势分析与预测
著(编)者:赵宗福　2015年12月出版 / 估价:69.00元

人口与健康蓝皮书
深圳人口与健康发展报告（2016）
著(编)者:陆杰华 罗乐宣 苏杨
2016年11月出版 / 估价:89.00元

山东蓝皮书
山东经济形势分析与预测（2016）
著(编)者:李广杰　2016年11月出版 / 估价:89.00元

山东蓝皮书
山东社会形势分析与预测（2016）
著(编)者:涂可国　2016年6月出版 / 估价:89.00元

山东蓝皮书
山东文化发展报告（2016）
著(编)者:张华 唐洲雁　2016年6月出版 / 估价:98.00元

山西蓝皮书
山西资源型经济转型发展报告（2016）
著(编)者:李志强　2016年5月出版 / 估价:89.00元

陕西蓝皮书
陕西经济发展报告（2016）
著(编)者:任宗哲 白宽犁 裴成荣
2016年1月出版 / 估价:69.00元

陕西蓝皮书
陕西社会发展报告（2016）
著(编)者:任宗哲 白宽犁 牛昉
2016年1月出版 / 估价:69.00元

陕西蓝皮书
陕西文化发展报告（2016）
著(编)者:任宗哲 白宽犁 王长寿
2016年1月出版 / 估价:65.00元

陕西蓝皮书
丝绸之路经济带发展报告（2016）
著(编)者:任宗哲 石英 白宽犁
2016年8月出版 / 估价:79.00元

上海蓝皮书
上海传媒发展报告（2016）
著(编)者:强荧 焦雨虹　2016年1月出版 / 估价:69.00元

上海蓝皮书
上海法治发展报告（2016）
著(编)者:叶青　2016年5月出版 / 估价:69.00元

上海蓝皮书
上海经济发展报告（2016）
著(编)者:沈开艳　2016年1月出版 / 估价:69.00元

上海蓝皮书
上海社会发展报告（2016）
著(编)者:杨雄 周海旺　2016年1月出版 / 估价:69.00元

上海蓝皮书
上海文化发展报告（2016）
著(编)者:荣跃明　2016年1月出版 / 估价:74.00元

上海蓝皮书
上海文学发展报告（2016）
著(编)者:陈圣来　2016年1月出版 / 估价:69.00元

上海蓝皮书
上海资源环境发展报告（2016）
著(编)者:周冯琦 汤庆合 任文伟
2016年1月出版 / 估价:69.00元

上饶蓝皮书
上饶发展报告（2015~2016）
著(编)者:朱寅健　2016年3月出版 / 估价:128.00元

社会建设蓝皮书
2016年北京社会建设分析报告
著(编)者:宋贵伦 冯虹　2016年7月出版 / 估价:79.00元

深圳蓝皮书
深圳法治发展报告（2016）
著(编)者:张骁儒　2016年5月出版 / 估价:69.00元

深圳蓝皮书
深圳经济发展报告（2016）
著(编)者:张骁儒　2016年6月出版 / 估价:89.00元

深圳蓝皮书
深圳劳动关系发展报告（2016）
著(编)者:汤庭芬　2016年6月出版 / 估价:79.00元

深圳蓝皮书
深圳社会建设与发展报告（2016）
著(编)者:张骁儒 陈东平　2016年6月出版 / 估价:79.00元

深圳蓝皮书
深圳文化发展报告(2016)
著(编)者:张骁儒　2016年1月出版 / 估价:69.00元

四川法治蓝皮书
四川依法治省年度报告 NO.2（2016）
著(编)者:李林 杨天宗 田禾
2016年3月出版 / 估价:108.00元

四川蓝皮书
2016年四川经济形势分析与预测
著(编)者:杨钢　2016年1月出版 / 估价:89.00元

四川蓝皮书
四川城镇化发展报告（2016）
著(编)者:侯水平 范秋美　2016年4月出版 / 估价:79.00元

四川蓝皮书
四川法治发展报告（2016）
著(编)者:郑泰安　2016年1月出版 / 估价:69.00元

四川蓝皮书
四川企业社会责任研究报告（2015～2016）
著(编)者：侯水平 盛毅　2016年4月出版 / 估价：79.00元

四川蓝皮书
四川社会发展报告（2016）
著(编)者：郭晓鸣　2016年4月出版 / 估价：79.00元

四川蓝皮书
四川生态建设报告（2016）
著(编)者：李晟之　2016年4月出版 / 估价：79.00元

四川蓝皮书
四川文化产业发展报告（2016）
著(编)者：侯水平　2016年4月出版 / 估价：79.00元

体育蓝皮书
上海体育产业发展报告（2015～2016）
著(编)者：张林 黄海燕　2016年10月出版 / 估价：79.00元

体育蓝皮书
长三角地区体育产业发展报告（2015～2016）
著(编)者：张林　2016年4月出版 / 估价：79.00元

天津金融蓝皮书
天津金融发展报告（2016）
著(编)者：王爱俭 孔德昌　2016年9月出版 / 估价：89.00元

图们江区域合作蓝皮书
图们江区域合作发展报告（2016）
著(编)者：李铁　2016年4月出版 / 估价：98.00元

温州蓝皮书
2016年温州经济社会形势分析与预测
著(编)者：潘忠强 王春光 金浩　2016年4月出版 / 估价：69.00元

扬州蓝皮书
扬州经济社会发展报告（2016）
著(编)者：丁纯　2016年12月出版 / 估价：89.00元

长株潭城市群蓝皮书
长株潭城市群发展报告（2016）
著(编)者：张萍　2016年10月出版 / 估价：69.00元

郑州蓝皮书
2016年郑州文化发展报告
著(编)者：王哲　2016年9月出版 / 估价：65.00元

中医文化蓝皮书
北京中医药文化传播发展报告（2016）
著(编)者：毛嘉陵　2016年5月出版 / 估价：79.00元

珠三角流通蓝皮书
珠三角商圈发展研究报告（2016）
著(编)者：王先庆 林至颖　2016年7月出版 / 估价：98.00元

遵义蓝皮书
遵义发展报告（2016）
著(编)者：曾征 龚永育　2016年12月出版 / 估价：69.00元

国别与地区类

阿拉伯黄皮书
阿拉伯发展报告（2015～2016）
著(编)者：罗林　2016年11月出版 / 估价：79.00元

北部湾蓝皮书
泛北部湾合作发展报告（2016）
著(编)者：吕余生　2016年10月出版 / 估价：69.00元

大湄公河次区域蓝皮书
大湄公河次区域合作发展报告（2016）
著(编)者：刘稚　2016年9月出版 / 估价：79.00元

大洋洲蓝皮书
大洋洲发展报告（2015～2016）
著(编)者：喻常森　2016年10月出版 / 估价：89.00元

德国蓝皮书
德国发展报告（2016）
著(编)者：郑春荣 伍慧萍
2016年5月出版 / 估价：69.00元

东北亚黄皮书
东北亚地区政治与安全（2016）
著(编)者：黄凤志 刘清才 张慧智 等
2016年5月出版 / 估价：69.00元

东盟黄皮书
东盟发展报告（2016）
著(编)者：杨晓强 庄国土　2016年12月出版 / 估价：75.00元

东南亚蓝皮书
东南亚地区发展报告（2015～2016）
著(编)者：厦门大学东南亚研究中心 王勤
2016年4月出版 / 估价：79.00元

俄罗斯黄皮书
俄罗斯发展报告（2016）
著(编)者：李永全　2016年7月出版 / 估价：79.00元

非洲黄皮书
非洲发展报告 NO.18（2015～2016）
著(编)者：张宏明　2016年9月出版 / 估价：79.00元

国际形势黄皮书
全球政治与安全报告（2016）
著(编)者:李慎明　张宇燕
2015年12月出版 / 定价:69.00元

韩国蓝皮书
韩国发展报告（2016）
著(编)者:牛林杰　刘宝全
2016年12月出版 / 估价:89.00元

加拿大蓝皮书
加拿大发展报告（2016）
著(编)者:仲伟合　2016年4月出版 / 估价:89.00元

拉美黄皮书
拉丁美洲和加勒比发展报告（2015~2016）
著(编)者:吴白乙　2016年5月出版 / 估价:89.00元

美国蓝皮书
美国研究报告（2016）
著(编)者:郑秉文　黄平
2016年6月出版 / 估价:89.00元

缅甸蓝皮书
缅甸国情报告（2016）
著(编)者:李晨阳　2016年8月出版 / 估价:79.00元

欧洲蓝皮书
欧洲发展报告（2015~2016）
著(编)者:周弘　黄平　江时学
2016年7月出版 / 估价:89.00元

日本经济蓝皮书
日本经济与中日经贸关系研究报告（2016）
著(编)者:王洛林　张季风
2016年5月出版 / 估价:79.00元

日本蓝皮书
日本研究报告（2016）
著(编)者:李薇　2016年4月出版 / 估价:69.00元

上海合作组织黄皮书
上海合作组织发展报告（2016）
著(编)者:李进峰　吴宏伟　李伟
2016年7月出版 / 估价:98.00元

世界创新竞争力黄皮书
世界创新竞争力发展报告（2016）
著(编)者:李闽榕　李建平　赵新力
2016年1月出版 / 估价:148.00元

土耳其蓝皮书
土耳其发展报告（2016）
著(编)者:郭长刚　刘义　2016年7月出版 / 估价:69.00元

亚太蓝皮书
亚太地区发展报告（2016）
著(编)者:李向阳　2016年1月出版 / 估价:69.00元

印度蓝皮书
印度国情报告（2016）
著(编)者:吕昭义　2016年5月出版 / 估价:89.00元

印度洋地区蓝皮书
印度洋地区发展报告（2016）
著(编)者:汪戎　2016年5月出版 / 估价:89.00元

英国蓝皮书
英国发展报告（2015~2016）
著(编)者:王展鹏　2016年10月出版 / 估价:89.00元

越南蓝皮书
越南国情报告（2016）
著(编)者:广西社会科学院　罗梅　李碧华
2016年8月出版 / 估价:69.00元

越南蓝皮书
越南经济发展报告（2016）
著(编)者:黄志勇　2016年10月出版 / 估价:69.00元

以色列蓝皮书
以色列发展报告（2016）
著(编)者:张倩红　2016年9月出版 / 估价:89.00元

中东黄皮书
中东发展报告 No.18（2015~2016）
著(编)者:杨光　2016年10月出版 / 估价:89.00元

中欧关系蓝皮书
中欧关系研究报告（2016）
著(编)者:周弘　2016年12月出版 / 估价:98.00元

中亚黄皮书
中亚国家发展报告（2016）
著(编)者:孙力　吴宏伟　2016年8月出版 / 估价:89.00元

❖ 皮书起源 ❖

"皮书"起源于十七、十八世纪的英国，主要指官方或社会组织正式发表的重要文件或报告，多以"白皮书"命名。在中国，"皮书"这一概念被社会广泛接受，并被成功运作、发展成为一种全新的出版形态，则源于中国社会科学院社会科学文献出版社。

❖ 皮书定义 ❖

皮书是对中国与世界发展状况和热点问题进行年度监测，以专业的角度、专家的视野和实证研究方法，针对某一领域或区域现状与发展态势展开分析和预测，具备原创性、实证性、专业性、连续性、前沿性、时效性等特点的公开出版物，由一系列权威研究报告组成。

❖ 皮书作者 ❖

皮书系列的作者以中国社会科学院、著名高校、地方社会科学院的研究人员为主，多为国内一流研究机构的权威专家学者，他们的看法和观点代表了学界对中国与世界的现实和未来最高水平的解读与分析。

❖ 皮书荣誉 ❖

皮书系列已成为社会科学文献出版社的著名图书品牌和中国社会科学院的知名学术品牌。2011年，皮书系列正式列入"十二五"国家重点出版规划项目；2012~2015年，重点皮书列入中国社会科学院承担的国家哲学社会科学创新工程项目；2016年，46种院外皮书使用"中国社会科学院创新工程学术出版项目"标识。

中国皮书网

www.pishu.cn

发布皮书研创资讯，传播皮书精彩内容
引领皮书出版潮流，打造皮书服务平台

栏目设置：

- □ 资讯：皮书动态、皮书观点、皮书数据、
  皮书报道、皮书发布、电子期刊
- □ 标准：皮书评价、皮书研究、皮书规范
- □ 服务：最新皮书、皮书书目、重点推荐、在线购书
- □ 链接：皮书数据库、皮书博客、皮书微博、在线书城
- □ 搜索：资讯、图书、研究动态、皮书专家、研创团队

中国皮书网依托皮书系列"权威、前沿、原创"的优质内容资源，通过文字、图片、音频、视频等多种元素，在皮书研创者、使用者之间搭建了一个成果展示、资源共享的互动平台。

自 2005 年 12 月正式上线以来，中国皮书网的 IP 访问量、PV 浏览量与日俱增，受到海内外研究者、公务人员、商务人士以及专业读者的广泛关注。

2008 年、2011 年，中国皮书网均在全国新闻出版业网站荣誉评选中获得"最具商业价值网站"称号；2012 年，获得"出版业网站百强"称号。

2014 年，中国皮书网与皮书数据库实现资源共享，端口合一，将提供更丰富的内容，更全面的服务。

首页　数据库检索　学术资源器　我的文献库　皮书全动态　有奖调查　皮书报道　皮书研究　联系我们　读者荐购　搜索报告

权威报告　热点资讯　海量资源

当代中国与世界发展的高端智库平台

皮书数据库 www.pishu.com.cn

　　皮书数据库是专业的人文社会科学综合学术资源总库，以大型连续性图书——皮书系列为基础，整合国内外相关资讯构建而成。包含六大子库，涵盖两百多个主题，囊括了近十几年间中国与世界经济社会发展报告，覆盖经济、社会、政治、文化、教育、国际问题等多个领域。

　　皮书数据库以篇章为基本单位，方便用户对皮书内容的阅读需求。用户可进行全文检索，也可对文献题目、内容提要、作者名称、作者单位、关键字等基本信息进行检索，还可对检索到的篇章再做二次筛选，进行在线阅读或下载阅读。智能多维度导航，可使用户根据自己熟知的分类标准进行分类导航筛选，使查找和检索更高效、便捷。

　　权威的研究报告，独特的调研数据，前沿的热点资讯，皮书数据库已发展成为国内最具影响力的关于中国与世界现实问题研究的成果库和资讯库。

皮书俱乐部会员服务指南

1. 谁能成为皮书俱乐部成员?
- 皮书作者自动成为俱乐部会员
- 购买了皮书产品（纸质书/电子书）的个人用户

2. 会员可以享受的增值服务
- 免费获赠皮书数据库100元充值卡
- 加入皮书俱乐部，免费获赠该纸质图书的电子书
- 免费定期获赠皮书电子期刊
- 优先参与各类皮书学术活动
- 优先享受皮书产品的最新优惠

3. 如何享受增值服务?

（1）免费获赠100元皮书数据库体验卡

第1步 刮开皮书附赠充值的涂层（右下）;

第2步 登录皮书数据库网站
（www.pishu.com.cn），注册账号;

第3步 登录并进入"会员中心"—"在线充值"—"充值卡充值"，充值成功后即可使用。

（2）加入皮书俱乐部，凭数据库体验卡获赠该书的电子书

第1步 登录社会科学文献出版社官网
（www.ssap.com.cn），注册账号;

第2步 登录并进入"会员中心"—"皮书俱乐部"，提交加入皮书俱乐部申请;

第3步 审核通过后，再次进入皮书俱乐部，填写页面所需图书、体验卡信息即可自动兑换相应电子书。

4. 声明

解释权归社会科学文献出版社所有

皮书俱乐部会员可享受社会科学文献出版社其他相关免费增值服务，有任何疑问，均可与我们联系。

图书销售热线：010-59367070/7028 图书服务QQ：800045692 图书服务邮箱：duzhe@ssap.cn

数据库服务热线：400-008-6695 数据库服务QQ：2475522410 数据库服务邮箱：database@ssap.cn

欢迎登录社会科学文献出版社官网（www.ssap.com.cn）和中国皮书网（www.pishu.cn）了解更多信息

皮书大事记
（2015）

☆ 2015年11月9日，社会科学文献出版社2015年皮书编辑出版工作会议召开，会议就皮书装帧设计、生产营销、皮书评价以及质检工作中的常见问题等进行交流和讨论，为2016年出版社的融合发展指明了方向。

☆ 2015年11月，中国社会科学院2015年度纳入创新工程后期资助名单正式公布，《社会蓝皮书：2015年中国社会形势分析与预测》等41种皮书纳入2015年度"中国社会科学院创新工程学术出版资助项目"。

☆ 2015年8月7~8日，由中国社会科学院主办，社会科学文献出版社和湖北大学共同承办的"第十六次全国皮书年会（2015）：皮书研创与中国话语体系建设"在湖北省恩施市召开。中国社会科学院副院长李培林，国家新闻出版广电总局原副总局长、中国出版协会常务副理事长邬书林，湖北省委宣传部副部长喻立平，中国社会科学院科研局局长马援，国家新闻出版广电总局出版管理司司长许正明，中共恩施州委书记王海涛，社会科学文献出版社社长谢寿光，湖北大学党委书记刘建凡等相关领导出席开幕式。来自中国社会科学院、地方社会科学院及高校、政府研究机构的领导及近200个皮书课题组的380多人出席了会议，会议规模又创新高。会议宣布了2016年授权使用"中国社会科学院创新工程学术出版项目"标识的院外皮书名单，并颁发了第六届优秀皮书奖。

☆ 2015年4月28日，"第三届皮书学术评审委员会第二次会议暨第六届优秀皮书奖评审会"在京召开。中国社会科学院副院长李培林、蔡昉出席会议并讲话，国家新闻出版广电总局原副局长、中国出版协会常务副理事长邬书林也出席本次会议。会议分别由中国社会科学院科研局局长马援和社会科学文献出版社社长谢寿光主持。经分学科评审和大会汇评，最终匿名投票评选出第六届"优秀皮书奖"和"优秀皮书报告奖"书目。此外，该委员会还根据《中国社会科学院皮书管理办法》，审议并投票评选出2015年纳入中国社会科学院创新工程项目的皮书和2016年使用"中国社会科学院创新工程学术出版项目"标识的院外皮书。

☆ 2015年1月30~31日，由社会科学文献出版社皮书研究院组织的2014年版皮书评价复评会议在京召开。皮书学术评审委员会部分委员、相关学科专家、学术期刊编辑、资深媒体人等近50位评委参加本次会议。中国社会科学院科研局局长马援、社会科学文献出版社社长谢寿光出席开幕式并发表讲话，中国社会科学院科研成果处处长薛增朝出席闭幕式并做发言。

皮书数据库
www.pishu.com.cn

皮书数据库三期

- 皮书数据库（SSDB）是社会科学文献出版社整合现有皮书资源开发的在线数字产品，全面收录"皮书系列"的内容资源，并以此为基础整合大量相关资讯构建而成。

- 皮书数据库现有中国经济发展数据库、中国社会发展数据库、世界经济与国际政治数据库等子库，覆盖经济、社会、文化等多个行业、领域，现有报告30000多篇，总字数超过5亿字，并以每年4000多篇的速度不断更新累积。

- 新版皮书数据库主要围绕存量+增量资源整合、资源编辑标引体系建设、产品架构设置优化、技术平台功能研发等方面开展工作，并将中国皮书网与皮书数据库合二为一联体建设，旨在以"皮书研创出版、信息发布与知识服务平台"为基本功能定位，打造一个全新的皮书品牌综合门户平台，为您提供更优质更到位的服务。

更多信息请登录

中国皮书网
http://www.pishu.cn

皮书微博
http://weibo.com/pishu

皮书博客
http://blog.sina.com.cn/pishu

皮书微信
皮书说

S 子库介绍
ub-Database Introduction

中国经济发展数据库

涵盖宏观经济、农业经济、工业经济、产业经济、财政金融、交通旅游、商业贸易、劳动经济、企业经济、房地产经济、城市经济、区域经济等领域，为用户实时了解经济运行态势、把握经济发展规律、洞察经济形势、做出经济决策提供参考和依据。

中国社会发展数据库

全面整合国内外有关中国社会发展的统计数据、深度分析报告、专家解读和热点资讯构建而成的专业学术数据库。涉及宗教、社会、人口、政治、外交、法律、文化、教育、体育、文学艺术、医药卫生、资源环境等多个领域。

中国行业发展数据库

以中国国民经济行业分类为依据，跟踪分析国民经济各行业市场运行状况和政策导向，提供行业发展最前沿的资讯，为用户投资、从业及各种经济决策提供理论基础和实践指导。内容涵盖农业，能源与矿产业，交通运输业，制造业，金融业，房地产业，租赁和商务服务业，科学研究，环境和公共设施管理，居民服务业，教育，卫生和社会保障，文化、体育和娱乐业等 100 余个行业。

中国区域发展数据库

以特定区域内的经济、社会、文化、法治、资源环境等领域的现状与发展情况进行分析和预测。涵盖中部、西部、东北、西北等地区，长三角、珠三角、黄三角、京津冀、环渤海、合肥经济圈、长株潭城市群、关中—天水经济区、海峡经济区等区域经济体和城市圈，北京、上海、浙江、河南、陕西等 34 个省份及中国台湾地区。

中国文化传媒数据库

包括文化事业、文化产业、宗教、群众文化、图书馆事业、博物馆事业、档案事业、语言文字、文学、历史地理、新闻传播、广播电视、出版事业、艺术、电影、娱乐等多个子库。

世界经济与国际政治数据库

以皮书系列中涉及世界经济与国际政治的研究成果为基础，全面整合国内外有关世界经济与国际政治的统计数据、深度分析报告、专家解读和热点资讯构建而成的专业学术数据库。包括世界经济、世界政治、世界文化、国际社会、国际关系、国际组织、区域发展、国别发展等多个子库。